# 정신건강사회복지론

## 개정4판

유수현 서규동 유명이 이봉재 이종하 공저

신정

# 개정4판 인사말

정신건강사회복지론을 사랑해 주신 독자 여러분께 감사드립니다. 이 책이 출판된 지 6년이 지났는데, 그 기간 동안 우리나라의 정신건강사회복지의 제도와 환경이 변했습니다. 무엇보다도 정신건강의 모든 전문가를 위한 공통의 언어라고 할 수 있는 DSM-5-TR(정신질환의 진단 및 통계 편람 제5판 수정판)이 출간된 것입니다. DSM-5-TR은 2013년에 출간된 DSM-5의 일부 내용을 수정하여 2022년 9월에 출간되었는데, 그 DSM-5-TR의 특징은 원인이 아닌 증상 위주로 정신장애의 분류체계와 진단기준을 제시하고 있는 것입니다.

이러한 사회환경의 변화를 이 책에 담아내기 위하여 다시 개정을 하게 되었습니다. 이 개정4판의 주요 개정 내용은 아래와 같습니다.

첫째, DSM-5-TR버전으로 정신질환의 진단기준을 수정하였고, 질병 용어도 통일되게 정리하였습니다.

둘째, 정신건강전문요원에 정신건강작업치료사를 추가하여 설명했습니다.

셋째, 정신건강증진기관과 시설 현황 등을 최근 연도로 수정하였고, 정신건강복지센터, 트라우마센터, 중독관리통합지원센터 등을 반영하였습니다.

넷째, 정신건강사업의 비전과 정책을 최근 연도로 수정하였습니다.

다섯째, 전국민마음투자사업을 추가하여 설명했고, 개업실천 영역의 확대 가능성을 언급하였습니다.

이 외에 제시되는 정보를 이해하기 쉽도록 슬림화하고 오탈자를 수정하였습니다. 이러한 개정작업이 용이한 것이 아님에도 불구하고 자료와 정보를 찾아 열심히 수정 보완해 주신 공저자들과 신정출판사의 관계자분들께 감사드립니다.

이 모든 일이 가능하도록 인도해 주신 하나님께 감사와 영광을 돌립니다.

2025. 1.

저자 대표 유 수 현

# 차례



## PART 01
## 정신건강사회복지론

CHAPTER 02

## 정신건강사회복지의 법과 제도 — 63



CHAPTER 03

## 정신건강사회복지의 실천환경 — 80

# PART 03
# 생애주기와 정신건강사회복지

CHAPTER 09



CHAPTER 10

CONTENTS

# PART 01

# 정신건강사회복지론

Social Work in Mental Health

# 01 chapter
# 정신건강사회복지의 개관

## 1. 정신건강사회복지의 개념

### 1) 정신건강사회복지의 정의

정신건강사회복지란 한마디로 말해서 정신건강영역에서 수행되는 일련의 사회복지활동을 말한다. 최근 들어 정신건강영역에서의 사회복지활동이 과거의 정신질환자의 치료를 중심으로 하는 의료기관에만 치중하던 때와는 달리 정신장애인의 지역사회복귀를 위한 재활서비스를 중심으로 하는 정신재활시설로 확장되었으며, 더 나아가 정신건강을 도모하기 위한 예방활동을 중심으로 하는 보건소와 지역사회복지관 등으로 확산되고 있다. 이에 따라 정신건강사회복지활동을 뒷받침하는 이념적 시각이 지역사회정신건강으로 바뀌고 있다. 이러한 정신건강 환경의 변화와 함께 정신건강사회복지의 개념도 새롭게 정의하지 않으면 안 되게 되었다.

초창기에 정신건강을 도모하기 위한 사회복지사들의 개입활동은 정신병원을 중심으로 한 정신의료기관에서 정신의료사회사업(psychiatric social work)이란 명칭으로 시작되었는데, 이와 관련한 몇 가지 정의를 살펴보면 다음과 같다.

French(1940)는 "정신의료사회사업이란 정신의료기관에서 정신의학 · 심리학 · 정신분석학 · 자아심리학, 그리고 사회과학 등의 지식과 이론을 바탕으로 사회복지의 방법론과 기술을 활용하여 정신질환자의 치료활동에 다양하게 적용하여 소기의 목적을 달성하기 위한 학문이며, 집단치료도 정신건강사회복지사의 활동 업무에 적용된다"고 정의하였다. 이러한 정의를 통해서 정신건강사회복지란 사회복지의 전문성을 정신의학 실천에 적용한다는 것과, 다른 한편으로는 정신의료 분야에서 얻은 지식과 경험을 사회복지 실제에 적용한다는 의미를 찾을 수 있다.

Fink(1949) 등은 "정신의료사회사업이란 정신적이고 정서적인 질병에 대해 전적인 책임이 정신의학자에 의해 수행되고 있는 병원이나 진료소에서 실시되는 개별사회사업이다"라고 하였다.

1954년 미국 사회사업연감(Social Work Year Book)에서는 "정신의료사회사업이란 정신의학과 함께 직접적이고 책임 있는 관계에서 이루어지는 사회사업이다. 여기서는 정신의학적 치료에 관계된 전문가들, 즉 정신의학자(psychiatrist), 정신과 간호사(psychiatric nurse), 심리학자(psychologist), 작업요법사(occupational therapist) 등을 포함한 치료팀 활동의 일부로서 병원이나 진료소, 그외 정신의료기관에서 실시하는 활동이며, 그 목적은 정신적 또는 정서적 장애로 고통을 받고 있는 사람들의 건강을 회복시키며 지역사회에서 정신건강을 촉진하는 데 있다"고 정의하였다.

Friedlander(1955)는 "정신의료사회사업이란 정신적 · 정서적 장애가 있는 환자들을 돕는 목적으로 정신의학과 직접적이고 책임 있는 협력하에 정신병원이나 진료소 또는 정신의료기관이 후원하여 실시하는 개별사회사업이다"라고 정의하였다.

한편 1960년대 O'keefe(1960)는 "정신건강사회사업이란 정신건강기관(mental

health agency)이나 정신위생프로그램(mental hygienic program)에서 이루어지는 사회사업이며, 그 목적은 지역사회 내의 정신위생을 향상시키는 사업과 정신적 · 정서적 장애가 있는 사람들을 도와주는 데 있고 병원이나 진료소, 정신건강기관에서 이루어지며 정신과의사, 심리학자, 그리고 정신질환자의 치료와 정신건강사업에 관심이 있는 전문가들을 포함한 치료팀으로 이루어진다"라고 정의하였다.

이상의 정의들은 다음과 같이 요약될 수 있다(김규수, 1999: 18).

첫째, 정신건강사회복지의 목적은 정신적 · 정서적 장애로 고통을 받고 있는 사람들의 건강을 회복시키고 문제발생을 예방하여 국민들의 정신건강을 증진하는 데 있다.

둘째, 대상은 정신적 · 정서적 장애가 있는 환자 및 그 가족이다.

셋째, 주요 역할은 환자의 질병에 영향을 주는 가정 · 환경 · 사회적 요소에 대한 평가 및 진단, 치료계획에 대한 협조, 개별 또는 집단상담 및 가족상담을 통한 치료, 퇴원 후의 사후관리, 재활 및 지역사회와의 관계를 유지하는 것이다.

넷째, 실시 장소는 주로 정신의료기관, 즉 정신병 · 의원 등의 정신과적 치료를 하는 기관 또는 환자의 회복을 돕는 지역사회전문기관을 포함한다.

다섯째, 실천과정은 정신과 진료팀, 즉 정신의학자, 심리학자, 정신과 간호사, 작업치료사 등과 함께 분담된 역할을 다양한 사회복지방법론과 기술을 통하여 실천하는 사회복지의 한 분야이다.

이러한 정신건강사회복지에 대한 정의는 정신건강의 환경변화와 밀접하게 관련된다. 1990년대 이후 정신건강의 흐름은 한마디로 말해서 지역사회정신건강이라 할 수 있다. 우리나라에서도 1995년 정신보건법 제정을 계기로 지역사회정신건강을 본격적으로 시도하여왔다. 이에 따라 종래에는 수용보호와 입원치료에 머물렀던 정신건강정책이 이제는 지역사회를 기반으로 한 포괄적인 지역정신건강으로 발전하고 있다. 특히 그동안 간과되었던 정신건강 예방사업 및 재활사업이 활기를 띠면서 지역정신건강복지센터와 정신재활시설들이 전국으로 확대되고 있으며, 서비스 대상도 정신장애인 및 그 가족뿐 아니라 전체 지역사회로 확대되고 있다.

이러한 변화과정에서 정신건강사회복지사의 필요성과 역할도 더욱 중요해지고 있다. 사회복지사들은 과거에는 주로 정신병·의원을 중심으로 한 정신의료기관에서 진료팀의 일원으로 치료적 활동에 참여해 왔으나 최근에는 지역사회의 다양한 기관들, 예를 들어 지역정신건강복지센터, 정신재활시설, 거주시설, 개업실천현장, 보건소, 정신요양원 등에서 종래의 치료적 역할에 더해 지역사회를 기반으로 한 재활 및 사회복귀, 예방적 역할을 광범위하게 수행하고 있다.

이 같은 정신건강의 환경변화를 고려할 때, 정신건강사회복지의 정의는 다음과 같이 확대되어야 한다. 즉, 정신건강사회복지는 정신장애인과 그 가족, 나아가 전체 지역사회를 대상으로 정신병·의원을 비롯한 정신의료기관 및 정신건강복지센터, 중독관리통합지원센터, 자살예방센터, 정신재활시설, 주거시설 등의 정신건강기관에서 전문사회복지의 지식과 기술을 바탕으로 정신건강에 대한 전반적 지식과 기술을 활용하여 정신건강증진 및 정신장애 치료, 재활 및 사회복귀와 사회통합을 위한 전 과정에서 이루어지는 사회복지 실천의 한 분야라고 하겠다.

## 2) 정신건강사회복지의 구성요소

정신건강사회복지의 개념을 보다 구체화하기 위해서 이상에서 소개한 정의들을 Perlman의 4P에다 목적(Purpose)을 더한 5P의 틀로서 제시하면 다음과 같다(최송식 외, 1997: 20-21).

### (1) 사람(Person)

정신건강사회복지의 대상은 정신적 · 정서적, 그리고 사회적 생활상의 어떤 면에서 전문적인 원조를 받아야 되거나 혹은 받을 필요가 발견되어 정신의료기관 혹은 정신건강기관에 찾아오는 정신장애인, 또는 부적응적 · 일탈적 · 이상적인 사람을 대상으로 하는데, 이를 환자 또는 클라이언트라고 한다. 또한 정신건강의 예방이나 정신건강의 증진을 위한 일반시민도 포함하여 소비자와 이용자라고 부르기도 한다.

### (2) 문제(Problem)

대상자가 가지고 있는 문제는 모든 정신장애를 포괄한다. 즉, 정신적으로나 정서적으로 건강하지 못한 상태를 말하는데, 다시 말해서 환경의 압력에 의해 성격의 요소들이 왜곡되어 있어 사회적 역할을 적절히 수행할 수 없는 상태라고 할 수 있다.

### (3) 장소(Place)

정신건강사회복지의 실천장소로는 주로 환경요법(milieu therapy)에 역점을 두는 정신병원이나 외래환자를 대상으로 개별적인 치료를 주로 하는 정신의료기관, 아동지도상담소, 지역정신건강복지센터, 중독관리통합지원센터, 자살예방센터, 정신요양시설 그리고 정신재활시설 등이다. 우리나라 정신건강복지법(제3조)에서 규정하는 정신건강시설에는 정신의료기관, 정신요양시설 및 정신재활시설이 있다.

### (4) 과정(Process)

정신건강사회복지의 실천과정은 정신건강팀의 협력하에 사회복지실천론과 기술론을 활용하여 클라이언트의 기본적 욕구충족, 사회화과정에서 결핍된 생활학습의 기회, 책임분담을 통한 사회적 역할수행의 훈련, 퇴행된 행동의 억제, 규범 내에 활동할 수 있는 민주적 태도 양성, 즉 현실지향적 · 인본주의적 · 민주적인 생활을 통한 학습활동에 중점을 두고 실시된다.

### (5) 목적(Purpose)

정신건강사회복지의 일차적인 목적은 정신적이고 정서적인 장애로 고통을 받는 환자들의 정신건강 회복, 사회적응 그리고 사회복귀를 통해 사회적 기능과 삶의 질을 향상시키는 데 있다. 또한 보다 넓은 의미에서는 정신장애인뿐만 아니라 지역주민 전체의 정신건강을 증진시키고자 하는 데 목적을 둔다.

## 3) 정신건강사회복지사의 업무

### (1) 정신건강사회복지사의 일반적 업무

정신건강사회복지사가 수행하는 업무는 기관의 성격과 대상자에 따라 달라질 수 있다. 여기서는 정신건강사회복지사들이 일반적으로 수행하는 주요 업무를 임상적 업무와 교육 및 행정업무로 구분하여 제시하고자 한다(최송식 외, 1997: 46-49).

〈표 1-1〉에서 보는 바와 같이 임상적 업무에는 ① 심리 · 사회적 · 정신적 문제해결 업무, ② 집단을 통한 환자문제해결 업무, ③ 사회복귀 및 재활문제

해결 업무, ④ 경제적 문제해결 업무, ⑤ 진단 · 치료계획을 위한 조사, ⑥ 지역사회자원 동원 및 활용 업무 등이 있다.

**표 1-1** 정신건강사회복지사의 임상적 업무

| 하위직무 | 업무내용 |
| --- | --- |
| 심리 · 사회적 · 정신적 문제해결 업무 | ① 심리사회적 · 정신적 문제의 원인조사 및 평가<br>② 사회환경 조사 및 평가<br>③ 개인 및 가족력 조사 및 평가<br>④ 문제해결을 위한 개별사회사업 및 사회사업지도<br>⑤ 대인관계의 조사 및 평가<br>⑥ 초기 입원환자 진단과 치료계획 수립과정에 참여<br>⑦ 정신건강상담지도<br>⑧ 환자 및 가족에게 질병에 대한 정보제공 |
| 집단을 통한 환자문제해결 업무 | ① 집단치료 및 집단활동 지도 및 평가<br>② 오락 및 작업치료활동지도<br>③ 심리극치료에 대한 참여와 평가<br>④ 환자 보호자 전체 회의 실시 및 지도 |
| 사회복귀 및 재활문제해결 업무 | ① 퇴원 및 재활계획 상담 및 지도<br>② 퇴원환자 실태파악 및 재활지도<br>③ 환자의 회복상태에 따른 사회적응력 평가<br>④ 낮병원의 관리 및 환자의 재사회화 과정 훈련<br>⑤ 사회복귀를 위한 퇴원 후 개별 및 집단지도 |
| 경제적 문제해결 업무 | ① 대상자 실태조사 및 입원치료비 감면조치 업무<br>② 병원 내의 자원을 활용한 진료비 지원 및 감액조사<br>③ 환자의 경제능력조사 및 사정<br>④ 체납환자 처리 업무 |
| 진단 · 치료계획을 위한 조사 | ① 정신장애(질환)영역에 대한 조사연구<br>② 임상연구회 참석<br>③ 학술회의 참석<br>④ 정신건강사회복지 연구 및 조사 |
| 지역사회자원 동원 및 활용 업무 | ① 지역사회자원의 개발 및 정보수집, 활용<br>② 관련 기관에 환자의뢰 및 알선<br>③ 지역사회 내 자원봉사자 연결 및 기금모금<br>④ 지역사회 내 유용한 자원 연계(연결) |

이외에도 정신건강사회복지사는 〈표 1-2〉에서 보는 바와 같이 교육활동을 비롯한 기타 행정 업무를 수행한다.

**표 1-2** 정신건강사회복지사의 교육 및 행정 업무

| 하위직무 | 업무내용 |
|---|---|
| 교육 및 기타 활동 | ① 실습생 지도<br>② 의대생 및 정신건강전문요원에게 정신건강사회복지 교육<br>③ 자원봉사자 교육 및 관리지도<br>④ 기타 활동 업무 |
| 행정 업무 | ① 대상자 개입과정 기록 및 평가<br>② 집단활동의 과정기록 및 치료계획<br>③ 보고서 작성 및 업무일지 기록<br>④ 실적 통계처리 및 분석, 계획수립<br>⑤ 정신건강사회복지 부서 운영에 대한 회의 |

### (2) 정신건강전문요원으로서의 업무

1995년에 제정된 정신보건법에서는 정신보건전문요원으로 정신보건사회복지사, 정신보건간호사, 정신보건임상심리사를 규정하고 있다. 이후 2016년 개정된 정신건강복지법에서는 제17조에서 정신건강전문요원으로 정신건강사회복지사, 정신건강간호사, 정신건강임상심리사로 명칭을 바꾸었고, 2020년에는 정신건강작업치료사를 포함시켰다. 정신건강사회복지사의 업무는 전문요원으로 누구나 수행할 수 있는 공통 업무와 사회복지사만의 고유 업무로 나눌 수 있다.

먼저 공통의 업무는 〈표 1-3〉에서 보는 바와 같이 ① 정신재활시설의 운영, ② 정신질환자 등의 재활훈련, 생활훈련 및 작업훈련의 실시 및 지도, ③ 정신질환자 등과 그 가족의 권익보장을 위한 활동 지원, ④ 법 제44조 제1항에 따른 진단 및 보호의 신청, ⑤ 정신질환자 등에 대한 개인별 지원계획의 수립 및 지원, ⑥ 정신질환 예방 및 정신건강복지에 관한 조사 · 연구, ⑦ 정

신질환자 등의 사회적응 및 재활을 위한 활동, ⑧ 정신건강증진사업 등의 사업 수행 및 교육, ⑨ 그밖에 제1호부터 제8호까지의 규정에 준하는 사항으로 보건복지부장관이 정하는 정신건강증진 활동을 들 수 있다. 이러한 공통업무를 통해 알 수 있는 것은 정신건강전문요원이면 누구나 시설운영에서부터 훈련, 교육, 지도, 상담, 응급입원 관련 업무, 조사연구 등의 업무를 수행해야만 한다는 것이다. 그러므로 전문요원 간의 효과적인 팀워크와 업무수행을 위해서는 정신건강전문요원 수련과정을 내실 있게 진행하고 전문직 상호 간에 이해와 협력을 도모하는 노력이 필요하다.

**표 1-3** 정신건강전문요원의 공통 업무 및 고유 업무(시행령 제12조 제2항 관련)

| 구분 | | 업무내용 |
|---|---|---|
| 공통 업무 | | ① 정신재활시설의 운영<br>② 정신질환자 등의 재활훈련, 생활훈련 및 작업훈련의 실시 및 지도<br>③ 정신질환자 등과 그 가족의 권익보장을 위한 활동 지원<br>④ 법 제44조 제1항에 따른 진단 및 보호의 신청<br>⑤ 정신질환자 등에 대한 개인별 지원계획의 수립 및 지원<br>⑥ 정신질환 예방 및 정신건강복지에 관한 조사 · 연구<br>⑦ 정신질환자 등의 사회적응 및 재활을 위한 활동<br>⑧ 정신건강증진사업 등의 사업 수행 및 교육<br>⑨ 그밖에 제1호부터 제8호까지의 규정에 준하는 사항으로 보건복지부 장관이 정하는 정신건강증진 활동 |
| 개별 업무 | 정신건강 사회복지사 | ① 정신질환자 등에 대한 사회서비스 지원 등에 대한 조사<br>② 정신질환자 등과 그 가족에 대한 사회복지서비스 지원에 대한 상담 · 안내 |
| | 정신건강 간호사 | ① 정신질환자 등의 간호 필요성에 대한 관찰, 자료수집, 간호 활동<br>② 정신질환자 등과 그 가족에 대한 건강증진을 위한 활동의 기획과 수행 |
| | 정신건강 임상병리사 | ① 정신질환자 등에 대한 심리평가 및 심리교육<br>② 정신질환자 등과 그 가족에 대한 심리상담 및 심리 안정을 위한 서비스 지원 |
| | 정신건강 작업치료사 | ① 정신질환자 등에 대한 작업 수행 평가, 정신질환자 등의 신체적 · 정신적 기능 향상을 위한 작업치료<br>② 정신질환자 등과 그 가족에 대한 작업치료 교육과 작업치료 서비스 기획 · 수행 |

정신건강전문요원들은 〈표 1-3〉에서 보듯이 공통 업무 이외에도 각 전문직별로 개별 업무를 수행하도록 되어 있다. 정신건강사회복지사들은 ① 정신질환자 등에 대한 사회서비스 지원 등에 대한 조사, ② 정신질환자 등과 그 가족에 대한 사회복지서비스 지원에 대한 상담 · 안내를 수행한다. 이는 사회복지사들이 환자 개인에 대한 개인력 조사는 물론 환자 가족을 대상으로 한 전문적 활동을 고유 업무로 인정을 받고 있음을 의미한다. 한편 정신건강간호사의 개별 업무에는 ① 정신질환자 등의 간호 필요성에 대한 관찰, 자료수집, 간호 활동, ② 정신질환자 등과 그 가족에 대한 건강증진을 위한 활동의 기획과 수행 업무가 포함되며, 정신건강임상심리사는 ① 정신질환자 등에 대한 심리평가 및 심리교육, ② 정신질환자 등과 그 가족에 대한 심리 상담 및 심리 안정을 위한 서비스 지원 등이 포함되고, 정신건강작업치료사는 ① 정신질환자 등에 대한 작업 수행 평가, 정신질환자 등의 신체적 · 정신적 기능 향상을 위한 작업치료, ② 정신질환자 등과 그 가족에 대한 작업치료 교육과 작업치료 서비스 기획 · 수행 등의 개별업무를 수행한다.

### (3) 정신건강 세팅에 따른 업무

정신건강사회복지사들은 그가 소속된 기관의 성격에 따라 다소 상이한 업무를 수행하고 있다. 특히 최근 들어 기존의 정신의료시설뿐 아니라 지역사회의 다양한 기관들이 생기면서 세팅(setting)별 업무에 대한 관심이 증가되고 있다. 여기서는 「정신건강복지법」에서 규정하고 있는 정신건강시설에서의 업무를 우선적으로 살펴보고, 그 다음으로 기타 기관에서의 업무를 살펴보고자 한다. 「정신건강복지법」에 규정된 정신건강시설에는 정신의료기관, 정신재활시설, 그리고 정신요양시설 등 세 가지 장(setting)이 있는데, 각 시설별 정신건강사회복지사의 업무를 살펴보면 다음과 같다.

첫째, 정신병원을 중심으로 한 정신의료기관은 정신질환자를 치료하는 치료시설로서 환자의 정신질환을 단기적으로 치료하여 퇴원시키는 것이 목표이다. 그런데 사회복지사들에게 정신의료기관은 다른 장소에 비해서 이차적인 실천의 장(secondary setting)이 된다는 점이 특징적이다. 사회복지사는 정신건강팀과 협력하여 여러 가지 역할을 수행하게 되는데, ① 초기면접과 사정단계에서는 환자의 개인력 · 사회력 · 가족력에 대한 심리사회적 사정, 사회환경 및 경제능력 조사를 실시한다. ② 치료단계에서는 환자와 그 가족에 대한 상담 및 교육, 그리고 다양한 훈련프로그램의 실시, 환경치료 등을 수행한다. ③ 퇴원 및 사후관리단계에서는 환자의 퇴원 후 사회복귀 및 사회적응을 위한 재활계획 및 지도를 행하며, 이를 위해서 다양한 지역사회기관 및 정신재활시설이나 정신요양시설로의 원만한 이전을 위한 연결 업무를 수행한다.

둘째, 정신질환자 정신재활시설에서는 정신의료기관에 입원시키거나 정신요양시설에 입소시키지 않고, 사회복귀 촉진을 위한 훈련을 주로 담당한다. 이곳은 주로 퇴원한 정신질환자들의 원만한 사회적응을 원조하며, 다른 두 실천의 장에 비해 직업재활을 통한 직업훈련 및 취업기회의 제공 또는 유지관리의 업무가 있으며, 주거지원 및 주거훈련프로그램도 실시하고 있다. 이러한 정신재활시설에서는 정신의료기관에서처럼 팀 접근을 하고는 있으나 사회재활에 초점을 두고 있기 때문에, 정신건강의학과 의사보다 정신건강사회복지사들이 주도적으로 이러한 프로그램을 운영 · 관리하고 있다.

셋째, 정신요양시설에서는 정신의료기관에서 의뢰된 정신질환자와 만성정신질환자들을 입소시켜 요양과 사회복귀 촉진을 위한 훈련을 제공하고 있다. 이곳의 특징적인 업무는 환자 자치회 구성, 최소한의 규제원칙에 따른 환경치료와 환자의 권익체계 도입과 관리업무가 있다.

이상과 같은 세 가지 실천의 장 이외에도 최근 증가되고 있는 두 가지 실천의 장이 있는데, 그것은 지역정신건강복지센터와 보건소 내 정신건강 업무이다. 먼저 정신건강복지센터에서 사회복지사들은 ① 환자들의 사회복귀를 돕기 위하여 지역사회자원을 활용하며, ② 환자의 효과적인 사회적응을 위하여 연속적인 보호계획에 참여하고, ③ 응급서비스, 특히 자살예방을 위한 활동을 한다. 또한 ④ 지역사회에서 정신건강교육 및 계몽활동과 주민들의 정신건강을 향상시키는 프로그램을 개발한다.

보건소 내 정신건강사업에서는 ① 정신질환의 예방, ② 정신질환자의 발견, ③ 정신질환자 및 그 가족에 대한 상담, ④ 정신질환에 대한 사회복귀훈련, ⑤ 알코올 · 약물중독자 및 치매환자의 관리 등에 중점을 두고 있다. 그러나 현실적으로 사회복지사가 보건소의 직원이 되어 이러한 업무를 수행하는 예는 매우 드물다.

이상과 같이 정신건강시설의 종류가 어떠하든지 간에 사회복지사들이 담당하는 공통적인 업무는 매우 중요하다. 즉 개인력 조사와 사회 조사를 중심으로 하는 심리사회적 사정, 개별 상담치료, 사례관리(case management), 가족교육과 상담지도, 가정방문지도, 집단활동 및 치료활동, 사회적 지지망 연결서비스, 자원봉사자 조직 및 관리, 정신질환자와 가족 및 전문직의 권익옹호활동, 연구조사와 자문활동, 슈퍼비전 등의 업무를 공통적으로 수행한다.

## 2. 정신건강사회복지의 패러다임

정신장애를 극복하고 정신건강을 증진하기 위한 정신건강 패러다임은 시대와 학자에 따라 매우 다양하다. 이와 관련하여 몇몇 학자들의 구분을 살펴보면, 우선 Mechanic(1974)은 medical model, development model, reactive model로, Cowen(1973)과 Finkel(1976)은 medical model과 preventive model로, Pattison(1977)은 personal model과 system model로 구분하였다. 또한 미국 〈사회복지백과사전〉에는 medical model, socio-cultural development model, behavior model, community mental health model, general system model, humanistic model로 구분하였다. 이러한 분류에서 공통점을 살펴보면 전통적 접근인 의료적 모델과 이의 한계점을 극복하기 위한 다양한 대체모델로 이루어져 있음을 발견할 수 있다. 이러한 구분은 정신질환자의 관점에서 이들을 치료하고 보호하려는 의료적 환경과 정신장애인을 포함한 지역주민의 관점에서 이들을 해당 지역사회에 적응시키고 사회구성원으로 통합시켜 살아가게 하려는 지역사회환경으로 구분할 수 있다.

그러나 저자는 이러한 구분을 따르기보다는 한 시민의 건강한 상태에서부터 정신질환을 가지고 치료 요양하는 단계와 정신질환의 치료 후 사회적응을 위한 재활단계, 그리고 사회의 한 일원으로 살아가게 하는 사회통합의 단계로 구분하여 각 단계마다의 정신건강에 대한 사회적 대책의 특징을 살펴보는 것이 보다 현실적이라고 생각한다. 따라서 여기에서는 정신건강사회복지사의 실천을 뒷받침하는 정신건강 패러다임으로 예방적 패러다임(preventive paradigm), 의료적 패러다임(medical paradigm), 재활적 패러다임(rehabilitative paradigm), 그리고 사회통합적 패러다임(social integrative paradigm)으로 구분하여 각 패러다임의 특징과 한계, 그리고 실천적 의미에 대해서 설명하고자 한다.

## 1) 예방적 패러다임

일반적으로 예방이란 정신질환 발병과 재발의 예방을 의미한다. 예방의 목적은 정신질환의 발생을 저지하는 것으로 새로운 정신장애 발생사례를 감소시키려는 데 있다. 그러나 보다 적극적인 입장에서의 예방에는 건강한 사람에게 그 건강을 지속시키거나 더욱더 건강하게 향상시키는 노력까지 포함된다. 그러므로 예방적 패러다임(preventive paradigm)에서의 서비스 대상은 정신건강을 잃지 않았으나 위험에 많이 노출되고 있거나 잃을 가능성이 높은 인구집단에게 정신건강을 유지하도록 사전에 위험요소를 제거하고 정신건강을 더 강화하기를 바라는 일반시민 또는 잠재적 정신질환자이다.

정신질환의 발병을 예방하는 방법으로는 ① 정신질환의 발생원인 제공인자를 제거하거나, ② 정신질환 발생의 위험요소를 줄이고, ③ 정신질환의 발생을 저지하거나 억제할 수 있는 요인들을 강화 · 증진시키는 것이다. 그리고 ④ 정신질환이 타인에게 전염되는 것을 방지하는 것 등을 꼽을 수 있다.

이에 속하는 활동으로는 지역주민을 대상으로 정신건강교육과 정신위생운동을 전개하고, 정신건강에 대한 역학조사를 실시함으로써 정신질환자의 조기발견과 정신장애인 등록 의뢰, 또는 위기상담 및 개입을 통해 피해의 확산을 차단하는 것 등이다. 그리고 아동학대와 가정폭력, 알코올 또는 물질남용과 같은 문제는 가해자나 피해자 모두의 정신건강을 해칠 위험이 높은 문제이므로 이러한 문제의 상담서비스에도 밀접히 관련된다. 또 정신건강에 대한 자문, 사회적 지지체계의 개발 및 활용 등도 예방적 패러다임에 포함되는 활동이다.

이러한 예방적 활동의 실천환경은 정신건강복지센터, 지역사회종합사회복지관, 정신건강상담실, 중독관리통합지원센터, 자살예방센터 등이다. 또 이러한 예방적 활동의 주된 인력은 정신건강전문요원, 간호사, 사회복지사, 상담요원, 예방의학자 등이며, 정신장애인의 등록의뢰 등의 서비스는 행정부처의 공무원이 담당하고 있다.

## 2) 의료적 패러다임

의료적 패러다임(medical paradigm)은 전통적인 의료적 모형(medical model)과 질병모형(disease model) 혹은 기질적 모형(organic model)과 같은 생리학적 접근에 근거하고 있다. 이 의료적 패러다임은 정신질환의 치료와 만성 중증 정신질환자의 요양보호를 목적으로 정신병의원이나 정신요양시설에서 행해지는 서비스이다. 의료적 패러다임에서 정신질환은 생물학적 및 생화학적 장애의 결과로 간주된다(Tyrer & Steinberg, 1998: 9-30).

이러한 접근이 생성된 배경은 르네상스시대의 자연주의적 사고방식에서 비롯되었으며, 과학과 의학의 발달에 힘입어 정신질환의 근원은 신체적인 데 있다고 간주하여 신체질환을 진단하고 치료하듯 정신질환자를 치료하고자 하였다(Cowen, 1973: 38-43). 이러한 경향은 정신질환을 악마 · 신령 · 혹은 어떤 초자연적인 힘에 의해 발병한다는 중세기의 오랜 관념을 반박하면서 대두된 것으로, 초기에는 질병모형으로 불렸다. 그러나 그후에 심리적 원인론을 주장하는 정신분석학의 발달에 영향을 받아 점차 의료적 모형으로 불리게 되었다.

의료적 패러다임에서 이상행동이란 정상에서 벗어난 행동이며, 이는 곧 병적인 행동으로 간주되어 실제로 개인에게 나타나는 증상에 따라 병을 분류하고 진단한다. 또한 이상한 행동을 보이는 자는 환자로 규정되고 이 환자들은 병원이라는 곳에 입원하거나 통원을 하면서 치료를 받게 된다. 이때, 치료의 근본적인 목적은 이상한 행동 혹은 병적인 행동을 변화시키는 것이다.

또한 의료적 패러다임이 갖는 기본 가정은 심리적 · 정신적 역기능과 신체적 역기능의 발달 · 특성 · 그리고 치료적 유사성에 대한 믿음이다. 다시 말해서 첫째, 모든 질환에는 분명한 원인과 경과, 그리고 결과가 있다고 가정한다. 둘째, 모든 질환에는 항상 어떤 기질적인 원인이 있다고 가정한다. 셋째,

비록 심리적 기능장애라고 하여도 신체적 질환과 유사하게 개념화한다. 넷째, 질환은 환자 자신과는 상관없이 발병되고 의학적 훈련을 받지 않은 사람은 치료할 수 없다고 주장한다. 다섯째, 질환은 문화에 따라 증상이 달리 나타날 수 있으나 핵심적인 질환과정은 보편적이고 문화적인 차이가 없다는 것이다(김영환, 1989: 92). 그러므로 의료적 패러다임에서는 정신질환과 신체질환이 갖는 고유한 특성이나 차이를 충분히 고려하지 않는다.

이러한 패러다임에서 볼 때, 도움이 필요한 대상은 이미 심각한 정신질환에 걸려 스스로 혹은 가족 차원에서 대처하기 힘든 상황에 처한 사람들이며, 치료는 정신건강의학과의사가 중심이 되어 이루어진다. 치료방법에는 약물요법, 전기충격요법, 심리정신치료, 뇌수술 등이 있으며, 치료는 증상제거 또는 증상 완화에 치중하기 때문에 사회복지사를 비롯한 다양한 전문가들의 참여가 근본적으로 제한되는 특징이 있다(Olsen, 1983: 85-86). 이러한 패러다임이 지배하는 현장에서 일하는 정신건강사회복지사들은 주로 정신건강의학과전문의의 진단 및 치료활동을 지원하는 역할을 담당하며, 치료시설 내에서 환자 및 가족을 원조하는 활동에 치중하게 됨으로써 지역사회를 대상으로 광범위한 사회환경적 접근을 강조하는 사회복지전문직의 정체성이 약화될 가능성이 있다. 정신건강사회복지사의 주요 서비스는 정신질환자 재원 프로그램의 수행, 정신질환의 원인 또는 치료에 관련된 사회력과 가족력 조사, 임상사회사업지도, 가정방문 및 가족상담 등이 주를 이루고 있다. 또 요양시설에서는 요양보호, 일상생활훈련, 작업치료, 직업재활, 치료공동체 운영, 공공부조서비스와 관련된 업무를 담당하고 있다.

의료적 패러다임은 오랫동안 정신건강 분야에 긍정적인 기여를 해온 것이 사실이다. 그러나 한편으로는 많은 사람들로부터 비판을 받아왔다. 비판의 요지는 의료적 패러다임만으로는 복잡한 정신장애를 충분히 설명할 수 없다는 것이다. 즉, 정신질환을 마치 신체질환과 같이 진단하고 치료하는 접근은 한계가 있으며, 정신질환에 영향을 미치는 것으로 알려진 사회 · 환경적 요인을 근본적으로 간과하고 있다는 지적이다. 지금까지 논의되어 온 의료적 패러다임의 한계를 몇 가지로 제시하면 다음과 같다.

첫째, 의료적 패러다임이 갖는 근본 목적의 한계를 지적할 수 있다. 정신장애를 질병으로 과학화시키려는 정신의료계의 오랜 노력은 증상조절 중심의 치료방법을 공식화하는 데는 소기의 성과를 거두었지만 정신장애의 근본 원인을 규명하는 작업은 성공적이지 못하였다. 이는 의료적 패러다임이 생물학적 요인에만 치중한 나머지 정신장애의 또 다른 근원일 수 있는 사회환경적인 요인을 무시함으로써 처음부터 이론상의 한계를 갖고 있었다는 것이다.

둘째는 정신장애와 관련된 다양한 비생물학적 요인들에 대한 강조이다. Szazs(1961)는 대부분의 정신증상은 신경계의 이상 없이 나타날 수 있는 하나의 의사소통방법일 수 있고, 의사소통은 항상 사회적이고 윤리적인 맥락과 관련되어 있으므로 치료도 그러한 맥락에서 이루어져야 한다고 하였다. 또한 환자는 자신의 행동을 변화시켜야 하는 이유와 방향성을 결정해야 할 권리가 있고 자신의 결정에 책임질 수 있어야 한다. 그리고 정신장애는 자신이 어떻게 살아야 할지에 관한 갈등의 표현이거나 생활의 문제일 수 있기 때문에 질환으로 보기 힘들다고 주장하였다.

셋째는 정신질환에 대한 진단체계의 부적절성을 지적할 수 있다. 의료적 패러다임에서는 어떤 장애든지 특수한 병리와 치료를 강조하기 때문에 임상에서 진단이 차지하는 중요성은 매우 크다. 진단은 주로 환자가 나타내는 증상을 바탕으로 공식화된 진단체계를 활용하여 이루어지기 때문에 이를 사용하는 사람의 주관적인 판단 여하에 따라 그 결과가 달라질 수 있다. 또한 진단받은 사람은 그것으로 인해서 오명(labeling)과 차별(stigma)을 받을 수 있다. 또한 병원중심의 의료세팅(setting)에서 훈련된 정신과의사중심으로 이루어지는 임상치료를 강조하기 때문에 환자들이 진단과 치료를 위해 시간과 비용을 많이 소요하게 된다.

넷째는 의료적 패러다임이 증상지향적, 치료중심적이기 때문에 예방과 재활을 소홀히 취급한다는 점이다. 특히 자본주의사회에서 정신건강의 문제를 자유시장체제에 맡겨 둘 경우 예방과 재활은 소홀히 취급될 수밖에 없는데, 그 이유는 전문기술이 강조되는 의료직의 관점에서 볼 때 사회적 부담이 큰 예방과 재활보다는 이익(interests)을 추구할 수 있는 치료에 집중하려 하기 때문이다.

그러나 이상과 같은 한계에도 불구하고 의료적 패러다임은 정신질환자들에게 긍정적인 효과를 가져다주었다. 그 대표적인 것이 약물치료인데, 예를 들어 1950년대 말에 발견되어 사용되기 시작한 항정신성약물은 많은 정신질환자들에게 장기적인 치료시설에서 벗어나 지역사회에서 정상적으로 살아가는 데 결정적인 도움을 주었다(김규수, 1999: 48; 양옥경, 1991: 67). 또한 의료적 패러다임은 중세기에 정신질환자에 대해 비과학적 · 처벌적 · 주술적으로 접근하려던 분위기를 바꾸어 이른바 '치료'라는 용어를 사용하는 계기를 제공하였다. 이외에도 정신질환의 원인규명 및 치료에 있어서 정신의학을 의학계의 독자적인 영역으로 구축했다는 의미가 있다.

### 3) 재활적 패러다임

정신장애인의 사회복귀란 저들이 정신병원에서 지역사회로 돌아오게 하는 것으로서, 지역사회로 되돌아올 수 없는 상황을 제거하거나 변화시키는 노력이 전제되어야 한다. 정신장애인은 정신질환으로 인해 생각과 느낌, 행동이 병리적 증상을 가지고 있다가 질병의 증상이 없어진 후에도 질병 이전의 상태로 복귀하지 못하게 된 사람들이다. 이들은 질병으로 인한 사회적 기능이 손상되었거나 저하된 사람들이기 때문에 손상된 사회적 기능을 최대한으로

회복시켜 주어야 하고, 또 어쩔 수 없는 장애라면 그 장애를 가지고 사회생활을 할 수 있도록 도와주어야 한다.

재활적 패러다임(rehabilitative paradigm)은 앞에서 고찰한 의료적 패러다임의 한계를 극복하기 위해 등장한 다양한 대체모델에 기반하고 있다. 이는 종래의 증상지향적, 치료중심적 접근에서 벗어나 환자들이 거주하고 있는 지역사회 내에서 예방 및 사회복귀의 기능을 강조하며 나아가 전체 지역주민의 정신건강을 향상시키는 데 중점을 둔다. 이러한 측면에서 재활적 패러다임은 지역사회를 기반으로 이루어지는 다양한 정신건강활동을 뒷받침한다고 볼 수 있다.

역사적으로 이 패러다임이 발전하게 된 배경은 항정신병 약물의 개발과 새로운 치료기법의 발달에서 찾을 수 있다. 또한 정신질환에 영향을 미치는 사회적 사실들의 발견으로 인해 정신질환은 단지 개인이나 가족단위의 대처 혹은 의료적 대처만으로는 힘든 사회문제라는 인식에서 비롯되었다. 이러한 맥락에서 정신장애의 개념도 단지 병리적 증상으로만 규정되지 않고 스트레스, 역기능, 생활상의 위기, 그리고 상황적 압력과 같은 보다 확대된 개념으로 이해된다(Meenahan & Washington, 1980: 198-199).

재활적 패러다임에서 정신질환은 개인 및 집단과 환경 간의 상호작용적 시각에서 발생하는 것으로 간주한다. 즉, 정신적 역기능은 사회적 스트레스가 개인의 대처능력과 이용가능한 지지자원을 무력하게 만드는 상황에서 발생한다. 그리고 개인의 문제는 자신만의 문제가 아니라 이들을 둘러싸고 있는 가족, 친구, 직장동료, 사회제도 및 조직과의 상호작용의 산물이다. 따라서 개입의 대상도 의료적 패러다임과는 달리 개인뿐 아니라 사회환경 및 이들 간의 관계로 확대되고 개입방법도 병리적 이상행동의 변화보다는 개인의 대처능력을 강화하고 사회적 지지자원을 동원하고 사회환경을 조정하고 변화시킴으로써 사회에 적응하도록 돕는다(박미은, 1991: 89-90). 따라서 이러한 활동들을 효과적으로 수행하기 위해서는 정신과의사뿐만 아니라 사회복지사를 비롯한 다양한 전문가들의 역할이 중요시된다.

정신장애인을 돕기 위해서 정신건강사회복지사들은 종래에는 주로 정신병원 위주의 치료시설에서 환자들의 정서적이고 환경적인 요인의 통제와 사후 보호서비스에 관한 역할을 담당하였다. 하지만 1960년대 이후부터 전개된 지역사회정신건강 운동의 결과로 자문, 교육, 상담과 같은 예방활동과 각종 집단활동, 그리고 지역사회 조직과 계획 등에서 그 역할을 확대하였다. 이는 사회복지사들이 전통적으로 지역사회조직과 행정, 계획, 그리고 다양한 클라이언트 집단과 일해 온 경험과 능력이 뒷받침되었기 때문이다(Taylor & Robert, 1985: 285-87).

의료적 패러다임이 지배했던 기존의 정신의료환경에도 지역사회를 중심으로 한 재활적 패러다임의 영향은 가시적으로 나타났다. 먼저 병원에서는 개방병동제(open-ward system), 치료적 공동체(therapeutic community), 집단치료 및 집단활동이 활발해지고, 입원기간도 가능한 한 최소화되고 있다. 입원치료를 받은 환자들의 지역 내 적응을 도와주기 위해서 중간의 집(half-way house)과 밤병원과 낮병원 등의 부분입원제도, 환자전용호스텔, 공동아파트 및 각종 거주시설들이 생겨났다.

또한 환자들의 생활문제를 상담해 주고 간단한 치료를 제공하는 주간보호센터와 위기개입센터, 환자전용의 전화상담, 방문제도가 생겨났다. 퇴원한 환자들의 사회복귀를 촉진하고 직업재활을 돕기 위해서 공동작업장과 직업훈련소가 마련되고, 환자와 가족의 권리를 확보하기 위한 자조모임도 활성화되었다. 예방 차원에서는 정신건강과 관련한 각종 자문과 교육활동, 그리고 최근 약물남용과 성문제, 폭력문제를 다루기 위한 예방 프로그램들이 확대되고 있다.

이와 같이 지역사회를 실천환경으로 하는 재활 패러다임은 다음과 같은 일련의 변화가 있었기 때문에 가능했다(양옥경, 1996 : 28-29).

첫째, 치료 장소의 이동이라는 변화를 들 수 있다. 과거의 경우와는 달리 정신장애인은 구속이나 규제가 거의 없는, 일반인과 마찬가지로 생활할 수 있는 자유롭고 친근한 '최소한의 규제(least restrictive)'가 보장되는 지역사회에서 치료를 받게 된 것이다.

둘째, 정신장애 정의의 변화를 들 수 있다. 정신질환의 발병이론을 과거에는 개인의 정신병리에 근거하였다면 이제는 그 보다 '환경 속의 개인(person in environment)' 또는 '상황 속의 개인(person in situation)'으로 관점의 초점을 돌리고 있다는 점이다.

셋째, 정신건강의 개입대상이 환자와 가족은 물론 환자의 주위 환경과 사회 전체에까지 확대되었다는 점이다.

넷째, 개입의 내용도 확장되어 이제까지 행해 왔던 정신증상의 치료에서 더 나아가 지역사회에 사는 모든 개인의 정신건강증진과 정신장애로부터의 예방으로 확장되었다.

다섯째, 치료접근방법이 체계론적 접근으로 변화하였고, 대단위 정신병원의 장기입원치료가 지역사회에서의 단기치료, 통원치료, 위기개입, 지지상담, 교육, 그리고 각종 기술훈련을 포함하는 재활서비스 등으로 다양해졌으며, 주거제공, 생계보조, 연금제공과 같은 복지적 요소들도 포함되었다.

여섯째, 정신건강영역의 전문인 범주도 다양해져서 의료적 패러다임에서는 주로 정신건강의학과전문의가 중심이 되어 이루어지지만 재활 패러다임에서는 정신건강의학과전문의를 포함한 정신건강사회복지사, 정신건강간호사, 정신건강임상심리사, 정신건강작업치료사 등의 다학제간 팀이 포함되었다.

마지막으로 개입의 목적이 확대되었다. 의료적 패러다임에서는 환자의 질병에 대한 원인규명 혹은 증상제거에 치중하였으나 재활 패러다임에서는 손상된 기술의 재활과 삶의 질을 향상시키는 데 목적을 두게 되었다.

이러한 재활적 패러다임을 주도했던 이념적 배경은 1960년대 이후 등장한 지역사회정신건강이다. 이것은 과거 정신병원에의 수용주의(custodialism)와 다양한 치료적 이념(ideology)의 한계를 보완한 것으로서, 정신건강영역에서 지금까지 광범위한 영향력을 행사하고 있다.

지역사회를 배경으로 하는 정신건강 패러다임은 기존의 정신건강영역과 범위를 확대시키고 정신질환자들의 권익과 삶을 질을 한 단계 끌어올렸다는 점에서 성과를 거두었다고 할 수 있다. 또한 정신질환에 미치는 사회환경적 요인을 강조함으로써 환자와 가족의 대처를 뛰어넘어 사회적 개입의 필요성과 정당성을 제시해 주었다. 그뿐만 아니라 정신건강은 의료적 치료만이 아닌 사회적 예방과 재활, 그리고 정신건강의 증진을 통해서 가능하다는 점을 보여주었다는 의미가 있다.

사회복지적 측면에서도 의료적 패러다임이 지배하는 환경보다는 재활 패러다임이 주도하는 환경에서 사회복지의 전문성이 더욱 발휘될 수 있다. 그 이유는 정신건강사회복지는 일차적으로는 정신장애인과 가족, 그리고 나아가서는 지역 전체를 대상으로 한 사회환경적 접근, 즉 환경 속의 인간이라는 체계적 접근을 강조하기 때문이다. 그러나 최근에는 병원중심의 정신의료적 환경에서도 병실을 개방한다든지 다양한 심리사회적 재활 프로그램을 실시하고 퇴원계획이나 사후관리 프로그램을 시도하는 등의 의료적 패러다임의 한계를 뛰어넘으려는 노력을 하고 있기 때문에 앞으로는 의료와 사회재활 영역의 중첩이 더욱 확대될 것이다.

### 4) 사회통합적 패러다임

정신장애인의 사회통합이란 그들이 지역사회로 복귀하여 사회의 한 구성원으로 어우러져 살아가는 상태를 의미한다. 사회통합적 패러다임(social integrative paradigm)이란 정신장애인과 그 가족들이 지역사회에서 정신기능상의 장애로부터 오는 일정 정도의 고통이 있을지라도 이를 극복하고 공동체의 일원으로서 인간적이며 독립적인 생활을 영위할 수 있도록 사회적 장애를 최소화하고 정신장애인의 사회적 참여를 가능하게 하는 환경을 조성하자는 이념에서 찾아볼 수 있다.

지금까지 '정신질환자는 합리적 선택을 할 수 없다'는 것과 '정신질환자는 정상적인 주택관리, 직업생활 및 사회적 관계를 유지하는 데 너무 장해가 많다'는 의식이 일반 시민은 물론 정신건강 분야의 전문가 중에서도 찾아볼 수 있다. 이런 의식이 바로 정신장애인에 대한 낙인(stigma)이다. 이런 스티그마를 가지고 있기 때문에 현행의 정신건강체계가 생겼고 또 계속 유지되고 있는 것이다. 이 스티그마가 보호적이며 격리된 프로그램을 이끌어 내고 그 희생자에게 책임을 전가하였던 것이다. 정신장애인의 사회통합이란 이러한 스티그마를 해소시키는 의식구조의 개혁이 우선되어야 한다.

미국의 베스트셀러인 《사랑, 의학과 기적》의 저자인 Bernie Siegel은 "인간은 고통(pain) 없이 살 수 없다. 우리가 할 수 있는 것은 우리 인생에서 이 고통을 활용하는 방법을 선택하는 것이다"라고 말했다(Crowley, 2000: 2). 이 말은 정신장애인에게 정신기능의 장애로부터 으는 일정 정도의 고통이 있을지라도 이를 극복하고 자신의 삶을 영위할 수 있도록 개입하는 것이 필요하다는 생각을 이끌어 내게 하였다.

보스턴대학교 정신사회재활센터의 William Anthony 소장은 정신장애인을 돕는 것은 최소한의 손상(less impaired), 최소한의 능력장애(less disabled), 그리고 불이익(less disadvantaged)의 최소화를 도모하는 것만이 아니라 그들로 하여금 보다 의미 있고 만족한 삶의 목적을 가지게 하는 것이며, 보다 성공적으로 살며 만족을 느끼게 하는 것이라고 말했다(Crowley, 2000: 1).

정신장애인의 치료에 대한 열망(desire)은 다양한데 이 중 의료적 모델로

해결하는 데는 한계가 있다. 그리고 질병이나 장애상태의 회복에 초점을 둔 서비스는 과거 상태 정도 수준 이상을 벗어나지 못하는 한계를 지니고 있다.

지난 2000년 이후 미국 서부 지역 캘리포니아에서 대두된 정신건강서비스에서의 새로운 이념은 과거로의 복귀(recovery)가 아니라 미래로의 전진적 추구에 두고 있다. 그래서 미래를 향한 접근으로서 procovery란 생소한 단어까지 동원한 새로운 접근방법이 대두되었다. procovery란 용어는 사전에 없는 신조어이다. 영어사전에 covery가 포함되어 있는 단어는 discovery(발견), recovery(회복) 등이 있으나 procovery란 단어는 없지만 이 용어를 탄생시킨 Crowley는 're(다시)'라는 접두사 대신에 'pro(앞으로)'라는 접두사로 대치하여 그 의미를 부여함으로써 앞으로 다가올 여러 가지 사회적 불리에 대비하도록 하는 서비스를 제창하게 된 것이다.

Crowley(2000: 4-5)는 procovery의 의미를 "달성할 수 있다고 생각하는 건강의 수준과는 무관하게 생산적이고 만족한 삶에 이르는 것(대조, recovery, 이전 건강상태로의 회복)"[1]으로 정의하고 있다. 이런 의미에서 procovery는 희망에 기초를 둔 치유(healing)이며, 한 개인이 앞으로 나갈 수 있게 하는 일상의 실제적 방법에 근거한 접근이다. 저자는 procovery를 대비(對備)란 우리말로 번역하였다. 이는 대비란 말의 뜻이 '앞으로 있을 어떠한 일에 대응하기 위하여 미리 준비하는 것 또는 그러한 준비'를 의미하고 있기 때문에 가장 비슷한 말로 보았다(새우리말 큰사전, 1985).

대비(procovery)의 이념은 정신질환자가 전통적 회복의 의미에서 과거와 같이 돌아갈 수 없을 때, 그로 하여금 체계적 한계와 증상에 관계없이 가능성의 믿음을 가지고 그 길이 험난하고 멀다고 하여도 일상적인 개인의 활동을 통해 전진하게 할 수 있는 것이다. 여기에서 대비의 속성을 찾아볼 수 있다. 그것은

1) Attaining a productive and fulfilling life regardless of the level of health assumed attainable(vs. recovery, returning to a prior state of health)

① 미래지향적이고, ② 개인의 활동을 통하며, ③ 일상적 활동으로서, ④ 체계적 한계와 증상에 관계없이, ⑤ 난관이 있을지라도 가능성의 믿음을 가지고 접근한다는 점이다. 기존의 회복모델(recovery)과 대비모델(procovery)의 특성을 비교하면 〈표 1-4〉와 같다.

**표 1-4 회복모델과 대비모델의 비교**

| 구분 | 회복모델(recovery) | 대비모델(procovery) |
|---|---|---|
| 관점 | 질병(illness) | 생활(life) |
| 개입목적 | 과거 (건강)상태로의 회복 | 새로운 꿈을 가지고 새로운 목적을 찾게 함 |
| 방향 | 과거로 향함 | 미래로 향함 |
| 클라이언트의 이미지 | 환자(patient 또는 person with psychiatric illness) | 소비자(consumer) |
| 주요 과제 | 질병의 회복과 건강 | 독립생활의 영위 |
| 개입내용 | 적합한 치료 | 만성질병의 극복과 자립환경 조성 |

회복모델에서는 질병과 증상에 관심을 두고 과거 건강하던 상태로의 회복에 개입목적을 두고 있는데 반하여, 대비모델에서는 정신장애인의 생활에 관심을 두고 앞으로의 삶에 방향을 두어 새로운 꿈을 가지고 새로운 목적을 찾을 수 있도록 개입목적을 두는 것이다. 따라서 회복모델에서 주요 과제로 삼고 있는 질병의 회복과 건강을 위한 적합한 치료를 강구하는 대신, 정신장애인의 독립생활을 영위하기 위하여 만성질병의 극복과 자립생활환경의 조성을 위한 서비스를 추구한다. 이러한 접근방법은 궁극적으로 자신의 정신장애를 수용하고 주어진 지역사회에서 단지 특별한 조건을 가진 한 구성원으로 자신의 미래 삶을 살아가게 한다는 의미에서 사회통합적 패러다임에 부합되는 것이다.

이러한 대비모델은 각 개인의 길은 매우 독특하고 유일하다는 개별성(individuality)에 근거하여 구축되었다. 이 개념은 두 가지 중요한 의미를 가지고 있다. 첫째, 다양한 개인은 각각 다른 입장에서 나름대로의 독특한 방법으로 자신의 삶을 대비(procovering)한다는 것이다. 이 점에서 대비란 어떤 단계에서도 곧 시작할 수 있다는 철학을 발전시켰다. 둘째, 자신의 삶을 대비하는 정신은 두 사람을 동일하게 보지 않으며, 심지어 동일인이라도 과거와 현재, 미래를 동일하게 다루지 않는다는 것이다.

대비모델은 일상성(ordinary)에 기초하여 구축되었다. 정신병동에 있는 환자들은 그들의 일상생활에 대한 인간적 관심이 단순하게 결여되어 점점 활력을 잃어 간다. 이 접근방법은 정신장애인들로 하여금 현재의 작은 발걸음이 장차 커다란 차이를 가져오게 한다는 점을 강조하고 있다. 그러므로 이 접근모델은 하나의 목표이고 수단이며, 종착점이자 그곳에 이르는 과정이기도 하다. 그러므로 대비모델은 의료모델이나 재활모델이 아니며, 약물치료와 재활서비스를 위한 대체서비스가 아니다. 이는 어느 개인이나 어느 모델로도 적용할 수 있는 접근방법인 것이다.

오늘날의 정신건강서비스는 기존 시설격리의 폐단을 줄이고(탈원화), 정신장애인을 인도적으로 다루기 시작했으며, 사회적응과 재활을 강조하고 있는데 이는 그 궁극적 목표를 사회복귀에 두고 있기 때문이다. 정신장애인이 지역사회로 복귀하기 위하여 선결해야 할 과제는 신체적 증상조절, 사회생활에 필요한 기능 습득, 그리고 사회적 편견과 낙인으로 인한 소외 등의 제거이다.

정신질환의 발생이 정신장애인 자신만이 아니라 그들의 가족에게까지 사회적 기능 수행을 곤란하게 하는 영향을 주고 있기 때문에 정신장애인과 가족이 이러한 문제에 잘 대처해 나갈 수 있는 능력을 키워 주는 노력이 필요하다. 그러나 더 중요한 것은 정신장애인은 그들이 경험하고 있는 장애만을 가진 존재만은 아니라는 의식과 그들도 그들 나름대로의 삶의 방식을 가지고 자신의 독립적 인생을 영위할 수 있는 권리가 있다는 점을 인정하는 것이다. 그러므로 사회복귀에서 더 나아가 사회의 한 구성원으로 통합하는 목표는 정신장애인과 그들 가족의 변화만으로는 가능하지 않다. 왜냐하면 정신병에 대한 사회적 편견과 낙인은 지역주민의 의식구조와 문화양식이 관련되어 있기 때문이다.

그러므로 정신장애인의 사회통합을 위한 사회복지서비스는 신체적 질병의 관리, 사회적 기술이나 기능의 습득을 위한 훈련, 가족과 지역주민의 의식 변화를 위한 노력, 그리고 각 개인마다 가지고 있는 삶의 질 향상을 위한 노력 등이 포함되어야 할 것이다.

정신장애인의 사회복귀를 위한 재활과정은 의료적 모델에 기반을 둔 회복모델에서 진보하여 대비모델로 발전하고 있다. 이는 정신장애인의 심리사회적 기능의 장애를 극복하고 그들의 앞날을 위해 그들의 능력을 활용하여 자립생활을 도모하려는 새로운 원조의 접근방법이다. 정신장애인에게는 회복보다는 미래를 향한 전진을 위한 준비가 필요하기 때문이다. 그러므로 정신건강을 향한 사회복지실천에서 정신장애인에게 의존적 존재나 사회적 약자의 입장에서 원조하려는 자세보다는 새로운 타입의 독특한 사람으로 인정하고 그들의 입장에서 미래를 살아갈 수 있도록 희망을 주어야 할 것이다.

지금까지 설명했던 네 가지 패러다임에 입각하여 그 특성, 즉 대상인구집단별, 실천목적별, 실천환경 및 인력, 그리고 서비스별로 구분하면 〈표 1-5〉와 같이 요약 정리할 수 있다.

이러한 패러다임, 즉 예방적 패러다임, 의료적 패러다임, 재활적 패러다임, 그리고 사회통합적 패러다임은 서로 분리된 것이 아니며 상호 보완적 위치에 있다. 최근의 전반적 경향이 의료적 패러다임의 한계를 극복하는 재활적 및 사회통합적 패러다임으로 변하고 있는 것은 사실이지만 그렇다고 해서 지역사회정신건강을 강조하는 이 패러다임이 정신질환 문제에 대한 완전한 해답은 될 수 없다. 따라서 의료적 패러다임이 정신건강영역에 끼친 긍정적 성과와 의미는 소홀히 다루어져서는 안 되며, 환자를 보다 과학적으로 이해하려는 정신의학의 중요성도 계속 강조되어야 할 것이다.

**표 1-5** 정신건강서비스실천 패러다임

| 구분 | 예방 | 의료 | | 재활 | 사회통합 |
|---|---|---|---|---|---|
| | | 치료 | 요양 | | |
| 대상 | 시민 | 정신질환자 | 만성정신질환자 | 정신장애인 | 정신장애인/정신건강가족/시민 |
| 목적 | 정신건강 유지 | 정신질환의 치료 | 만성정신장애인 요양보호 | 정신장애의 극복 및 사회 재활 | 사회복귀, 독립생활 대비 |
| 실천 환경 | 정신건강 복지센터/지역사회복지관/상담센터 | 병 · 의원/정신병원 | 정신요양시설 | 정신재활센터/사회복귀시설 | 공동생활가정 자립생활지원시설/생산품판매시설/지역사회 |
| 실천 인력 | 정신건강 전문요원/사회복지사/간호사/행정공무원 | 정신건강의학과의사/정신건강사회복지사(의료사회복지사)/정신건강간호사/정신건강임상심리사/정신건강작업치료사 | (정신건강)사회복지사/간호사 | 정신건강전문요원/재활사회복지사 | 정신건강전문요원/사회복지사/자원봉사자/정신건강가족/시민 |
| 관련 전문직 | 예방의학/정신건강사회복지학/복지행정학 | 정신의학/간호학/심리학/정신건강사회복지학/의료사회복지/작업치료학 | 정신건강사회복지학/간호학 | 정신건강사회복지학/간호학/심리학/작업치료학 | 지역사회복지학/시민조직(NGO) |
| 주요 서비스 | 지역주민교육/정신위생운동/정신질환자 역학조사/정신건강상담 | 정신질환자재원 프로그램/사회조사/가족력, 사회력 조사/가정방문 임상사회사업지도 가족상담 | 재원 프로그램(일상생활기능 훈련, 작업재활, 요양)/공공부조서비스/치료공동체/자치회 | 사회기술훈련/사회적응훈련/직업재활훈련/사례관리/주거시설/가족회운영 | 사회적 낙인제거/정신장애인 옹호/인권보호/복지권운동/소비자운동/시민계몽 · 홍보 자조집단/정책활동 |
| 관련 서비스 | 아동학대/가정폭력/알코올 · 물질 남용 상담 | 질병관리/의료사회사업 | 부랑인보호/노숙자보호 | 정신장애인, 알코올중독자 주관보호 | 지역사회조직운동 |

출처: 유수현 (2007). p. 28.

끝으로 최근 지역사회를 기반으로 한 정신건강 패러다임의 한계로 지적되고 있는 체계적 지식기반의 부족, 전문직 간의 역할갈등, 프로그램에 대한 효과성 측정의 어려움, 그리고 지역사회자원 연계 및 통합의 어려움과 같은 문제들을 해결해 가는 노력이 지속적으로 필요하다.

## 3. 정신건강사회복지의 발달

이 장에서는 과거 정신질환 치료의 역사를 고찰하고 오늘날의 정신질환자의 사회복귀프로그램이 출현하기까지의 발달과정을 살펴보고자 한다. 특히 정신건강영역에서 사회복지사의 개입영역이 확대된 배경에 대한 이해를 넓혀 가고자 한다.

### 1) 정신질환자 치료의 역사

정신질환자를 대했던 태도나 치료행위의 역사를 원시시대부터 현대까지 살펴보고자 한다.

#### (1) 원시시대의 정신병에 대한 태도

원시시대에는 정신병이 신체 밖에 있는 악령이나 마귀가 신체 속으로 들어와 병이 생긴다는 생각을 하였다. 특히 자기와 관계가 깊은 사람의 영이 씌어 정신질환이 발병되었을 것이라고 생각했다. 이는 전생의 죄 때문에 천벌을 받는 것이라고 믿었다.

따라서 정신병의 치료는 ① 귀신 비슷한 것을 만들어 버리거나 부적을 사용하여 병을 치료하려 했고(同種治療), ② 굿이나 의식 또는 주문 등을 행했으며(exorcise), ③ 정신병자를 제물로 헌상하거나, ④ 매질을 하는 등의 행위가 주로 행해졌다.

### (2) 그리스 로마시대의 정신병에 대한 태도

그리스 로마시대의 정신병에 대한 태도는 Hipocrates, Galen, Weyer 등 학자들의 견해로 알아볼 수 있다.

우선 Hipocrates(B.C. 460~377)는 인간의 체내에 혈액, 담즙(black bile), 가래, 담 등과 자연계의 기후가 인간의 기질을 만든다고 생각했다. 따라서 정신병을 Mania, Melanchoria, Phrenitis, Epilepsy, Hysteria, Postpartum Psychosis(산후정신병), Paranoia 등으로 부르게 되었다.

로마인이었던 Galen(A.D. 130~200)은 Hipocrates의 전통을 이어받아 인간 전체를 과학적으로 신경계의 해부와 생리를 연구하여 "뇌는 영혼의 자리이다"라고 결론을 내렸다.

### (3) 암흑기인 중세기의 정신병에 대한 태도

중세기에는 기독교가 지배하던 시기로 악령론이 재출현하였다. 그래서 이 시기에는 정신질환을 악령에 의한 것으로 간주하여 정신병자들에게 매질이나 고문을 하고 화형, 교수형, 수장 등으로 처형을 하였으며 쇠사슬로 묶어 감금하기도 하였다.

그러나 이 시기에 현대 정신의학의 시조인 Johan Weyer(1515~1588)는 사랑으로 생긴 우울증(melanchoria)은 다른 사랑으로 대치해서 치료해야 한다고 주장하면서 수녀원의 정신질환자를 옛 애인에게 보내기도 했다. 또 18세기에 영국의 국왕 George 3세가 광적 흥분상태를 반복하자 Willis가 치료를 담당했는데, 이러한 일이 있은 이후로 정신병 환자의 대우가 개선되었다.

### (4) 현대 인도주의적 접근의 시대

프랑스의 Philippe Pinel(1745~1826)은 1794년에 Bicetre Hospital에 부임하여 정신질환자를 묶고 있던 모든 수갑을 제거시켰다. 그는 200명의 남성 정신질환자들이 수용되어 있는 동안 공기와 자유를 박탈당하는 것을 보고 친절과 이해로 환자들을 대하였다. 이러한 그의 수갑 제거와 인도주의적 태도가 성공하고 치료의 효과를 보았다. 이 방법은 여성 환자를 수용하고 있는 Salpetriere(살페트리에르)병원에 영향을 미쳐 그들도 풀어 주었는데, 여기에서는 Pinel의 수제자인 Esquirol이 수훈을 하여 업적을 남겼다.

그후에 영국의 Tuke는 York Retreat을 개원했고, 독일의 Fricke는 1793년에 친절한 치료를 시작했으며, 미국의 Benjamin Rush와 여교사인 Dorothea Lynde Dix(1802~1887)가 32개소의 정신요양소를 설립하였다.

### (5) 현대의 역동정신의학의 대두

현대로 들어와서 과거와는 달리 정신질환이 주위 사회환경과의 상호작용에서 나오는 힘에 의해 발생한다는 역동정신의학(dynamic psychiatry)의 개념이 대두되었고 정신의학자들이 출현하였다.

독일의 Emil Kraepelin(1856~1926)은 정신의학에 질서와 체계를 가져온 사람으로서 기술적 정신의학(descriptive psychiatry)에 공헌하고, dementia praecox(早期癡.)와 조울증(MDI)을 중요하다고 여겼다. 프랑스에서는 동물최면술(animal magnetism)로도 유명한 Anton Mesmer(1734~1815)가 나와 심리적 치료를 처음 시도하였다. 그는 특히 히스테리 환자를 잘 치료하였지만 프랑스에서 인정을 받지 못하였다. 또 영국의 James Braid는 최면술(hypnotism)이란 용어를 만들었고, Jean Martin Charcot(1825~1893)는 히스테리 환자에게 최면술을 걸어 발작을 일으키기도 했다.

이외에 Freud, Joseph Breuer와 같은 학자들이 등장하여 정신질환자를 상대로 정신분석적 심리치료를 시도하였고, 특히 Breuer는 최면술을 사용하였다.

## 2) 정신건강사회복지의 발달과 개입영역의 확장 배경

우리나라에서 정신건강영역에 사회복지사가 개입하기 시작한 것은 그리 오래되지 않았다. 한국전쟁 이후 1958년 성모병원에서 자살예방센터, 정신건강센터사업이 시작되었고, 국립정신병원에서 1962년에 사회사업가의 필요성을 인정하여 정신의료사회사업가를 고용하기 시작하였으며, 1963년 성모병원에 정신과 전담 사회복지사가 채용되었고, 1965년에는 세브란스병원에서 사회사업과가 설치되어 일반의료업무와 함께 정신과업무를 시작한 것이다.

그리고 1973년 의료법 시행령에서 사회복지사자격증 소지자를 두도록 규정함에 따라 여러 대학병원을 중심으로 정신의료사회사업가를 고용하기 시작하였다. 이는 종합병원 단위의 의료기관에 사회복지사자격증 소지자 채용의 의무가 입법화된 것에도 기인하지만, 1977년 의료보험의 확대 적용과 때를 같이하여 의료보험수가 청구기준에 '정신의학적 사회사업'이 포함됨으로써 정신의료사회사업가가 제공하는 서비스에 대해 의료수가를 산정할 수 있도록 의료보험 급여기준이 바뀐 것이 영향을 주었다.

종합병원에 고용된 사회복지사들의 상당수가 정신의료업무를 수행하게 되었으나 채용된 사회복지사들의 역할은 병원에 따라 매우 다양했다. 이는 임상팀의 리더인 정신과 팀장의 정신의학적 접근모델과 사회사업에 대한 역할 인식이나 기대에 따라 영향을 받았으며, 사회복지사 자신들의 교육 및 임상 훈련의 배경에 따라, 그리고 사회복지에 대한 뚜렷하지 않은 정체감이 영향을 주었던 것이다. 따라서 정신과의사나 간호사 또는 임상심리사와의 역할 혼돈으로 정신건강영역에서의 사회복지사의 고유 업무와 역할이 불투명해지거나 타 전문직과 역할갈등에 시달려 왔던 것이 그간의 현실이었다.

다른 한편 정신건강사회복지사의 개입영역의 발전과정을 보면, 초창기는 치료중심의 서비스영역에서 정신과의사의 지도감독하에 제한적으로 그들을 돕는 것에 지나지 않았으나, 점차 정신건강에서의 환경치료의 중요성에 대한 인식이 바뀌고, 의료보험수가제도 등이 생겨나면서 정신건강사회복지사들의 개입영역과 독자적 활동도 확대되기 시작했다. 이를테면 정신건강영역에서의 환경치료, 낮병원, 사회복귀를 위한 재활프로그램의 도입과 지역사회 정신건강프로그램의 발전에 따라 사회복지사의 개입영역은 점차 확대되었고 그 역할도 확고하게 발전하여 정신건강전문요원으로서 법적 인정을 받기에 이르렀다. 이러한 과정을 요약하면 다음과 같다.

1970년대 중반 이후 입원환자의 사회적 퇴행과 만성화를 예방하고 병실 내에서 사회치료를 실시함으로써 사회복귀를 준비하도록 돕는 환경치료가 광주의 천주의성요한의원에서 시작되었다. 1980년대 중반 이후 원주기독병원, 세브란스, 원호병원 등 몇몇 병원이 환경치료를 도입하면서 병실 내 다학제간 팀워크가 중요시되었고, 1990년대 들어서 용인정신병원, 고려대병원, 인천기독병원, 영남대부속병원 등이 잇따라 환경치료를 도입하면서 사회복지사의 역할이 보다 선명해졌다.

또한 1980년 이후 퇴원 후의 치료연속성이 약하고 높은 재발이 문제가 되면서 퇴원 후의 연속적 서비스와 사회적응력 강화 및 훈련을 위한 낮병원제도의 도입이 시도되고 자연히 사회치료가 강조되면서 사회복지사의 역할이 강화되었다.

1980년대 중반 이후 미국의 지역사회정신건강 접근법의 소개로 만성 정신장애인에 대한 지역사회 내에서의 예방과 재활프로그램에 대한 관심이 높아졌다. 1986년 지역사회에서는 처음으로 사회복지사가 중심이 되어 미국의 심리사회적 재활모델의 하나인 클럽하우스모델의 정신과 철학을 받아들여 '태화샘솟는집'을 개원하였다. 당시 퇴원 후 저렴한 비용으로 이용할 수 있는 재활시설이 없었던 터라 이 프로그램은 큰 호응을 얻었고 사회복지사들은 만성 정신장애인의 사회재활, 직업재활, 가족교육, 권익옹호 등에 주력하여 오고 있다.

또한 1990년 초반 사회복지학 교수와 정신건강사회복지사가 한국적 지역사회재활모델의 개발을 위해 시작한 한국정신보건복지연구소와 소수의 임상경험이 있는 사회복지사가 주축이 되어 사적인 재활프로그램으로 시작한 '석계나눔터' 등이 등장하기 시작하였다. 이처럼 사회복지사가 주축이 된 지역사회정신건강사업이 잇따라 시도되면서 정신질환자의 재활영역에서 사회복지사들의 전문직으로서의 역할이 부각되기 시작하였다.

그뿐만 아니라 1980년대 후반 세브란스병원 강화지역 정신건강복지센터의 시범사업에 사회복지사가 참여하게 되었고, 세브란스병원 정신과의사를 중심으로 시작된 포도나무프로그램과 1994년에 보건복지부가 주도한 지역정신건강 시범사업 등에 사회복지사가 팀의 일원으로 참여하면서 지역사회정신건강영역에서 사회복지사의 참여가 더욱 활발해졌다.

그리고 의료보험이 낮병원에도 적용됨에 따라 낮병원프로그램이 활성화되기 시작하여 사회복지사들이 다학제간 팀의 일원으로 참여하게 됨으로써 그 역할은 더욱 확대되었다. 또한 1995년 12월에 정신보건법이 제정되어 동법 제7조에서 정신건강사회복지사가 법적으로 정신건강전문요원으로 인정을 받아 그 역할은 제도적으로 더욱 확고해졌다. 최근 들어 활성화되고 있는 지역사회 정신건강복지센터, 중독관리통합지원센터, 자살예방센터 등에도 사회복지사들이 활발히 참여하고 있어 이 영역에서의 역할도 점차 중요해지고 있다.

## 3) 정신건강사회복지 전문단체의 출현

### (1) 한국정신건강사회복지학회(1993년 2월 13일)

#### ① 학회 발족의 동기

우리나라에서 정신보건사회사업학회의 태동은 대한의료사회사업가협회의 회원들 중 정신과영역에서 일하고 있는 소수의 정신의료사회사업가(최재명, 나동석, 전석균, 최인숙, 양승은)들이 1987년경부터 스터디그룹(정신의료사회사업연구회)을 만들어 정기적으로 모이기 시작하면서부터였다.

1981년 10월경부터 정신보건법의 제정 움직임이 의료계에서 대두되더니 1985년 9월 21일에 보사부공고 제85-53호로 정신보건법 입법예고를 하고, 11월 14일에는 국무회의에서 동 법안을 심의통과시켜 11월 22일에 국회에 제출했으나 11월 25일에 다시 보사부로 회부되었다. 그후 1986년 4월 30일에 보사부는 각 이익집단으로부터 의견을 수렴하였는데, 한국사회복지사협회도 동년 9월 6일자로 건의서를 제출했다. 당시 이 건의서는 정신의료사회사업가들이 주축을 이루어 작성되었던 것이다.

그러나 한국기독교교회협의회(KNCC) 등 18개 재야단체들은 정신보건법이 정치적 악용의 소지가 있다는 이유로 반대운동을 펴기 시작했다. 결국 정신보건법안은 ① 인권침해, ② 수용소의 양성화, ③ 정치적 악용가능성, ④ 국가비예산사업이라는 맹렬한 비판과 반대에 부딪혀 입법예고까지 되었으나 입법이 좌절되어 폐기되었다. 그후에 1990년대에 들어 정신보건법의 제정 움직임이 다시 활기를 띠기 시작하여 1992년에 입법예고되었다. 이 즈음에 정신의료사회사업가들은 이에 대처하기 위해 빈번하게 모임을 가졌다. 정신보건법은 과거의 비판을 보완하여 마침내 1995년 12월에 동법이 제정되었다. 이러한 시기에 정신건강영역에서 일하고 있는 사회사업가들이 그들의 전문적 지위와 서비스영역의 확립을 위하여 적극적으로 의견을 수렴하고 대처하는 등의 노력을 기울였다. 이러한 현실적인 과제를 다루는 가운데 정신의료사회사업가들이 자연스럽게 결속되는 동기가 무르익게 되었고, 정신의료사회사업가의 전문적 자질 배양과 전문성 인정의 필요성이 점증되기 시작하였다.

### ② 학회의 창립과 조직의 발전

앞에서 설명했듯이 대한의료사회사업가협회가 정신의료사회사업학회의 태동으로 전문영역에서 종사하고 있는 사회사업가들의 여론이 분화되기 시작하였다. 즉, 협회는 회원의 권익옹호를 위한 기능을 전담하고 학회는 전문적 학술활동과 교육수련의 기능을 맡도록 이원화되어야 한다는 여론이 대두되었던 것이다. 급기야 1992년 11월 22일에 박종삼 교수 등 30명의 사회사업가들이[2] 서울의 하얏트호텔에서 정신의료사회사업학회의 창립을 위한 발기인 모임을 가졌다. 그들은 발기취지문에서 다음과 같이 학회 결성의 의미를 밝혔다.

> "우리나라 정신의료사회사업의 실천, 교육 및 연구들은 임상실무자들과 교수들에 의해서 실행되어 왔습니다. 이러한 다양한 노력들이 정신의료사회사업영역에서의 발전을 초래하였다고 확신합니다만, 이

---

2) 박종삼, 김규수, 나동석, 김선희, 이영실, 권복순, 권진숙, 권지란, 김창곤, 김효순, 김혜경, 박미은, 박순자, 서규동, 서미경, 심보영, 안영실, 양승은, 오창순, 오현숙, 유재령, 윤명숙, 이봉원, 이영호, 전석균, 최송식, 최인숙, 최재명, 한인영, 현윤이 등 5명의 교수와 25명의 정신의료사회사업가들임.

제는 이 분야에 대한 학문적 연구 및 교육, 실천분야의 전문성을 유지하고 더욱 발전시켜야 할 시점에 와 있다고 생각합니다. 이러한 취지에 입각하여, 정신의료사회사업 전문성 증진과 보다 심도 있는 연구 및 교육훈련활동을 펼쳐 나가고자 한국정신의료사회사업학회를 결성할 것을 결의하는 바입니다.”

이렇게 발기인 모임을 가진 후 여덟 차례에 걸쳐 창립준비위원회를 소집하여 학회정관, 창립총회 및 세미나 행사 등을 계획하고 점검하였다. 그리하여 1993년 2월 13일(토)에 연세대학교 알렌관에서 한국정신의료사회사업학회 창립총회 및 세미나를 개최하였다. 이날 창립총회에서 대구대학교의 김규수 박사를 초대 학회장으로 선출하였다. 학회의 창립 이후 서울 · 강원, 인천 · 경기, 대구 · 경북, 부산 · 경남, 충청, 그리고 광주 · 전라 지역 등을 중심으로 전국에 6개의 지부학회를 조직하여 학회원의 관리는 물론 지역별 월례집담회와 연수교육을 실시하는 등 활발한 활동을 전개하여 나갔다.

이 학회는 1996년 11월 23일에 경주교육문화회관에서 가진 제3차 정기총회에서 제3대 학회장으로 유수현 박사를 선출하였고, 학회명칭을 정신보건사회사업학회로 개명하였으며, 동년 12월에 한국학술진흥재단에 학술단체로 등록을 하여 전문학회로의 면모를 세워나갔다. 그후 2006년 11월 10일에 있었던 정기총회에서 최송식 박사를 제7대 학회장으로 선출하였고, 학회명칭을 ‘한국정신보건사회복지학회’로 변경하였다가 현재는 정신건강복지법의 시행에 따라 ‘한국정신건강사회복지학회’로 개명하여 오늘에 이르고 있다.

정신보건법 시행령이 처음 발효된 이후 이 학회에서는 우리나라에서는 처음으로 1997년 7월에 정신건강사회복지사 수련제도를 실시하여 소정의 교육과 임상수련을 통하여 정신건강사회복지사들을 배출하게 되었다. 1998년 7월에 연간 150시간의 교육수련과 850시간의 임상수련을 수료한 제1기 수련생들은 2급 정신건강사회복지사 자격시험을 통과한 후 동년 9월에 2급 정신건강사회복지사 35명이 보건복지부장관 명의의 자격증을 발급받았고, 이후 매년 3월부터 익년 2월까지 이러한 수련제도가 시행되어 오고 있다.

#### ③ 학회의 주요 사업

이 학회는 창립 이후 ① 연 2회의 학술대회를 개최하고 있으며, ② 전국의 각 지부별로는 매월 월례학술집담회를 가지고 있고, ③ 연 2회의 정기적인 연수교육을 실시하고 있다. 그뿐만 아니라 ④ 슈퍼바이저 교육훈련(1996년 3월~4월)과 정신의료사회사업가의 자격시험(1996년 6월 6일)을 실시하였다. 그리고 ⑤ 1994년 10월에 〈정신보건과 사회사업〉이란 제호의 학회지를 창간하여 계속 발간하고 있으며, 이 학술지는 1999년 4월에 국제표준분류번호(ISSN 1229-3040번)를 부여받았고 2000년에 한국학술진흥재단에 등재후보지로 선정되었다가 2004년에 등재지로 선정됨으로써 권위 있는 학술지로 발전하였다. 또 ⑥ 정신건강사회복지사 수련제도를 확립하고 수련교육을 실시하여 보건복지부장관 명의의 정신건강사회복지사 자격을 취득시키는 등의 사업을 실시하여 오다가 현재는 한국정신건강사회복지사협회로 이 사업을 이관하였으며, ⑦ 정신보건법 제정과 시행령 및 시행규칙을 입안하는 등 정신건강정책의 수립과 시행에 적극적으로 참여하여 정신건강사회복지의 입장을 대변하고 있다.

### (2) 한국정신건강사회복지사협회(1997년 1월 11일)

#### ① 창립의 동기

우리나라에서 정신건강영역에 속해 있는 사회복지사들의 전문성 유지와 권익을 대변해 줄 만한 조직이 따로 없었기에 정신보건사회복지학회가 회원들의 권익옹호 차원에서 협회에서 해야 하는 사업도 맡아왔었다. 정신건강사회복지사협회의 창립 동기는 정신보건법 시행을 앞둔 1996년 당시의 상황과 무관하지 않았다. 당시의 상황은 보건복지부가 임의단체인 정신보건사회복지학회보다는 법인격을 가지고 있는 한국사회복지사협회를 대화의 통로로 삼았고, 그 결과 정신건강사회복지에 관한 정부의 공식적인 문서가 전달되는 과정에 여러 가지 애로사항이 있었다. 그런데 학회와 한국사회복지사협회와는 아무런 연결고리를 가지고 있지 않았기 때문에, 한국사회복지사협회와 연결할 수 있는 '정신보건사회복지사회'라는 조직을 필요로 했던 것이다. 따라서 학회 운영위원회의 발의에 의해 협회가 조직되었고, 당시의 학회 구성원들의 인식은 학회와 협회가 별개의 조직이라기보다는 두 얼굴을 가진 하나의 조직이라고 생각했었다. 이는 아래와 같은 협회의 창립취지문에 잘 나타나 있다.

> "…금년도부터 정신보건영역에 법으로 인정된 정신보건전문요원이 참여하게 되었지만, 앞으로 이들의 교육, 훈련 및 자격관리 등의 현안 과제들이 아직 명확하게 정리되어 있지 않아 우리의 결집된 의지가 더욱 필요할 때라고 여겨집니다. 이에 지난해 자격시험을 거쳐 1급 또는 2급의 자격증을 발급받은 전문정신보건사회복지사들을 회원으로 하는 한국사회복지사협회 산하의 전문단체를 결성하여 우리의 전문적 권익을 우리 손으로 지켜나가야 할 때가 된 것입니다.
>
> 새로 결성되는 우리는 한국사회복지사협회로부터 분리하기보다는 하나가 되어, 우리의 전문적 특성도 계속 유지하고, 대 정부 창구를 단일화하므로 전체로서의 사회복지사의 위상을 더욱 크게 세울 수 있다고 보는 것입니다.
>
> 한 가지 오해가 없기를 바라는 것은 한국정신보건사회복지사회(가

칭)가 기존의 한국정신보건사회사업학회와 대립되는 별개의 단체를 결성하는 것이 아니며, 우리의 모단체로서 다른 얼굴을 가지고 유기적으로 하나라는 점을 양지하시기 바라는 것입니다….”[3]

### ② 협회의 창립과 조직의 발전

한국정신건강사회복지사협회[4]는 1997년 1월 11일에 대전의 유성에서 정신건강사회복지학회원을 중심으로 창립총회를 갖고 초대회장으로 김규수 박사를 추대하였다. 그러나 초창기 협회는 조직력이나 재정 능력 등에서 독립적인 활동을 수행할 능력이 미흡했다. 또 구성원들도 대정부 대화의 창구 역할을 하며 발전과정에서의 운영의 묘를 살리고, 역량을 한곳으로 집결하여 정신건강사회복지에 관련된 일들을 효율적으로 감당하려고 했다.

그런데 이 두 조직(학회와 협회)의 구성원이 동일하여 회비의 이중부담 문제와 정신건강사회복지사의 교육 훈련에 관한 사업목적과 프로그램의 중첩 등으로 인해 혼란이 생기게 되었다. 따라서 학회와 협회 임원들이 동석한 회의에서 학회는 정신건강사회복지사 수련교육을 전담하고, 정신건강사회복지사의 자격을 취득한 다음부터는 협회가 자격유지를 위한 관련 업무를 관장하도록 하였으며, 회비부담을 줄이고 협회의 재정확보를 위하여 학회에서 예산지원을 하기로 하였다. 그러나 여전히 학술대회와 보수교육이 연계되어 실시되는 가운데 이 두 단체 간의 정체성에 대한 혼란이 계속되었다. 이러한 혼란을 막기 위해 1999년 4월에 있었던 정기총회에서 학회장이 협회장을 겸직하도록 하여 제2대 회장(유수현)부터 제3대 회장(권진숙)에 이르기까지 지도력을 단일화하여 한 지붕 두 가족 살림을 시도했었다.

---

3) 한국정신보건사회복지사회, 창립취지문(1997년 1월 11일).

4) 창립 당시(1997년 1월 11일)는 '한국정신보건사회복지사회'였으나 2001년 4월 28일자 총회에서 '한국정신보건사회복지사협회'로 개명하였다가 정신건강복지법의 시행에 따라 2017년부터 '한국정신건강사회복지사협회'로 개명하여 오늘에 이르고 있다.

이러한 흐름은 협회의 조직이 꾸준히 성장하면서 학회와 협회의 균형 발전을 위하여 두 단체의 기능을 분화하기로 하고 2003년 정기총회에서 학회장과 협회장 겸직을 마감하고 제4대 협회장으로 최재명 원장을 단독으로 선출하였다. 이후로 협회는 정신건강사회복지사들의 권익옹호와 자격관리 및 임상실천에 관련된 사업과 기능을 수행하며 연구와 교육에 비중을 두고 있는 학회와의 독립된 단체로서 발전하였다.

### ③ 주요 사업

정신건강사회복지사협회의 창립 이래 추진하여 온 주요 사업은 ① 정신건강사회복지사의 자격유지 관리업무, ② 정신건강사회복지사의 보수교육, ③ 중독전문사회복지사 자격관리 및 보수교육, ④ 협회원의 윤리와 권익옹호, ⑤ 조직관리, ⑥ 정신건강사회복지사 관련 정책의 개발 등이다.

첫째, 정신건강사회복지사의 자격유지 관리와 관련한 사업은 다음과 같이 발전하였다. 제1회 1급 정신건강사회복지사 자격고시를 2002년 6월에 실시하여 수련과정을 통해 2급 자격을 취득한 정신건강사회복지사들이 5년간의 임상경력을 쌓은 뒤 1급으로 승급시키는 업무를 시작하였다. 또한 2009년 1월부터 정신건강사회복지사 수련업무를 한국정신보건사회복지학회로부터 이관받아 추진하고 있다. 뿐만 아니라 2012년에는 정신건강전문요원 수련교재를 발간하여 수련교육의 질을 향상시키고 제도를 정착시켰다.

둘째, 정신건강사회복지사의 보수교육과 관련한 사업으로 2003년 11월부터 정신건강사회복지사들의 보수교육을 시작하여 매년 봄과 가을에 정기적으로 실시하고 있다. 특히 2007년 8월에는 한국정신보건사회복지학회와 한국정신재활시설협회의 공동주관으로 제11기 수련정신건강사회복지사의 집합이론교육을 실시하기도 했다.

셋째, 중독전문사회복지사 자격관리 및 보수교육과 관련하여 2012년 6월부터 중독전문사회복지사 1,2급 교육 및 자격시험을 실시하였으며, 2013년 7월에는 중독전문사회복지사를 대상으로 보수교육을 실시하기 시작했다.

넷째, 협회원의 자질 향상을 위하여 2007년 11월에 처음으로 정신건강사회복지사 해외연수를 싱가포르에서 실시하였다.

다섯째, 조직관리를 위해 2003년 11월에 뉴스레터 창간호를 발간하고, 협회 홈페이지를 개설하여(2004.2) 협회원의 활동을 공유하므로 조직을 강화시켜 나갔다.

또한 2004년 9월에 한국정신보건사회복지사협회의 로고를 제작하여 조직의 단합을 도모하였고, 2007년 5월에 제6대 박귀서 회장은 이 협회를 한국사회복지사협회의 전문사회복지사단체로 가입시켰으며, 2010년 2월에 대의원제도를 도입하여 133명의 대의원을 구성하여 전국 조직을 강화해 나갔다. 현재 이 협회는 서울, 강원, 경기, 인천, 대전충청, 대구경북, 전북, 광주전남, 부산경남울산, 제주 등 전국 10개 지역협회를 두고 있으며, 협회원은 2023년 11월 현재 총 6,187명이며, 이 가운데는 정신건강사회복지사는 아니지만 관련기관에 근무하는 일반사회복지사도 특별회원으로 포함되어 있다.

### (3) 한국정신건강전문요원협회(2000년 2월 28일)

정신건강전문요원에 포함된 세 전문직 단체는[5] 정책 건의, 수련교육과 업무수행 등에 있어서 공동보조를 맞추기 위하여 1996년 가을부터 협의체를 구성하여 활동하여 왔다. 그러다가 이 세 단체가 함께 참여하여 1999년 12월 7일 과천시민회관에서 열렸던 정신장애인재활적응훈련대회 및 재활프로그램경연대회를 계기로 정신건강전문요원협회의 결성 필요성이 대두되었다. 당시 세 단체의 대표[6]가 모여 협회를 법정단체로 결성하기로 하고 그 준비작업

5) 세 단체는 한국정신보건임상심리학회, 한국정신보건간호사회 그리고 한국정신보건사회사업학회를 말한다.

에 들어갔다. 그리하여 이듬해인 2000년 2월 28일에 성신여대에서 협회의 창립총회를 개최하여 '한국정신보건전문요원협회'를 공식 출범시키고 초대회장으로 유수현 박사를 선출하였다. 이 협회는 같은 해 4월 26일에 보건복지부로부터 사단법인으로 인가를 받아 법정단체의 면모를 갖추었다.

이렇게 창립된 이 법인은 정신건강임상심리사, 정신건강간호사, 정신건강사회복지사로 구성하여 활동해 왔으며, 2020년 이후 정신건강작업치료사가 포함되었다. 이 협회는 모든 회원의 의견을 수렴하여 공동업무를 보다 효율적으로 수행하고 정신건강전문요원의 양성과 정신질환자의 사회복귀 촉진 및 국민정신건강증진을 도모하는 데 목적을 두었다. 이 협회의 주요 사업은 다음과 같다. 즉, ① 정신건강전문요원 육성 및 자질개발 사업, ② 정신건강전문요원의 권익옹호, ③ 정신장애의 효과적인 예방, 치료, 재활을 위한 교육 및 연구사업, ④ 정신건강교육프로그램의 개발, 홍보 및 국제교류 사업, ⑤ 정신질환을 가진 자와 그 가족의 권리옹호와 자조활동 지원사업, ⑥ 정신질환을 가진 자에 대한 편견 해소를 위한 계몽 및 홍보사업, ⑦ 주무부 장관의 승인 또는 위탁을 받은 사업, 그리고 ⑧ 기타 협회의 목적에 부합되는 수익사업 등이 그것이다.

이 협회는 창립 이후 건강박람회정신보건축제(2000.6.), 재활프로그램 workshop(2000.10.), 정신장애극복재활대회(2000.11.), 사회적응훈련대회(2000.11.) 등을 매년 개최하였고, 정신보건 창간호 발간(2000.12.), 세계정신장애인가족협회 짐 크로우 회장 초청세미나(2001.11), 정신장애인인권토론회(2004.11.) 등의 활동을 전개하여 왔다. 그러나 2005년 이후 활동이 뜸하다가 다시 수련업무의 국립병원 위탁반대운동(2007)과 정신건강전문요원자격증 교부권한을 보건복지부장관으로부터 시 · 도지사에게 이양하려는 중앙행정권한의 일괄적 지방이

6) 한국정신보건임상심리학회장 김정규(성신여대 교수), 한국정신보건간호사회장 김수지(이화여대 교수), 한국정신보건사회사업학회장 유수현(숭실대 교수)

양을 위한 개정 법안의 반대운동(2010.4.)을 계기로 다시 흩어진 조직을 강화하고, 정신건강전문요원의 수련기관 평가인증 및 보수교육지침개발에 관한 연구 등을 수행하였다. 이 협회는 창립 초기에는 정신건강전문요원을 배출하는 세 개의 단체 회원으로 출발하였으나 후에 각 단체에 속해 있더라도 개인별 가입을 원칙으로 하면서 회원등록이 활발하지 못하였다. 보건복지부 자료에 따르면, 2023년 11월 현재 정신건강전문요원 배출현황을 보면 정신건강임상심리사가 3,586명, 정신건강간호사가 9,539명, 그리고 정신건강사회복지사가 6,187명, 정신건강작업치료사가 122명으로 총 19,434명에 달하고 있다.

### (4) 한국정신재활시설협회(2002년 3월 2일)

정신보건법의 제정 및 시행으로 인해 정신건강사회사업의 영역이 병원 중심의 활동뿐 아니라 지역사회에 기반을 둔 지역사회정신건강 활동으로 확장되기 시작하였다. 지역사회중심의 재활사업이 확충되는 과정에서 정신장애인의 사회생활 및 일상생활 영위를 돕고 사회복귀와 재활을 도모하는 정신재활시설들이 모여 협의회 활동을 시작했다.

이 협회는 1999년부터 자조적인 협의회 모임을 하다가 2002년 3월 2일에 정신질환 및 정신장애로 어려움을 겪고 있는 회원과 가족을 지원하는 정신재활시설과 시설 종사자들의 성장을 지원하는 데 목적을 두어 한국정신재활시설협회의 전신인 한국사회복귀시설협회를 설립하여(초대회장 이용표 박사) 보건복지부에 사단법인등록을 하였다. 2024년 현재 전국 13개 지방협회 산하에 294개 정신재활시설이 회원시설로 가입하여 활동하고 있다. 시설 유형은 ① 생활시설로 입소생활시설, 주거제공시설이 있고, ② 지역사회재활시설로 주간재활시설, 심신수련시설, 공동생활가정이 있으며, ③ 직업재활시설, 그리고 ④ 기타 시설로 중독자재활시설, 생산품판매시설, 정신질환자종합시설 등이 있다.

주요 사업으로는 회원시설의 권익옹호 및 지원활동, 정신건강의 현황과 문제점을 파악하여 정책제안 및 대안을 마련하고, 지방정신재활시설협회 순방 및 해외연수사업, 시설종사자의 인권교육과 우수프로그램의 보급, 춘 · 추계 컨퍼런스를 통한 교류사업 등이 있다.

### (5) 한국정신장애연대(2010년 5월 29일)

한국정신장애연대(Korean Alliance on Mental Illness: KAMI)는 정신장애에 대한 차별과 편견의 해소, 그리고 정신장애인, 환자와 가족의 삶의 질 개선을 위해 2010년 5월 29일에 창립되었다. 초대회장으로 김정진 박사가 선임되었다. 이 조직은 정신장애인 당사자와 가족, 친구, 전문가와 인권활동가, 일반시민, 정신건강전문가들이 연대하여 조직한 단체로서, 이용자, 가족, 전문가, 시민, 학생을 대상으로 한 교육훈련, 관련 인권단체와 연대하여 KAMI포럼, 상담, 자문 등 지원활동 및 향후 재단설립을 지원하는 KAMI컨벤션, 일상생활에 필요한 의사소통 능력과 상상력을 기르기 위한 홍보사업과 연구사업 등을 펼치고 있다.

### (6) 한국정신사회재활협회(1996년 1월 27일)

이 협회는 정신사회 재활치료를 통하여 만성 정신질환을 앓고 있는 정신장애인의 삶의 질을 향상시키고, 사회복귀를 증진하며, 또한 회원 상호간의 학문적 교류 및 발전을 도모하는 것을 목적으로 1996년 1월 27일에 설립된 비영리단체이다. 이 협회의 구성원은 정신건강의학과전문의, 정신건강임상심리사, 정신건강간호사 및 정신건강사회복지사들로서 약 170여 명의 정회원이 있다.

이 협회의 주요 사업은 다음과 같다.

① 포괄적인 정신사회재활 및 지역사회 지지 프로그램 개발을 위한 연구와 춘·추계 학술대회, ② 정신장애인의 사회복귀 및 재활서비스의 촉진을 위한 정책개발 및 연구 활동, ③ 정신사회재활에 관한 교육연구, 정신건강교육 프로그램의 개발과 홍보, 그리고 학술지 및 기타 간행물 발간, ④ 정신사회재활에 관여하는 국내외 전문가, 국제기구, 그리고 학회와의 상호협조 및 교류, ⑤ 정신장애인과 그 가족의 자조모임 결성을 지원하고, 정신장애인의 권리를 옹호하며, 정신질환에 대한 사회적 낙인을 불식시키기 위한 계몽사업 등이다.

# 02 chapter 정신건강사회복지의 법과 제도

1995년 「정신보건법」의 제정은 정신질환자에 대해서 정신의료기관과 정신요양시설에서 입원 및 격리를 위주로 하던 정신건강서비스의 전달이 지역사회중심의 재활 및 사회복귀를 도모하고자 하는 방향으로 정신건강서비스의 영역을 확대 · 재편되는 계기가 되었다. 그리고 2016년 기존의 「정신보건법」을 전부개정한 「정신건강증진 및 정신질환자 복지서비스 지원에 관한 법률」(이하 정신건강복지법)에서는 정신질환자의 범위를 중증정신질환자로 축소 정의하고, 전 국민 대상의 정신건강증진의 장을 신설하였으며, 비자의입원 · 퇴원 제도를 개선하고, 정신질환자에 대한 복지서비스 제공을 추가하는 등 「정신보건법」의 미흡한 점을 개선 · 보완하였다.

기존의 「정신보건법」은 총 6장 59조로 구성되어 있었으나 「정신건강복지법」은 제1장 총칙, 제2장 정신건강증진 정책의 추진 등, 제3장 정신건강증진시설의 개설 설치 및 운영, 제4장 복지서비스 제공, 제5장 보호 및 치료, 제6장 퇴원 등의 청구 및 심사 등, 제7장 권익보호 및 지원 등, 제8장 벌칙 등 총 8장 89조로 전부개정이 이루어졌다. 이에 본 장에서는 정신건강사업 추진과 관련된 법적 장치인 「정신건강복지법」과 그간의 주요 개정내용 및 정신건강서비스 전달체계를 중심으로 정신건강사회복지의 법과 제도에 대해서 살펴보고자 한다.

# 1. 정신건강에 대한 법적 배경

## 1) 정신건강복지법의 목적 및 기본이념

「정신건강복지법」은 제1조에서 정신질환의 예방 · 치료 · 정신질환자의 재활 · 복지 · 권리보장과 정신건강 친화적인 환경 조성에 필요한 사항을 규정함으로써 국민의 정신건강증진 및 정신질환자의 인간다운 삶을 영위하는 데 이바지함을 목적으로 한다고 밝히고 있다.

또한 제2조에서는 이 법의 기본이념을 다음과 같이 밝히고 있다. 먼저, 모든 국민은 정신질환으로부터 보호를 받을 권리가 있고, 모든 정신질환자들은 인간으로서의 존엄과 가치와 최적의 치료를 받을 권리가 있음을 천명하고 있다. 따라서 정신질환이 있다는 이유로 부당한 차별대우를 받지 말아야 할 것과 특히 미성년자인 정신질환자는 치료 · 보호 및 교육을 받을 권리가 보장되어야 함을 규정하고 있다. 그리고 정신질환자에 대해서는 지역사회중심의 치료가 우선적으로 고려되어야 하고, 자의입원이 권장되어야 하며, 입원 시에는 자유로운 환경과 의견교환의 권리 등이 보장되어야 하며, 자기결정권을 존중받아야 한다고 규정하고 있다.

## 2) 국가와 지방자치단체의 책무

「정신건강복지법」은 국가와 지방자치단체가 국민의 정신건강을 증진시키고, 정신질환을 예방 · 치료하며, 정신질환자의 재활 및 장애극복과 사회적응 촉진을 위한 연구 · 조사와 지도 · 상담 등 필요한 조치를 하여야 할 책무가 있음을 규정하고 있다. 또한 제4조에서는 정신질환의 예방 · 치료와 정신질환자의 재활을 위하여 정신건강복지센터와 정신건강증진시설, 사회복지시설, 학교 및 사업장 등을 연계하는 정신건강서비스 전달체계를 확립하고, 정신질환자 등과 그 가족에 대한 권익향상, 인권보호 및 지원서비스 등에 관한 종합적인 시책을 수립하고 그 추진을 위하여 노력해야 하며, 이들에 대한 모든 차별 및 편견을 해소하고 차별받은 정신질환자 등과 그 가족의 권리를 구제할 책임이 국가와 지방자치단체의 책무임을 명백히 규정하고 있다.

## 3) 정신건강복지법의 개정 과정과 그 내용

「정신건강복지법」은 2016년 5월 29일 전부개정된 이후, 여러 번의 개정 과정을 통해 그 내용이 변경되었다. 법제처가 정리한 주요 개정 내용을 살펴보면 다음과 같다.

### (1) 정신보건법을 정신건강복지법으로 전부개정 (2016. 5. 29. 법률 제14224호)

「정신건강복지법」으로의 전부개정 이유는 정신질환자의 범위를 중증정신질환자로 축소 정의하고, 전 국민 대상의 정신건강증진의 장을 신설하며, 비자의 입원ㆍ퇴원 제도를 개선하고, 정신질환자에 대한 복지서비스 제공을 추가하는 등 과거 정신보건법의 개선ㆍ보완 필요성 때문이었다. 그 주요 변경 내용은 다음과 같다.

가. 법률의 명칭을 「정신보건법」에서 「정신건강증진 및 정신질환자 복지서비스 지원에 관한 법률」로 변경함.
나. 법 적용 대상인 정신질환자의 정의를 '독립적으로 일상생활을 영위하는

데 중대한 제약이 있는 사람'으로 한정함(제3조제1호).

다. 정신건강증진의 장을 신설하여 일반국민에 대한 정신건강 서비스 제공 근거를 마련함(제7조부터 제18조까지).

라. 복지서비스 개발, 고용 및 직업재활 지원, 평생교육 지원, 문화 · 예술 · 여가 · 체육활동 지원, 지역사회 거주 · 치료 · 재활 등 통합지원, 가족에 대한 정보제공과 교육 등 정신질환자에 대한 복지서비스 제공 근거를 마련함(제33조부터 제38조까지).

마. 환자 본인 및 보호의무자의 동의로 입원을 신청하고, 정신과 전문의 진단 결과 환자 치료와 보호필요성이 인정되는 경우 72시간의 범위에서 퇴원을 거부할 수 있는 동의입원 제도를 신설함(제42조).

바. 보호의무자에 의한 입원 시 입원 요건과 절차를 강화하여 진단입원 제도를 도입하고, 계속 입원 진단 전문의 수 및 소속을 서로 다른 정신의료기관에 소속된 정신과 전문의 2명 이상(그 중 국공립 정신의료기관 또는 보건복지부장관이 지정하는 정신의료기관에 소속된 정신과 전문의가 1명 이상 포함되도록 함)으로 하며, 계속입원 심사 주기를 단축함(제43조).

사. 시장 · 군수 · 구청장에 의한 행정입원 제도 개선을 위하여 보호의무자에 의한 입원의 유형 중 하나인 시장 · 군수 · 구청장이 보호의무자가 되는 경우를 삭제하고, 경찰관이 행정입원 신청을 요청할 수 있는 근거를 마련하며, 행정입원 기간을 보호의무자에 의한 입원 기간과 같이 조정함(제44조 및 제62조).

아. 각 국립정신병원 및 대통령령으로 정하는 기관 안에 입원적합성심사위원회를 설치하여, 보호의무자 또는 시장 · 군수 · 구청장에 의한 입원의 경우 입원사실을 3일 이내에 위 위원회에 신고하도록 하고, 위원회는 입원의 적합성 여부를 1개월 이내에 판단하도록 하는 등 입원 단계 권

리구제 절차를 강화함(제45조부터 제49조까지).

자. 정신건강심의위원회의 결정 유형을 퇴원, 임시퇴원, 처우 개선 조치 외에도 외래치료명령 조건부 퇴원, 3개월 이내 재심사, 다른 정신의료기관 등으로의 이송, 자의입원 또는 동의입원으로의 전환 등으로 다양화함(제59조).

차. 입원 환자의 회전문 현상, 입원의 장기화, 반복되는 재입원의 문제를 통제하기 위하여 입원 · 퇴원 등과 관련된 관리시스템을 구축하도록 함(제67조).

카. 종전의 「정신보건법」상 정신질환자 범위 규정을 인용하고 있는 다른 법률의 경우에는 각 자격제도 등의 특성 및 법적 안정성을 고려하여 해당 법률의 규정이 개정되기 전까지는 종전의 「정신보건법」상 정신질환자 범위가 그대로 적용되도록 부칙에 경과조치 규정을 마련함(부칙 제7조).

## (2) 정신건강복지법 일부개정

• 국립트라우마센터 설치 및 운영 관련(2018. 3. 12. 법률 제15647호)

대형 재난이나 그 밖의 각종 사고로 인하여 정신적 충격을 받은 사람에 대한 체계적인 심리지원을 위해 보건복지부장관이 국립트라우마센터를 설치 및 운영할 수 있도록 하고, 동 센터에서 심리지원 지침의 개발 · 보급, 트라우마 환자 심리지원, 트라우마에 관한 조사 · 연구 및 관련 기관 간 협력체계 구축 등의 업무를 수행하도록 함으로써 국가 차원의 효과적인 트라우마 심리지원 체계를 마련하고자 하였다.

• 정신건강복지센터 활용 및 긴급전화 관련(2019. 4. 23. 법률 제16377호)

정신건강증진시설의 장은 정신질환자 등이 퇴원 및 퇴소 시정신질환자 등과 그 보호의무자에게 정신건강복지센터의 기능 · 역할 및 이용 절차 등을 알리도록 하고, 보건복지부장관 등은 수시로 신고를 받을 수 있는 정신건강상담용 긴급전화를 설치 · 운영하도록 근거를 마련하였다. 정신병적 증상으로 인하여 자해 및 타해의 행동으로 입원 등을 한 사람이 퇴원 등을 할 때 정신건강의학과 전문의가 치료가 중단되면 증상이 급격히 악화될 우려가 있다고 진단하는 경우 퇴원 등의 사실을 정신건강복지센터의 장에게 통보하기 위한 절차를 정하고자 하였다.

- 정신건강작업치료사 및 공립 정신병원 관련(2020. 4. 7. 법률 제17217호)

정신건강작업치료사를 정신건강전문요원에 포함시키는 한편, 공립 정신병원 운영의 전문성과 의료서비스 제공의 효율성을 높이기 위하여 공립 정신병원의 위탁 운영 근거를 명확히 하였다.

- 국가트라우마센터 심리지원 대상 확대 및 무연고자 재산처리 관련(2020. 12. 29. 법률 제17794호)

국가트라우마센터의 심리지원 대상을 트라우마 환자 외에 그 가족, 재난 · 사고의 현장대응업무 종사자로 확대하였고, 권역별 트라우마센터의 설치 · 지정 및 운영에 대한 근거를 마련하였다. 정신요양시설과 정신재활시설에 입소 중인 사람이 사망하고 그 상속인의 존부가 분명하지 아니한 경우 「민법」에 따라 사망한 사람의 재산을 처리하되, 무연고 사망자의 잔여재산이 일정금액 이하인 경우 시장 · 군수 · 구청장에게 잔여재산 목록을 작성 · 보고하는 것으로 그 재산의 처리를 갈음할 수 있도록 하였다.

- 응급입원 시 국가비용 부담(2021. 6. 8. 법률 제18224호)

정신질환자를 강제입원시키는 응급입원에 대해서 국가 또는 지방자치단체가 응급입원의 진단과 치료에 드는 비용의 전부 또는 일부를 부담할 수 있도록 하고, 조기치료가 필요한 정신건강상 문제가 있는 사람에 대하여 예산의 범위에서 치료비를 지원할 수 있도록 함으로써 응급상황에 대한 대응을 강화하고 정신질환의 만성화를 방지하고자 하였다.

- 우울 · 불안 · 고독 심리지원, 동료지원쉼터 및 절차조력인 제도(2024. 1. 2. 법률 제19902호)

  정신건강증진 및 정신질환자 복지서비스 지원에 관한 국가의 기본계획 또는 시 · 도 지역계획의 내용에 우울 · 불안 · 고독 등으로 정신건강이 악화될 우려가 있는 사람의 발견 및 정신건강 서비스 제공과 재난 심리지원이 포함되도록 하고, 실태조사 항목에 우울 · 불안 · 고독 등 정신건강 악화가 우려되는 문제를 포함하도록 하였다. 일시적 정신건강 위기를 겪는 정신질환자 등에 대하여 임시로 보호하면서 동료지원인 상담 등을 제공하는 동료지원쉼터에 대한 설치 · 운영 근거를 마련하였고, 정신질환자 등이 정신건강증진시설에 입원 · 퇴원 등을 할 때 정신질환자 등의 의사가 충실히 전달되고 반영될 수 있도록 절차조력인 제도를 도입하였으며, 동료지원인의 양성 및 활동지원 등에 대한 법적 근거를 마련하였다.

- 정신질환 보도에 대한 권고기준(2024. 1. 23. 법률 제20113호)

  보건복지부장관이 정신질환 보도로 인한 정신질환 및 정신질환자에 대한 편견과 차별 유발을 방지하기 위하여 방송 · 신문 · 잡지 및 인터넷 신문 등 언론에 대하여 정신질환 보도에 대한 권고기준을 준수하도록 협조를 요청할 수 있는 근거를 신설하였다.

## 2. 장애인복지법과 정신장애

### 1) 장애인복지법과 정신건강복지법

「장애인복지법」에서는 이 법의 적용 대상인 장애인을 법 제2조 제1항에서 주요 외부 신체기능의 장애, 내부기관의 장애 등 신체적 장애나 발달장애 또는 정신질환으로 발생하는 정신적 장애 가운데 하나에 해당하는 장애를 가진 자로서 대통령령으로 정하는 장애의 종류 및 기준에 해당하는 자로 규정하고 있다.

보다 구체적으로 「장애인복지법」 시행령은 '장애의 종류 및 기준에 따른 장애인'에서 정신장애인을 지속적인 양극성 정동장애, 조현병, 조현정동장애 및 재발성 우울장애, 지속적인 치료에도 호전되지 않는 강박장애, 뇌의 신경학적 손상으로 인한 기질성 정신장애, 투렛장애 및 기면증 등과 같은 장애·질환에 따른 감정조절·행동·사고기능 및 능력의 장애로 일상생활이나 사회생활에 상당한 제약을 받아 다른 사람의 도움이 필요한 사람으로 정의하고 있다.

또한 「장애인복지법」 시행규칙 제2조에서는 장애인의 등급과 관련하여 정신장애인을 1급부터 3급까지 구분하고 있으며 1급은 주위의 전적인 도움 없이는 일상생활을 해나가는 것이 거의 불가능한 사람, 2급은 주위의 많은 도움이 없으면 일상생활을 해나가기 어려운 사람, 3급은 간헐적으로 도움이 필요한 사람으로 정하고 있다.

한편 「정신건강복지법」에서는 정신장애에 대한 정의는 없고 정신질환자에 대해서만 정의를 내리고 있다. 즉 정신질환자를 '망상, 환각, 사고(思考)나 기분의 장애 등으로 인하여 독립적으로 일상생활을 영위하는 데 중대한 제약이 있는 사람'으로 한정하여 정의하고 있다. 이에 따라 정신질환자는 입원치료 등이 요구되는 중증환자로 그 범위가 축소되었으며, 외래치료로 일상생활이 가능한 경증 정신질환자는 이 범주에서 제외되도록 하였다. 이는 과거 「정신보건법」이 정신질환자를 폭넓게 규정함으로써 환자 상태의 경중도를 고려하지 않고 정신건강의학과 의사와 단순한 상담만 한 경우도 정신질환자 범주에 포함되는 문제점을 개선하고자 한 결과이다.

그런데 현재 정신질환과 정신장애라는 용어는 서로 혼용하고 있는 경우가 많다. 이는 정신질환이 신체질환에 비해 만성적 장애로 발전할 가능성이 높기 때문이며, 정신장애가 있는 경우에도 신체질환에서보다 질환(손상)이 지속적으로 동반되어 정신질환과 정신장애가 중복되어 있는 경우가 많기 때문이다. 즉 정신질환은 생물학적 · 심리적 병변으로 인하여 정신기능의 제 영역에서 병리학적인 현상이 진행된 질병의 개념을 강화시킨 용어라고 한다면, 정신장애는 정신적 손상에 의해 이차적으로 수반되는 일상생활 기능이나 사회생활기능에의 어려움이라 할 수 있다. 그리고 정신장애는 질병 자체의 활발한 진행 외에도 질병으로 인한 기타 기능의 파손까지를 포함하는 것으로, 질병의 증상이 없어진 후에도 질병 이전의 상태로 복귀하지 못하게 되는 경우가 여기에 해당된다(서동우 외, 1999; 문인숙 · 양옥경, 1991).

따라서 정신질환은 정신기능의 제 영역에 병리학적인 현상이 진행되는 것으로서 의료적 개입이 필요한 단계이지만, 정신장애란 질병 자체의 활발한 진행 외에도 정신적 손상에 의해 이차적으로 수반되는 일상생활 기능이나 사회생활 기능의 파손까지를 포함하는 것으로 정신사회재활서비스가 요구된다고 할 수 있다. 이는 정신장애인의 경우 질병의 증상이 없어진 후에도 독립적으로 질병 이전의 기능 상태로 복귀하기 어렵기 때문이다.

## 2) 정신장애의 판정

정신장애에 대한 생물학적 · 심리학적 및 사회학적 관점과 달리 「장애인복지법」상의 정신장애는 장애등급 판정기준에 따라 1년 이상의 성실하고 지속적인 치료 후에 호전의 기미가 거의 없을 정도로 장애가 고착되었을 때, 장애인등록 직전 1년 이상 진료한 의료기관의 정신건강의학과 전문의에 의해 장애진단 및 장애판정이 내려지게 된다(보건복지부, 2010). 정신장애의 장애등급 판정은 ① 현재 치료 중인 상태를 확인, ② 정신질환의 진단명 및 최초 진단시기에 대한 확인, ③ 정신질환 상태(impairment)의 확인, ④ 정신질환으로 인한 정신적 능력장애(disability) 상태의 확인, ⑤ 정신장애등급의 종합적인 판정의 순서를 따른다.

## 3. 국가정신건강정책의 방향성과 정신건강서비스 전달체계

### 1) 국가정신건강정책의 방향성

#### (1) 비전과 정책목표

2024년 기준 국가정신건강정책이 설정한 비전과 추진전략은 〈그림 2-1〉과 같다. 보건복지부의 국가정신건강정책이 추구하는 비전은 "마음이 건강한 사회, 함께 사는 나라"이며 이러한 비전을 달성하기 위하여 전 국민의 정신건강 증진, 정신의료 서비스/인프라 선진화, 지역사회기반 정신질환자의 사회통합, 중독 및 디지털기기 이용장애 대응강화, 자살로부터 안전한 사회구현, 정신건강정책 발전을 위한 기반구축 등과 같은 정책목표를 설정하였다. 그리고 이에 수반되는 21개의 전략사업들을 추진하고 있다.

| 비전 | 마음이 건강한 사회, 함께 사는 나라 |
|---|---|

↑

| 정책목표 | Ⅰ. 재난 심리방역을 통한 대국민 회복탄력성 증진<br>Ⅱ. 전 국민이 언제든 필요한 정신건강서비스를 이용할 수 있는 환경 조성<br>Ⅲ. 정신질환자의 중증도와 경과에 따른 맞춤형 치료환경 제공<br>Ⅳ. 정신질환자가 차별 경험 없이 지역사회 내 자립할 수 있도록 지원<br>Ⅴ. 약물중독, 이용장애 등에 대한 선제적 관리체계 마련<br>Ⅵ. 자살 충동, 자살 수단, 재시도 등 자살로부터 안전한 사회 구현 |
|---|---|

↑

| 정책목표 | 전략 |
|---|---|
| 전 국민 정신건강증진 | 1. 적극적 정신건강증진 분위기 조성<br>2. 대상자별 예방 접근성 제고<br>3. 트라우마 극복을 위한 대응역량 강화 |
| 정신의료서비스/ 인프라 선진화 | 1. 정신질환 조기인지 및 개입 강화<br>2. 지역 기반 정신응급대응체계 구축<br>3. 치료 친화적 환경 조성<br>4. 집중 치료 및 지속 지원 등 치료 효과성 제고 |
| 지역사회 기반 정신질환자의 사회 통합 | 1. 지역사회 기반 재활프로그램 및 인프라 개선<br>2. 지역사회 내 자립 지원<br>3. 정신질환자 권익 신장 및 인권 강화 |
| 중독 및 디지털기기 이용장애 대응 강화 | 1. 알코올중독자 치료 및 재활서비스 강화<br>2. 마약 등 약물중독 관리체계 구축<br>3. 디지털기기 등 이용장애 대응 강화 |
| 자살로부터 안전한 사회 구현 | 1. 자살 고위험군 발굴과 위험요인 관리<br>2. 고위험군 지원 및 사후관리<br>3. 서비스 지원체계 개선 |
| 정신건강정책 발전을 위한 기반 구축 | 1. 정책 추진 거버넌스 강화<br>2. 정신건강관리 전문인력 양성<br>3. 공공자원 역량 강화<br>4. 통계 생산체계 정비 및 고도화<br>5. 정신건강분야 전략적 R&D 투자 강화 |

〈그림 2-1〉 국가정신건강정책의 비전과 정책목표

출처: 보건복지부(2024). 정신건강사업안내. p.3.

### (2) 국가정신건강정책의 추진방향

앞서 제시한 국가정신건강정책의 비전 및 정책목표를 달성하기 위해 보건복지부에서 밝히고 있는 향후 추진방향은 〈그림 2-2〉와 같다. 즉 〈그림 2-2〉는 단계별, 대상자별 핵심과제의 완수를 통해 “마음이 건강한 사회, 함께 사는 나라”라는 비전을 달성하고자 하는 국가정신건강정책의 추진방향을 보여주고 있는데, 보건복지부는 정신건강정책 발전 기반 구축을 통한 국가책임과 공공성을 강화함으로써 전 국민의 전주기적 건강관리를 기하고자 하였다.

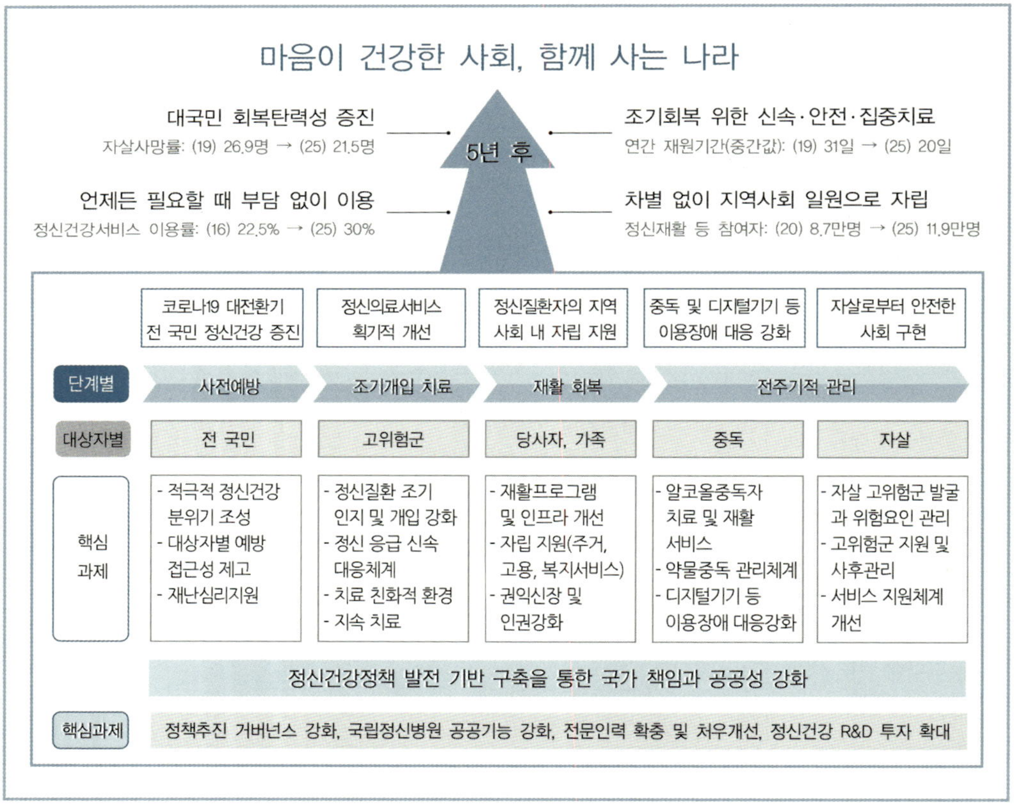


〈그림 2-2〉 국가정신건강정책의 추진방향

출처: 보건복지부(2024). 정신건강사업안내. p.4.

## 2) 정신건강서비스 전달체계

정신건강복지서비스는 예방, 치료, 재활 및 사회통합이 연속적인 스펙트럼 선상에서 진행되어야 한다. 이에 따라 정신건강복지서비스 전달체계는 보건과 복지의 상호연계를 기반으로 다양한 정신건강서비스 관련 기관들이 유기적인 관계 속에서 정신건강 문제를 다루고 있다.

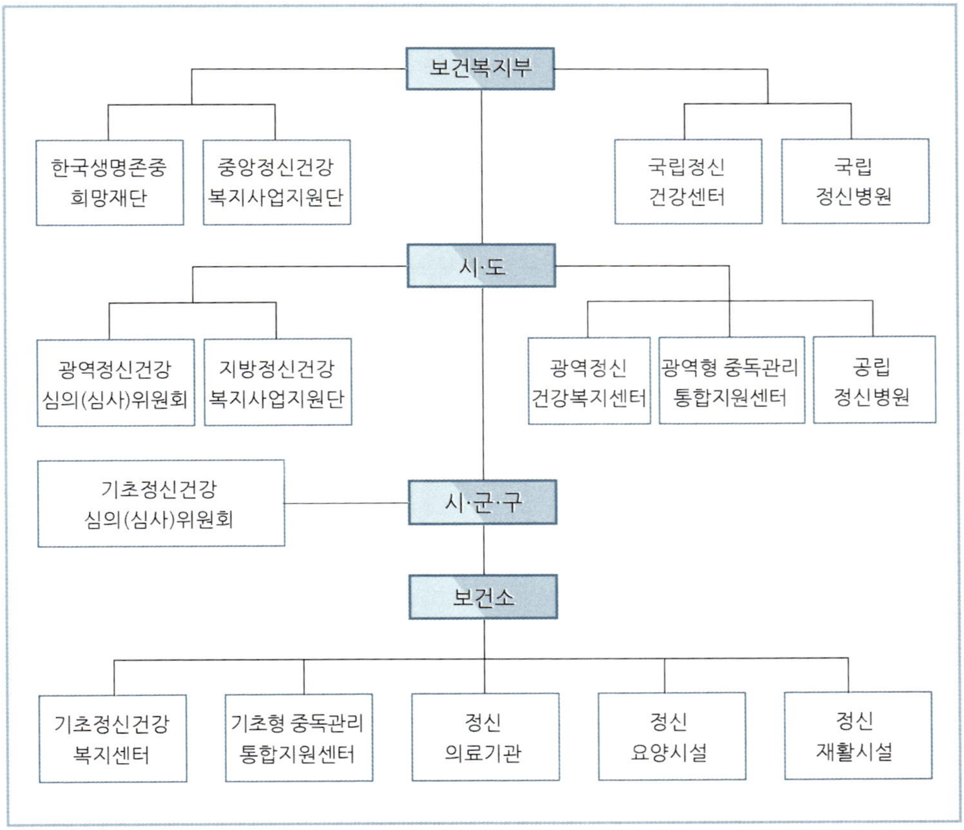


〈그림 2-3〉 정신건강서비스 전달체계

출처: 보건복지부(2024). 정신건강사업안내. p.6.

우리나라에서 정신질환자와 그 가족 및 지역사회를 대상으로 한 정신건강증진서비스는 보건복지부에서 총괄하며, 시 · 도를 거쳐 각 시 · 군 · 구 보건소 및 지역사회정신건강증진시설을 통하여 전달되고 있다. 이때 입 · 퇴원 및 처우개선 등과 관련해서는 정신건강심의(심사)위원회가 설치 · 운영되고 있으며 전체적인 정신건강증진사업체계는 〈그림 2-3〉과 같다.

### (1) 정신건강복지사업지원단

국가 및 지방자치단체에서 행하는 정신건강증진사업을 보다 전문적이고 효과적으로 수행하기 위해 보건복지부장관은 중앙정신건강복지사업지원단(중앙지원단)을, 각 시 · 도지사는 지방정신건강복지사업지원단(지방지원단)을 설치 · 운영하도록 하고 있다. 먼저 보건복지부장관은 전국 단위의 정신건강증진사업 등을 수행하고, 지방자치단체의 지역별 정신건강증진사업 등을 총괄 · 지원하는데, 이를 자문 · 지원하기 위해 보건복지부장관 소속으로 중앙지원단을 두고 있다. 또한 시 · 도지사는 관할 구역에서의 정신건강증진사업, 시 · 군 · 구 간 연계체계 구축 및 응급정신의료서비스 제공 등 광역단위의 정신건강증진사업 등을 수행하는데, 이를 자문 · 지원하기 위하여 시 · 도지사 소속으로 지방지원단을 둔다.

### (2) 입원적합성심사위원회

정신건강복지법 제43조 및 제44조에 따른 입원 등의 적합성을 심사하기 위하여 법 제21조에 따른 각 국립정신병원 등 대통령령으로 정하는 기관에 입원적합성심사위원회를 두며, 위원회는 입원심사소위원회를 둔다. 입원적합성심사위원회 및 입원심사소위원회는 월 1회 이상 회의를 개최하여 입원적합성을 심사하고 심사결과를 정신의료기관 등의 장에게 서면으로 통지하도록 하고 있다. 이에 따라 입원 등의 부적합 통지를 받은 정신의료기관 등의 장은 해당 입원 등을 한 사람을 지체 없이 퇴원 등을 시켜야 한다.

### (3) 정신건강심의위원회

시 · 도지사와 시장 · 군수 · 구청장은 정신건강에 관한 중요한 사항을 심의 또는 심사하기 위하여 시 · 도지사 소속으로 광역정신건강심의위원회를 두고, 시장 · 군수 · 구청장 소속으로 기초정신건강심의위원회를 둔다. 다만 정신의료기관 등이 없는 시 · 군 · 구에는 기초정신건강심의위원회를 두지 아니할 수 있다. 광역정신건강심의위원회에서는 정신건강증진시설에 대한 감독에 관한 사항, 재심사의 청구 등을 심의 또는 심사하며, 기초정신건강심의위원회는 입원 등 기간 연장의 심사 청구, 퇴원 등의 사실 통보 여부 심사, 퇴원 등 또는 처우개선이 심사 청구, 입원 기간 연장의 심사, 외래치료 지원 등을 심의 또는 심사하게 된다. 한편 정신건강심의위원회는 정신질환자에 대한 인권침해 행위를 알게 되었을 때 국가인권위원회에 조사를 요청할 수 있다.

### (4) 정신건강심사위원회

정신건강심의위원회의 업무 중 심사와 관련된 업무를 전문적으로 수행하기 위하여 광역정신건강심의위원회 안에 광역정신건강심사위원회를 두고, 기초정신건강심의위원회 안에 기초정신건강심사위원회를 둔다. 정신의료기관 등에 입원 등을 하고 있는 사람 또는 그 보호의무자는 관할 특별자치시장 · 특별자치도지사 · 시장 · 군수 · 구청장에게 입원 등을 하고 있는 사람의 퇴원 등 또는 처우개선에 대한 심사를 청구할 수 있다. 특별자치시장 · 특별자치도지사 · 시장 · 군수 · 구청장은 심사청구를 받았을 때에는 지체 없이 그 청구 내용을 소관 정신건강심의위원회 회의에 회부하여야 하고, 정신건강심의위원회는 지체 없이 이를 정신건강심사위원회에서 심사하여 그 결과를 특별자치시장 · 특별자치도지사 · 시장 · 군수 · 구청장에게 보고하여야 한다. 정신건강심의위원회로부터 보고를 받은 특별자치시장 · 특별자치도지사 · 시장 · 군수 · 구청장은 심사 청구를 접수한 날부터 15일 이내에 퇴원 등 또는 임시퇴원 등 명령, 처우개선을 위하여 필요한 조치 명령, 3개월 이내 재심사, 다른 정신의료기관 등으로의 이송, 자의입원 또는 동의입원 등으로의 전환, 외래치료 지원, 입원 등 기간 연장 결정, 계속입원 결정 등 어느 하나에 해당하는 명령 또는 결정을 하여야 한다.

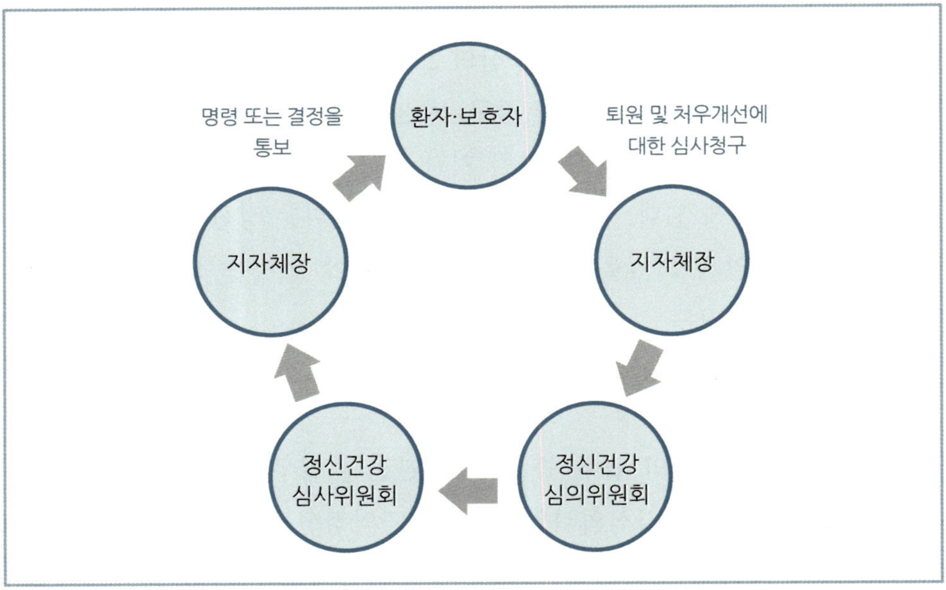


〈그림 2-4〉 퇴원·처우개선 심사의 청구 및 처리과정

## (5) 보건소

국가 및 지방자치단체는 보건소를 통하여 정신건강증진시설 간 연계체계를 구축하고, 정신질환의 예방과 정신질환자의 발견 · 상담 · 진로 · 사회복

귀훈련 및 이에 관한 사례관리 등 지역사회정신건강사업을 기획 · 조정 및 수행하고 있다.

### (6) 정신건강증진시설

지역주민들을 대상으로 한 전문적이고 효과적인 정신건강증진사업을 수행하기 위한 지역사회 정신건강증진시설들인 정신의료기관, 정신요양시설, 정신재활시설, 정신건강복지센터, 중독관리통합지원센터, 국가 · 권역 트라우마센터, 자살예방센터 등에 대해서는 제3장 정신건강사회복지의 실천현장에서 구체적으로 살펴보게 된다.

# 03 chapter
# 정신건강사회복지의 실천환경

## 1. 정신건강사회복지 실천대상 및 실천현장의 규모

### 1) 정신건강사회복지 실천대상의 규모

2021년 보건복지부에서 전국 만 18세 이상 만 79세 이하 성인 5,511명을 대상으로 실시한 정신건강실태조사[1] 결과에 의하면 평생 동안 알코올 사용장애, 니코틴 사용장애, 우울장애, 불안장애 가운데 한 가지 이상의 정신장애에 한 번 이상 이환된 적이 있는 비율인 정신장애 평생 유병률이 27.8%인 것으로 나타났다. 즉 성인 4명 중 1명이 평생 한 번 이상 정신건강 문제를 경험하고 있는 것으로 나타났으며, 성별로는 남자가 32.7%, 여자가 22.9%로 남자의 평생 유병률이 여자보다 9.8%p 높게 나타났다. 하지만 알코올 사용장애와 니코틴 사용장애를 제외하고 우울장애와 불안장애 가운데 어느 하나라도 해당되는 경우의 평생 유병률은 전체가 14.4%, 남자 9.0%, 여자 19.8%로 나타나 여자가 남자보다 10.8%p 높은 것으로 나타났다.

---

1) 정신건강실태조사는 지역사회 거주 성인의 정신건강에 대한 조사로, 정신건강복지법 제10조에 근거하여 5년마다 실시되고 있다.

**표 3-1** 정신장애 평생 유병률

| 진단 | 전체 | | 남자 | | 여자 | |
|---|---|---|---|---|---|---|
| | 유병률(%) | RSE | 유병률(%) | RSE | 유병률(%) | RSE |
| 알코올 사용장애 | 11.6 | 5.6 | 17.6 | 5.6 | 5.4 | 10.7 |
| 알코올의존 | 6.2 | 8.0 | 9.5 | 8.1 | 3.0 | 14.2 |
| 알코올남용 | 5.3 | 7.3 | 8.2 | 7.6 | 2.4 | 15.8 |
| 니코틴 사용장애 | 9.5 | 6.0 | 17.7 | 6.0 | 1.1 | 19.5 |
| 니코틴의존 | 8.1 | 6.7 | 15.0 | 6.7 | 1.1 | 20.5 |
| 니코틴금단 | 4.7 | 8.0 | 8.9 | 8.0 | 0.5 | 29.7 |
| 우울장애* | 7.7 | 6.6 | 5.7 | 9.6 | 9.8 | 7.6 |
| 주요 우울장애 | 7.7 | 6.7 | 5.7 | 9.6 | 9.8 | 7.6 |
| 기분부전장애 | 0.5 | 22.0 | 0.3 | 32.5 | 0.6 | 27.1 |
| 불안장애 | 9.3 | 6.2 | 5.4 | 11.0 | 13.4 | 6.5 |
| 강박장애 | 0.2 | 27.4 | 0.1 | 70.9 | 0.4 | 28.7 |
| 외상 후 스트레스장애 | 1.5 | 13.8 | 1.3 | 19.0 | 1.6 | 17.5 |
| 공황장애 | 0.4 | 24.8 | 0.5 | 29.6 | 0.4 | 37.0 |
| 광장공포증 | 0.3 | 27.7 | 0.2 | 44.6 | 0.4 | 35.7 |
| 사회공포증 | 0.6 | 21.8 | 0.2 | 49.5 | 1.0 | 23.5 |
| 범불안장애 | 1.7 | 13.5 | 1.2 | 20.8 | 2.1 | 15.4 |
| 특정공포증 | 6.3 | 7.8 | 2.6 | 16.7 | 10.0 | 7.7 |
| 알코올 사용장애, 니코틴 사용장애, 우울장애, 불안장애** | 27.8 | 3.6 | 32.7 | 3.8 | 22.9 | 5.0 |
| 알코올 사용장애, 우울장애, 불안장애*** | 22.9 | 4.1 | 23.3 | 4.9 | 22.4 | 5.1 |
| 우울장애, 불안장애**** | 14.4 | 5.1 | 9.0 | 8.0 | 19.8 | 5.3 |

* 2021년도 조사 항목에서는 양극성장애 항목이 제외되어, 주요 우울장애와 기분부전장애를 합친 진단군을 우울장애라고 구분함

** 알코올 사용장애, 니코틴 사용장애, 우울장애, 불안장애 중 어느 하나라도 해당되는 경우

*** 알코올 사용장애, 우울장애, 불안장애 중 어느 하나라도 해당되는 경우

**** 우울장애, 불안장애 중 어느 하나라도 해당되는 경우

• RSE(Relative Standard Error) : 상대 표준 오차

출처: 국립정신건강센터(2021). 2021년 정신건강실태조사 보고서. p.56.

한편 지난 1년 동안 알코올 사용장애, 니코틴 사용장애, 우울장애, 불안장애 중 어느 하나라도 한 번 이상 이환된 적이 있는 비율인 정신장애 1년 유병률은 8.5%인 것으로 나타났다. 이에 따라 지난 1년간 정신건강 문제를 경험한 사람은 약 355만명으로 추산되며 성별로는 남자가 8.9%, 여자가 8.0%로 남자의 1년 유병률이 여자보다 0.9%p 높게 나타났다. 하지만 알코올 사용장애와 니코틴 사용장애를 제외하고 우울장애와 불안장애 가운데 어느 하나라도 해당되는 경우의 1년 유병률 역시 전체가 4.4%, 남자 2.2%, 여자 6.6%로 나타나 여자가 남자보다 4.4%p 높게 나타났다.

**표 3-2** 정신장애 1년 유병률

| 진단 | 전체 | | 남자 | | 여자 | |
|---|---|---|---|---|---|---|
| | 유병률(%) | RSE | 유병률(%) | RSE | 유병률(%) | RSE |
| 알코올 사용장애 | 2.6 | 13.2 | 3.4 | 13.8 | 1.8 | 21.4 |
| 알코올의존 | 1.5 | 19.2 | 2.0 | 19.5 | 1.0 | 29.0 |
| 알코올남용 | 1.1 | 16.9 | 1.4 | 19.4 | 0.8 | 30.4 |
| 니코틴 사용장애 | 2.7 | 11.2 | 4.9 | 11.6 | 0.5 | 30.9 |
| 니코틴의존 | 2.4 | 12.4 | 4.2 | 12.9 | 0.5 | 31.4 |
| 니코틴금단 | 1.0 | 14.9 | 1.7 | 15.5 | 0.1 | 50.9 |
| 우울장애* | 1.7 | 12.7 | 1.1 | 20.1 | 2.4 | 15.6 |
| 주요우울장애 | 1.7 | 12.8 | 1.1 | 20.5 | 2.4 | 15.6 |
| 기분부전장애 | 0.2 | 32.8 | 0.1 | 58.7 | 0.2 | 39.7 |
| 불안장애 | 3.1 | 8.8 | 1.6 | 15.4 | 4.7 | 10.3 |
| 강박장애 | 0.1 | 32.9 | 0.0 | 100.0 | 0.3 | 34.8 |
| 외상 후 스트레스장애 | 0.3 | 28.5 | 0.2 | 40.9 | 0.3 | 40.0 |
| 공황장애 | 0.1 | 38.3 | 0.2 | 41.5 | 0.0 | 100.0 |
| 광장공포증 | 0.2 | 33.6 | 0.1 | 59.3 | 0.3 | 40.4 |
| 사회공포증 | 0.2 | 35.4 | 0.1 | 60.0 | 0.4 | 41.3 |
| 범불안장애 | 0.4 | 21.3 | 0.4 | 30.7 | 0.4 | 30.0 |
| 특정공포증 | 2.1 | 11.1 | 0.7 | 23.3 | 3.6 | 12.0 |

| 알코올 사용장애, 니코틴 사용장애, 우울장애, 불안장애** | 8.5 | 6.5 | 8.9 | 7.8 | 8.0 | 8.6 |
|---|---|---|---|---|---|---|
| 알코올 사용장애, 우울장애, 불안장애*** | 6.4 | 7.4 | 5.2 | 10.3 | 7.6 | 8.8 |
| 우울장애, 불안장애**** | 4.4 | 7.8 | 2.2 | 13.6 | 6.6 | 9.1 |

* 2021년도 조사 항목에서는 양극성장애 항목이 제외되어, 주요 우울장애와 기분부전장애를 합친 진단군을 우울장애라고 구분함

** 알코올 사용장애, 니코틴 사용장애, 우울장애, 불안장애 중 어느 하나라도 해당되는 경우

*** 알코올 사용장애, 우울장애, 불안장애 중 어느 하나라도 해당되는 경우

**** 우울장애, 불안장애 중 어느 하나라도 해당되는 경우

• RSE(Relative Standard Error): 상대 표준오차

출처: 국립정신건강센터(2021). 2021년 정신건강실태조사 보고서. p.58.

## 2) 정신건강증진기관 및 시설 현황

정신질환의 특성은 치유되지 않은 상태에서 사회적 기능을 상실하기 쉬운 질병이라는 점이다. 따라서 발병 후 입원치료를 받고 정신질환의 1차적인 증상은 어느 정도 사라졌다 하더라도 지역사회 내에서 대인관계, 직장생활, 일상생활 등 전반적인 사회생활 측면에서의 사회적 기능의 저하로 사회복귀가 힘들어질 수 있다. 그렇기 때문에 정신질환은 되도록 조기에 발견하고, 적절한 치료 후 지역사회 내에서 지속적인 재활치료로 충분히 사회적인 기능과 역할을 수행하면서 생활할 수 있도록 다양한 지원이 이루어져야 한다(신영전 · 김창엽, 2006).

이와 관련하여 「정신건강복지법」 제3조는 정신건강증진시설로서 정신의료기관, 정신요양시설 및 정신재활시설을 규정하고 있으며, 제15조에서는 정신건강복지센터와 중독관리통합지원센터의 설치 및 운영에 대해서 밝히고 있다.

2022년 현재 전국적으로 총 2,847개소의 정신건강증진기관 및 시설이 있는

데 정신건강복지센터가 263개소, 정신의료기관이 2,109개소, 정신요양시설이 59개소, 정신재활시설이 356개소, 중독관리통합지원센터가 60개소 운영되고 있다. 이러한 현황은 2018년과 비교할 때 전체적으로 705개소가 증가한 것으로써 정신건강사회복지사들의 전문적인 활동이 가능한 정신건강사회복지 실천현장의 종류가 다양화되고 있고 수적인 면에서도 점차 확대되고 있는 추세를 보여주고 있다.

**표 3-3** 정신건강증진기관·시설 현황 (단위: 개소)

| 구분 | 기관수 | 주요 기능 |
|---|---|---|
| 정신건강복지센터 | 263 | • 지역사회 내 정신질환 예방<br>• 정신질환자 발견 · 상담 · 정신재활 훈련 및 사례관리<br>• 정신건강증진시설 간 연계체계 구축 등 지역사회 정신건강사업 기획 · 조정<br>※기관 유형별 기관 수<br>광역: 17 / 기초*: 246<br>※ 화성아동(독립), 청년마음건강센터(독립) 2개소 추가<br>부천아동(부설), 청년마음건강센터센터(부설) 15개소 제외<br>※ 운영 유형별 기관 수<br>직영: 95 / 위탁: 168 |
| 중독관리통합지원센터 | 60 | • 중독 예방, 중독자 상담 · 재활 훈련<br>※ 기관 유형별 기관 수<br>광역형: 6 / 기초형: 54<br>※ 운영 유형별 기관 수<br>직영: 5 / 위탁: 55 |
| 정신재활시설 | 356 | • 병원 또는 시설에서 치료 · 요양 후 사회복귀 촉진을 위한 훈련 실시 |
| 정신요양시설 | 59 | • 만성 정신질환자 요양 · 보호 |
| 정신의료기관 | 2,109 | • 정신질환자 진료, 지역사회 정신건강증진사업 지원 |
| 계 | 2,847 | |

출처: 보건복지부 (2024). 정신건강사업안내. p. 16.

# 2. 정신건강사회복지 실천현장

## 1) 정신의료기관

### (1) 정신의료기관의 설치

정신의료기관이라 함은 의료법에 의한 의료기관 중 주로 정신질환자의 임상진단과 약물치료 등의 진료를 행할 목적으로 정신건강복지법상 시설기준에 적합하게 설치된 병원과 의원 및 병원급 이상의 의료기관에 설치된 정신건강의학과를 말한다. 이러한 정신의료기관은 국가 또는 지방자치단체, 의료법인, 비영리법인, 정부투자기관, 지방공사, 한국보훈복지의료공단 및 의사 등이 법규에 따른 설치 · 규모제한과 기준을 따라 설치하게 된다.

### (2) 정신의료기관의 운영

정신질환자에 대한 적정진료를 통해 일상생활 유지 및 조기 사회복귀를 도모하고자 하는 목표를 가지고 운영되는 정신의료기관은 진료와 재활과정에서 정신질환자와 그 보호의무자에게 정신건강복지법에 의한 권리와 행사에 관한 사항을 알려야 하며, 입원 중인 정신질환자가 인간으로서 존엄과 가치를 보장받으며 자유롭게 생활할 수 있도록 노력해야 하는 의무를 지게 된다.

정신의료기관의 장은 환자인권 보호를 위해 가족 및 이해당사자 간의 분쟁 · 위계 등에 의한 입원이 없도록 하여야 하며, 폭행 · 협박 등 강압에 의한 환자관리가 발생하지 않도록 하여야 한다. 또한 격리 · 강박 방법의 사용 시 적법성을 확보하여야 하며, 환자들에게 면회, 통신 등을 최대한 자유롭게 보장함으로써 행동제한에 따른 인권유린이 발생하지 않도록 하여야 한다.

입원환자에게 정신건강의학과전문의의 지시에 의한 의료 또는 재활의 목적이 아닌 노동을 강요해서는 안 되며, 작업요법은 관련 규정에 따라서 실시되어야 한다.

정신의료기관에는 「정신건강복지법」에 의한 자의입원, 동의입원, 보호의무자에 의한 입원, 특별자치시장(도지사) · 시장 · 군수 · 구청장에 의한 입원 및 응급입원 등에 따라 입원이 필요한 자들이 입원 대상이 되며 입원 종류별 정신질환자 입 · 퇴원요건 및 절차에 대한 주요 내용은 다음과 같다.

### ① 자의입원(법 제41조)

정신질환자나 그 밖에 정신건강상 문제가 있는 사람은 본인의 신청과 정신건강의학과 전문의의 진단에 따라 자의입원을 할 수 있다. 자의입원을 한 사람이 신청서 또는 구두로 퇴원을 신청한 경우에는 지체 없이 퇴원을 시켜야 한다. 정신의료기관의 장은 자의입원을 한 사람에 대하여 입원을 한 날부터 2개월마다 퇴원을 할 의사가 있는지를 확인하여야 한다.

### ② 동의입원(법 제42조)

정신질환자는 보호의무자의 동의를 받아 정신의료기관 등에 입원을 할 수 있다. 정신의료기관 등의 장은 정신질환자가 퇴원을 신청한 경우에는 지체 없이 퇴원을 시켜야 한다. 다만, 정신질환자가 보호의무자의 동의를 받지 아니하고 퇴원을 신청한 경우에는 정신건강의학과전문의의 진단 결과 환자의 치료와 보호의 필요성이 있다고 인정되는 경우에 한정하여 정신의료기관 등의 장은 퇴원의 신청을 받은 때부터 72시간까지 퇴원을 거부할 수 있다. 이때 정신의료기관의 장은 지체 없이 환자 및 보호의무자에게 그 거부 사유 및 퇴원의 심사를 청구할 수 있음을 서면 또는 전자문서로 통지하여야 한다. 한편 정신의료기관의 장은 동의입원을 한 정신질환자에 대하여 입원을 한 날부터

2개월마다 퇴원을 할 의사가 있는지를 확인하여야 한다.

### ③ 보호의무자에 의한 입원(법 제43조)

정신질환자가 정신의료기관에서 입원치료 또는 요양을 받을 만한 정도 또는 성질의 정신질환을 앓고 있는 경우 및 자신의 건강 또는 안전이나 다른 사람에게 해를 끼칠 위험이 있는 경우에 모두 해당할 때 정신의료기관의 장은 정신질환자의 보호의무자 2명 이상(보호의무자가 1명만 있는 경우에는 1인 동의)의 신청과 정신건강의학과전문의가 입원이 필요하다고 진단한 경우에 해당 정신질환자를 정확한 진단을 위하여 2주의 범위 내에서 입원시킬 수 있다.

한편 보호의무자에 의한 입원은 입원요건과 퇴원절차를 보다 까다롭게 정하고 있는데 정신의료기관의 장은 진단 결과 해당 정신질환자에 대하여 계속 입원이 필요하다는 서로 다른 정신의료기관에 소속된 2명 이상의 정신건강의학과전문의(국립 · 공립의 정신의료기관 등 또는 보건복지부장관이 지정하는 정신의료기관 등에 소속된 정신건강의학과전문의가 1명 이상 포함)의 일치된 소견이 있는 경우 해당 정신질환자에 대하여 치료를 위한 입원을 하게 할 수 있다. 이때의 입원기간은 최초로 입원을 한 날부터 3개월 이내로 한다. 다만, 3개월 이내에서 1차 입원 연장이 가능하며 1차 입원 기간 연장 이후 기간 연장 시마다 6개월 이내에서 입원을 연장할 수 있다.

특별히 입원 기간의 연장을 위해서는 다음의 조건이 충족되어야 하며 이 경우 정신의료기관의 장은 입원 기간을 연장할 때마다 관할 특별자치시장 · 특별자치도지사 · 시장 · 군수 · 구청장에게 입원 기간 연장에 대한 심사를 청구하여야 한다. 먼저 서로 다른 정신의료기관에 소속된 2명 이상의 정신건강의학과전문의(국립 · 공립의 정신의료기관 등 또는 보건복지부장관이 지정하는 정신의료기관에 소속된 정신건강의학과전문의 1명 이상 포함)가 입원 기간을 연장하여 치료할 필요가 있다고 일치된 진단을 하여야 한다. 또한 보호의무자 2명 이상(입원 신청 시 신청 보호의무자가 1명만 있었던 경우에는 1명)이 입원의 기간 연장에 대한 동의서를 제출하여야 한다.

### ④ 특별자치시장 · 특별자치도지사 · 시장 · 군수 · 구청장에 의한 입원 (법 제44조)

정신질환으로 자신의 건강 또는 안전이나 다른 사람에게 해를 끼칠 위험이 있다고 의심되는 사람을 발견하였을 때 정신건강의학과 전문의 또는 정신건강전문요원은 특별자치시장 · 특별자치도지사 · 시장 · 군수 · 구청장에게 진단과 보호를 신청할 수 있다. 또한 경찰관은 정신질환으로 인해 자해와 타해의 위험이 있다고 의심되는 사람을 발견한 경우 정신건강의학과전문의 또는 정신건강전문요원에게 그 사람에 대한 진단과 보호의 신청을 요청할 수 있다.

이 경우 특별자치시장 · 특별자치도지사 · 시장 · 군수 · 구청장은 즉시 그 정신질환자로 의심되는 사람에 대한 진단을 정신건강의학과전문의에게 의뢰하여야 한다. 정신건강의학과전문의가 정신질환자로 의심되는 사람에 대하여 자신의 건강 또는 안전이나 다른 사람에게 해를 끼칠 위험이 있어 그 증상의 정확한 진단이 필요하다고 인정한 경우에 특별자치시장 · 특별자치도지사 · 시장 · 군수 · 구청장은 그 사람을 정신의료기관에 2주의 범위에서 기간을 정하여 입원하게 할 수 있다.

특별자치시장 · 특별자치도지사 · 시장 · 군수 · 구청장은 진단 결과 그 정신질환자가 계속 입원할 필요가 있다는 2명 이상의 정신건강의학과전문의의 일치된 소견이 있는 경우에만 그 정신질환자에 대하여 지정정신의료기관에 치료를 위한 입원을 의뢰할 수 있다.

### ⑤ 응급입원(법 제50조)

정신질환자로 추정되는 사람으로서 자신의 건강 또는 안전이나 다른 사람에게 해를 끼칠 위험이 큰 사람을 발견한 사람은 그 상황이 매우 급박하여 자의입원, 동의입원, 보호의무자에 의한 입원, 특별자치시장 · 특별자치도지사 · 시장 · 군수 · 구청장에 의한 입원 등을 시킬 시간적 여유가 없을 때에는 의사와 경찰관의 동의를 받아 정신의료기관에 그 사람에 대한 응급입원을 의뢰할 수 있다.

정신의료기관의 장은 응급입원이 의뢰된 사람을 3일(공휴일은 제외) 이내의 기간 동안 응급입원을 시킬 수 있다. 응급입원을 시킨 정신의료기관의 장은 지체 없이 정신건강의학과전문의에게 그 응급입원한 사람의 증상을 진단하게 하여야 한다.

진단 결과 그 사람이 자신의 건강 또는 안전이나 다른 사람에게 해를 끼칠 위험이 있는 정신질환자로서 계속하여 입원할 필요가 있다고 인정된 경우에는 자의입원, 동의입원, 보호의무자에 의한 입원, 특별자치시장 · 특별자치도지사 · 시장 · 군수 · 구청장에 의한 입원 등의 입원규정에 따라 입원을 할 수 있도록 필요한 조치를 하고, 계속하여 입원할 필요가 없다고 인정된 경우에는 즉시 퇴원시켜야 한다.

### (3) 정신의료기관의 입·퇴원 관련 인권보호조치 및 벌칙

정신의료기관 입원에 있어서 자의입원과 전문가 진단에 의한 입원 원칙, 강제 입원의 입원기간 제한, 부당한 입원에 대한 퇴원심사청구, 심사 및 퇴원조치 등 부당한 입 · 퇴원을 방지하기 위한 다양한 인권보호조치들이 제도화되어 있다. 이에 따라 정신의료기관 등의 장이 이를 위반한 경우, 그 정도와 내용에 따라 다음과 같은 법적제재를 받게 된다.

#### ① 5년 이하의 징역 또는 5천만원 이하의 벌금형(제84조)

- 자의입원, 보호의무자의 동의를 받아 입원을 한 사람이 퇴원을 신청하거

나 입원적합성심사위원회의 입원 부적합 통지를 받은 경우, 지체없이 퇴원을 시켜야 하는데 정신질환자를 퇴원시키지 아니한 정신의료기관의 장

- 정신건강심의위원회로부터 보고를 받은 특별자치시장 · 특별자치도지사 · 시장 · 군수 · 구청장의 퇴원 또는 임시퇴원 명령의 통지를 따르지 아니한 정신의료기관의 장
- 입원한 날부터 3일 이내에 입원적합성심사위원회에 입원한 사람의 주민등록번호를 포함한 인적사항, 입원 등 일자, 진단명, 입원 등 필요성, 대면조사 신청 여부 및 그 밖에 대통령령으로 정하는 사항을 신고하지 아니한 정신의료기관의 장
- 입원환자의 퇴원 등 또는 처우개선 심사청구에 대해 특별자치시장 · 특별자치도지사 · 시장 · 군수 · 구청장이 내린 퇴원 등 또는 임시 퇴원 등의 명령 또는 결정을 위반한 정신의료기관의 장
- 2명 이상의 정신건강의학과 전문의의 일치된 소견으로 입원한 정신질환자에 대하여 최초로 입원을 한 날부터 3개월 이내에 입원을 해제하여야 하며, 정신의료기관의 장은 지체 없이 그 정신질환자를 퇴원시켜야 하는데 이를 위반한 정신의료기관의 장
- 시 · 도지사 또는 시장 · 군수 · 구청장은 정신건강심의위원회 심사 결과에 따라 정신건강증진시설의 장에게 그 정신질환자를 퇴원 등을 시키도록 명령하거나 처우개선을 위하여 필요한 조치를 하도록 명령할 수 있는데 이를 따르지 아니한 자
- 응급입원의 경우를 제외하고 정신건강의학과전문의의 대면 진단에 의하지 아니하고 정신질환자를 정신의료기관 등에 입원 등을 시키거나 입원 등의 기간을 연장한 정신의료기관의 장

### ② 3년 이하의 징역 또는 3천만원 이하의 벌금형(제85조)

- 정신건강증진시설의 장은 입원 등을 하거나 정신건강증진시설을 이용하는 정신질환자에게 정신건강의학과전문의의 지시에 따른 치료 또는 재활의 목적이 아닌 노동을 강요할 수 없는 제69조 제3항을 위반한 자
- 정신의료기관 등의 장은 입원 등을 한 사람에 대하여 치료 목적으로 정신건강의학과전문의의 지시에 따라 하는 경우가 아니면 통신과 면회의 자유를 제한할 수 없는 제74조 제1항을 위반한 자

### ③ 1년 이하의 징역 또는 1천만원 이하의 벌금형(제86조)

- 정신의료기관 등의 장은 자의입원이나 동의입원 등을 한 사람에 대하여 입원 등을 한 날부터 2개월마다 퇴원 등을 할 의사가 있는지를 확인해야 하는데 그 의무를 위반한 자
- 정신의료기관 등의 장은 보호의무자에 의한 입원 시 보호의무자로부터 입원 등 신청서와 보호의무자임을 확인할 수 있는 서류를 받아야 하는데 이를 위반한 자
- 보호의무자에 의한 입원 시 입원 등 기간 연장에 대한 심사 청구기간을 지나서 심사 청구를 하거나, 심사 청구를 하지 아니하고 입원 등 기간을 연장하여 입원 등을 시킨 정신의료기관의 장
- 응급입원의 경우에도 계속하여 입원할 필요가 없다고 인정된 경우에는 즉시 퇴원시켜야 하는데 이를 위반한 정신의료기관의 장

### ④ 100만원 이하의 과태료(제89조)

- 동의입원의 경우, 정신질환자가 보호의무자의 동의를 받지 아니하고 퇴원 등을 신청한 경우에는 정신건강의학과전문의 진단 결과 환자의 치료와 보호 필요성이 있다고 인정되는 경우에 한정하여 정신의료기관 등의

장은 퇴원 등의 신청을 받은 때부터 72시간까지 퇴원 등을 거부할 수 있다. 이 경우 정신의료기관의 장은 지체 없이 환자 및 보호의무자에게 그 거부 사유 및 제55조에 따라 퇴원 등의 심사를 청구할 수 있음을 서면 또는 전자문서로 통지하여야 하는데 이를 위반한 정신의료기관의 장

- 보호의무자에 의한 입원기간 연장 시 지체 없이 입원 등을 한 사람 및 보호의무자에게 그 사실 및 사유를 서면으로 통지하여야 하는데 이를 위반한 정신의료기관의 장
- 보호의무자에 의한 입원 시 퇴원 등을 시켰을 때에는 지체 없이 보호의무자에게 그 사실을 서면으로 통지하여야 하고, 퇴원 등을 거부하는 경우에는 지체 없이 정신질환자 본인과 퇴원 등을 신청한 보호의무자에게 그 거부사실 및 사유와 제55조에 따라 퇴원 등의 심사를 청구할 수 있다는 사실 및 그 청구 절차를 서면으로 통지하여야 하는데 이를 위반한 정신의료기관의 장
- 입원적합성심사위원회의 조사에 협조하지 아니한 정신의료기관의 장
- 정신의료기관의 장은 2명 이상의 정신건강의학과전문의가 진단한 결과 정신질환자의 증상에 비추어 일시적으로 퇴원 등을 시켜 그 회복 경과를 관찰하는 것이 필요하다고 인정되는 경우에는 3개월의 범위에서 해당 정신질환자를 임시 퇴원 등을 시키고 그 사실을 보호의무자 또는 특별자치시장 · 특별자치도지사 · 시장 · 군수 · 구청장에게 통보하여야 하는데 이를 위반한 자

## 2) 정신요양시설

### (1) 정신요양시설의 설치

정신요양시설이란 가족의 보호가 어려운 만성 정신질환자를 입소시켜 요양 보호함으로써 이들의 삶의 질 향상 및 사회복귀를 도모할 목적으로 정신의료기관에서 의뢰된 정신질환자와 만성 정신질환자를 입소시켜 요양과 사회복귀 촉진을 위해 특별자치시장(도지사) · 도지사 · 시장 · 군수 · 구청장의 허가를 받아 사회복지법인 또는 비영리법인에서 설치한 시설을 말한다. 이러한 정신요양시설은 보건 · 위생 · 급수 · 안전 · 환경 및 교통편의 등을 충분히 고려하여 쾌적한 곳에 설치하여야 하며, 입소자의 요양보호에 적합한 구조 및 시설을 구비하여야 한다. 그리고 1실의 정원은 10인 이하로 하여야 하는 것 등과 같은 설치기준을 만족하여야 한다. 또한 1998년 6월 13일 이후 신설 허가된 정신요양시설의 수용인원은 300인 이하로 입소정원이 제한되어 있다.

정신요양시설에 입소할 수 있는 자는 정신건강의학과 전문의에 의하여 정신질환자로 진단을 받아야 하며 본인이 입소를 원하거나 「정신건강복지법」 제39조 제1항에 의한 보호의무자가 입소시키기를 원하는 경우에 해당된다.

### (2) 정신요양시설의 운영

정신질환자 요양보호수준의 향상을 도모하기 위해 다음과 같은 분야의 업무에 있어서 전문성, 투명성, 개방성 및 효율성을 확보하여 정신요양시설이 운영되어야 한다.

#### ① 입 · 퇴소관리

시설장은 입소자 가운데 사회복귀 가능자 등에 대해서는 계속 당해 시설에 입소를 유지시키기보다는 퇴소 또는 정신재활시설 등으로의 전원조치를 도모하여야 하며 보호의무자에 의하여 정신요양시설에 입소된 정신질환자로서 계속 입소가 필요한 경우에는 6개월마다 입소기간 만료일 30일 전까지 계속 입소 심사를 시 · 도지사에게 청구하여야 한다.

### ② 환자인권보호

정신요양시설 입소가 가족 및 이해당사자 간의 분쟁 · 위계 등에 의해 악용되어 강제입소가 발생하지 않도록 하여야 하고, 각종 인권유린행위가 발생하지 않도록 시설 종사자에 대한 인권교육을 실시하여야 한다. 특히 시설장은 작업치료를 빙자한 강제노역이 발생하지 않도록 하여야 하고, 불법적인 격리, 폭행, 협박 등 강압적인 방식의 환자관리가 발생하지 않도록 하여야 한다.

### ③ 진료, 투약 및 건강관리

입소자에 대해 매년 1회 이상 건강진단을 실시하여야 하며 진료 및 처방은 정신건강의학과전문의가, 투약은 정신건강의학과 전문의 또는 간호사가 실시하도록 하여야 한다. 또한 입소자에게 중증의 질환이 발생한 경우 적절한 조치를 받을 수 있도록 하여야 한다.

### ④ 요양보호

시설에서의 생활환경이 가급적 가정적 분위기가 될 수 있도록 영양사가 작성한 식단에 따른 식사를 제공하고 주 1회 이상 목욕을 할 수 있도록 한다. 또한 입소자의 건강유지와 정서함양 및 효과적인 요양을 위하여 일정표에 의한 적절한 운동과 오락 등 규칙적인 생활이 가능하도록 하여야 한다.

#### ⑤ 작업치료 및 사회복귀훈련

작업치료 및 사회복귀훈련은 치료대상자 본인의 신청 또는 동의 및 정신건강의학과전문의의 지시에 따라 실시하여야 하고 1일 6시간, 1주당 30시간을 초과할 수 없다.

#### ⑥ 안전관리

시설 내에서 환자의 자해 및 타해행위를 예방할 수 있도록 안전시설을 완비하여야 하고, 주간 및 야간 상시근무자가 근무토록 하여야 한다. 그밖에 각종 화재 및 안전사고 예방과 점검을 철저히 하여야 한다.

## 3) 정신재활시설

### (1) 정신재활시설의 설치

정신재활시설이란 정신의료기관에 입원시키거나 정신요양시설에 입소시키지 아니한 정신질환자에게 사회적응훈련, 작업훈련 등 재활훈련을 실시함으로써 사회복귀 촉진을 도모하는 정신건강증진시설을 가리킨다. 정신재활시설은 지역 내 정신질환자 수, 정신건강복지센터 및 다른 정신재활시설의 분포 등을 감안해 설치하게 되며 정신질환자의 지역사회 적응력을 높이기 위해 지역사회로의 접근이 용이하고 대중교통 이용에 편리한 곳에 설치하여야 한다.

정신재활시설의 종류에는 ① 의식주 서비스를 제공하는 생활시설, ② 재활훈련시설(주간재활 시설, 공동생활가정, 지역사회전환시설, 직업재활시설, 아동청소년 정신건강지원시설), ③ 중독자재활시설, ④ 정신질환자 또는 정신장애인이 생산한 생산품의 판매 · 유통 등을 지원하는 생산품판매시설, 그리고

⑤ 2개 이상의 정신재활 시설의 기능을 복합적 · 종합적으로 제공하는 종합시설 등이 있다.

정신재활시설의 입소 및 이용대상자는 만 15세 이상으로 정신의료기관의 정기적인 치료를 받고 있는 조현병, 양극성장애, 알코올 사용장애 등 만성 정신질환자로서 사회적응훈련이 필요하고 자해 및 타해의 우려가 적은 자이다. 단, 알코올 사용장애를 동반한 정신질환자 및 만 15세 미만의 소아정신질환자는 특별프로그램을 분리 · 운영하는 경우에 한하여 입소 · 이용이 가능하며 지적장애인은 제외하되 만성 정신질환을 동반하는 경우에는 포함 가능하다. 기타 정신질환자의 주치의가 기능상의 장애로 인해 사회적응훈련을 포함한 정신재활시설의 입소 및 이용을 특별히 의뢰하는 경우 입소 · 이용이 가능하다.

### (2) 정신재활시설의 운영

정신재활시설에 입소 또는 이용하고자 하는 정신질환자는 정신건강의학과 전문의의 소견서를 제출하여야 하고, 국가 또는 지방자치단체가 설치 · 운영에 필요한 비용을 보조하는 시설은 국민기초생활보장법에 의한 수급권자가 다른 정신질환자에 우선하여 입소 · 이용하도록 되어 있다. 그리고 정신재활시설의 장은 개인별 이용시간표 또는 출퇴근 기록표를 비치하고 이용 현황을 월별로 정리 · 보존하여야 한다. 입소 · 이용이 종료된 정신질환자에 대하여도 전화상담 등을 통하여 지속적으로 사후관리하여야 한다.

입소생활시설 및 주거제공시설의 경우, 입주자는 입주 시 운영자와 1년 계약기간의 입주계약서를 작성하게 된다. 주거제공시설의 경우 입주자는 질병 등 특별한 경우를 제외하고 낮 시간에 정신재활시설, 정신건강복지센터, 보건소 재활프로그램, 보호작업장, 직장 및 학교 등에 다니는 것을 원칙으로 하고 있다.

정신재활시설의 장은 입소 · 이용자가 일상생활을 관리하고 사회생활에 적응하며 입소 · 이용자의 정신질환 치유에 도움을 주기 위하여 사회재활활동과 직업재활활동 등을 실시하게 된다. 사회재활활동의 경우 정신질환자의 일상생활관리, 사회적응능력 향상 또는 대인관계 증진을 위한 개별 또는 집단활동으로서 사회기술 및 일상생활기술훈련, 약물 및 증상관리를 포함한 정신건강증진활동, 스트레스 관리 및 긴장완화를 위한 교육 및 체험활동, 여가 및 문화활동 등을 포함한다. 직업재활활동은 어느 정도 작업능력이 있는 정신질환자의 작업능력 향상과 직업재활을 위하여 정신재활시설 내 · 외부에서 실시하는 활동으로서 고용촉진을 위한 지역사회자원 연계를 통한 작업훈련, 취업알선 및 취업지도활동, 취업자의 직업유지 및 관리활동 등을 포함하고 있다. 하지만 이런 직업재활활동은 1일 8시간, 1주당 40시간을 넘지 말아야 하며, 보호작업이나 근로활동은 정신질환자와 근로계약을 체결하여 수행토록 하여야 한다.

## 4) 정신건강복지센터

### (1) 정신건강복지센터의 설치

국가 또는 지방자치단체는 지역사회에서의 정신건강증진사업 및 정신질환자복지서비스 지원사업을 위해 정신건강복지센터를 직접 설치하거나 정신건강에 관한 전문성이 있는 기관 · 단체에 위탁하여 운영을 맡길 수 있다.

이에 따라 2021년 현재 부산, 인천, 경기, 강원 등에 광역형 정신건강복지센터가 16개소 운영되고 있으며 인구 20만명 이상 지역(시 · 군 · 구)에 기초 정신건강복지센터가 244개소 운영되고 있다.

정신건강복지센터에는 센터장과 상임팀장, 팀장, 팀원, 사업수행지원인력,

임상자문의 등으로 사업수행을 위한 인력이 구성되어 있다. 구체적인 인력기준과 자격요건을 살펴보면 센터장은 가형 광역정신건강복지센터인 경우 정신건강의학과전문의가, 나형 광역정신건강복지센터에서는 지역사회정신건강사업 경력 10년 이상 및 정신건강복지센터 팀장 경력 5년 이상인 1급 전문요원으로 구분되어 있으며, 지역정신건강복지센터에서는 정신건강의학과전문의 또는 지역사회정신건강사업 경력 8년 이상 및 정신건강복지센터 팀장 경력 4년 이상인 1급 전문요원이 맡도록 되어 있다.

정신건강복지센터 경력 5년 이상인 1급 정신건강전문요원은 상임팀장을, 정신건강복지센터 경력 3년 이상인 정신건강전문요원은 팀장을 맡을 수 있으며, 팀원은 정신건강전문요원, 간호사, 임상심리사, 사회복지사 및 기타 관련 분야의 자격증 소지자로 구성된다. 그리고 사례 슈퍼비전과 전문의 상담서비스 제공을 위해 비상근 형태의 정신건강의학과전문의가 임상자문의로 근무하게 된다. 한편 정신건강복지센터는 보건소 또는 공공시설 내 설치를 우선으로 하여 설치하여야 하고 광역형의 경우 상담실 등 정신건강서비스를 이용하기에 용이하고 쾌적한 $330m^2$ 이상의 공간을 확보하여야 하며, 지역형(표준형)은 $400m^2$ 이상의 상시 활용 가능한 공간을 확보하여야 한다.

### (2) 정신건강복지센터의 운영

정신건강복지센터는 시 · 도지사 또는 시장 · 군수 · 구청장이 지역사회 정신건강사업의 전문적 수행을 위해 보건소 또는 국 · 공립 정신의료기관에 직접 설치하여 운영하는 직영형과 정신건강복지센터 운영을 정신건강증진시설, 정신건강사업을 목적으로 하는 비영리법인 또는 학교법인에 위탁하여 운영하는 위탁형의 형태로 운영되고 있다.

정신건강복지센터는 지역사회정신건강사업의 기획 · 조정 및 수행을 도모하며 지역주민의 욕구에 적합한 예방 · 치료 · 재활서비스가 제공될 수 있도록 정신건강시설 간 연계 및 정신건강서비스 제공 체계 마련을 통해 지역사회중심의 통합적인 정신건강서비스 제공을 위한 기반 구축을 운영의 기본방향으로 삼고 있다. 한편 모든 시 · 군 · 구 정신건강복지센터에서 수행해야 하는 주요 사업내용으로는 정신건강자원 파악을 위한 지역사회 진단, 지역 내 정신건강사업 기획 및 자원조정, 대상자 발견 · 등록 및 의뢰체계 구축, 정신건강 전화 운영, 사례관리, 정신질환자 및 가족교육, 정신질환 예방 및 지역주민 대상 정신건강증진사업, 정신질환 편견해소 홍보, 자원봉사자 관리 및 연결뿐 아니라 기초 심판위원회 운영, 계속입원청구 대상자에 대한 면접 평가 지원, 퇴원명령 대상자에 대한 지역사회 연계 및 사례관리 등이 있다.

특별히 중증정신질환 관리를 위해 광역차원의 정신건강복지센터에서는 정신의료기관과 지역사회의 분절성 해소를 위한 시 · 도 차원의 전달체계 구축을 지원하고 초기(발) 정신질환 관리를 위한 모델 및 프로그램 개발을 실시하여야 하며, 시 · 군 · 구 차원에서의 정신건강복지센터에서는 방문보건팀, 지역주민센터, 지역사회복지관 등과의 신규발견 및 등록 체계화, 사례관리서비스의 질적인 향상 도모, 위기상황에 대한 일차적 책임성 구현 등이 중점적인 업무로 운영되고 있다. 또한 정신질환에 대한 인식개선을 위해 광역차원에서는 보편적 차원에서의 인식개선 사업을 수행해야 하며, 시 · 군 · 구 차원에서는 위험군을 대상으로 한 선택적 접근을 통해 질환의 예방과 조기발견을 위한 지식을 전달하고 편견을 감소시키는 교육 및 계몽사업을 실시하고 있다.

고위험군 조기발견 및 치료연계 사업은 대상자별로 추진하게 되는데 아동 · 청소년의 경우 지역사회 네트워크 구축을 통한 의뢰체계 구축, 교사 및 학부모교육을 통한 의뢰체계 구축, 치료서비스를 필요로 하는 대상에 대한 정신의료기관 연계 및 치료비(검사비) 지원, 사례관리서비스 제공 등의 사업을 진행한다.

성인 및 노인을 위해서는 특히 노인 우울증에 대한 적극적인 홍보와 노인

돌보미, 맞춤형 방문간호사를 통해 의뢰된 노인에게 정신건강복지센터에서 선별검사실시 및 필요 시 사례관리와 정신의료기관 연계서비스를 제공하는 등의 사업을 수행하게 된다.

## 5) 중독관리통합지원센터

### (1) 중독관리통합지원센터의 설치

중독관리통합지원센터란 정신건강복지법 제12조 및 제82조에 의거하여 알코올 및 기타 중독자 조기발견 · 상담 · 치료 · 재활 및 사회복귀를 지원하기 위해 인구 20만명 이상 지역(시 · 구)에 국가 또는 지방자치단체가 직영 또는 법인에 위탁하여 운영하는 시설로서 2020년 기준 전국에 50개소의 중독관리통합지원센터가 설치되어 있다. 이러한 중독관리통합지원센터는 대중교통수단으로 접근이 용이한 곳에 설치되어야 하고 이용자의 보건위생 등을 고려한 규모와 구조로 설비하여야 한다. 중독관리통합지원센터에는 정신건강의학과 전문의, 1급 정신건강전문요원 또는 중독관리통합지원센터 4년 이상 근무경력이 있는 2급 정신건강전문요원 자격증 소지자 등의 자격을 가진 센터장 1인과, 1급 또는 2급 정신건강전문요원 2인, 임상심리사, 간호사, 사회복지사 등의 기타 전문인력 1인의 팀원 및 임상 자문을 위한 정신건강의학과 전문의 1인으로 구성되어 있다.

중독관리통합지원센터의 이용대상자는 지역사회 내 알코올 및 기타 중독문제가 있는 자, 알코올 · 기타 중독자와 그 가족 등 지역주민, 의료기관 또는 시설 등에서 퇴원(소)한 알코올 및 기타 중독자로서 사회적응훈련을 필요로 하는 알코올 및 기타 중독자, 기타 중독 관련 상담 및 재활훈련서비스가 필요한 자 등이 된다. 한편 해당 중독관리통합지원센터는 관내의 주민을 우선 대상으로 하면서 국민기초생활보장 수급권자 및 차상위계층, 이주여성 및 자녀, 새터민 등 사회취약계층이 우선 이용할 수 있도록 하고 있다.

#### (2) 중독관리통합지원센터의 운영

중독관리통합지원센터에서는 알코올 · 기타 중독자 관리 및 가족지원사업, 알코올 · 기타 중독 폐해예방 및 교육사업, 지역사회 사회안전망조성사업, 지역진단 및 기획사업 등을 수행하고 있다. 특히 알코올 · 기타 중독자관리를 위해서는 사례관리서비스, 위기관리서비스, 재활 프로그램 및 직업재활서비스 등을 그 내용으로 하며, 알코올 · 기타 중독자 가족지원을 위해서는 가족교육 및 프로그램과 가족모임지원서비스 등을 수행하고 있다. 그리고 알코올 · 기타 중독폐해예방 및 교육사업을 위해서는 음주운전자, 보호관찰소 수강명령대상자, 가정폭력행위자, 아동학대행위자, 노인학대행위자 등의 음주폐해 취약계층인 고위험군을 조기발견해서 개입하는 서비스, 아동 · 청소년 예방교육사업, 직장인 음주폐해예방지원사업, 지역주민 예방교육사업, 인식개선 및 홍보사업 등을 그 내용으로 하고 있다.

### 6) 국가 · 권역 트라우마센터

#### (1) 국가 · 권역 트라우마센터의 설치

「정신건강복지법」 제15조의2 및 시행령 제10조의3에 근거하여 재난이나 그 밖의 사고로 정신적 충격을 받은 재난 경험자의 심리적 안정과 사회적응을 지원하고, 재난 발생 시 정신건강복지센터 · 보건소 등 기관과 상호 협력하여 재난 경험자에 대한 심리지원을 제공하기 위해 국가 트라우마센터와 권역별 트라우마센터를 설치하여 운영하고 있다.

#### (2) 국가 · 권역 트라우마센터의 운영

재난 정신건강서비스 직 · 간접 지원, 권역별 재난 심리지원 거버넌스 체계 구축, 트라우마 치료프로그램 운영 및 보급, 재난 정신건강 전문인력 교육 및 강사 양성, 트라우마 경험자 연구 및 서비스 개선 연구 등의 직무를 수행하기 위해 국립정신건강센터에 국가트라우마센터를 그리고 호남권, 영남권, 강원권 및 충청권에 각 1개소씩 권역별 트라우마센터를 국립정신병원에 설치하여 운영하고 있다.

### 7) 자살예방센터

#### (1) 자살예방센터의 설치

「자살예방 및 생명존중문화 조성을 위한 법률」 제13조에 근거하여 자살예방센터가 설치 · 운영되고 있다. 2022년 12월 31일 기준 전국 54개의 자살예방센터가 설치 · 운영되고 있는데, 그중 6개소는 독립적인 자살예방센터로 운영되고 있으며, 나머지 48개소는 정신건강복지센터의 부설로 설치되어 운영되고 있다.

#### (2) 자살예방센터의 운영

자살예방센터의 주요 업무 및 기능은 자살 관련 상담, 자살위기 상시현장 출동 및 대응, 자살시도자 사후관리, 자살자의 유족지원 및 관리, 자살예방 홍보 및 교육 등을 포함한다.

# 3. 정신건강전문요원 제도

1995년 「정신보건법」 제정을 기점으로 정신건강정책이 정신질환자에 대한 정신의료기관과 정신요양시설 중심의 입원 및 격리위주에서 정신재활시설, 정신건강복지센터 등 지역사회중심의 재활 및 사회복귀를 도모하고자 하는 방향으로 변화가 있었다.

이에 따라 정신질환자의 발견, 상담, 진료, 사회복귀훈련 및 사례관리와 지역사회 정신건강증진사업 추진을 위해 전문인력이 필요하게 되었고 정신건강임상심리사, 정신건강간호사, 정신건강작업치료사 및 정신건강사회복지사 등의 정신건강전문인력을 수련, 양성하는 정신건강전문요원 제도를 시행하게 되었다.

1997년 정신건강전문요원 수련제도 도입 후, 2023년 11월 기준 정신건강사회복지사 1급 3,010명, 2급 3,177명, 정신건강간호사 1급 3,530명, 2급 6,009명, 정신건강임상심리사 1급 2,100명, 2급 1,486명, 정신건강작업치료사 1급 17명, 2급 105명으로 총 19,434명의 정신건강전문요원이 배출되었다.

**표 3-4** 정신건강전문요원 자격 발급 현황(2023.11월 기준)

| 구분 | | 배출인원(명) | | 비율(%) |
|---|---|---|---|---|
| 정신건강간호사 | 1급 | 3,530 | 9,539 | 49 |
| | 2급 | 6,009 | | |
| 정신건강사회복지사 | 1급 | 3,010 | 6,187 | 32 |
| | 2급 | 3,177 | | |
| 정신건강임상심리사 | 1급 | 2,100 | 3,586 | 18 |
| | 2급 | 1,486 | | |
| 정신건강작업치료사 | 1급 | 17 | 122 | 1 |
| | 2급 | 105 | | |
| 계 | | 19,434 | | 100 |

* 1급과 2급 자격 모두 소지한 경우 1급으로 산출

출처: 국립정신건강센터. 2024 정신건강전문요원 운영 안내.

한편 「정신건강복지법」에서는 정신건강임상심리사, 정신건강간호사, 정신건강사회복지사, 정신건강작업치료사 등의 정신건강전문요원을 〈표 3-5〉와 같이 그 등급을 각각 1급과 2급으로 구분하고 있으며 그 자격기준을 다음과 같이 제시하고 있다.

**표 3-5 정신건강전문요원의 자격기준(정신건강복지법 시행령 제12조 제1항 관련)**

| 종류 / 등급 | 정신건강임상심리사 | 정신건강간호사 | 정신건강사회복지사 | 정신건강작업치료사 |
|---|---|---|---|---|
| 1급 | 1. 심리학에 대한 석사학위 이상을 소지한 사람(석사 이상 학위 취득과정에서 보건복지부장관이 정하는 임상심리관련 과목을 이수한 경우로 한정한다)으로서 법 제17조 제1항에 따른 정신건강전문요원 수련기관(이하 이 표에서 "수련기관"이라 한다)에서 3년(2급 자격취득을 위한 기간은 포함하지 아니한다) 이상 수련을 마친 사람 | 1. 「의료법」에 따른 간호사 면허를 취득하고, 간호학에 대한 석사학위 이상을 소지한 사람으로서 보건복지부장관이 지정한 수련기관에서 3년(2급 자격 취득을 위한 기간은 포함하지 아니한다) 이상 수련을 마친 사람 | 1. 사회복지학 또는 사회사업학에 대한 석사학위 이상을 소지한 사람으로서 보건복지부장관이 지정한 수련기관에서 3년(2급 자격 취득을 위한 기간은 포함하지 아니한다) 이상 수련을 마친 사람 | 1. 「의료기사 등에 관한 법률」에 따른 작업치료사 면허를 취득하고, 작업치료학에 대한 석사학위 이상을 취득한 후 수련기관에서 3년(2급 자격 취득을 위한 기간은 포함하지 아니한다) 이상 수련을 마친 사람 |
| | 2. 2급 정신건강임상심리사 자격을 취득한 후 정신건강증진시설, 보건소 또는 국가나 지방자치단체로부터 정신건강증진사업 등을 위탁받은 기관이나 단체에서 5년 이상 근무한 경력(단순 행정업무 등 보건복지부장관이 정하는 업무는 제외한다)이 있는 사람 | 2. 2급 정신건강간호사 자격을 취득한 후 정신건강증진시설, 보건소 또는 국가나 지방자치단체로부터 지역사회 정신건강증진사업 등을 위탁받은 기관이나 단체에서 5년 이상 근무한 경력(단순 행정업무 등 보건복지부장관이 정하는 업무는 제외한다)이 있는 사람 | 2. 2급 정신건강사회복지사 자격을 취득한 후 정신건강증진시설, 보건소 또는 국가나 지방자치단체로부터 정신건강증진사업 등을 위탁받은 기관이나 단체에서 5년 이상 근무한 경력(단순 행정업무 등 보건복지부장관이 정하는 업무는 제외한다)이 있는 사람 | 2. 2급 정신건강작업치료사 자격을 취득한 후 정신건강증진시설, 보건소 또는 국가나 지방자치단체로부터 정신건강증진사업 등을 위탁받은 기관이나 단체에서 5년 이상 근무한 경력(단순 행정업무 등 보건복지부장관이 정하는 업무는 제외한다)이 있는 사람 |

| | | | | |
|---|---|---|---|---|
| | 3. 「국가기술자격법 시행령」 제12조의2 제1항에 따른 임상심리사 1급 자격을 소지한 사람으로서 보건복지부장관이 지정한 수련기관에서 3년(2급 자격취득을 위한 기간은 포함하지 아니한다) 이상 수련을 마친 사람 | 3. 2급 정신건강간호사 자격을 소지한 사람으로서 간호대학에서 5년 이상 정신간호 분야의 조교수 이상의 직에 있거나 있었던 사람 | | |
| 2급 | 1. 심리학에 대한 학사학위 이상을 소지한 사람(학위 취득 과정에서 보건복지부장관이 정하는 임상심리관련 과목을 이수한 경우로 한정한다)으로서 수련기관에서 1년(1급 자격취득을 위한 기간을 포함한다) 이상 수련을 마친 사람<br>2. 「국가기술자격법 시행령」 제12조의2 제1항에 따른 임상심리사 2급 자격을 소지한 사람으로서 수련기관에서 1년(1급 자격취득을 위한 기간을 포함한다) 이상 수련을 마친 사람 | 1. 「의료법」에 따른 간호사 면허를 가진 자로서 수련기관에서 1년(1급 자격취득을 위한 기간을 포함한다) 이상 수련을 마친 사람<br>2. 「의료법」에 따른 정신전문간호사 자격이 있는 사람 | 「사회복지사업법」 제11조 제2항에 따른 사회복지사 1급 자격을 소지한 사람으로서 수련기관에서 1년(1급 자격취득을 위한 기간을 포함한다) 이상 수련을 마친 사람 | 「의료기사 등에 관한 법률」에 따른 작업치료사 면허를 가진 사람으로서 수련기관에서 1년(1급 자격취득을 위한 기간을 포함한다) 이상 수련을 마친 사람 |

비고: 외국에서 정신건강전문요원과 유사한 교육 · 수련을 받거나 정신건강전문요원과 유사한 자격을 취득한 사람은 보건복지부장관이 정하는 바에 따라 정신건강전문요원과 동등한 자격을 인정받을 수 있다.

참고로 「정신건강복지법」 시행령에서는 정신건강전문요원의 업무범위를 공통업무와 개별업무로 구분하여 규정하고 있으며 정신건강사회복지사의 기능과 역할은 개별업무에 적시하고 있다.

## 4. 정신건강영역의 팀 협력

다른 사회복지실천현장과 마찬가지로 정신건강영역에서도 정신건강사회복지사는 사회복지분야 이외의 전문인력들과 더불어 정신질환자 개인, 집단, 가족 등을 대상으로 한 치료와 재활 및 사회복귀를 위한 실천활동을 펼치고 있다. 그리고 정신건강사회복지사는 정신질환자에게 포괄적, 효율적 서비스를 제공하기 위해 전문직 간의 상호 협동적 활동이 필요하다는 인식을 가지고 전문직 간의 팀협력을 중요시하고 있다. 따라서 다음과 같은 정신건강영역에서의 협력적인 실천에 대한 이해가 있어야 한다(김경호, 2008; 김규수, 2007).

### 1) 팀 협력의 개념과 필요성

일반적으로 협력이란 어느 한쪽의 노력에 비해 둘 혹은 그 이상이 함께 협력함으로써 더 나은 결과를 예상할 수 있을 때 취해지는 행동양식이다. 그리고 사회복지실천과 관련해서 이루어지는 협력은 클라이언트에 대하여 복수의 전문직이 함께 원조를 행하는 것으로서 각 전문직의 독자성과 고유성을 존중하고 적절한 의사소통과 조정을 통해 한 가지 목적을 달성하고자 조정하고, 이해하고, 합의하는 것을 말한다(김기태 외, 2009). 이에 정신건강현장에서는 정신건강의학과의사뿐 아니라 정신건강간호사, 정신건강임상심리사, 정신건강작업치료사, 정신건강사회복지사 등이 함께 팀으로 환자를 위한 치료적 환경을 조성하고 있다. 특별히 정신건강현장에서 팀 협력이 요구되는 이유는 신체적 질환과 달리 정신질환자의 입원과 치료과정, 그리고 퇴원과 재활 및 사회복귀에 있어서 다원적인 접근과 프로그램이 필요하기 때문이다. 즉 정신질환자를 대상으로 한 치료와 재활 및 사회복귀 과정에서는 상이한 분야의 지식과 기술을 가진 인력이 임상진단과 약물치료, 심리진단과 심리치료, 병실 내 간호 및 사회복귀를 위한 지역사회자원 활용 등의 업무를 수행함에 따라 팀을 형성하고 협력하는 계기가 되고 있다.

또한 정신건강현장에서 팀 협력이 요구되는 보다 근본적인 이유는 정신질환의 경우 생물학적, 심리학적, 사회 · 환경적 요인들이 복합적으로 영향을 주고 받으면서 발생하는 경우가 많기 때문에 신체질환과 달리 어떤 하나의 진단명으로 질환을 분류하는 것으로 그쳐서는 안 되며, 환자를 둘러싸고 있는 총체적 환경 속에 놓여 있는 존재로 이해하기 위해서는 각 전문인력들이 그들의 전문적 기능과 역할을 토대로 협력할 수밖에 없는 것이다. 또한 현장의 특성상 환자의 병 증상의 회복 정도에 따라 포괄적이고 연계된 서비스 프로그램이 사회적응을 할 때까지 정신의료기관, 정신건강복지센터, 정신요양시설, 정신재활시설 등에서 개입이 연속적으로 이루어져야 하기 때문에 팀 협력이 요구된다고 할 것이다(이영호 외, 2010).

## 2) 팀 협력의 조건과 과정

정신건강영역의 각 구성원들이 가지고 있는 배경과 관심이 서로 달라 동일한 정신질환자의 치료와 재활 및 사회복귀라는 공통분모보다 각자의 차이에 더 치우치기 쉬운 문제가 있을 수 있다. 따라서 정신질환자의 치료와 재활 및 사회복귀라는 공통관심사를 달성하기 위해 요구되는 효과적인 팀 협력을 위해서는 각 영역의 접근방법과 관점 그리고 목표가 서로 상이할 수 있음을 이해하고 서로 협력하려는 자세가 무엇보다도 중요하다고 할 것이다. 또한 효과적인 팀 협력을 위해서는 다음과 같은 조건들이 고려되어야 한다. 첫째, 환자와 환자집단에 대한 보다 나은 서비스라는 목표달성의 방법에는 차이가 있을 수 있다는 인식이 있어야 한다. 둘째, 팀 구성원 간의 의사전달 통로가 있어야 한다. 셋째, 팀 구성원들의 전문적인 판단은 존중되어야 한다. 넷째, 팀 협력의 목적은 업무의 효율성 증대에 있다(이영호 외, 2010).

이와 더불어 정신질환의 예방과 정신질환자의 의료 및 사회복귀를 돕기 위해 일하는 정신건강사회복지사는 다른 정신건강전문인력과 팀 협력을 형성해 가는 과정에 대한 이해도 필요한데 Germain은 그 과정을 역할분리단계, 과대평가와 실망단계, 현실적 평가단계, 조정단계, 역할의 통합단계 등의 5단계로 나누어 설명하고 있다. 먼저 역할분리단계에서는 각 전문분야의 구성원들이 각자의 익숙한 기능과 역할에 따라 작용하려는 경향이 있는 단계이며, 과대평가와 실망단계에서는 각 구성원들이 서로가 다른 성원들의 지식과 기술을 과대평가하고 동시에 협력이 이루어지지 못하는 데 대해 실망과 분노를 느끼는 단계이다. 현실적 평가단계에서는 다른 분야의 성원들이 목표달성에 어떻게 기여하는가를 점차적으로 인식하면서, 조정단계에서는 각 전문분야의 차이점들이 인정되고 공동의 목표를 향해 조정이 이루어지게 된다. 마지막으로 역할의 통합단계에서는 분담된 목표와 과업에 대해 서로 견해를 주고받을 수 있는 개방적 분위기가 형성되고, 과업활동도 쉽게 협상 또는 수용되며, 타 전문직의 훈련, 지식, 철학, 가치 등에 대한 이해와 존중이 이루어짐으로써 팀 협력을 달성하게 된다(이영호 외, 2010).

### 3) 팀 협력을 위한 자세

팀 개념으로 정신질환자의 치료, 재활 및 사회복귀를 위해 전문인력들이 함께 업무를 수행함에 따라 팀 구성원 간에 갈등이 생겨날 수도 있는데 이때는 팀의 구성원들이 함께 공통된 목표를 찾으며, 동의한 규칙을 계속적으로 적용하고, 팀의 신뢰분위기를 조성하기 위해 노력하는 것 등과 같은 과정을 통해 그 갈등을 해소할 수 있다(이영호 외, 2010). 여기에 더해 팀 협력이 효과적이기 위해 팀 구성원들에게는 다음과 같은 자세가 요구된다.

- 개성을 두드러지게 드러내기보다는 팀의 목적을 성취하는 데 팀의 일원으로서 활동하는 것이 우선되어야 한다.
- 팀의 다른 구성원들이 활용하는 방법에 대해서 이해한다.
- 팀의 다른 구성원들이 차지하는 기여에 대한 존중이 필요하다.
- 환자에 대한 치료 목표달성과정에서 팀의 다른 구성원들로부터 무엇을 배울 수 있을지를 생각한다.
- 나의 열심이 팀의 다른 구성원들의 기능에 관련될 수 있다는 사실을 인식해야 한다.

정신건강사회복지사는 전문직 간의 팀 협력에서 고유한 전문성을 발휘하기 위해 환자를 전문적으로 이해하기 위한 전제조건, 즉 주요 정신장애의 유형과 특성에 대해 폭넓은 이해를 가지려는 자세가 요구된다. 또한 이러한 지식은 전문직 간의 원활한 의사소통과 팀 협력을 위해서도 필수적이라고 할 수 있다.

한편 팀 협력과정에서 다른 전문직이 정신건강사회복지사의 역할에 대한 이해가 부족하거나 오해가 있을 경우 정신건강사회복지사는 팀 성원으로서 자신의 역할이 무엇인지를 뚜렷이 밝히고 다른 전문직들에게 정신건강사회복지사의 기능과 역할을 명확하게 이해시키는 일을 하여야 한다.

# 04 chapter
# 정신건강사회복지의 가치와 윤리

## 1. 사회복지의 가치와 윤리

### 1) 가치와 윤리의 개념

가치(Value)란 옳고 바름에 대한 믿음이라고 정의할 수 있다(Lowenberg & Dolgoff, 1996). 사람들은 공통되게 적용되는 가치를 가지기도 하지만, 개인적으로 다른 가치를 가지고 있는 경우도 많다. 어머니가 자녀를 양육하고 교육하는 과정에서 중요하게 생각하는 가치, 자신이 일을 하는 데 있어서 지키고자 하는 가치, 다른 사람과의 관계에서 옳은 것이라 믿는 가치 등 많은 부분이 개인적으로 차이를 가질 수 있다. 이러한 개인적 가치는 사회적 가치, 사회문화로부터 영향을 받으며, 시간의 흐름에 따라 변화하기도 한다. 이혼, 별거, 동거, 낙태 등의 현상에 대해서 30년 전에는 많은 사람들이 부정적인 시각을 가지고 있었으나, 요즘 사람들의 시각은 많이 달라졌음을 알 수 있다. 이렇듯 가치는 옳고 바른 것을 선택하는 믿음이라 할 수 있으며, 시대와 상황에 따라 변할 수 있다.

윤리(ethics)는 어떤 행동이 도덕적으로 바르며, 옳은 판단과 행동은 어떠해야 하는지를 다루는 개념이라 할 수 있다. 사전적인 의미에서 윤리란 '사람이 사회적 관계에 있어서 사람으로서 마땅히 행하거나 지켜야 할 도리', '사회의 도덕률과 가치에 기초해서 행하고 지켜야 할 의무를 명확히 밝히는 것'이라 되어 있다. 사회복지사의 윤리는 전문인으로서 행하거나 지켜야 할 도리이며, 이것이 바로 전문직 행동의 기준이 되고, 원칙이 되는 것이다.

그러므로 가치(value)와 윤리(ethics)는 매우 밀접한 관계를 갖는다. 윤리는 가치에서 나오게 되므로, 무엇이 좋고 바람직한가를 통해 무엇이 옳고 바르냐를 제시하게 된다. 사회복지사는 전문가로서 어떤 것이 중요한 가치이며, 윤리적인가를 제시하기 위해 사회복지사의 전문적 가치를 고민해 볼 필요가 있다. 전문적 가치는 개인적 가치와 다르다. 전문직으로 종사하는 사람들의 공통적인 가치와 미래의 전문직 종사자들을 위하여 교육해야 할 방향을 제시하는 중요한 의미를 갖는다(Congress, 1999).

## 2) 사회복지 실천에서의 가치와 윤리

미국의 사회복지 윤리강령에서는 사회복지를 실천하는 데 여섯 가지 중요한 가치에 대해서 언급하고 있다. 첫 번째, '서비스의 제공'은 도움이 필요한 사람에게 서비스를 제공하는 것이라 할 수 있다. 이러한 '서비스의 제공'에 대한 가치는 사회복지사의 자신의 이익보다 우선되어야 한다. 두 번째는 '사회정의의 실현'이다. 사회복지사는 사회적 부정의와 억압에 맞서 싸우는 것을 중요한 가치로 생각하고 실천해왔다. 클라이언트의 삶을 변화시키기 위하여 사회적 부정의에 맞서는 옹호와 대변자의 역할을 하고, 클라이언트가 힘을 가지고 사회변화를 주도할 수 있도록 돕는 것은 사회복지사의 중요한 실천목표라 할 수 있다. 세 번째는 '개인의 존엄성과 가치의 존중'이다. 클라이언트

스스로가 중요하게 생각하는 가치를 존중하고, 모든 개인에 대한 존엄성을 인정하는 것은 클라이언트를 만나는 전문가로서 중요한 기본 가치라 할 수 있다. 네 번째, '인간관계에 대한 중요성'인데, 실천현장에서 모든 사회복지사는 대상자와 주변 사람들의 관계개선을 위해 힘써야 한다. 환경과의 적절한 인간관계를 통해 클라이언트는 문제를 해결해 나가기 때문이다. 다섯 번째, '성실'이다. 실제로 클라이언트에 대한 사회복지사의 성실성 있는 책임감은 다른 전문직과 마찬가지로 법적 의무이다(Kutchin, 1991). 마지막으로 사회복지전문직의 가치는 '능력'이다. 사회복지사는 항상 자신의 능력 범위 안에서 일해야 하며, 항상 자신의 전문적 기술을 향상시키도록 노력해야 한다.

## 2. 정신장애인과 인권

### 1) 정신장애인에 대한 반차별의 당위성

정신장애인의 인권은 다른 집단에 비해 침해받을 가능성이 매우 높으며, 정신장애인에게 있어 인권은 차별과 낙인배제 등으로부터 이들을 지켜주는 거의 유일한 수단이 되고 있다. 그리고 정신장애인의 인권은 그 달성의 어려움으로 인해 한 사회의 인권수준이 얼마나 성숙해 있는지를 판단할 수 있는 잣대가 될 수 있기에 특별한 의미를 지니고 있다(신영전, 2008).

2008년 국가인권위원회에서 실시한 정신장애인 인권실태조사에서 비자발적 입원이 90.3%로 지나치게 높게 나타났으며, 장기간의 구금과 자의퇴원의 어려움, 비합리적 격리 등의 가혹행위, 치료행위 등과 관련한 인권침해, 사생활과 관련한 인권침해 등 많은 인권문제들이 발생하고 있음이 나타났다. 또한 지역사회 안에서도 정신장애인들은 우리 사회의 오랜 편견과 차별로 인하여 취업이나 보험가입 등 일상생활에서 많은 어려움을 겪고 있다. 그리고 여전히 자격취득과 관련한 많은 법률 중에서 정신질환을 경험하고 있거나 경험하였다는 이유만으로 취득 자체를 법으로 금지하고 있으며, 고용과 관련해서도 정신질환이 있는 사람은 고용에서부터 배제하거나 고용되었다 하더라도 이를 취소할 수 있는 근거를 모집조건에서부터 제시하고 있다(이근희, 2009). 또한 2022년 중앙정신건강복지사업지원단 보고서에 제시된 설문조사결과에서도 '정신질환 치료경험이 있는 사람과 함께 일할 수 있다'에 대해 부정적인 응답이 이전에 비해 크게 증가하는 모습을 보았을 때 정신장애인에 대한 편견은 심각한 수준이라고 볼 수 있다(중앙정신건강복지사업지원단, 2023). 이처럼 정신질환에 대한 사회의 잘못된 인식으로 차별과 편견이 존재하고 있는 것이 현실이며 정신질환과 장애에 대한 편견, 차별, 방임은 많은 사람들이 정신질환자와 함께 일하고, 사귀고, 더불어 사는 것을 가로막는 가장 큰 사회적 장애물 중의 하나로 인정받고 있다(중앙정신건강복지사업지원단, 2023).

인간은 정신적 · 신체적 정신건강 상태와 관계없이 누구나 사회 안에서 살아가면서 다른 사람들과 관련을 맺고, 사회의 다양한 자원들을 이용하고, 사회활동에 참여하는 기회를 가지면서 이를 통해 삶의 만족감과 안녕감을 이루며 살기를 원한다. 정신장애인 역시 같은 삶의 목표를 가지고 살고 있으며, 다른 모든 구성원과 마찬가지로 그렇게 살 수 있는 인간으로서의 권리를 가지고 있다. 하지만 정신장애로 인해 생기는 편견과 낙인은 정신질환자 및 정신장애인의 삶의 질을 저해하고 정신장애로 인한 사회적 부담을 가중시키고 있는 것이 현실이다(정선미, 2005). 이러한 가운데 1995년 정신보건법 제정 이후 정신장애인의 인권보호와 증진을 위한 많은 개선이 있어 왔지만 여전히 부족한 부분이 많은 것이 사실이다. 정신장애인의 인권수준 개선을 위해서는 정신건강법에 정신장애인에 대한 차별과 인권침해에 대한 처벌, 감독 등에 대한 직접적인 규정과 정신장애인 권리증진에 대한 국가의 책임이 명시적으로 표현될 필요가 있다. 특별히 지방자치제도하에서 정신장애인의 인권보호와 증진을 위해 보건복지부와 광역시 · 도 그리고 시 · 군 · 구는 정신장애인에 대한 인권침해에서 가장 문제가 되고 있는 비자발적 입 · 퇴원을 줄이기 위해 강력한 의지를 가지고 정책적인 개입의 목표치를 제시해야 하며, 구체적인 실천계획을 수립하고 이를 실천해 나가야 한다. 또한 정신건강시설에 대한 실질적인 관리 · 감독을 통하여 비자발적 입 · 퇴원을 억제하고 정신장애인의 인권침해를 예방하는 역할을 수행하여야 한다. 이를 위해 각 광역시 · 도와 시 · 군 · 구에 정신건강업무만을 전담할 공무원이 배치되어야 하며, 정신장애인의 비자발적 입 · 퇴원 관련 인권침해방지를 위해 법원에 의한 입원심사제도가 도입되어야 할 필요성도 제기되고 있다(김경호 · 소순창, 2009).

## 2) 정신질환 및 장애에 대한 편견과 차별의 특성

정신질환에 대해 일반인들이 가지고 있는 태도조사 결과를 살펴보면 그동안 많은 사업을 통하여 정신질환에 대한 편견 해소를 위해 노력해왔음에도 불구하고 정신질환에 대한 인식이 개선되지 않고 있다. 정신질환에 대한 긍정적 수용적 태도는 2012년과 2022년을 비교해 본 결과 크게 감소하여 정신장애에 대한 인식이 나빠지고 있음을 유추할 수 있다(중앙정신건강복지사업지원단, 2023). 정신질환에 대한 인식은 '기록, 공무원 임용, 보험가입' 등 제도적 불이익에 대한 염려와 '미친 사람, 부정적 인식, 편견'과 같은 사회적 인식의 문제로 부정적 인식을 보이는 사람들이 많으며 이러한 인식은 적절한 치료를 받지 못하게 만드는 요인이 된다고 본다(중앙정신건강복지사업지원단, 2023).

낙인이란 한 개인 또는 집단을 부당하게 그리고 부정적인 내용을 담아 표시하는 것이며, 낙인행위는 그 표시가 된 개인 또는 집단을 소외시키고 배척하는 행동으로 이어지는 것을 말한다. 따라서 정신질환자에 대한 낙인은 정신질환을 앓고 있다는 이유로 그 개인을 차별하고 사회에서 격리하며 배척하고 추방하는 것이라고 할 수 있다. 이런 낙인과 관련하여 우리 사회에서 정신질환으로 진단을 받은 후 재활이 힘든 이유 중 하나는 일단 정신건강의학과 의사로부터 정신질환을 가진 사람으로 진단을 받고 치료를 요한다는 의사의 말을 듣게 되면 정신병자로 '낙인' 찍히는 효과가 크게 발생하는 특성이 정신질환의 진행과정을 악화시키는 것은 물론 정신질환에서 회복된 후 사회로 복귀하는 과정을 어렵게 한다. 또한 어떤 치료를 받았건 또는 현재 병이 회복되었건 간에 관계없이 단지 정신건강의학과에 갔었다는 사실이 알려지게 되면 사람들은 그 사실에 대해 수군거리는 편견과 낙인을 감수하여야 하는 것이 여전히 우리 사회의 정신질환 및 장애에 대한 편견과 차별의 특성 가운데 하나로 남아 있다(정선미, 2005).

정신장애인 인권문제의 현재를 보여 주는 대표적인 부분이 바로 입·퇴원 과정에서 높은 비자의 입원률을 나타내는 것이다. 정신건강시설 종류에 따른 입원 유형별 현황을 보여 주고 있는 〈표 4-1〉에 의하면, 2022년도 기준으로 정신건강기관에 입원한 환자들 가운데 자의입원인 경우는 이전에 비해 늘어난 모습을 보여 63.7%를 보였고, 이는 2012년 24.1%에 비하면 크게 증가한 것이다.

일반적으로 인권은 생명, 자유, 평등, 평화 등과 같은 가치를 기초로 하는 기본적이고 필수적인 권리이며, 법으로 보장되는 권리 이상의 것으로서 국가권력에 우선하는 것으로 받아들여지고 있다(권진숙 외, 2013). 그런데 정신장애인의 인권은 다음과 같은 이유로 일반적 의미의 인권 개념보다 더 특별한 의미를 가지고 있다.

**표 4-1** 입원유형별 현황(2022년도)

(단위: 명, %)

| 구분 | | 전체 | 자의적 입원(A) | | | 비자의적 입원(B) | | | | | 비자의 입원율(%) B/(A+B) |
|---|---|---|---|---|---|---|---|---|---|---|---|
| | | | 자의적 입원(A) | 자의입원 | 동의입원 | 비자의적 입원(B) | 보호의무자에 의한 입원 | 시장·군수·구청장에 의한 입원 | 응급입원 | 기타 | |
| 전체 | | 56,785 | 36,171 | 24,396 | 11,775 | 19,693 | 15,210 | 4,483 | 83 | 838 | 35.3% |
| 기관종류 | 종합병원 정신과 | 2,835 | 2,090 | 1,382 | 708 | 729 | | | | | 25.9% |
| | 병원 정신과 | 2,746 | 1,906 | 1,400 | 506 | 835 | | | | | 30.5% |
| | 정신병원 | 49,898 | 30,955 | 20,797 | 10,158 | 18,044 | | | | | 36.8% |
| | 요양병원 정신과 | – | – | – | – | – | | | | | – |
| | 한방병원 정신과 | 225 | 205 | 95 | 110 | 20 | | | | | 8.9% |
| | 의원 정신과 | 1,081 | 1,015 | 722 | 293 | 65 | | | | | 6.0% |
| | 한의원 정신과 | – | – | – | – | – | | | | | – |
| 권역 | 수도권 | 17,001 | 11,813 | 7,042 | 4,771 | 5,130 | 3,941 | 1,189 | 28 | 30 | 30.3% |
| | 전라권 | 8,050 | 5,819 | 3,865 | 1,954 | 2,195 | 1,773 | 422 | 27 | 9 | 27.4% |
| | 경상권 | 23,077 | 13,297 | 10,076 | 3,221 | 9,759 | 7,510 | 2,249 | 20 | 1 | 42.3% |
| | 강원권 | 1,508 | 1,311 | 975 | 336 | 193 | 120 | 73 | 4 | 0 | 12.8% |
| | 충청권 | 7,149 | 3,931 | 2,438 | 1,493 | 2,416 | 1,866 | 550 | 4 | 798 | 38.1% |

주: 1) 2022.12.31. 기준, 시점자료임

2) 개인 식별 문제로 인하여 일부 값은 비공개

출처: '국가정신건강현황 보고서 2022' 국립정신건강센터.

먼저 일반 인구에 비해 정신장애인은 다양한 인권침해의 소지를 지니고 있다. 또한 인권은 정신질환에 따른 차별, 낙인, 배제 등 일상생활에서 경험하는 편견으로부터 정신장애인들을 보호하는 수단으로 기능한다. 그리고 정신장애인에 대한 인권수준은 그 사회 전체의 인권수준을 평가해 볼 수 있는 가늠자 역할을 하는 것으로 받아들여지고 있다(국가인권위원회, 2009). 이에 따라 우리나라 헌법 제2장 제10조에서는 정신장애인을 포함하여 사람이라면 누구에게나 보장되어야 하는 권리를 다음과 같이 밝히면서 인권보호를 위한 국가의 의무까지도 규정하고 있다.

> 모든 국민은 사람으로서 존엄함과 가치를 가지고 있으며, 행복을 추구할 권리를 가진다. 국가는 개인이 가지는 침해할 수 없는 기본인권을 확인하고 이를 보장할 의무를 진다.

또한 1991년 UN총회에서 결의한 '정신장애인보호와 정신건강의료 향상을 위한 원칙(Principles for the Persons with Mental Illness and Improvement of Mental Health Care)'에서는 정신장애인에 대한 근본적 자유와 기본권, 미성년자의 보호, 지역사회 내에서의 삶, 정신장애 판정, 의학검사, 비밀보장, 지역사회와 문화의 역할, 의료기준, 치료, 약물치료, 치료의 동의, 권리의 고지, 정신건강시설 내에서의 권리와 조건, 정신건강시설의 자원, 입원원칙, 비자발적 입원, 심사기관, 절차상 보호조직, 정보열람, 범죄 피의자, 이의 제기, 감시와 구제, 실행, 정신건강시설 관련 본 원칙의 적용범위, 기존 권리의 구제 등과 같은 원칙을 내용으로 하는 정신장애인 인권에 관한 국제적 기준을 제시하였다. 그리고 2008년에는 장애인의 권리보호를 위한 장애인권리협약(The Convention on the Rights of Persons with Disabilities)을 UN차원에서 제정하였고 우리나라도 이를 이듬해에 비준하였다. 장애인권리협약에는 정신장애인의 권리도 포함되어 있으며 UN협약이므로 국내법적 효력도 가지게 되었다(권진숙 외, 2013).

따라서 우리나라의 헌법정신이라든지 정신장애인 및 장애인보호와 권리에 대한 UN의 원칙과 협약에 따라 정신장애인의 인권보호와 실태 개선을 위한 노력은 피할 수 없는 현실이 되었다. 선행연구들은 이와 관련하여 정신장애인을 위한 정책과 실천방향이 정신장애인의 치료에 대한 자기결정권 보장,

정신건강시설 내 인권의 개선, 장기입원의 감소, 정신장애인의 평등과 사회참여 보장 등과 같은 내용으로 설정되어야 하는 점을 강조하고 있다. 또한 국가적으로도 정신장애인의 인권에 대한 보장 노력과 그에 따른 책임의식이 필요하고, 정신건강전문가들의 실천에 있어서도 정신장애인의 인권에 대한 민감성이 더욱 더 요구된다고 할 것이다(권진숙 외, 2013).

### 3) 정신장애인 인권보호를 위한 원칙과 주요 과제

정신장애인들의 인권문제해결과 증진을 위해 2009년 국가인권보고서가 발간되었는데 정신장애인 인권보호를 위한 접근에 있어서 다음과 같은 다섯 가지 원칙을 제시하고 있다.

원칙 1. 적정절차 보장 및 자기결정권 존중
원칙 2. 기본적 권리보장과 최소한의 제한
원칙 3. 정신건강서비스 전문화와 치료환경 보장
원칙 4. 지역사회중심의 치료환경 조성
원칙 5. 정신장애인에 대한 차별금지

이에 따른 정신장애인 인권문제해결의 주요 과제로서 입 · 퇴원과정에서의 적정절차 마련, 정신건강시설 내 권리보장 및 치료환경 개선, 지역사회중심의 정신장애인 치료, 정신장애인에 대한 차별과 편견해소 등을 제시하였고, 그에 따른 핵심 추진과제를 〈표 4-2〉와 같이 제시하였다.

**표 4-2** 정신장애인 인권문제해결의 주요 과제별 핵심 추진과제

| 주요 과제 | 핵심 추진과제 |
| --- | --- |
| Ⅰ. 입 · 퇴원과정에서의 적정절차 마련 | 1. 자의입원 원칙의 정신건강법 명문화<br>2. 입원과정에서의 적정절차 마련<br>3. 퇴원과정에서의 적정절차 마련<br>4. 공적 개입 서비스체계 구축<br>5. 공공후견인제도 도입 |
| Ⅱ. 정신건강시설 내 권리보장 및 치료환경 개선 | 1. 당사자 참여와 자기결정권 보장을 위한 법적근거 마련<br>2. 치료환경 및 질 개선<br>3. 정신건강시설 모니터링 시스템 강화<br>4. 미신고시설에 대한 조사 및 정비 |
| Ⅲ. 지역사회중심의 정신장애인 치료 | 1. 정신건강복지센터의 기능 강화<br>2. 정신장애인 주택 및 주거시설 확충<br>3. 정신재활시설과 프로그램 확대<br>4. 정신건강복지 예산의 확대와 효율적 운영<br>5. 가족에 대한 지원 확대 및 자조모임 활성화 |
| Ⅳ. 정신장애인에 대한 차별과 편견해소 | 1. 정신장애인 관련 차별적 법령 정비<br>2. 보험가입 차별금지<br>3. 병명 개정<br>4. 인권교육 및 의무 강화<br>5. 대중매체 등을 통한 지속적인 인식개선 및 홍보 |

출처: 이근희 (2009). p. 137.

## 4) 정신장애인 인권보호의 쟁점

정신장애인 인권문제해결을 위해 국가인권보고서에서 제시한 주요 과제와 그에 따른 쟁점들을 이근희(2009), 김경호와 소순창(2009)은 다음과 같이 정리하고 있다.

첫째, 정신의료기관과 정신요양시설 등의 정신건강시설은 입원환자 수를 기준으로 의료급여를 지급받고 시설확충비용을 지원받으면서 대형화되었기 때문에 강제입원율이 높고 입원기간이 길 수 밖에 없다. 실제로 한 통계에 의하면 정신요양시설의 경우 3년 이상 장기입원환자가 71.8%에 이르며, 정신

건강심판위원회에서 6개월 이상 입원 여부를 심사한 결과 2.7%만이 퇴원이 이루어졌다. 국가인권보고서에서는 이러한 문제해결을 위한 핵심 추진과제로 장기입원에 대해 입원기준을 강화하고, 진단입원 및 치료입원을 구분하며, 계속 심사기준 단축 및 기준개정 등을 제시하였다. 그리고 보호의무자와 정신질환자 사이에 이해 갈등 시 부양의무자의 입 · 퇴원 관련 권한을 유보시키고 공공후견인제도를 통해 대리결정할 수 있도록 하고 있다. 또 다른 문제는 가족의 부양부담 해결과 주거의 문제인데, 상당수의 보호의무자가 민법상 보호의무자이기는 해도 이미 보호할 의지나 정서적 유대감이 없어 사실상 보호의무 기능을 수행하기 어려운 경우가 많다. 결국 장기입원의 선택은 가족이 결정하게 되는데 입 · 퇴원과정에서의 적정절차의 강화만으로 환자를 장기입원시키려는 보호자의 욕구를 억제시킬 수는 없다. 따라서 장기입원의 책임을 부양가족에게만 떠넘기기보다는 사회적 대책마련이 필요하다고 할 것이다.

둘째, 정신건강시설 내 권리보장 및 치료환경 개선을 위해 당사자 참여와 자기결정권 보장을 위한 법적근거 마련, 치료환경 및 질 개선, 정신건강시설 모니터링 시스템 강화, 미신고시설에 대한 조사 및 정비, 정신병원을 제외한 장기 폐쇄시설은 단계적으로 모두 개방형으로 전환하고 치료의 질 개선을 위해서는 소형화가 필요하다. 특히 보호의무자에 의한 입원이 가장 보편적인 입원 형태인 상황에서 본인이나 보호의무자의 동의에도 불구하고 퇴원을 정신의료기관의 장이 중지시킬 수 있다는 정신건강복지법 제24조 제6항은 입 · 퇴원과정에서 불필요한 의료비 증가를 유도하며, 당사자의 자기결정권을 침해하는 조항이므로 삭제가 필요한 부분이다.

셋째, 정신장애인을 위한 지역사회생활지원서비스 공급의 절대적 부족, 지역사회 정신건강서비스의 역할 및 조정 미비, 중앙정부의 지역사회정신건강정책 추진 제약 등은 지역사회에서 정신장애인의 생활을 돕는 시스템을 활성화시키지 못하고 있는 이유로 지적받고 있다. 따라서 지역사회중심의 정신장애인 치료가 가능하기 위해서는 의료급여나 생계급여를 포함한 다양한 사회적 지원체계를 구축하고 제도화하여야 한다. 또한 지역사회시설과 프로그램의 확대도 필요하다. 즉 정신장애인을 위한 직업훈련과 직업알선, 거주지 제공, 정신질환자의 사회참여 확대를 위한 프로그램의 실시 등을 통해 포괄적인 서비스 욕구가 충족되도록 하여야

한다. 그리고 실질적인 지역사회중심의 치료와 재활을 위해서는 정신장애인 주거시설 확대도 필요하다. 이를 위해 매입임대주택, 장애인전세임대사업 등에 정신장애인들을 위한 물량의 확보와 임대로보조, 임대료차등부과, 보증금융자 등의 다양한 제도들이 마련되어야 한다. 또한 만성화된 정신장애인을 옹호하기 위해서는 정신장애인 가족에 대한 지원확대 및 자조모임 활성화를 통해 옹호집단으로서의 역할에 충실할 수 있도록 하여야 한다.

넷째, 정신장애인의 인권보호는 정신장애인의 재활 및 지역사회복귀와 밀접한 관련이 있다. 따라서 정신장애인 관련 차별적 법령 정비, 보험가입 차별금지, 병명 개정, 대중매체 등을 통한 지속적인 인식개선 및 홍보를 통해 정신장애인에 대한 차별과 편견해소를 위한 활동을 펼쳐나가야 할 것이다.

## 5) 정신장애인의 인권을 위한 사회적 대처

### (1) 정신질환 편견해소 및 인식개선

보건복지부에서는 정신질환이 조기치료와 재활을 통해 회복될 수 있는 질환이라는 것을 인식하고, 정신질환에 대한 잘못된 인식과 편견을 개선함으로써 사회통합 및 정신질환자의 권리를 보호하기 위한 정신질환 편견해소 및 인식개선 사업을 실시하고 있다.

### ① 정신질환에 대한 편견

일반적으로 편견이란 불완전한 정보를 일반화시켜 특정 집단에 대하여 부정적인 태도를 보이는 것을 말한다(이영호 · 심경순 · 김태준, 2010). 이러한 차원에서 '정신질환은 유전병'이라거나 '전염된다'는 소문, '치료가 불가능하다'는 등의 정신질환 관련 편견들이 있어 왔다. 또한 '정신질환은 위험'하다거나 정신질환자는 '늘 괴상한 말과 행동'을 한다는 등의 편견도 있으며, '목사님 대적하다가 하나님 벌을 받아서' 정신병에 걸렸다거나 '엄마가 아이를 잘못 키워서' 발병했다는 등의 편견이 정신질환과 관련된 내용들이다.

한편 정신질환의 원인과 경과, 정신질환을 가진 환자에 대한 태도와 관련된 편견뿐만 아니라 정신질환에 대한 치료에 있어서도 다양한 편견들이 있어 왔다. 즉 정신질환의 치료를 굿이나 금식기도, 안수기도 등과 같은 방법에 의존하기도 하며, 정신의료기관에서 진료받는 일과 진료기록이 남는 문제를 취업이나 결혼 등과 연결지어 조기진료를 어렵게 만들거나 사회복귀 및 재활에 부정적 영향을 미치기도 한다.

### ② 정신질환 편견해소 및 인식개선 노력

정신장애인의 인권에 대한 올바른 이해와 관심은 우리 사회에 널리 퍼져 있는 정신질환에 대한 잘못된 인식과 편견을 개선하는 노력과 맥을 같이하고 있다. 즉 정신질환은 조기치료와 재활을 통해 회복될 수 있는 질환이라는 것을 인식하는 것이 중요하다. 이를 위해 보건복지부는 정신질환 편견해소 및 인식개선사업을 시행하고자 하는 민간단체나 기관에 대한 사업비 지원을 통해 국민들의 정신질환 편견해소 및 인식개선을 위한 사업을 수행하고 있다. 2024년 정신건강사업안내에 따르면 보건복지부에서는 다음과 같은 차원에서 정신질환자의 인식개선을 위해 노력을 기울이고 있다(보건복지부, 2024).

첫째, 대중매체를 통한 인식개선을 위하여 공익광고를 제작 방영하고 대중매체 모니터링을 실시하고 있다. 일반 국민의 효율적인 인식개선 유도를 위하여 전파력이 높은 대중매체를 통해 정신질환에 대한 정확한 정보를 제공하고, 정신질환에 대한 편견을 조장할 수 있는 광고, 드라마 등 대중매체에 대하여는 모니터링을 실시하고 시정 요청을 하고 있다.

둘째, 정신질환자 편견해소를 위한 가족 및 대국민 교육을 실시하고 있다. 정신질환자 및 그 가족에 대한 교육 및 정보공유를 통해 정신질환에 대한 정확한 인식을 확립하고, 정신질환자 및 가족 간 자조활동 지원을 통해 스스로 자립할 수 있는 기회를 제공하는 등 지역사회 내 협력체계를 구축하고 있다.

셋째, 정신질환 편견해소를 위한 대국민 홍보활동을 추진하고 있다. 정신질환에 대한 올바른 이해 및 정신질환자의 건강한 사회복귀를 위하여 캠페인을 실시하고, 홍보물 제작, 배포 및 홈페이지 등을 활용한 홍보를 실시하고 있다.

그밖에도 이영호와 심경순, 김태준(2010)은 정신질환에 대한 편견과 낙인을 극복하기 위한 방안으로서 전문가들의 노력이 중요함을 밝히고 있다. 즉 정신질환자들에게 붙어다니는 낙인을 극복하기 위해서는 사회적 태도의 변화가 중요한데 정신건강전문가들이 일반 국민들을 상대로 정확한 정보를 제공하고 정신질환에 대한 정확한 이해를 제공함으로써 단순한 공포심과 사회적 낙인을 줄일 수 있을 것으로 보고 있다. 이는 과거 에이즈에 대한 공포 및 에이즈환자에 대한 낙인과 관련하여 꾸준한 홍보와 계몽 그리고 정확한 지식을 제공함으로써 에이즈에 대한 사회적 인식이 많이 개선된 것과 같다고 할 것이다.

### (2) 정신장애인의 권익보호

정신질환 및 정신건강시설의 특성상 정신질환자의 권리침해의 여지가 있으며, 권익을 보호할 필요가 있어 보건복지부에서는 인권교육의 실시, 입·

퇴원(소) 관리, 행동제한 및 격리의 제한, 작업요법 규정의 준수, 인신보호법 등을 통해 정신질환자의 권익을 보호하기 위한 대책들을 마련하고 있다.

일차적으로 정신질환자 스스로가 자신들이 처한 인권문제를 밝힐 때 제대로 된 권익 향상을 기대할 수 있을 것이다. 하지만 정신질환에 대한 사회적 편견과 낙인이 정신질환자들의 삶에 미치는 영향이 현실적으로 너무 크기 때문에 정신건강전문가들의 지원과 국가의 법, 정책, 제도적 개선 노력이 절실히 필요한 상황이다.

이와 관련하여 정신건강복지법에서는 정신건강시설의 설치 · 운영자 혹은 종사자들이 정신질환자의 인권에 대한 올바른 이해와 관심을 제고하고 이들에 대한 인권감수성을 향상시킴으로써 정신질환자에 대한 인권보호와 개선을 기하도록 하고 있다. 따라서 정신질환자를 직접 상대하는 정신의료기관, 정신요양시설, 정신질환자 정신재활시설 등과 같은 정신건강시설의 설치 · 운영자 혹은 종사자는 법적으로 매년 4시간 이상의 인권교육을 의무적으로 이수하여야 한다.[2] 이때 이루어지는 인권교육의 내용을 정신건강사업안내에서는 다음과 같이 주문하고 있다(보건복지부, 2024).

- 환자의 인권 및 권익보호에 관한 사항
- 정신건강 및 정신질환 관련 법령 및 제도에 관한 사항
- 정신건강증진 및 정신질환자 보호에 관한 국제 동향에 관한 사항
- 정신건강증진시설에서의 인권침해 사례에 관한 사항
- 그밖에 정신건강증진 및 정신질환자 보호를 위하여 보건복지부장관이 특히 필요하다고 인정하는 사항

2) 정신건강복지법 제70조의1.
정신건강증진시설의 장과 종사자는 인권에 관한 교육(이하 "인권교육"이라 한다)을 받아야 한다.

정신건강사업안내에서는 정신질환자의 권익을 보호하기 위해 다음과 같은 차원에서 구체적으로 그 방안을 제시하고 있다(보건복지부, 2018).

첫째, 정신질환자의 정신건강기관 입·퇴(원)소와 관련하여 다음과 같은 부분에서 정신질환자의 권익이 침해되지 않도록 해야 한다. 따라서 관할 정신건강증진시설 지도·감독 시 반드시 입·퇴원(소) 관리실태를 수시 또는 정기점검하고 위법사항 적발 시 관련법령에 의거하여 조치한다.

- 정신건강의학과 전문의 진단 없이 정신의료기관에 입원, 입원 연장하는 행위
- 자의입원 형식으로 입원시켜 계속입원 심사절차를 고의로 회피하는 행위
- 서류상으로만 입·퇴원 처리하여 계속입원 심사절차 회피 및 장기입원 유도 행위
- 보호의무자의 요청과 정신건강의학과 전문의 진단이 없는 자에 의한 병원으로의 강제이송 행위
- 보호의무자 자격이 없는 자, 혹은 그 수를 만족시키지 아니한 채 입원 및 입원 연장에 동의하는 행위
- 신원불상자의 입원 시 신상정보의 확인 요청 미실시 또는 퇴원명령 불이행 및 계속입원 심사 누락 행위(고의, 과실을 불문)
- 입원 및 입원연장 결정 시 입원 또는 입원연장의 사유, 퇴원심사, 청구에 대한 사항 서면통지 미실시 등
- 입원환자의 퇴원 및 처우개선 신청 차단 및 관련 서식 미비치
- 보호입원, 행정입원 등의 유형으로 입원한 자에 대해 국가입·퇴원관리시스템에 신고를 누락하는 행위
- 입원이 결정이 된 자에게 의도적으로 권리고지를 시행하지 않는 행위
- 입원(소)환자가 퇴원(소)시 정신건강복지센터의 기능·역할 및 이용 절차 등을 알리지 아니하거나 정신보건수첩 등의 서류를 갖추지 아니한 경우

※ 정신건강복지법 제89조에 의거 적발 시 100만원 이하의 과태료 부과

둘째, 폐쇄적 시설운영에 따른 환자 권익 피해 감독이 강화되어야 한다. 정신건강증진시설의 장이나 그 종사자는 입원 또는 입소, 이용 환자를 폭행하

거나 가혹행위를 하여서는 아니 되며, 시설운영의 편의성 또는 부족한 인력을 보충할 목적으로 하고 있는 실장(방장) 제도를 즉시 폐지하여야 한다. 또한 관할 정신건강증진시설에 대한 정기 또는 수시점검 시 다음 사항 등에 대한 지도·감독 강화 및 위법사항 적발 시 관련 법령에 의거하여 조치한다.

- 편지, 전화 사용 등 통신의 자유에 대한 포괄적 제한과 임의적 검열 사례
- 위생, 오락과 운동, 목욕과 용변 모습 노출 등 환자의 인간적 품위 유지와 건강권, 사생활 등에 대한 침해 사례
- 특정 종교 신앙 및 행사 참석 강요 등 종교의 자유 침해하는 행위
- 초과 과밀 수용에 따른 환자 사생활 보호 조치 미흡 사례
- 화재 발생 등 비상사태 발생 시 환자의 안전 확보 곤란 사례
- 국가인권위원회 진정함 설치와 진정절차 고지 의무 위반 사례 등

셋째, 정신질환자에 대한 행동제한 및 격리는 최소화되어야 한다. 정신의료기관에서 환자를 격리하거나 묶는 등의 신체적 제한을 가하는 것은 본인이나 주변 사람의 안전에 위험이 될 가능성이 현저히 높거나 신체적 제한 이외의 방법으로는 그 위험을 회피하기 힘들다고 판단되는 경우에만 제한적으로 이루어져야 한다. 이 경우에도 정신과 전문의의 지시에 의거해야 하며, 안전과 편의가 확보된 시설의 보호실에서 이루어져야 한다. 그리고 이에 대한 사실을 진료기록부에 반드시 기재하도록 되어 있다.

#### ① 포괄적 행동제한을 금지한다.

- 정신의료기관 등의 장은 정신질환자에 대하여 의료를 위하여 필요한 경우에 한하여만 통신 및 면회의 자유를 제한할 수 있으며, 이 제한도 최소한의 범위 내에서만 시행되어야 함
- 정신의료기관의 장은 종교행사, 종교적 집회·결사, 선교의 자유, 학문·

예술, 사생활의 자유에 대하여 필요 최소한의 범위 내에서 의료를 위하여 제한할 수 있으나, 진료행위에 지장이 없거나 타인에게 해를 주지 아니하는 경우에는 제한할 수 없음

### ② 제한 사유를 기록하여 보관해야 한다.

- 정신의료기관 등의 장은 행동을 제한하는 경우 제한의 사유 및 내용, 제한 당시의 환자의 병명 및 증상, 제한 개시 및 종료의 시간, 제한의 지시자 및 수행자를 진료기록부에 기재(5년 보관)

### ③ 환자의 격리는 제한해야 한다.

- 환자를 격리시키거나 묶는 등의 신체적 제한을 가하는 것은 환자의 증상으로 보아서 본인 또는 주변 사람이 위험에 이를 가능성이 현저히 높고 신체적 제한 외의 방법으로 그 위험을 회피하는 것이 뚜렷하게 곤란하다고 판단되는 경우에 그 위험을 최소한으로 줄이고, 환자 본인의 치료 또는 보호를 도모하는 목적으로 행하여져야 함
- 이 경우 격리는 안전과 편의가 확보된 당해 시설의 보호실에서 행하여져야 함
- 정신의료기관 등의 장이나 종사자가 환자를 격리시키거나 묶는 등의 신체적 제한을 가하는 경우에는 정신과전문의의 지시에 따라야 하며 이를 진료기록부에 반드시 기재하여야 함

넷째, 작업요법 시행 시 관련 규정을 철저히 준수해야 한다. 따라서 의료 또는 재활의 목적이 아닌 노동을 정신건강시설에서 강요해서는 안 되며, 정신과전문의의 지시에 의한 작업요법 차원에서만 이루어져야 한다.

### ① 노동 강요 금지

- 정신건강증진시설의 장은 입원 등을 한 정신질환자에 대하여 정신과전문의의 지시에 의한 의료 또는 재활의 목적이 아닌 노동을 강요하여서는 아니 된다.

### ② 작업요법의 시행요건

- 정신의료기관 등의 장은 입원환자의 치료 또는 입소자의 사회복귀 등에 도움이 된다고 판단되는 경우에 실시
- 입원환자나 입소자의 건강상태와 위험성을 고려하여 입원환자나 입소자의 건강을 해치지 아니하는 범위 내에서 실시

※ 작업치료의 예: 공예품 만들기 등의 단순작업

### ③ 정신의료기관에서의 작업요법의 시행은 아래의 방법을 준수한다.

- 시간제한: 작업은 1일 6시간, 1주 30시간(정신의료기관 이외의 곳에서 작업을 하는 경우에는 1일 8시간, 1주 40시간) 이내에서 실시
- 장소제한: 직업재활훈련실 등 작업에 필요한 시설을 갖춘 장소에서 실시하여야 하며, 가위 · 칼 등 정신질환자 본인 또는 다른 사람을 해칠 수 있는 도구들은 특별히 관리
- 시행동의: 대상자 본인의 신청이나 동의가 있는 경우에 한하여 실시
- 시행자: 정신과전문의의 지시(지도)에 따라 실시하여야 하며, 전문요원 또는 작업치료사를 두어 실시
- 기록보존: 진료기록부 또는 작업치료일지에 그 내용을 기록하여, 퇴원 후에도 환자가 기록을 열람ㆍ복사할 수 있도록 보존하여야 함(5년 보관)
- 수입지급: 작업으로 얻은 수입은 원자재 구입비용 등 작업에 든 실비를 제외하고 해당 환자에게 각 개인별 예금계좌를 통하여 지급

다섯째, 정신건강기관 운영회의체 구성 운영을 권장한다. 시설 경영진, 직원(의료진, 종사자), 인권보호책임자, 환자 및 보호자 등을 구성원으로 하는 회의체(가칭 "○○병원 환자 인권 · 보호위원회")를 구성하여 공동관심사에 대하여 정기적으로 논의하고 공동개선안의 마련을 추진한다.

여섯째, 정신질환 치료에 관한 정보제공을 활성화한다.

- 시행동의: 정신질환자에 대한 전기충격요법, 인슐린수면요법 등 치료방법은 본인 또는 보호자에게 정보를 제공하고 사전에 동의를 얻어 시행
- 규정준수 여부 점검 후 위반 시 관련법에 의거 조치: 환자 및 배우자 등이 환자에 관한 기록의 열람 · 사본 교부 등 그 내용 확인 요구 시에는 환자의 치료 목적상 불가피한 경우를 제외하고 의료인 또는 종사자는 요구 내용을 수용(의료법 제21조)
- 규정준수 여부 점검 후 위반 시 관련법에 의거 조치
- 정보제공이 어려운 경우는 환자 및 배우자 등에게 구체적으로 설명
- 치료정보 제공 활성화를 위해 지역 대한신경정신의학회 등 의사단체와 협조

# 3. 정신건강 실천현장에서의 윤리적 딜레마

## 1) 사회복지 실천의 가치 딜레마

대부분의 사회복지사는 클라이언트의 문제를 해결하는 데 있어서 다양한 가치 갈등을 겪게 되고 거의 매일 윤리적 결정을 해야 하는 상황에 직면하게

된다. 사회복지 실천의 많은 부분은 사회복지사의 전문적 판단에 의존하고 있다. 사회복지기관의 장들은 "가장 훌륭한 사회복지사란 상식에 의존하고, '자신의 배짱을 신뢰'(느낌, 배짱, 인지에 대한 신뢰)하는 사람이다"라는 견해를 강조하고 있다(Sheafor et al., 1998). 이것은 사회복지 실천에서 가치의 중요성을 말해 주는 부분이다.

## 2) 정신건강사회복지 실천과정에서의 윤리갈등

### (1) 가치의 상충

정신건강사회복지사가 정신장애인을 대상을 사회복지 실천을 하는 과정에서 다양한 윤리문제에 직면할 수 있는데 특히 2개 이상의 가치와 직면했을 때, 서비스의 방향을 결정하기 어렵다. 예를 들어 아직 증상이 많이 남아 있는 환자가 당장의 독립주거를 주장할 때, 환자의 자기결정권을 존중하는 것과 인간의 생활을 보호하는 것은 어느 쪽에 우선 가치를 두어야 할지 혼란스러울 수 있다. 또한 클라이언트의 공격적인 증상을 비밀보장하기 위해 클라이언트의 가족에게 잠재적인 위험이 있을 수 있음을 고지하지 않는 것도 두 가지 가치 안에서 혼란을 겪을 수 있는 부분이다.

### (2) 의무의 상충

사회복지사는 기관에 대한 의무와 클라이언트에 대한 의무 사이에서 갈등할 수 있다. 사회복지사는 자신이 속한 기관의 정책을 따라야 하지만, 기관의 목표가 클라이언트 이익과 위배될 때에는 윤리적인 딜레마에 직면하게 된다. 예를 들어 노숙자쉼터에서 생활 중인 A씨가 경미한 정신적 이상으로 더 이상

쉼터에서 생활할 수 없도록 기관에서 결정하였다고 가정해 보자. 이때 A씨도 계속 있기를 원하고 사회복지사도 이를 도와주고 싶을 경우에 사회복지사와 기관 사이에서 의무상충이라는 갈등상황이 유발될 수 있다.

### (3) 클라이언트 체계의 다중성

정신건강사회복지사로 다양한 사례를 접근하다 보면 아동학대문제, 심각한 부부갈등, 구타 등의 복합적인 문제를 가진 이혼부부의 자녀문제 등을 다룰 수 있다. 이때 정신건강사회복지사는 누가 클라이언트인가를 결정하는 데 어려움을 겪는다. 누구의 이익을 최우선적으로 고려하고, 어떤 문제에 먼저 개입해야 하는가를 결정하는 것은 어려운 일이다. 판사의 관점, 사회의 관점, 아동의 관점, 어머니의 관점에 따라 문제에 접근할 때 다양한 윤리적 딜레마를 겪게 된다.

### (4) 결과의 모호성

사회복지사가 내린 윤리적 결정의 효과가 모호할 때 사회복지사는 선택의 딜레마에 봉착하게 된다. 특히 클라이언트가 아동일 때 어떻게 결정하는 것이 아이를 위해 최선인지, 앞으로 5~10년 후에도 최선일 수 있는지, 무슨 권리로 사회복지사가 아동에 대한 결정을 해야 하며, 바른 윤리적 결정이 어느 것인지 모호한 상황에 사회복지사는 종종 봉착하게 된다. 예를 들면 해외입양을 할 경우에 이것이 아동을 위한 최선의 결정인지를 확신할 수 없기 때문에 해외입양 담당 사회복지사는 자주 갈등을 겪게 된다.

#### (5) 힘 또는 권력의 불균형

사회복지사와 클라이언트의 관계가 권력적으로 평등하지 않다는 것은 사실이며, 이것이 기본적으로 윤리적 딜레마를 일으킨다. 클라이언트가 사회복지사에게 도움을 구하는 위치에 있기 때문에 아무리 사회복지사들이 클라이언트의 자기결정권, 클라이언트 이익의 최우선성, 의사결정에서 클라이언트 참여 우선성 등의 요인들에 높은 가치를 두고 있지만, 사회복지 실천과정에서 이를 충분히 반영하지 못하는 경우가 생길 수 있다. 특히 미성년자나 지적장애 등의 요인으로 클라이언트의 능력이 제한되어 있을 경우에 클라이언트의 알 권리와 자기결정권의 포기가 생길 수 있다.

#### (6) 비밀보장

클라이언트가 사회복지사에게 말한 내용 및 다른 사람이 클라이언트에 대하여 제공한 내용은 공개되어서는 안 된다. 그러나 타인의 생명을 해칠 위험이 있는 경우, 학대가 일어날 경우, 위험한 질병에 걸렸을 경우, 사법체계에서 클라이언트에 관한 정보를 요청할 때는 정보를 공개할 수 있다고 인정된다. 그러나 이러한 극단적 상황에 대한 일치된 견해가 없기 때문에 사회복지사는 윤리적 딜레마를 일으키게 된다.

### 3) 가치갈등에 대응하는 지침

앞서 이야기된 다양한 가치의 갈등을 적절하게 대응하는 것은 어려운 일이다. 정신건강사회복지사는 다음과 같은 꾸준한 노력을 통해 가치갈등에 적절하게 대처하여야 한다.

첫째, 항시 사회의 법이나 도덕, 사회규범 등을 익혀 갈등이나 모순에 대해 올바른 가치판단을 내릴 수 있어야 한다. 둘째, 정신건강사회복지사가 클라이언트를 위하여 자신의 가치를 '밝혀'야만 하고, 클라이언트가 사회복지사와 평등한 입장에서 자신의 가치를 밝힐 수 있어야 한다. 셋째, 클라이언트는 자신의 가치관이 무엇인지를 알도록 도움받아야 하고, 자신의 가치에 부합되는 해결책을 모색할 수 있도록 도움을 받아야 한다. 넷째, 사회복지사는 클라이언트가 타인의 요구를 침해하지 않는 한 자신의 요구를 충족시키고 그들이 원하는 것을 허용해야 한다. 다섯째, 사회복지 실천에서 중요한 점은 사회복지사가 자신이 담당한 사례에 지나치게 정서적으로 개입되지 않아야 한다는 점이다.

Sheafor 외(1997)는 윤리적 딜레마 해결을 위하여 다음 질문에 대한 답을 찾도록 권고하고 있다. 첫째, 이 상황에서 적용되는 윤리적 원칙과 의무는 무엇인가? 둘째, 이 상황에서 어떤 윤리적 원칙들이 충돌하며 윤리적 딜레마를 가져오는가? 셋째, 윤리적 딜레마를 해결할 때 어떤 윤리적 의무가 다른 것보다 중요한가?

이러한 질문에 대답하기 위해 사회복지사가 활용할 수 있는 원천에는 두 가지가 있다.

첫 번째로 활용할 수 있는 것은 '사회복지사 윤리강령'[3]이다. 그러나 사회복지사가 매일의 실천과정에서 직면하는 윤리적 결정에 적용할 수 있는 구체적 지침을 제공하지는 않으며, 구체적 실무상황에서 도움을 주기에는 너무 모호하고 선언적이라는 단점이 있다.

두 번째로 활용할 수 있는 것은 다음의 '윤리강령 체크리스트'와 '윤리적 이슈의 우선순위 체크리스트'이다.

3) http://www.welfare.net/site/ViewMoralCode.action

### ❖ 윤리강령 체크리스트

사회복지사는 어떤 선택, 행동 혹은 결정을 고려하고 있는가?

- 선택 A :
- 선택 B :

각 선택이 다음 윤리강령을 위반하는가? 그렇다면 잠재적 위반사항을 간략히 기록하라.

1. 사회복지사의 클라이언트에 대한 윤리적 책임: 클라이언트에 대한 사회복지사의 우선적 책임성, 클라이언트의 자기결정에 대한 존중, 클라이언트의 고지된 동의, 필요한 서비스 제공, 사생활과 비밀보장, 성관계나 성희롱 및 학대 등 부적절한 성적 접촉의 금지, 클라이언트가 자기결정능력이 취약할 경우의 특별고려, 서비스의 지속, 서비스 종결에서의 주의 깊은 고려 등

   고려해야 할 잠재적 이슈나 문제점
   - 선택 A :
   - 선택 B :

2. 사회복지사의 동료에 대한 윤리적 책임: 전문가 사이에서 비밀보장을 유지하는 것에 대한 고려, 적절한 협력과 팀워크, 의견불일치나 논쟁에 대해 적절히 처리하는 것, 적절한 자문관계, 클라이언트를 동료에게 적절히 의뢰하는 것, 슈퍼바이저나 학생과의 성관계나 성적학대의 금지, 실천에서 비윤리적이거나 무능력하거나 상처를 입은 동료와의 관계에서 책임 있는 행동의 요구 등

   고려해야 할 잠재적 이슈나 문제점
   - 선택 A :
   - 선택 B :

3. 사회복지사의 실천 세팅에 대한 윤리적 책임: 슈퍼비전, 자문, 교육, 훈련에서의 유능성, 다른 사회복지사의 성과 평가, 적절한 클라이언트 기록의 유지, 의뢰 전에 클라이언트 욕구의 면밀한 사정, 휴먼서비스기관에서 적절한 업무환경의 유지와 지속적인 교육

훈련의 제공, 기관 피고용자에 대한 헌신, 노동조건 논란에서의 책임 있는 행동 등

고려해야 할 잠재적 이슈나 문제점
- 선택 A :
- 선택 B :

4. 사회복지사의 전문가로서의 윤리적 책임: 특정 형태의 차별을 행하거나 묵인하거나 참여하는 것, 전문적 책임성을 충족할 능력을 손상하는 사적 행동에 관여하는 것, 부정직함을 범하는 것 등

고려해야 할 잠재적 이슈나 문제점
- 선택 A :
- 선택 B :

5. 사회복지사의 사회복지전문직에 대한 윤리적 책임: 사회복지사가 사회정책, 프로그램, 실천개입을 평가하고 점검하는 것과 아울러 사회곡지실천의 높은 기준을 촉진하는 것, 그 성장과 발달을 위해 시간과 노력을 투여하는 것 등

고려해야 할 잠재적 이슈나 문제점
- 선택 A :
- 선택 B :

6. 사회복지사의 사회일반에 대한 윤리적 책임: 사회정의의 실현과 사회 전반적인 복지증진을 위해 노력하는 것, 사회정책과 제도형성을 위해 공공논쟁에 참여하는 것, 공공적인 위급상황에서 서비스를 제공하는 것, 사회적 혹은 정치적 행동에 적극적으로 참여하는 것 등

고려해야 할 잠재적 이슈나 문제점
- 선택 A :
- 선택 B :

### ✥ 윤리적 이슈의 우선순위 체크리스트

사회복지사는 어떤 선택, 행동 혹은 결정을 고려하고 있는가?

- 선택 A:
- 선택 B:

각각의 선택이 다음 질문에 대하여 "예", "아니오" 혹은 "결정할 수 없음" 중에서 어느 것에 해당하는지 답하시오.(너무 많은 가정을 피한다.)

1. 이 선택이 생명, 신체적 안녕, 혹은 생존기회를 위협하는가?
   - 선택 A : 예 / 아니오 / 결정할 수 없음
   - 선택 B : 예 / 아니오 / 결정할 수 없음

2. 이 선택이 누군가를 기본적으로 부정의, 불공정, 불공평한 방식으로 다루거나 기본적 인권을 위반하는가?
   - 선택 A : 예 / 아니오 / 결정할 수 없음
   - 선택 B : 예 / 아니오 / 결정할 수 없음

3. 이 선택이 주요하게 그리고 비합리적으로 누군가의 자기결정권, 자율성을 제한하는가?
   - 선택 A : 예 / 아니오 / 결정할 수 없음
   - 선택 B : 예 / 아니오 / 결정할 수 없음

4. 이 선택이 누군가의 중대한 개인적 고통 혹은 경제적 곤란을 야기하는가?
   - 선택 A : 예 / 아니오 / 결정할 수 없음
   - 선택 B : 예 / 아니오 / 결정할 수 없음

5. 이 선택이 이웃, 지역사회 혹은 전체 사회 사람들의 삶의 질을 감소시키는가?
   - 선택 A : 예 / 아니오 / 결정할 수 없음
   - 선택 B : 예 / 아니오 / 결정할 수 없음

6. 이 선택이 누군가의 사생활과 비밀보장의 권리를 잃게 하는가?
    - 선택 A : 예 / 아니오 / 결정할 수 없음
    - 선택 B : 예 / 아니오 / 결정할 수 없음

7. 이 선택이 개인 혹은 지역사회의 진실을 왜곡하거나 철회하는 것을 포함하는가?
    - 선택 A : 예 / 아니오 / 결정할 수 없음
    - 선택 B : 예 / 아니오 / 결정할 수 없음

# PART 02

# 정신건강사회복지 실천방법

Social Work in Mental Health

# 05 chapter
# 예방 및 치료

## 1. 예방적 개입

### 1) 정신건강예방

#### (1) 정신건강증진과 예방

정신건강의 개념은 정신질환이 없는 상태를 넘어서 우울과 불안, 스트레스가 없이 만족스런 대인관계를 발전시키고 문제를 적절히 해결함으로써 타인과 공감하고 신뢰를 주고받는 삶에 대한 것으로 확장되고 있다. 즉 정신건강에 대해서 개인적인 차원이 아닌 사회환경적인 차원으로 통합하는 정신건강증진으로 설명하고 있다.

보건복지부는 중증 정신질환자의 입원과 치료에 중심을 두었던 「정신보건법」을 「정신건강복지법」으로 전면개정함으로써 모든 국민의 정신건강증진 및 조기정신질환의 발견과 치료로 중심을 옮기고 있다. 이로써 공공보건정책에서 생애주기에 맞춘 정신건강정책의 설정, 특히 예방과 조기개입에 대한 비중이 매우 증가하였다.

정신질환 예방의 접근은 지역사회에 영향을 주는 주요 정신건강문제를 해결하기 위해 지역과 국가적 자원을 동원하는 공공보건의 일부이다.

## (2) 정신건강예방의 수준과 정의

**표 5-1** 예방의 차원 및 정의

| 예방개입의 형태 | 정의 | 프로그램 예 |
|---|---|---|
| 보편적(Universal prevention) | 개인적 위험이 확인되지 않은 전체 인구집단 혹은 일반 대중을 표적으로 함. 즉, 일반인구(general population) 대상 예방사업 | • 효과적인 태아기 보호(good prenatal care)<br>• 학교에서 괴롭힘을 예방하기 위한 프로그램 |
| 선택적(Selected prevention) | 정신질환의 위험이 평균보다 더 높은 개인 혹은 하위집단을 표적으로 하며, 위험집단은 정신질환의 발병과 관련이 있다고 알려진 생물학적 · 심리학적 혹은 사회적 위험요인의 토대에서 확인될 수 있음. 즉, 선택적 인구를 대상으로 하는 것으로 취약, 위험(risk group) 대상 예방사업 | • 정신질환 부모를 둔 아동의 지원<br>• 사별지지프로그램<br>• 정신질환을 가까이서 경험하고 있는 사람들을 위한 사회심리적 지지<br>• 주거보호에서 노인대상으로 우울증 예방을 위한 사회지지프로그램 |
| 표적(Indicated prevention) | 최소한이지만 정신질환을 예고하는 확인 가능한 징후(sign)와 증상이 있거나 정신질환의 성향을 나타내는 생물학적 특징은 가지지만 현재 수준에서 진단적 기준에는 해당되지 않는 개인을 표적으로 함. 즉, 특정 표적인구를 대상으로 하는 것으로 증상군(symptomatic, targeted group) 대상 예방사업 | • 공격적인 학령전 아이가 있는 부모를 대상으로 한 부모되기프로그램<br>• 학교에서 확인된 문제행동의 징후를 가진 아동을 위한 프로그램 |

출처: 홍현숙 외 (2006).

### (3) 정신건강의 위험요인과 보호요인

정신건강의 위험요인은 정신건강문제의 시작 가능성, 심각성, 지속기간과 관련되며 보호요인은 위험요인과 질환에 대한 사람들의 저항성을 증진시키는 조건에 관한 것이다.

정신건강 예방개입은 전 생애에 걸쳐 위험인자를 없애고 보호인자를 강화하는 것을 목적으로 한다. 따라서 위험인구 집단에 대해 복합적 예방개입이 필요하다.

**표 5-2** 정신건강 위험요인과 보호요인

| 구분 | 위험요인 | 보호요인 |
|---|---|---|
| 사회적 · 환경적 · 경제적 요소 | • 약물과 알코올 접근성의 용이<br>• 감정전이(displacement)<br>• 고립과 소외<br>• 교육, 교통, 주택의 부족<br>• 근린지역 해체<br>• 왕따(peer rejection)<br>• 영양부족<br>• 빈곤<br>• 인종 불평등, 차별<br>• 사회적 불이익<br>• 도시화<br>• 폭력과 범죄<br>• 전쟁<br>• 직업 스트레스<br>• 실업 | • 권한부여<br>• 윤리적 소수(minority) 통합<br>• 긍정적 대인간 상호작용<br>• 사회적 참가<br>• 사회적 책임감 증대<br>• 사회적 서비스<br>• 사회적 지지와 지역사회 네트워크 |
| 개인과 가족 관련 요소 | • 대학 실패와 학교 이탈, 주의 결핍<br>• 만성질병 혹은 치매환자 케어, 아동학대와 우기<br>• 만성불면증, 만성통증, 의사소통 이상, 조기임신<br>• 노인학대, 정서적 미성숙과 통제 불능<br>• 과도한 물질 사용, 공격성, 폭력, 외상적 노출<br>• 가족갈등, 가족해체, 외로움<br>• 저체중출산, 낮은 사회계층<br>• 신체질환, 신경화학적 불균형<br>• 부모 정신질환, 부모 물질남용 | • 스트레스 대처능력, 어려움에 직면하는 능력<br>• 적응능력, 자율성<br>• 조기인지자극, 운동<br>• 안정감, 지배와 통제감<br>• 좋은 부모, 읽고 쓰는 능력<br>• 긍정적 애착과 조기 결속<br>• 긍정적 부모-아동 상호작용<br>• 문제해결기술 |

| | | |
|---|---|---|
| | • 분만 전후 혼란, 사별<br>• 낮은 직업기술과 습관, 읽기장애<br>• 감각장애, 기질성장애<br>• 사회적 무능력, 스트레스가 되는 생활 사건<br>• 임신 동안 물질남용 | • 사회친화적(pro-social) 행동<br>• 자아존중감, 생활기술<br>• 사회적, 갈등관리기술<br>• 사회정서적 성장<br>• 스트레스 관리<br>• 가족 친구의 사회적 지지 |

출처: Prevention of Mental Health Disorders: Effective Interventions and Policy Options.; 홍현숙 외 (2006). 재인용.

## 2) 조기개입

### (1) 조기개입의 개념

조기개입은 질병의 초기단계에 혹은 발병하기 이전에 신속한 사정을 통하여 적절한 치료를 집중적으로 제공하여 입원 및 개인과 가족의 고통을 감소하고 개인의 사회적 역할을 돕고 재발의 위험을 감소시키기 위한 포괄적인 전략을 의미한다(홍현숙 외, 2006).

조기개입은 잘 설계된 관리정책과 훈련된 전문가에 의해 실행되어야 한다. 특히 청소년 친화적 조기개입서비스는 정신질환에 대한 낙관적 견해를 최대화하고 희망을 싹틔우며 편견이 낮은 환경에서 서비스를 제공하는 첫 번째 경험으로 이후의 치료과정에 영향을 줄 수 있다. 이러한 맥락에서 각 나라에서는 조기정신건강 개입에 대한 국가정신건강 정책을 체계적으로 수립하고 정신질환자에 대한 낙인과 편견, 기존 지역사회 정신건강서비스의 접근성 문제를 해결하고 정신질환의 예방과 정신질환자의 사회적 통합을 위해 정신병 조기개입서비스를 실천하고 있다.

### (2) 조기개입의 필요성

모든 질병은 발생한 후 적절한 치료개입이 지연될수록 경과가 부정적이다. 정신질환은 치료받지 않는 기간이 길수록 입원 또는 재입원 기간이 더 길어지며 많은 보호비용이 발생한다. 초발 정신질환자의 경우 꾸준히 치료를 하면 6개월 이내에 80% 이상이 증상 완화를 경험할 수 있다는 보고를 기반으로 초발 3년 이내 지속적인 개입이 요구되고 있다.

### (3) 조기정신증의 이해

조기정신증(Early Psychosis)이란 뚜렷한 정신병적 증상이 드러나기 이전의 상태인 임상적 고위험군(전구기)과 발병 후 3~5년 이내의 초발정신병(First Episode Psychosis) 기간을 함께 일컫는 개념이다. 조기정신증을 가진 사람들은 다음과 같은 이상증상을 경험한다(안석균, 2008).

- 고립: 내성적이 되고 혼자만의 생활에 빠져들어 은둔할 때
- 방황: 무언가 설명할 수 없는 힘든 정신적 고통에 시달릴 때
- 착각: 평소에 경험해 보지 못한 특이한 현상을 경험했을 때
- 혼란: 예전과 달라진 자신의 변화를 느낄 때

정신증상이 나타나지는 않았지만 미묘한 변화를 경험하기 시작하는 이들은 불편함을 해결하기 위한 적합한 치료를 찾지 못하거나 오히려 증상을 악화시키는 선택을 하기 때문에 치료적 개입이 지연되고 중증질환으로 발전하는 경향이 있다. 조기정신증에 대한 개입은 이들이 치료를 위한 결정적인 시기에 적절한 치료를 받을 수 있도록 하여 정신건강의 악화를 예방하는 것을 목적으로 한다(홍현숙 외, 2006).

### (4) 조기정신증의 개입경로

| 인식 | 연계 | 사정과 치료 | 평가 |
|---|---|---|---|
| 정신병에 대한 인식 증가 | 소비자와 제공자의 연결 | 최적화된 치료 | 지속적인 질관리 |
| • 대중인식 증가<br>• 고위험집단에 대한 표적교육<br>• 관련 전문가 (gatekeeper) 교육 훈련<br>• 임상전문가 훈련 | • 서비스에 대한 인식 증가<br>• 빠르고 간편한 서비스 구성<br>• 신속한 의뢰 대처 | • 포괄적 서비스<br>• 가족의 참여<br>• 생리심리사회적 태도<br>• 가장 효과적인 서비스의 제공<br>• 정상화된 회복의 개념 | • 개별 및 프로그램 결과 평가<br>• 사회에 미치는 영향력의 평가<br>• 조사연구 |

〈그림 5-1〉 조기정신증 개입경로 모델

출처: Tom Ehmann et al. (ed) (2004). Best Care in Early Psychosis Intervention; 홍현숙 외 (2006). 재인용.

#### ① 정신병에 대한 인식 증가

| 대상 | 내용 |
|---|---|
| 대중 | • 편견을 가져오는 잘못된 개념을 없애고 정신병은 효과적으로 치료할 수 있다는 신념을 제공하는 것을 목적으로 정확한 정보제공<br>• 조기정신증의 특성, 정신질환의 징후, 증상, 적시 치료의 중요성 등 |
| 고위험집단 | • 학교, 기업, 단체 등 소비자집단과 협력하여 접근<br>• 교육적 자료와 정보가 대상 연령에 적합한 내용과 방법 선택<br>• 조기정신증의 이해와 치료에 대한 정보 제공 |
| 관련 전문가 | • 교사, 학교상담가, 법 관련자 등을 대상<br>• 직장에서 직무교육으로 연계<br>• 조기정신증의 증상과 조기개입의 중요성 교육 |
| 임상전문가 | • 일반의, 정신건강전문요원, 병원직원, 응급실 직원 등 대상<br>• 조기정신증에 관한 예후나 치료에 대한 부정적 오해 교정, 현실적 낙관 |

### ② 소비자와 제공자의 연결

- 환자와 가족에게 이용 가능한 서비스의 범위에 대해 정보 제공
- 교사, 내과의사, 상담가, 다른 서비스 제공자들에게 조기개입서비스와 접근하는 방법에 관한 교육
- 인터넷을 활용한 접근성 향상(홈페이지, 포털서비스, SNS 등)
- 빨리 포기하는 이용자들을 위해 의뢰와 상담요청에 신속하게 반응
- 의뢰과정을 홍보하며 능률적으로 대처하기 위한 체계를 마련

### ③ 최적화된 치료

- 정신병적 증상으로 인한 인지결함을 고려하여 치료서비스 이용절차 간소화
- 가족중심적, 포괄적, 지속적, 신속한 서비스 제공

### ④ 지속적인 질관리

- 서비스과정과 결과에 관한 포괄적이고 지속적인 점검과 평가
- 역학조사연구, 의료경제학적 평가(medicoeconomic), 서비스 전달모델의 분야 간 적용 가능성, 새로운 서비스 제공자에 대한 훈련프로그램 평가를 통해 사회적인 영향력 평가
- 지역사회 태도조사, 인식조사 등 정책적 자료조사 분석

## (5) 조기정신증 예방을 위한 인지행동치료프로그램

조기정신증 환자들 중에서 일부만이 정신질환으로 이환되기 때문에 부작용과 불쾌한 경험의 위험을 가지고 있는 약물치료보다는 비약물적인 치료를 시도하는 것이 좋다. 위기에 처한 이들을 위해 개발된 인지행동치료는 정신

병적 증상 자체보다는 그로 인한 고통에 초점을 둠으로써 정신병적 증상 외에 우울감, 불안, 왕따 등의 사회적 고립, 대인관계 문제와 같은 증상에도 효과적이다.

**✤ 조기정신증을 위한 인지행동치료프로그램**
**(Green Program for Recognition and Prevention of Early Psychosis: GRAPE)**

- 1회기: 위기를 기회로 바꾸는 시작 – 인지치료와의 만남 (Engagement)
- 2회기: 문제목록 정하기 & 문제를 목표로 만들기 (Assessment)
- 3회기: 문제의 집짓기 – 문제를 조직적으로 설계하기 (Formulation)
- 4회기: 한 가지 경험 만 가지 생각 – 대안설명하기 (Alternative Explations)
- 5회기: 안전행동, 정말 안전할까? (Safety Behavior)
- 6회기: 생각에 대한 생각 – 초인지 (Metacognitive Belief)
- 7회기: 생각의 뿌리 찾기 – 나의 핵심신념 (Core Belief)
- 8회기: 자신감 회복 – 멋진 나의 모습 찾기 (Self–esteem Restoreation)
- 9회기: 사회적 고립 – 나의 지원군 찾기 (Social Isolation)
- 10회기: 새로운 시작 – 프로그램 정리

출처: 안석균 (2008).

### (6) 조기정신증 관리체계: 서울시 조기정신증 관리사업

서울시정신건강복지센터는 정신증 고위험군에 대한 초기평가 및 관리체계를 구축하고 정신질환이 발병하기 전 사고와 지각 등의 미묘한 변화들을 감지하여 조기에 질환을 발견하고 개입하여 만성화를 예방하기 위한 조기정신증 관리사업을 운영하고 있다. 서울시의 조기정신증 관리서비스 체계는 뚜렷한 정신병적 증상이 드러나기 이전의 상태(전구기)를 포함하여, 뚜렷한 증상이 발현된 시점부터 최대 5년까지를 치료의 결정적인 시기로 보고 지역 내 정신의료기관과 협력체계를 구성하여 적절한 치료와 교육을 제공함으로써 회복을 촉진하고 만성화를 예방하는 데 목적을 두고 있다.

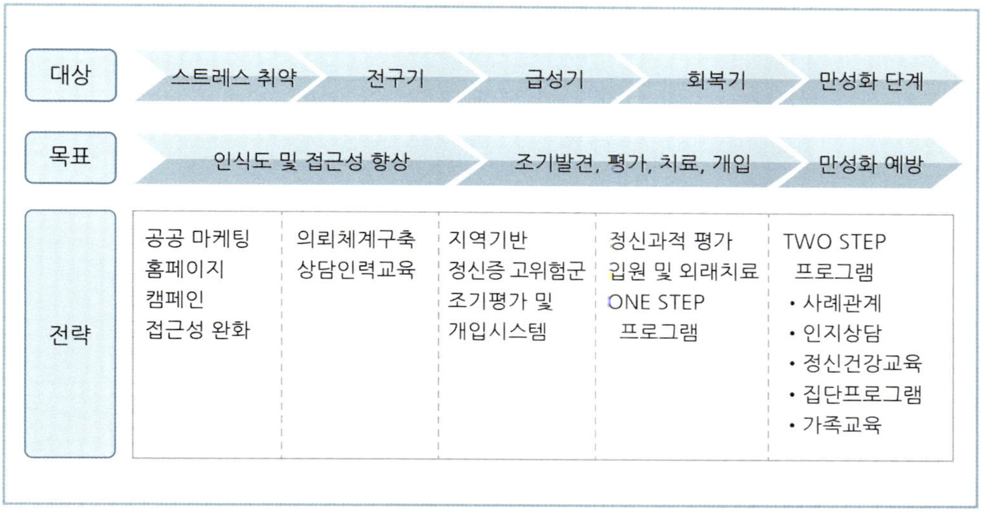


〈그림 5-2〉 서울시 조기정신증 관리서비스 체계

이 사업은 14~30세 연령의 서울시 거주자 가운데 조기정신증에 대한 경고 징후를 보이는 대상자들을 조기정신증 집중평가를 통해 스트레스 취약군, 고위험군, 초발정신질환으로 분류한다. 정신증 고위험군으로 분류된 경우에는 서울시정신건강복지센터에서 지역기반의 집중사례관리를 제공하고 이미 발병한 초발정신질환의 경우 해당 자치구 정신건강복지센터에 연계하여 사례관리 프로그램 STEP을 제공한다.

STEP 프로그램은 초발정신질환자는 만성정신질환자와 다르다는 인식을 기반으로 그들에게 최적화된 개입을 통해 만성화를 예방하고 회복을 돕기 위한 두 단계로 운영하고 있다.

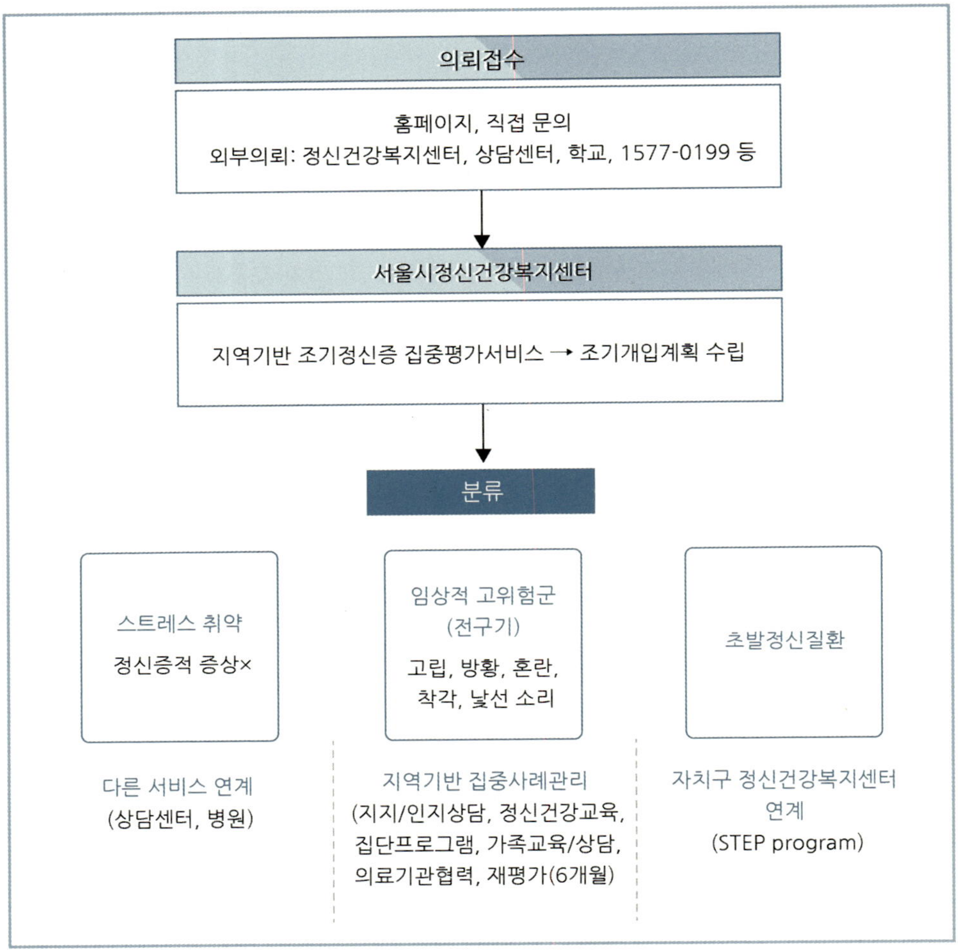


〈그림 5-3〉 조기정신증 집중평가 및 관리체계

ONE STEP 프로그램은 초발정신질환자들이 병원 이외의 다른 기관에 자신이 노출되는 데 대한 거부감을 가지는 발병 초기의 특성에 초점을 두고, 교육프로그램을 병원에서 제공하여 지역사회 정신건강서비스로 유도하는데 목적을 둔다(서울시정신건강복지센터, 2016).

TWO STEP 프로그램은 발병 후 첫 치료 3년 이내의 정신질환자들을 대상으로 병식인식에서부터 증상 및 약물관리에 대한 교육을 포함하는 집중적인 개별사례관리와 집단프로그램, 가족교육을 제공한다(서울시정신건강복지센터, 2014). 두 프로그램의 참여자들에게서 병식, 정신건강기관 이용, 학업 및 취업유지 등에서 의미 있는 변화가 조사되었다.

**표 5-3** ONE STEP 프로그램과 TWO STEP 프로그램

| ONE STEP 프로그램 | TWO STEP 프로그램 |
|---|---|
| • 1회기 STEP with Staff: 환자의 불안을 최소화하기<br>• 2회기 Working STEP: 정신과 치료에 대한 올바른 정보 제공하기<br>• 3회기 STEP by STEP: 만성화 예방을 위한 지역사회 정신건강서비스 연계하기<br>• 4회기 STEP with Family: 가족의 치료 참여 촉진시키기 | 1. Engagement: STEP을 준비하다.<br>– 참여촉진의 일반적 원칙 및 참여전략 수립<br>– 참여대상 범위 설정<br>2. Assessment: STEP을 시작하다.<br>– 초기사정 평가: 정보의 수집 및 관계의 형성<br>3. GOAL & ISP: STEP을 디자인하다.<br>– 목표 설정<br>– 계약 맺기<br>4. Implement: STEP을 실행하다.<br>– 주요 이슈에 따른 개입<br>– 동반프로그램 제공: 인지적 상담, 그룹 프로그램<br>– 가족교육<br>5. Evaluation: STEP을 평가하다.<br>– 다음 단계 설정을 위한 재평가<br>– PANSS, HONOS, GAF, QOL, SUMD, CANSAS<br>6. Discharge: STEP을 전환하다.<br>– TCM: Tele Case Management<br>– STEP의 종결 또는 다른 서비스로의 연계 |

## 3) 정신건강 홍보

### (1) 정신건강 홍보의 개념

정신건강을 위한 홍보는 정신건강기관이나 단체가 사업의 일차적인 대상인 정신장애인과 그 가족 및 관련 전문인들 그리고 이차적인 대상인 여론주도층 및 일반인과의 가능한 쌍방적 커뮤니케이션을 통하여 정신건강에 대한

이해와 호의를 도모하려는 계획된 노력을 의미한다. 정신건강 홍보사업은 우리 사회에 널리 퍼져 있는 정신장애에 대한 편견을 극복하고 정신건강의 환경변화에 따른 새로운 사업과 프로그램을 널리 알리며 가능한 많은 사람들을 정신건강의 협력자로 만드는 데 주력한다(박미은, 2000).

### (2) 정신건강 홍보의 필요성

정신건강을 홍보하는 활동은 첫째 정신건강사업을 널리 알려 정신장애인과 가족 그리고 지역주민들에게 정신건강서비스에 대한 정확한 지식과 정보를 전달하고 서비스 이용도를 높이기 위해 필요하다. 둘째, 지역 내 정확한 자원 파악과 정보망을 확립하여 자원 활용을 높이기 위해 필요하다. 셋째, 정신장애인을 비롯하여 가족, 관련 전문가, 여론주도층 그리고 지역주민들이 갖고 있는 편견을 극복하고 정신장애인에 대한 이해 및 호의적인 태도를 조성함으로써 정신장애인의 사회복귀 및 정신건강증진의 사업목적을 추진할 수 있다.

이러한 홍보의 필요성과 목적에 따라 홍보사업은 다음과 같이 구분할 수 있다.

- 정신장애에 대한 인식개선을 통해 무관심과 편견 극복
- 정신장애인의 삶의 질을 보장하는 환경조성
- 정신건강사업을 공중에게 적극 알리는 계획적 활동

### (3) 정신건강 홍보방법

#### ① 1세대 정신건강 홍보방법: 행사와 캠페인

우리나라의 대표적인 정신건강 홍보사업은 '정신건강의 날'[4] 기념행사이

다. 지역사회 정신건강사업이 본격적으로 가동된 1995년 4월에 정신건강 관련 전문단체와 기관들이 연합하여 정신건강에 대한 인식개선을 주제로 각종 행사와 편견해소 캠페인을 시작하였다. 그해 서울시는 정신건강의 날이 포함된 주를 '정신건강 주간'으로 지정하고 정신건강복지센터와 정신재활시설이 함께 정신건강홍보기획단을 구성하여 자원봉사자 연합교육, 한마음 체육대회, 정신장애인 축제 한마당 행사를 개최하였다. 이후 정신건강의 날 행사는 전국적으로 확대되었으며, 2016년에 이르러 정신건강복지법 제14조에 매년 10월 10일을 정신건강의 날로 하고, 정신건강의 날이 포함된 주(週)를 정신건강주간으로 정하였다. 보건복지부는 정신건강의 중요성을 환기하고 정신질환에 대한 편견을 해소하기 위하여 정신장애극복 재활대회, 송년잔치, 강연회를 그리고 각 지역의 정신건강기관들은 연극제와 체육대회 등 다양한 정신건강 축제를 개최하게 되었다. 한편 대한신경정신의학회 등 전문가 단체들은 정신건강기관들을 통해 정신건강 편견해소를 위한 정신장애편견극복 캠페인과 우울증 예방 캠페인을 실시하였다.

1세대 정신건강 홍보는 지역정신건강의 시작단계에서 정신장애인들의 재활의지를 격려하고 사업을 홍보함으로써 관련 전문가 및 정책 관련자들을 독려하려는 목적이 강하였다. 그러나 정신건강의 날 홍보는 정신건강사업이 추진하여야 할 정신장애에 관한 인식개선과 편견극복을 위한 홍보활동으로서는 그 성과가 미약하였고 행사중심의 홍보방법이 가진 파급효과의 한계로 인하여 홍보전략에 있어 전문성 부재의 과제를 안게 되었다.

### ② 2세대 정신건강 홍보방법: 웹과 문화콘텐츠

21세기는 문화산업의 발전이 가속화되고 인터넷과 스마트폰을 통해 소통

4) 1968년 대한신경정신의학회에서 4월 4일을 '정신건강의 날'로 지정. 정신건강에 대한 편견해소를 강조하려는 의도를 가지고 한국 사회에서 편견의 숫자인 '4'가 두 번 겹친 날을 기념일로 지정하였다.

하는 시대의 흐름에 맞추어 새로운 차원의 홍보방식을 요구하고 있다.

서울시 광역정신건강복지센터는 2007년 정신건강 브랜드 '블루터치(Blue Touch)'를 선보이고 웹기반의 홍보활동을 가동하였다. 정신건강 포털 '블루터치'는 정신건강 조기검진과 치료, 재활에 관한 정보, 자살예방상담, 정신건강 자기관리를 위한 '마인드스파'를 운영하고 있다. 블루터치는 이용자중심 설계로 일반인들도 정신건강 검진과 정보에 쉽게 접근할 수 있도록 하였고 일반 사람들이 정신건강관리에 도움이 될 만한 문화활동에 관한 정보를 제공하고 모바일 웹과 SNS를 통해 소통의 접근성을 높이고 관련 행사를 연계함으로써 웹을 통해 조기 정신건강에 대한 개입의 가능성을 높였다.

보건복지부 역시 공중파에 공익광고 제작 방영, 대중매체 모니터링 등 대중매체를 통한 인식개선 홍보를 추진하고 있다. 광역정신건강복지센터는 정신건강 홍보사업의 책임기관으로서 정신건강 정보를 담은 홈페이지 운영과 연극 · 영화제 등 문화콘텐츠를 이용한 홍보사업을 실행하고 있다.

### ③ 정신건강 홍보의 과제

지역정신건강복지센터들을 주축으로 다양한 방법과 주제의 홍보활동이 활성화되고 있으나 여전히 개선을 위한 과제를 가지고 있다.

우선 정신건강기관들은 홍보매체를 이해하고 다양화할 수 있도록 홍보 부서를 전문화하고 대상층을 확대하고 세분화하여 욕구에 맞는 홍보 주제를 개발하여야 한다. 홍보는 수용자중심의 관점을 유지해야 하며 이 사업은 정부의 지원 아래 장기적인 계획을 수립하여 실행하여야 한다.

# 2. 치료적 개입

## 1) 위기개입

사회복지사는 다양한 실천현장에서 위기상황에 직면하게 되며 정신건강영역 또한 마찬가지로 위기개입을 요하는 상황이 빈번하게 발생한다. 보호 및 관리를 중요시하는 입원 세팅에서뿐만 아니라 지역사회 내에서도 위기상황에 대처해야 하는 상황이 많이 발생한다. 정신건강영역에서의 위기상황은 환자 자신은 물론 타인의 생명과 안전에 연결되는 경우가 있을 수 있기 때문에 정신건강사회복지사를 포함한 정신건강전문가들은 위기개입과 관련된 교육과 훈련이 필수적이라 하겠다. 여기에서는 정신건강영역에서의 위기와 위기개입의 정의와 실천 원칙 및 정신과적 응급처치에 대해 살펴볼 것이다.

### (1) 위기 정의 및 위기 반응

#### ① 위기의 정의

위기(crisis)란 위협적 혹은 외상적 위험 사건을 경험함으로써 지금까지의 대처전략으로는 스트레스와 외상에 대처하거나 경감할 수 없는 불균형(disequilibrium)의 상태가 되는 것을 말하며(Roberts, 2000; 김혜란 외, 2001 재인용). 다음과 같은 세 가지 특징을 가지고 있다.

- 사고와 감정 사이의 부조화
- 일상적인 문제해결 능력으로는 해결되지 않음
- 위기상황에 처한 개인이나 집단은 기능의 손실이 발생함

다시 말해 개인의 일상적이고 안정적인 상태에서 급격한 정서적 동요가 일어나 지금까지 사용해 오던 문제해결 및 대처능력이 더 이상 작동되지 않기 때문에 결국 평상시라면 어렵지 않을 상황에서도 문제가 일어날 수 있다는 것이다. 하지만 여기에는 상황을 파악하고 대처하는 개인의 능력에 의해 영향을 받는다는 개념과 '한시적(self-limiting)'이라는 개념이 함께 포함되어 있다. 때문에 개인적 차원에서 위기는 인생 전반에 걸쳐 일어난다기보다는 한시적인 것이며, 이를 어떻게 다루는가에 따라 당사자의 인생에 긍정적인 영향을 미칠 수도, 또는 부정적인 영향을 미칠 수도 있다. 위기(危機)는 한자로 위험과 기회의 뜻을 나타내는 것처럼, 위기상태는 성장과 발달가능성을 함께 내포하고 있다고 볼 수 있다.

### ② 위기에 대한 반응

위기는 사건 그 자체가 아니라 사건에 대한 반응이라고 할 수 있기 때문에 개인에 따라 다양할 수 있다. Halfen과 Paterson(1982; 박미은, 2000 재인용)은 위기에 대한 다양한 반응을 〈표 5-4〉와 같이 제시하였다.

**표 5-4** 위기에 대한 반응

| 구분 | 반응양태 |
|---|---|
| 신체적 측면 | 식욕의 변화, 두통, 복통, 성욕의 감소, 호흡곤란, 근육긴장, 메스꺼움, 설사, 체중 증가, 불면증, 위궤양, 소화장애, 고혈압, 혈압 상승 |
| 정서적 측면 | 두려움, 불안, 혼돈, 신경과민, 긴장, 피로, 적개심, 분노, 우울, 양가감정, 의사결정 약화, 공황, 안절부절, 죄의식, 편집증, 우울 |
| 행동적 측면 | 주의집중 부족, 과거에 몰두, 말실수, 부정, 망상 혹은 환각, 습관의 변화, 지나친 요구, 의존적 행동, 과음, 약물중독, 범죄, 비행 |

출처: Halfen & Paterson (1982); 박미은 (2000). 재인용.

### (2) 위기개입의 이해

위기란 위험하지만 동시에 기회의 전환점이라는 뜻을 내포하고 있다고 볼 수 있기 때문에 지지적 사회복지사의 즉각적이고도 집중적이며 잦은 접촉은 위기를 기회로 전환시킬 수 있게 된다. 정신장애인이 겪는 위기에 대한 일반대중의 반응(전통적 치료)은 사회통제를 유지시키려는 목적이 강하다. 하지만 정신적 위기 속에 있는 사람을 이해하고 다루는 데 있어 근본적인 변화가 있어야 한다. 신뢰와 공감을 바탕으로 한 관계형성과 위기 속에서 사람이 경험하는 주관적 세계를 탐색하는 것이 중요하다(이윤로 외, 2008). 이를 통해 위기는 새로운 의미를 창출하는 기회가 될 수 있다.

사회복지 실천에서 위기개입모델은 위기상황에 보통 24시간 이내에 개입하기 시작하여 4~6주 이내에 종료하는, 단기집중 전문 원조를 제공하기 위한 모델을 말한다. 정신건강영역에서의 위기는 즉각적인 정신건강서비스 혹은 개입을 필요로 하는데, 무엇보다도 중요한 것은 위기상황에서는 집중적인 도움을 즉각적으로 줄 수 있어야 한다는 것이다. 그러기 위해서는 클라이언트와 보호자에게 도움을 청해야 하는 시기와 방법에 대해 알려 주고, 즉각적이고 그리고 자주 활용할 수 있는 지지체계(예: 자원봉사자, 전화상담서비스)를 만들어 주는 것이다.

### (3) 위기개입단계

위기개입을 위한 일반적인 단계는 다음과 같다(이구상, 2010).

#### ① 신뢰관계 형성

초기에는 대상자와의 신뢰관계를 형성해야 한다. 이를 위해서는 대상자 내면의 심리상태를 파악하는 것이 중요하다.

### ② 문제파악(평가)

일정 신뢰관계가 형성되었다면, 전문가는 문제나 상황에 대해 보다 면밀히 파악해야 한다. 정신건강영역에서 기본적으로 평가하는 내용은 다음과 같다.

- 행동적 평가: 행동문제(행동, 태도)에 초점을 둠(예: 약물 복용을 규칙적으로 했는가? 생활습관, 활동 범위, 자살사고 및 시도 등)
- 정동적 평가: 현재 위기에서의 느낌과 반응에 초점을 두며, 필수적으로 과거의 느낌이나 반응과 비교를 해야 한다(예: 무기력, 우울, 분노, 충동적 사고, 공격성).
- 신체적 양상: 신체적 질환 유무 평가(예: 신체질환으로 인한 약물복용, 신체적 손상, 장애)
- 대인관계적 양상: 사회적 지지체계와 주거상태 평가(예: 가족 등과의 만남이 유지되는가, 만나서 무엇을 하는가, 위생, 주거관리)
- 인지적 양상: 사고(과정, 내용 등)에 대한 전반적 평가(예: 망상, 기억력장애, 연상장애, 생각의 빈곤, 지남력장애, 환청 등)

### ③ 해결 가능한 대안 도출

파악한 평가 결과를 바탕으로 문제를 해결하기 위해 대상자와 전문가가 함께 해결 가능한 대안들을 도출해야 한다.

### ④ 최적의 대안 실행

대상자가 해결할 수 있는 대안들을 실행해야 한다.

### ⑤ 사후관리

필요시 적절한 서비스에 연결한다.

### (4) 정신과적 위기개입서비스

오랜 기간 동안 정신과적인 문제를 가지고 있는 사람들은 스트레스에 취약할 뿐 아니라 대처능력도 한정되어 있는 경우가 있다. 따라서 이들은 발달적 · 상황적 위기뿐만 아니라 정신장애라는 질병의 특성으로 인한 정신과적 응급상황에 처할 수 있다. 정신과적 응급이란 난폭행동이나 자살시도를 포함한 응급처치를 하지 않으면 심각한 해를 일으킬 수 있는 정도의 사고나 감정, 그리고 행동의 장애를 말한다. 정신장애인을 위한 위기개입서비스는 2차 세계대전 이후 지역사회정신건강의 발달과 정신병원 입원 금지, 자살예방 강조, 위기개입이론의 발달에 힘입어 발전하게 되었다. 현재 정신건강영역에서 효과적 위기개입서비스가 작동되기 위해서는 지역사회 내에 ① 24시간 위기전화서비스, ② 외래서비스(Walk-in service, 찾아오는 클라이언트에 대한 긴급대비서비스), ③ 이동(방문) 위기개입팀(아웃리치 제공), ④ 단기입원 시설(주거시설), ⑤ 위기개입 병동, ⑥ 정신과 응급병동 등이 설치되어 있어야 한다.

#### ① 척도를 활용한 위기 평가

현재 정신건강복지센터를 비롯한 정신과적 위기전화서비스를 제공하고 있는 기관에서 활용하고 있는 위기중증도 분류척도(Crisis Triage Rating Scale: CTRS)는 1980년대 영국에서 개발된 척도로 전화 상담을 통해 정신과적 응급상황에 처한 환자 중에 외래 위기개입이 가능한 환자와 입원이 필요한 환자를 구분해 주는 척도이다. 이 척도 〈표 5-5〉는 위험성, 지지체계, 협조능력의 세 변인으로 구성되어 있으며 각 변인마다 5점 척도로 총 15점이다. 점수가 낮을수록 위험하며, 10점을 경계점수로 활용한다. 10점 미만의 응급성은 입원치료를 고려하며, 10점 이상의 응급성은 외래치료 기준으로 삼는다(이명수, 2009). 이 척도는 급박하고 혼란스러운 정신과적 응급상황에서 면접의 초점을 유지해 주고 신속한 개입을 가능하게 해준다는 장점을 가지고 있다(김민석, 2010).

특히 자살평가는 정신건강영역에서 일하는 모든 실무자가 배워야 하는 기술 중의 하나로 자살과 관련된 평가 시에는 우선 대상자에게 자살에 대해 생각하고 있는지 물어봐야 한다. 대상자의 말을 들으면서 상담가는 ① 계획의 세부사항이나 특성(방법, 날짜, 계획된 혹은 기록된 자살노트가 있는가), ② 치명성과 회복성(예: 총상 혹은 자상), ③ 의도성(구조가능성을 염두에 둔), ④ 근접성(계획을 알고 있는 중요한 지지자가 내담자 가까이에서 그를 보호하거나 걱정하고 있는지)을 평가해야 한다. 그리고 과거의 자살시도에서도 이와 같은 요인을 평가해야 한다. 그외 추가적 위험요인으로는 정신과 진단, 반사회성/경계성 인격장애, 물질남용, 긴장감, 충동조절 불능, 현실검증력 부족, 심각한 질병 및 생활스트레스 등이 있다(Patterson et al., 2011).

### ② 실무자가 고려해야 할 점

이러한 기관에서 일하는 실무자들은 정신과적 응급환자를 원조할 때 자신을 보호하기 위해 다음과 같은 점을 고려해야 한다(Halfen & Peterson, 1982).

- 환자를 만나기 전에 환자에 대해 가능한 많은 정보를 얻도록 한다.
- 신체제한(신체구속)을 시행할 때는 숙달된 사람에게 그 시행을 맡긴다.
- 임박한 폭력에 대한 위험도에 경각심을 갖는다.
- 물리적 주변의 안전도에 유념한다(예: 출입구의 위치, 실내의 물건).
- 필요하다면 평가 중에 다른 사람을 그 장소 혹은 가까운 곳에 있게 한다.
- 환자와 치료동맹을 발전시키는 데에는 유의한다(예: 편집성 정신질환자는 직면하거나 위협하지 말 것).

**표 5-5** 위기중증도 분류척도

| RATING A: 위험성 | |
|---|---|
| 1 | 자살 및 타해 사고를 표현하거나 관련된 환청이 있음. 현 병력기간 중에 자살시도가 있음. 예측 불가능하게 폭력적이거나 충동적임 |
| 2 | 자살 및 타해 사고를 표현하거나 환청이 있으나 확신은 없음. 과거 폭력적 · 충동성은 행동이 있었으나 최근에는 없음 |
| 3 | 자 · 타해 사고를 양가적으로 표현하거나 제스처를 하였음. 충동조절 능력은 확실하지 않음 |
| 4 | 약간의 자 · 타해 사고 혹은 행동은 있으나 행동조절이 가능함 |
| 5 | 자 · 타해 사고나 행동의 과거력 및 위험성이 없음 |
| **RATING B: 지지체계** | |
| 1 | 가족 · 친지 · 다른 형태의 지지체계가 전혀 없음. 기관에서 필요한 지지를 즉각적으로 제공할 수 없음 |
| 2 | 약간의 동원이 가능한 지지체계는 있으나 그 효과는 제한되어 있음 |
| 3 | 이용 가능한 잠재적인 지지체계는 있으나 제대로 기능하기에는 어려움이 있음 |
| 4 | 관심이 있는 가족, 친구, 다른 형태의 지지체계가 있으나 필요한 지지를 제공하는 능력과 의지는 다소 불명확함 |
| 5 | 관심 있는 가족, 친구, 다른 형태의 지지체계가 필요한 지지를 제공하는 능력과 의지가 있음 |
| **RATING C: 협조능력** | |
| 1 | 협조가 불가능하거나 완강하게 거부적임 |
| 2 | 약간의 관심을 보이거나 도움을 주려는 노력을 이해하는 정도 |
| 3 | 개입을 수동적으로 받아들임 |
| 4 | 도움을 원하나 양가적이거나 동기가 강하지 않음 |
| 5 | 적극적으로 치료를 원하고, 협조하려고 함 |

| 긴급성 척도(urgency of response scale) | | |
|---|---|---|
| A(3~9) | 극도의 위기 | 입원치료 요함. 즉각적인 경찰 혹은 119 출동 협조, 정신건강전문요원 즉각적인 서비스 제공 요망 |
| B(10) | 고위험 | 12시간 이내 개입, 입원 가능성 있음(심한 자살사고, 위협적인 폭력, 반복적이진 않으나 심한 스트레스) |
| C(11) | 중간위기 | 24시간 이내 개입(고민, 심한-보통의 자살사고, 혼란스러운 행동) |
| D(12~13) | 낮은 위기 | 48시간 이내 개입(보통 정도의 고민, 약간의 지지가 있으나 안 좋은 상황으로 진행) |
| E(14~15) | 위기상황 아님 | 2주 안에 개입 |
| G | | 개입 종결(전화상담, 연계 종결) |

출처: 이구상 (2010).

한편 환자의 위험을 예방하고 위기중재를 위한 유의점은 다음과 같다.

- 폭력이 묵인되지 않는다는 점을 환자에게 알린다.
- 환자를 무리하게 입원시키지 않는다.
- 환자와 개별면접을 한 후 가족원이나 주위 사람들을 면접한다.
- 비위협적인 방법으로 접근한다.
- 쉽게 판단하거나 비난하지 않는다.
- 현실검증을 돕거나 환자를 안심시키고 조용하게 한다.
- 환자에게 결정을 강요하거나 일방적으로 이끌어가지 않는다.
- 가능한 한 환자를 혼자 두지 않는다.
- 환자의 사적인 공간(거리)을 존중한다.
- 환자의 상태가 심할 때는 일정한 규제와 약물을 투여할 수 있다.
- 환자에 대한 정보수집을 위해 가족이나 주위 사람들을 접촉한다.
- 환자의 심리적 · 신체적 병력, 의료적 · 법적 자료를 알아본다.

자살과 관련된 대상자의 경우 상담자는 평가를 통해 대상자를 자살로부터 구해낼 수 있는 것이 무엇인지 파악해야 한다. 즉, 그 사람에게 희망을 줄 수 있는 것이 무엇인지를 파악해야 한다. 예를 들어 이혼이나 실직한 여성들은 그들이 자살하지 않는 유일한 이유를 '자녀들이 고통스러워할까 봐서'라고 대답하기도 한다. 비록 상담가가 어떠한 말을 해도 마음을 바꿔 놓을 수 없다 하여도 자녀에 대한 책임과 사랑이 자살에 대한 종교적 신념과 결합하면서, 생활조건이 나아질 때까지 그녀를 살아 있게 하는 충분한 억제요인이 되기도 한다. 상담가는 대상자가 자살하지 않으려는 이유를 경청하고 강화할 수 있다.

그리고 가족구성원 앞에서 개인의 자살에 대한 공상이나 자살시도를 다룰 때는 신중을 기할 필요가 있다. 상담가는 누가 자살시도 가능성을 예방하거나 증가시키는 역할을 하는지 파악해야 한다. 자살 가능성은 가족구성원이 다양한 정도로 알고 있고 지금까지 이야기된 적이 없는 가족 비밀이기 때문에 자살에 대한 공개적 대화는 연령, 성숙 정도, 가족관계 등에 따라 가족에게 부담을 줄 수 있다. 가족과 관련된 자살 예측요인으로는 가족관계를 포함하여 사회적 고립, 과거 가족의 자살시도, 죽음이나 별거를 통한 가족구성원의 상실 경험 등이다(Patterson et al., 2011).

## 2) 사회기술훈련

사회기술훈련(social skill training)은 행동치료기법 혹은 학습활동을 통하여 정신장애인들이 지역사회에서 생활하는 데 필요한 다양한 기술을 가르치는 것으로, 가설적 근거는 인간의 행동은 학습에 의해 변화될 수 있다는 것이다. 정신장애인들에게 나타날 수 있는 사회기술상의 문제는 질병을 앓고, 치료하는 과정 동안 다양한 요인들에 의해 퇴행되었거나 개발되지 못했기 때문이다. 따라서 치료기법 혹은 학습활동을 통하여 정신장애인이 지역사회에서 생활하는 데 필요한 다양한 기술을 가르침으로써 그들이 직면한 문제를 변화시킬 수 있다는 것이다. 사회기술훈련영역은 대인관계, 자기관리, 지역사회에서 생활하는 데 필요한 대처방식 등이다. 이렇게 다양한 영역의 사회기술에 대한 개입이기 때문에 다학제팀에서 사회복지사들이 중요한 역할을 담당하게 되므로 보다 전문적인 학습과 훈련이 요구된다.

### (1) 정신장애인과 사회기술

만성적인 정신장애로 고통을 받고 있는 사람들이 겪고 있는 어려움 중의 하나는 사회기술과 관련된 것이다. 즉, 자신의 감정을 표현하고 자신의 관심사와 욕구를 상대방에게 전달하는 능력이 부족한 것이다. 특히 조현병은 사춘기에 서서히 발병하여 점차로 진행되는 특성으로 인해 많은 환자들이 빈약한 사회기술과 장애를 보이는 것은 어찌 보면 당연한 일인지도 모른다. 게다가 정신질환의 심한 증상 때문에 어린 시절에 회득한 사회기술조차 없어질 수 있다. 또 장기간 입원해 있거나 열악한 환경에서 생활하는 환자의 경우는 사회에서 기술을 사용할 기회를 가지지 못하기 때문에 이미 지니고 있던 사회기술도 점차 위축된다(Liberman, 1995). 이러한 여러 가지 이유들로 인해 실제로 사회기술이 부족한 사람은 대인관계를 피하게 되고 그 결과 심한 외로움, 좌절, 우울, 격리감 등을 경험하고 그들의 물질적 · 정서적 욕구를 해결하지 못하기 때문에 좌절된 욕구를 공격적이고 난폭한 행동으로 표현하기도 한다. 즉, 어떤 환경에서 해결책을 적극적으로 생각하기보다는 행동으로 옮기는 것이다(Liberman et al., 2000).

만성 정신장애인의 부족한 사회기술은 다음의 원인 중 한 가지 또는 그 이상의 요소들이 결합되어서 발생하므로 결핍원인을 아는 것이 중요하다(김기태 외, 2009).

① 불충분한 학습(배울 기회의 결여)
② 사용하지 않아서 퇴행(장기간의 입원이나 사회적 접촉의 결여)
③ 강화의 결여나 부적절한 행동에 대한 강화(사회적 환경)
④ 사회적 불안(자신감의 결여)
⑤ 스트레스에 대한 취약성
⑥ 정신병리(망상이나 환청)나 뇌 기능의 장애
⑦ 약물의 부작용

### (2) 사회기술훈련의 목표와 효과

사회기술훈련은 도구적 기술과 사교적 기술 모두에 초점을 맞추어 시행해야 한다. 도구적 기술의 예는 약물관리, 증상관리, 주거지 선택과 유지, 여가활동과 오락기술, 돈 관리와 지출, 공공기관의 이용 등이다. 사교기술은 대화기술을 증진시키고 친구를 사귀고 가족관계를 호전시키는 것을 말하는 것으로, 사회적 지각 또는 수용기술, 인지기술, 문제해결기술, 처리기술, 행동적 기술 또는 표현기술을 말한다.

정신건강 현장에서 진행되고 있는 포괄적이고 다양한 재활치료프로그램에 사회기술훈련을 포함시켜 시행하면 보다 효율적이고 지속적으로 사회기술을 획득할 수 있으며, 사회기술훈련을 통해 향상될 수 있는 일반적인 효과는 다음과 같다(김기태 외, 2009).

① 자신감 회복
② 질병의 자기관리
③ 치료팀과의 협력적 관계 구축
④ 가족 부담의 감소
⑤ 재발방지
⑥ 스트레스의 극복
⑦ 사회적 역할기능 향상
⑧ 낮은 약물 용량 유지

〈표 5-6〉은 정신장애인에게 사회기술훈련을 시켜야 하는 이론적 근거를 요약한 것이다.

**표 5-6** 사회기술훈련이 필요한 이론적 근거

| 정신장애인은 다음과 같은 다양한 사회적 결손을 가지고 있다. |
|---|
| • 발병 전과 현재의 사회적 기능이 빈약한 것<br>• 음성증상과 결손증상<br>• 비효과적 문제해결 기술<br>• 인지장애<br>• 빈약한 삶의 질 |
| **다음과 같은 사회 · 환경적 스트레스원이 증상을 악화시킨다.** |
| • 사회적 지지가 결여된 것<br>• 가족이나 타인들의 심한 감정표출<br>• 생활하면서 겪게 되는 여러 사건들<br>• 체계적이고 조직적인 사회적 자원이 부족한 것<br>• 자극이 없거나 지나치게 많은 주거환경 |
| **사회적 관계는 다음과 같은 이득을 제공한다.** |
| • 사회적 인정<br>• 물질적 도움<br>• 현실감과 병식의 재획득<br>• 일의 수행에 대한 현실적 기대<br>• 다른 사람의 행동을 통해 배우는 것<br>• 증상평가<br>• 문제해결<br>• 공감과 자신의 감정을 토로할 수 있는 기회를 가지는 것 |

출처: Liberman et al. (2000).

### (3) 사회기술훈련의 학습원칙

사회기술훈련은 정신장애인의 사회화과정에 도움이 되는 어떤 활동도 유익하며, 또 자발적으로 그런 활동을 할 경우 부수적인 학습효과를 얻을 수 있다. 그러나 정신병리적 취약성 때문에 인지 · 동기적 결손을 보이는 만성정신장애인에게 사회기술훈련을 시행할 때는 비체계적인 훈련방식이 아닌 특별한 학습환경을 조성하고 자신이 필요로 하는 기술을 획득하고 일반화시키고 지속시키기 위해 다음과 같은 학습원칙을 활용한 체계적인 훈련이 필요하다(Liberman et al., 2000).

### ① 문제점을 구체적으로 정의하기

치료자는 현재 환자가 보이는 뚜렷한 증상이나 문제점을 적절한 사회적 행동의 결손으로 전환하여 해석해야 한다. 예로 남성과의 관계에서 자주 자기 파괴적인 행동과 굴욕적인 성관계를 보이는 여자 환자의 경우는 상호신뢰에 바탕을 둔 인간관계를 유지시킬 능력이 부족하고 상대방의 성적 유혹을 자신 있게 거절하지 못하기 때문에 발생한다.

### ② 자산을 파악하기

현재 가지고 있는 사회적 관계에서 강점과 능력을 파악하는 것이 중요하다. 예를 들면 사람을 만나는 방법을 알고 있는가? 얼마나 오랫동안 우정을 지속해 왔는가? 자신에 대해 적절한 수준으로 개방하는가? 개방형 질문을 하면서 대화를 지속해 나갈 수 있는가?

### ③ 강화적이고 치료적인 동맹관계 확립하기

치료자나 치료팀이 해야 할 첫 번째 과제는 환자와 가족을 따뜻하고 수용적으로 존중하는 태도로 받아들이는 것이다. 신뢰관계를 구축하기 위해서는 관심을 보이고 공감을 표시하고 치료자의 능력을 보여 주어야 한다. 이러한 관계는 자연스럽게 얻어지는 것이 아니고 치료자의 노력에 의해 형성된다.

### ④ 목표 설정하기

환자가 가지고 있는 문제점을 빨리 사회기술훈련 목표로 전환하는 것이 중요하다. 문제점 자체에 지나치게 초점을 맞추거나 대화를 나누면 은연중에 그 문제점을 더 강화시키게 된다. 목표 설정은 반드시 환자와 함께 해야 하며, 구체적이고 성취 가능한 것이어야 하며 다음과 같은 질문을 통해 가능하다. “어떤 감정을 표현하기가 가장 어렵습니까”, “가장 원하는 대인관계는 어떤 것이며 어떤 점이 가장 어렵습니까", "누구와 가장 가까워지고 싶습니까". 사회기술훈련 목표와 연습상황 기준은 〈표 5-7〉과 같다.

**표 5-7 사회기술훈련에 적합한 목표와 그렇지 못한 목표**

| 기준 | 적합한 목표 | 적합하지 못한 목표 |
|---|---|---|
| 긍정적이고 건설적인 것 | • 담임에게 도움을 요청한다.<br>• 회의에 참석하여 유창하게 보고한다. | • 맞대꾸하는 것을 중단한다.<br>• 사회적 불사회적 불안과 대인공포를 감소시킨다. |
| 기능적인 것 | • 취업면접 때 과거 직업력에 대해 설명한다.<br>• 친구를 초대하여 커피를 함께 마시며 담소를 나눈다.<br>• 배우자에게 애정을 표현한다. | • 집단치료 시 큰소리로 말한다.<br>• 치료자를 초대하여 커피를 함께한다.<br>• 치료자에게 자신의 감정을 토로한다. |
| 높은 빈도로 발생하는 것 | • 자녀의 학업성적이 좋을 때 칭찬한다.<br>• 점심시간에 동료들과 대화를 나눈다. | • 자녀의 생일에 자녀를 안아 준다.<br>• 일 년에 한 번 있는 회사 야유회 때 동료와 대화를 나눈다. |
| 달성할 수 있는 것 | • 가게에서 여자 점원과 1분 정도 대화를 나눈다.<br>• 남편에게 설거지를 도와달라고 부탁한다. | • 예쁜 여자에게 데이트를 신청한다.<br>• 남편에게 아이를 돌봐줄 사람을 구해달라고 부탁한다. |
| 구체적인 것 | • 일주일 동안 3명의 낯선 사람에게 말을 먼저 걸어 본다.<br>• 직장을 구하기 위해 여러 곳에 전화를 걸어 본다. | • 보다 사회적으로 행동한다.<br>• 직장을 구한다. |
| 권리와 책임이 일치하는 것 | • 담당 주치의에게 약의 부작용과 이득에 대해 물어본다. | • 담당 주치의에게 약 처방을 바꾸어 달라고 요구한다. |
| 현재의 생활 | • 곧 있을 취업면접에서 자신의 과거 직업력에 대해 설명한다. | • 해고당한 것에 대해 이전 상사에게 분노를 표시한다. |

출처: Liberman et al. (2000).

### ⑤ 행동적 역할시연

사회기술훈련의 많은 부분은 실제상황을 모방한 연습장면을 설정하여 역할시연을 하는 것으로 구성된다. 역할시연 시에 치료자는 참석한 다른 환자나 혹은 자신이 그 상대역을 맡아 환자가 성취하려는 목표를 돕는다. 이때 영상 촬영기기를 사용하면 자신의 행동을 객관적으로 관찰함으로써 교정해야 할 행동이 무엇인지 쉽게 파악할 수 있다.

### ⑥ 정적강화

치료자는 환자가 훈련에 참석하는 것부터 주어진 과제를 마치는 것까지 사회기술훈련의 모든 과정을 정적강화나 긍정적 피드백하에 진행해야 한다. 집단으로 사회기술훈련을 시행할 때의 이점 중 하나는 여러 사람이 한 환자의 역할시연에 대해 칭찬이나 지적과 같은 정적강화를 반복해 줄 수 있다는 점이다. 이때 중요한 것은 사람 자체가 아닌 구체적인 행동을 칭찬하는 것이다. 예로 상대방을 바로 쳐다보고 가까이 다가앉고 즐거운 얼굴표정을 짓고 따뜻한 음성으로 말했다는 등이다. 〈표 5-8〉은 일반적으로 적절한 행동과 부적절한 행동을 요소별로 구분해 놓은 것으로 이를 참조하면 도움이 될 것이다.

**표 5-8** 행동요소의 채점기준

| 행동요소 | 적절 | 부적절 |
|---|---|---|
| 시선접촉 | • 상대방을 바라본다.<br>• 말하는 동안에 눈동자를 응시한다. | • 상대방이 아닌 다른 곳을 본다.<br>• 눈동자를 고정시킨 채 한곳만 노려본다. |
| 태도 | • 공손하고 당당하게 말한다.<br>• 편안하게 자세를 취한다. | • 몸을 움츠린 채 말한다.<br>• 아주 긴장되어 보인다. |
| 거리 | • 상대방과 적절한 거리를 유지한다. | • 너무 가까이 혹은 멀리 떨어진다.<br>• 부적절하게 상대방의 몸에 닿는다. |
| 제스처 | • 말하는 동안에 고개를 끄덕이고 손을 움직인다. | • 뻣뻣하게 굳은 채로 말한다.<br>• 지나치게 몸을 움직인다. |
| 얼굴표정 | • 말하는 내용에 따라 미소 짓고 찡그리고, 이마에 주름을 지우고, 필요시에는 심각한 표정을 짓는다. | • 표정이 전혀 없다.<br>• 감정과 맞지 않는 부적절한 표정을 짓는다. |
| 억양 | • 감정에 따라 억양이 변한다. | • 억양에 전혀 변화가 없다. |
| 반응시간 | • 적절하게 반응한다.<br>• 적당한 속도로 말한다. | • 한참 있다가 반응한다.<br>• 너무 빠르거나 느리다. |
| 말의 내용 | • 핵심과 조리가 있다. | • 조리가 없고 우회적이다. |
| 말의 양 | • 적절하다. | • 지나치게 부족하거나 말을 안 하거나 혹은 많다. |

출처: Liberman et al. (2000).

### ⑦ 형태화

형태화(shaping)란 일련의 복잡하고 연속적인 사회적 행동을 가르치기 위하여 그것을 여러 작은 소단계로 나누고 각각 강화시킴으로써 설정한 목표를 달성하는 것을 말한다. 예로 여자 친구에게 데이트를 신청하는 것이 목표라면 먼저 그 여성이 있는 곳에 가서 "여기서 일하는 것이 재미있습니까"와 같은 간단하게 말을 거는 것부터 연습시킨다.

### ⑧ 지시, 촉구, 재촉

아무리 기다려도 강화시킬 만한 바람직한 행동을 하지 않을 경우에는 어떤 식으로 말하라고 구체적으로 지시하거나 또는 비언어적 행동을 효과적으로 사용하라고 촉구함으로써 사회기술을 보다 빨리 가르칠 수 있다. 이때 치료자는 훈련코치와 같이 대단히 적극적인 태도로 이 기술을 사용해야 한다.

### ⑨ 모방화

치료자나 다른 참석자가 어떤 구체적인 기술이나 그 구성요소를 시범적으로 보여줌으로써 환자의 기술을 향상시킬 수 있다. 이때 중요한 것은 환자가 그것을 정확히 이해했는지 파악하는 것이다. 모방화는 특히 인지결손이 심한 환자에게 많은 도움이 된다.

### ⑩ 과제와 실제생활에서의 연습

사회기술훈련은 훈련시간에 연습한 기술을 실생활에서 사용할 수 있도록 하는 것을 목표로 한다. 따라서 훈련시간에 각 환자가 역할시연을 마친 후에는 일상적이고 참가자에게 적절한 난이도의 과제를 내어 주어야 한다. 그리고 매 치료시간 시작 시 주어진 과제를 지속적으로 점검해야 한다.

### (4) 사회기술훈련 진행자의 태도와 자질

사회기술훈련을 효과적으로 진행하기 위해서 진행자가 지녀야 할 태도와 자질은 다음과 같다(권진숙 외, 2009).

① 권위적인 자세보다 적극적인 자세로 임한다.
② 확신을 가지고 자신의 스타일에 맞게 모임을 이끌고 나가야 한다. 자신의 실수를 두려워하지 말고 오히려 실수조차도 인간적인 모습으로 보여 주어야 한다.
③ 모임 동안에 참석자들의 주의력을 계속 유지하기 위해 자유롭게 다니고, 자연스러운 제스처를 사용하고, 평소보다 조금 더 크게 말하는 식으로 분위기를 고조시켜야 한다.
④ 개인에 대해 정신역동적 탐색이나 동기에 중점을 두지 말고 행동교정에 초점을 둔다.
⑤ 참석자들이 모방할 수 있는 좋은 모델링이 되도록 노력한다.
⑥ 부정적인 측면보다는 긍정적인 면을 강조하며 강화시킨다.
⑦ 진행자는 자신의 경험을 개방적으로 표현하고 자신의 반응을 솔직하게 표현하는 개방성이 필요하다.
⑧ 유머감각을 가지고 웃을 수 있는 능력과 유머를 통해 인간관계에 윤활유를 칠 수 있어야 한다.

## 3) 가족교육

정신장애로 인한 어려움은 개인만이 아니라 가족 전체를 고통스럽게 하며 많은 부담을 준다. 과거엔 가족이 정신장애를 발생시키는 원인으로 간주되기도 했으나 오늘날에는 치료 및 재활과정에 있어 중요한 파트너로 인식하고 있다. 서구에서는 탈원화과정에서 환자를 돌볼 책임을 떠맡게 된 가족들의 증가된 스트레스와 부담을 돕기 위한 가족지원서비스가 주목받게 되었다. 여기에서는 정신장애인 가족들이 가지는 부담과 정신건강 현장에서 정신건강 사회복지사들이 가장 많이 관여하고 있는 가족교육에 대해 살펴본다.

### (1) 정신장애인 가족의 이해

가족성원 중 정신장애가 발생하면 질병의 특성상 그들과 함께 생활하는 가족은 물론이고 친인척들이 짊어져야 할 주관적 · 객관적 부담이 모두 증가한다. 정신장애인을 둔 가족들은 객관적이고 물질적인 부담뿐 아니라 주관적이고 감정적인 부담을 많이 느낀다. 특히 부모들에게 우울증, 불면증, 고혈압, 알코올중독 현상 등이 나타난다(Holden & Lewine, 1982). 또한 노년기에 접어드는 부모가 자신의 노년기에 대한 준비와 성인자녀의 보호를 책임져야 하는 데서 오는 이중적 부담은 새로운 사회문제로 대두되고 있다. 때문에 정신건강 현장에서 일하는 사회복지사는 가족들의 다양한 욕구에 대한 이해를 통해 효율적으로 가족을 지원하여야 한다.

#### ① 가족부담의 근거

정신장애를 가진 사람과 함께 생활하는 가족들은 다양한 요인으로 인해 부담을 경험하게 되는데 크게 보면 정신장애가 갖고 있는 질병의 특성과 사회체계의 문제로 나누어 볼 수 있다.

##### 가. 정신장애의 특성으로 인한 가족의 부담

정신장애의 원인이 불명확한 경우가 대부분이며, 정신장애는 일단 발생하면 장기적인 치료와 재활단계가 요청되기 때문에 경제적인 부담이 크며, 이 과정에서 죄의식, 혼돈감, 책임감 등으로 인한 심리적인 부담을 갖게 된다. 또한 낙인, 수치심, 경제적 박탈감 등으로 인한 사회적 압박감을 경험한다. Lefley(1987)는 특히 다음과 같은 정신장애인의 행동이 가족구성원이 직면하는 부담을 증가시킨다고 하였다.

- 흔하지는 않지만 적대적 · 학대적 또는 공격적 행동
- 감정기복의 변화, 기타 예측 불가능한 행동
- 사회적으로 공격적이거나 당황스러운 행동
- 동기 저하, 분명한 꾀병(종종 음성증상에서 비롯되는)
- 돈을 아무렇게나 취급함, 개인위생 불량, 시설물 훼손이나 방치 등의 분명한 자기파괴적 행동

#### 나. 지역사회 원인

최근에는 보호부담의 원인을 개인에서 사회체계로 돌리는 추세이다(양옥경, 2006). 즉, 지속성 없는 정신건강 및 사회복지제도, 법적 규제, 정보수집의 어려움, 서비스제도 미비에 따른 위기개입 및 사례관리자 역할 부여, 그리고 전문가집단의 이해 부족과 비협조체계 등이다.

### ② 가족부담의 내용

정신장애인 가족들이 경험하는 다양한 스트레스는 정서적 부담, 행동적 부담, 사회적 부담으로 구별할 수 있다(Pratt et al., 2007).

#### 가. 정서적 부담

정서적 부담은 가족원들이 직면하는 심리적 고통을 의미한다. 정신장애의

발병은 가족에게 커다란 정신적 고통을 안겨 준다. 정상적으로 성장하던 자녀를 잃어버린 것 같은 애통함, 장래가 날아가 버린 것 같은 슬픔 등을 경험한다. 또한 반복되는 재발로 인한 실망은 가족들을 비탄과 우울에 빠지게 한다. 이러한 정서적 부담은 위장장애, 근육 이상, 불면, 두통, 심장병, 고혈압 악화 등 신체적 증상을 초래하기도 한다. 또한 가족들은 전문가들에게 분노를 느끼기도 한다. 즉, 정신장애문제에 대한 대처과정에서 파생되는 가족문제를 병리적으로 보거나 이해해 주지 못하는 전문가의 태도에 대해 분노를 느끼며, 이들이 제공해 주는 치료적 도움이나 정보 부족, 가족 배제 등은 분노를 넘어 수치와 낙인감을 느끼게 하며 이는 사회적 부담과 연결된다. 그리고 주보호자는 가족구성원들 간의 불충분한 이해로 인해 오해를 받거나 적대적인 입장에 놓이기도 한다.

### 나. 행동적 부담

행동적 부담은 정신질환의 특성으로 인해 언제, 어떤 식으로 표현될지 모르는 예측불허한 행동에 대한 두려움과 걱정을 말한다. 환청, 망상 또는 분노의 감정을 가족들은 충분히 이해할 수 없기 때문에 두렵고 불안해한다. 또한 증상이 재발하지 않도록 조심해야 하고, 사고 및 자살에 대해 항시 걱정하고 있는 것 등 역시 높은 부담률로 나타난다. 특히 주 보호제공자는 자유시간을 박탈당하고, 종전까지 해오던 활동을 포기해야 하는 행동제약으로 인해 스트레스를 경험한다.

행동부담으로 인해 가족들은 종종 역할갈등과 역할혼돈에 직면한다. 즉, 부부 중 한 사람이 집중적으로 정신장애인을 돌보다 보면 배우자에게 소홀하기 쉽고, 발병 원인에 대해 서로의 탓으로 비난하기도 하며 갈등에 직면하기도 한다. 또한 형제자매를 비롯한 다른 가족들도 정신장애인의 역할까지 메우려고 과다한 노력을 하게 되거나 자신의 존재가치를 느끼지 못하게 되는 등의 역할혼돈을 일으키기 쉽다. 결국 이렇게 역할과 관계가 혼미한 가족은 침체되고 불안한 분위기를 형성하게 되며, 동시에 역기능적인 대처행동을 취하게 된다.

다. 사회적 부담

정신장애인을 지속적으로 돌봐야 하는 가족들은 사회생활에 있어 여러 가지 제약을 받게 된다. 우선 외출 제한과 손님 초대 거부로 인한 기존의 사회적 관계망이 협소해지게 되고, 사회적 수치와 낙인감을 경험하게 된다. 수치와 낙인감은 사회적 철회와 고립을 강화하고, 사회적 교류를 단절하며, 사회관계망의 축소를 가져온다. 특히 가족구성원 중 주 보호 제공자는 종종 직업생활을 희생함으로써 가정에서 자신의 역할을 변경해야 하는 경우가 많은데 직업상실은 경제적 부담 외에도 자긍심에 악영향을 주게 되며, 사회적 접촉 감소 또는 단절을 발생시키고 가족의 건강을 해칠 수 있다(문인숙 · 양옥경, 1991).

라. 경제적 부담

정신장애가 장기화될수록 치료 및 보호부담은 경제적으로 매우 큰 부담이 된다. 경제적 부담은 저소득가정일수록 큰 부담으로 작용한다. 그뿐만 아니라 성인인 정신장애인이 실직인 상태가 많기 때문에 한층 심화된 부담을 준다. 경제적 부담은 치료에 직접적인 영향을 줄 수 있고, 정신장애인과 그 가족의 삶의 질과 관련된 근본적인 문제이다.

## (2) 가족교육

### ① 가족교육의 개념 및 이론적 기반

정신장애인 가족들이 스스로 적절한 치료방법을 찾고, 보호부담을 줄이고 적절한 대처를 해나가기는 매우 힘든 여정이기 때문에 전문가들의 개입과 지원을 필요로 한다. 가족교육은 구조화되고 목표지향적인 치료모델로서 가족에게 정서적인 지지와 함께 교육을 제공하는 치료모델로 볼 수 있기 때문에 가족교육이라는 용어는 가족정신교육, 가족심리교육, 정신교육적 가족치료, 행동적 가족치료 등의 용어와 개념을 포괄하는 개념으로 볼 수 있다(이영호, 2000).

가족교육은 세 가지 이론적 기반에서 출발하였다. 첫 번째는 감정표현(expressed emotion)에 대한 연구이다. 여러 연구에서 가족 내에서 비판적 평가, 적대감, 감정몰입(과잉보호하거나 사건을 극화, 과장된 표현) 등의 부정적인 감정표현이 높을수록 재발과 관련이 있다는 것을 발견하였다. 때문에 가족교육을 통해 온화함, 긍정적 평가 같은 긍정적 감정표현이 늘어날수록 재발에 대한 보호막을 형성해 줄 수 있게 되었다. 특히 부정적 감정표현이 높은 가족에 대해 환자를 위한 약물치료, 사회기술훈련, 가족심리교육을 조합하여 개입하였을 때 가장 효과가 컸다(Hogarty et al., 1991). 둘째는 조현병 환자들의 정보처리능력 결핍에 대한 연구이다. 주의집중-각성모델로 설명되는 이 현상은 조현병은 자극을 선택, 분류, 처리, 평가하는 능력이 부족하기 때문에 자극에 대하여 혼동된 반응과 과도한 각성반응을 보이게 된다는 것이다. 그러므로 가족개입을 통해 과도한 외부자극을 줄이게 된다. 마지막으로는 NAMI(National Alliance on Mental Illness) 등의 가족옹호운동에 힘입었다. 이 운동은 가족의 권리와 욕구, 그리고 능력에 대한 관심을 이끌어 냈다.

### ② 가족교육프로그램의 목적

가족교육프로그램의 목적은 다음과 같다(이영호, 1998).

- 가족에게 정신질환에 대한 정확한 이해를 돕기 위한 지식과 정보를 전달하는 것

- 환자 발생에 대한 죄책감을 감소시키는 것
- 질환에 대한 가족들의 태도를 변화시키는 것
- 비슷한 입장의 다른 가족들과 문제공유를 통해 심리적 지지망을 형성하여 치료진과 환자, 가족 간에 보다 원활한 협력체계를 구축하는 것
- 가족의 긍정적 기능을 개발, 강화시켜 환자의 재활과정에서 일차적 보호제공자로서의 효과적인 역할수행을 하도록 돕는 것이다.

### ③ 가족교육의 효과

가족교육을 함으로써 기대할 수 있는 효과는 다음과 같다(김철권, 1996).

- 재발률 감소
- 가족의 높은 감정표현(high expressed emotion), 즉 행동보다 인격을 향한 비난, 공공연한 적대감, 지나친 간섭의 완화
- 가족의 효과적인 대처방식 습득
- 병에 대한 지식 획득, 주관적인 스트레스 감소, 환자에 대한 두려움 감소
- 환자 증상 및 기능상태의 호전
- 환자의 재활과정 동안 안정된 지지체계로서 기능

### ④ 가족교육프로그램의 구성요소

가족교육의 내용, 기간, 장소 등은 일정하지 않다. 우선적으로 고려해야 할 내용은 환자와 가족의 특성에 대한 이해를 기반으로 하여 계획되어야 할 것이며, 일회성으로 이루어지는 교육은 지양되어야 한다. 그리고 교육내용에서 정신질환과 약물치료 등 의료적인 측면뿐만 아니라 지역사회에서 환자 및 가족의 권리 및 인권을 포함한 포괄적인 내용으로 구성되어야 할 것이다. 그리고 가족교육은 기본적으로 교육내용에 맞는 전문가가 포함된 팀 활동으로 이루어지는 것이 바람직하며, 회복한 정신장애인이나 가족들을 직접 교육자로

활용하는 것도 좋은 효과를 가져온다. 가족교육 형태는 기관과 환자의 상황과 목적에 맞게 개별, 소집단, 대집단, 공개강연 등 다양한 방법을 활용할 수 있다.

### ⑤ 가족교육에서 정신건강사회복지사의 역할

가족교육 실천가로서 정신건강사회복지사의 역할은 다음과 같다(이영호, 1996).

- 가족상담 및 치료자
- 교육프로그램 조정자로서의 역할
- 환자의 사례관리자로서의 역할
- 가족 옹호자로서의 역할
- 심리 · 사회적 재활모델의 실천가, 강조자, 교육자로서의 역할
- 재활프로그램 안내자로서의 역할

### ⑥ 가족교육프로그램 내용

지금까지 다양한 교육모델이 개발되어 활용되어 오고 있으나 여기에서는 우리나라 지역사회정신건강 현장과 병원에서 널리 시행되고 있는 '가족과 함께하는 교육프로그램(Family Link)'을 소개한다. 이 교육프로그램은 미국의 NAMI의 Family-to-Family 프로그램을 기초로 하였고, 아시아 사회와 문화에 적절하게 홍콩에서 개발되어 그간 아시아 7개 국가에서 번역 출간되었다. 우리나라에서는 한국정신사회재활협회와 용인정신병원 세계보건기구 협력기관이 함께 번역하여 2004년 12월 제1차 가족교육을 진행한 후 지금까지 지역사회 정신건강복지센터와 정신재활시설을 중심으로 시행되어 오고 있다. 이 프로그램의 독특성은 전문가와 가족이 함께하는 교육으로서, 가족들에게 정신질환에 대한 지식뿐만 아니라, 환자의 회복을 돕는 방법과 함께 더불어

사는 행복한 생활을 위한 지침을 제공하며, 가족교육을 효과적으로 수행하기 위하여 가족 중에서 가족교육을 시행할 교육자를 양성하는 프로그램이라는 것이다(www.familylink.or.kr).

'가족과 함께하는 교육프로그램'의 교육내용은 홈페이지에서 다운받을 수 있으므로 여기에서는 주요 제목만 소개한다.

- 정신질환의 이해
- 누가 나를 이해해 줄 것인가
- 정신질환에 대한 약물치료
- 위기관리
- 가족으로서의 행복한 생활과 즐거운 인생
- 회복
- 권리와 옹호
- 미래를 향한 전진

### ⑦ 가족의 대처전략

정신장애인 가족이 활용할 수 있는 실용적이고 기능적인 대처전략을 소개하면 다음과 같다(양옥경, 1996).

- 정신장애인의 걱정을 들어 주고 차분히 앉아서 얘기를 나눈다. 윽박지르거나 위협하는 것은 비생산적이다. 냉정함을 잃지 말고 바람직한 행동과 바람직하지 못한 행동에 대해 차분하게 대화한다.
- 정신장애인들과 항상 연결고리를 갖는다.
- 직면한다. 환청이나 망상에 직면할 때 환청이 들리는 것도 병의 일부일 뿐이며 나쁜 일이 아니므로 죄의식과 두려움에 힘들어할 필요가 없다고 얘기한다. 자기파괴적이거나 자살행위를 보일 때의 직면전략은 생의 가치, 가족의 중요성에 대해 강조하면 좋다.

- 정신건강전문가들과 정규적으로 접촉을 유지하며 항상 편하게 이야기하도록 한다. 현장접근(outreach) 사회복지사에게 지원을 요청하는 것은 매우 도움이 된다.
- 정신장애인의 한계를 알고 너무 밀어붙이지 말아야 하며, 정서적 공간을 제공한다. 따라서 비판보다는 지지를 하는 것이 좋다.
- 할 수 있는 자신의 일은 스스로 하도록 둔다. 이를 위해 다양한 종류의 사회재활활동에 가급적 모두 참석하도록 격려한다.
- 가족 자신을 위한 시간을 마련하고 자조집단에 참여한다. 다른 가족원과 대화를 나누며 가족의 부담을 함께 나눈다.

### 4) 집단치료 및 집단활동

인간의 성장과 발달에 있어 집단 경험은 매우 중요한 요인으로, 집단을 활용한 사회복지실천은 1920년대 초반 집단사회사업이 사회복지교육에 도입될 당시부터 많은 사회복지기관들에서 실천해 오고 있었으며 현재에도 사회복지실천에서 핵심적인 부분이다. 정신건강 분야에서 치료를 목적으로 집단을 활용하기 시작한 것은 제2차 세계대전 동안에 군대에서 이루어진 집단사회사업의 효과성을 바탕으로 1930년대 중반 Neva Boyd가 시카고 주립병원에서 정신질환자들을 대상으로 사회성 프로그램을 실시한 것이다. 그후 정신건강 영역에서 치료집단, 지지집단, 심리사회교육집단, 위기해결집단, 사회화집단, 훈련 및 중재집단 순으로 다양한 유형의 집단사회복지실천이 발달하였다(Northen & Kurland, 2006).

여기에서는 정신건강영역에서 가장 널리 활용되고 있는 집단치료와 집단활동에 대해 살펴본다.

## (1) 집단치료

### ① 집단치료의 정의

집단치료(group psychotherapy)란 간단히 말하면 환자들의 집단에 심리치료적 기술을 응용하는 것이라고 말할 수 있으나 집단치료는 그 이상의 어떤 것이 있다고 할 수 있다. 즉, 치료자와 환자의 관계를 중요시하는 개인 정신치료와 달리 집단치료는 환자-치료자 간의 상호작용과 환자-환자 간의 상호작용 모두가 각 집단구성원의 행동변화를 위해 사용된다(박민철, 1990). Barker(1987)는 "집단치료는 정신치료의 한 형태로 집단 내 개인들이 상호성과 상호작용을 통해 정서적 문제나 장애, 사회적 부적응을 자발적으로 치료하도록 돕는 것"이라고 보다 자세하게 정의하고 있다.

### ② 집단치료의 목적과 목표

정신건강영역에서 집단치료의 목표는 집단 참여대상의 욕구와 임상현장, 진행기간, 치료자의 이론적 배경에 따라 넓은 범위의 목표를 가질 수 있으나 일반적으로 단기목표에서 장기목표 순으로 보면 ① 증상의 완화, ② 기능회복과 퇴원준비, ③ 행동변화, ④ 증상 제거와 성격의 변화로 정리할 수 있다. 이상과 같은 목표를 달성하기 위해서는 임상적 상황에 적절해야 하며, 가능한 시간제한 내에 도달할 수 있는 것이어야 하고, 집단구성원의 역량에 맞아야 한다.

### ③ 치료적 요인

집단은 집단 지도자-집단원, 그리고 집단원-집단원 간의 상호원조의 역동적 힘을 가진다. "집단치료에서 무엇이 치료를 하게 만드는가"라는 질문에 대해 숙련된 집단치료자, 훈련된 관찰자들과 성공적으로 집단치료를 받았던 환자들과의 면담과 검사를 통해 밝혀낸 집단치료의 특수한 치유인자는 수없이 많다. 대인관계를 중시하는 상호작용적 집단 치료자로 세계적으로 널리 알려진 정신과 의사 Irvin Yalom은 성인을 위한 장기 집단치료에서 작용하는 열한 가지의 치유인자를 찾아내었는데, 이는 다음과 같다. ① 희망의 고취, ② 보편성, ③ 정보전달(교훈적 지시, 충고), ④ 이타주의, ⑤ 사회화 기술의 발달, ⑥ 모방적 행동, ⑦ 감정정화, ⑧ 일차가족 집단의 교정적 반복 발달, ⑨ 실존적 요인, ⑩ 집단결속력, ⑪ 대인관계학습(Yalom, 1993).

집단 치유인자와 관련하여 사회복지에 최초로 공헌한 사람은 Malcom Marks로서 그는 거주시설에 있는 정서적인 문제를 가진 청소년집단과 성인 정신치료집단 치료를 위한 보고서를 만들었으며, 그 후 후속 저술들을 통해 집단 사회사업에 적용할 수 있는 치유인자에 관해 설명하였다. 여기서는 Malcom Marks가 제시한 치유인자에 대해 설명하도록 한다(Northen & Kurland, 2006).

- 상호지지: 사회복지사의 지지와 더불어 동료의 지지는 불안감을 감소시키고 자기표현을 촉진시키며 새로운 생각과 행동을 시도해 볼 수 있는 의지를 갖게 한다.
- 응집력–집단소속감: 수용과 집단에 대한 헌신을 통해 집단성원들은 집단에 매력을 느끼게 된다. 집단성원들은 자신들이 의미 있는 집단에 소속되었다는 것을 느낄 때, 그들은 다른 성원들과 집단의 규범에 영향을 받게 된다. 집단성원들이 상호지지를 제공할 때 집단은 인간의 기본적인 욕구인 소속감을 충족시키게 된다.
- 관계의 질: 사회복지사와의 관계 및 집단성원들과의 관계가 지지와 도전을 제공하게 되면, 그 안에서 통제된 친밀감으로 인해 상대적인 안전감이 있다. 이러한 긍정적인 관계를 통해 치료적인 감정을 경험하게 된다.

- 보편성: 집단성원들이 서로 간에 비슷한 감정과 어려움이 있다는 것을 인식하게 됨에 따라 성원들은 자신이 독특하고 외로운 존재라는 느낌이 감소한다. 다른 사람들 역시 어려움을 경험하고 있지만, 그들을 좋아할 수 있고 그들이 가치 있는 사람이라는 사실을 인식하면 자긍심과 상호존중이 증가하게 된다. 성원들은 자기만 힘든 감정과 경험을 갖고 있지는 않다는 사실을 발견하게 된다. 이러한 발견으로 인해 힘든 감정과 경험이 덜 위협적이며 행동을 통제할 수 있게 된다.
- 희망감: 집단을 동일시하고 집단에서 긍정적인 결과를 얻을 것이라는 기대를 갖게 되면서, 집단성원들은 타인의 긍정적인 목표에 의해 영향을 받게 되고 이를 성취하려고 한다. 집단성원들은 또한 다른 사람들이 자신과 비슷한 문제들을 어떻게 잘 참아 왔으며 대처해 왔는지를 발견하게 된다.
- 이타심: 집단성원들은 자신들이 다른 사람들을 도울 수 있으면서 동시에 도움을 받을 수 있다는 점으로 인해 자긍심과 자아정체감을 향상시키게 된다. 사람들은 자신이 다른 사람들에게 베푼 것을 고마워하면서 자신의 도움을 활용하는 사람들과 관계를 더 잘 맺는다.
- 지식과 기술의 습득: 집단은 필요한 지식을 얻고, 새로운 생각과 노력 및 행동을 실험해 보며, 사회기술을 습득할 수 있는 안전한 장소다. 성원들은 자신을 표현할 기회를 가지고 사회기술을 시험하고 숙달할 수 있는 기회를 가짐으로써, 집단성원의 자긍심에 긍정적인 영향을 미치며 함께 한다는 기쁨을 누리게 된다.
- 정화: 집단성원들은 수용되면서부터 감정의 표현과 생각 및 경험을 노출하게 되어, 불안감은 감소하고 원하는 목표를 성취할 수 있는 에너지를 방출하게 된다.
- 현실검증: 집단은 다양한 관점을 공유할 수 있는 역동적인 환경을 제공해 준다. 집단성원들은 다른 사람들을 공명판(sounding board)으로 활용하여

자신들의 의견과 감정, 사실을 비교해 볼 수 있다. 동료로부터의 피드백은 사회복지사가 제공하는 피드백보다 더 솔직하고 명백한 것일 수 있다. 집단은 또한 심리사회적 문제와 관계에서 발생하는 문제를 다양한 방법으로 다루는 기술을 배울 수 있는 안전한 장소이다.

- 집단통제: 집단성원들은 집단의 기대에 일치하도록 행동함으로써, 권위에 대한 저항감을 줄이고 부적절한 행동을 억누르며, 초조함을 참고, 필요한 공정한 규제들을 수용하려고 한다. 집단의 일시적인 통제는 적절한 자기 통제의 목표를 성취할 수 있는 수단이 된다.

### ④ 집단치료 구조화과정에서 고려사항(Yalom, 1993)

#### 가. 물리적 여건

방해받지 않는 조용한 방이어야 하며, 탁자를 배치하는 경우에는 구성원들의 비언어적 반응이나 자세 변화 관찰에 어려움이 있을 수 있다. 외부관찰자, 녹화나 녹음 시 사전허락이 필요하다.

#### 나. 개방집단과 폐쇄집단

집단 시작 시 지도자는 집단을 개방할 것인지, 폐쇄할 것인지를 결정해야 한다. 개방집단은 지속적인 폐쇄집단에 비해 변동이 있으므로 안정감이나 활발한 집단역동, 구성원들의 유대감이 강화되기 쉽지 않지만, 폐쇄집단 역시 중도탈락이나 치료자의 변동 등으로 인해 어려움을 겪을 수 있기 때문에 폐쇄집단으로 시작하고 새로운 성원은 결원이 생길 때만 추가하는 부분적인 개방집단이 현실적 대안이 될 수 있다.

#### 다. 동질성과 이질성에 대한 고려

구성원들이 공통의 어려움이나 조건들을 가지고 있는 동질적인 집단은 신속하게 유대감을 형성하며 동질감에서 오는 자연스러운 유대로 인해 상호작용 수준이 높다. 반면 다양한 어려움과 조건들을 가지고 있는 이질적인 집단은 서로 다른 관점에서 기인된 문제들에 직면할 수 있고, 시각과 문제해결의 다양성을 경험할 가능성이 더 높기 때문에 깊이 있는 치료를 위해서는 이질적인 집단이 더 바람직할 수도 있다.

### 라. 환자 선정과 집단구성

균형 있는 배치를 위해 성별 비율과 연령층, 다양한 인간관계의 수준을 고려해야 한다. 보다 안정적이고 효율적인 집단치료를 위해 집단원 선정 시 고려해야 할 기준은 다음과 같다.

- 집단 포함 기준: 집단 과업을 수행할 수 있는 사람, 집단 목적의 문제영역에 해당되는 사람, 변화의 동기가 있는 사람
- 집단 배제 기준: 집단 규범에서 수용하기 어려울 정도로 흥분되거나 극도로 들뜬(manic) 환자, 집단의 스트레스를 견딜 수 없는 환자, 극도로 편집증적인 환자나 집단 내 적어도 한 명의 구성원과 극단적으로 융화하지 못하는 환자 등

### 마. 시간 및 횟수

개인치료에 비해 다수의 사람들이 참여하기 때문에 적어도 60분에서 90분 정도가 효과적이라고 할 수 있으며, 횟수는 외래환자의 경우 주 1~2회, 입원환자의 경우 주 1~5회를 실시하며, 통상 주 2회가 효과적이고 관계의 심도를 유지할 수 있다.

### 바. 집단의 규모

집단의 규모는 집단성원들이 서로 상호작용할 수 있을 정도로 작으면서도

친밀한 관계로 인해 지나치게 두려워하지 않을 정도의 큰 규모여야 한다. 치료집단에서 집단성원 간 상호작용을 최적화하는 크기는 대개 7~8명이며, 최소 5명에서 최대 10명 정도가 가능하다. 집단성원이 적정 수 이상일 경우 다른 구성원에게 상호작용을 미루는 성향이 나타나고, 너무 적을 경우 집단 내 상호작용에 대한 압력이 강하므로 상호작용이 감소하고 일대일 반응이 주를 이루게 된다.

#### 사. 보조치료자의 활용

보조치료자는 주 치료자를 보완하고 지지할 수 있으며 치료자가 관찰하는 범위를 확대할 수 있는 기회를 제공한다. 남녀 치료팀일 경우 부모의 구조를 보여줌으로써 전이반응을 더욱 가능하게 한다. 그러나 치료자 간의 관계에 문제(상호폐쇄적이거나 경쟁적, 또는 치료 스타일이나 전략에 있어 불일치)가 있는 경우 집단을 효과적으로 운영할 수 없으므로 주 치료자와 보조치료자의 관계는 교사와 제자 관계처럼 경험 수준이 차이나는 것이 오히려 상호간에 편안함을 주고 각자의 역할에 충실하게 된다.

## (2) 집단활동

### ① 집단활동의 정의

집단에서 활동(activity)을 의도적으로 활용하는 것은 집단사회사업이 초기에 사회복지의 한 방법으로 자리 잡을 때부터 널리 행해져 왔다. 집단에서 활동의 활용은 무언가를 하는 것을 포함하는데 여기에는 게임, 요리, 행동하기, 노래, 하이킹 등 그 종류는 매우 다양할 수 있다(Northen & Kurland, 2006). 정신건강영역에서 집단활동(group activity)은 정신과 환자들에게 예술이나 오락 등의 매체를 통한 치료적 활동을 제공하여 사회적 퇴행을 예방하고 그들로 하여금 자신의 환경을 받아들이며 사회적 적응을 할 수 있도록 격려하고 지지하여 보다 나은 인격의 통합을 가져오는 치료방법을 말한다. 집단활동의 구조화와 치료적 요인이 집단치료보다는 느슨하나 그 근본적인 맥락은 유사하다고 볼 수 있다. 현재 정신건강 실천현장에서는 고용된 작업치료자가 부족한 상황이기 때문에 기관 형편에 맞추어 사회복지사나 간호사가 직접 실행하거나 관련 활동의 전문가를 자원봉사자로 활용하여 시행하고 있다.

**표 5-9 집단활동의 종류**

<table>
<tr><th>구분</th><th>프로그램명</th><th>내용</th></tr>
<tr><td rowspan="6">재활요법</td><td>사회기술훈련</td><td>대인(인간)관계훈련, 자기주장훈련</td></tr>
<tr><td>스트레스대처훈련</td><td>이완훈련, 명상훈련</td></tr>
<tr><td>일상생활훈련</td><td>생활예절훈련, 자기관리, 요리요법</td></tr>
<tr><td>건강증진교육</td><td>일상생활관리, 활력증진, 금연 및 금주교육</td></tr>
<tr><td>정신건강교육</td><td>약물관리교육, 증상관리</td></tr>
<tr><td>가족교육</td><td>가족교육 및 모임</td></tr>
<tr><td rowspan="5">예술요법</td><td>음악요법</td><td>음악감상, 난타(악기), 노래 부르기, 합창</td></tr>
<tr><td>미술요법</td><td>그림 그리기, 작품공예, 서예, 사군자</td></tr>
<tr><td>영화요법</td><td>영화감상</td></tr>
<tr><td>작문요법</td><td>문예요법, 신문 읽기, 독서요법</td></tr>
<tr><td colspan="2">연극요법, 무용동작요법, 사이코드라마</td></tr>
<tr><td rowspan="3">여가활용</td><td>레크리에이션</td><td>게임, 보드게임, 치료레크리에이션</td></tr>
<tr><td>Beauty wellbeing</td><td>다이어트, 미용(외모)관리</td></tr>
<tr><td colspan="2">웃음치료, 풍선아트, Pet(동물매개)치료, 원예요법</td></tr>
<tr><td>운동요법</td><td colspan="2">요가, 댄스, 에어로빅 등 다양한 운동</td></tr>
</table>

출처: 백형의 외 (2010).

### ② 집단활동의 종류

집단활동의 종류는 매우 다양하며 실천현장의 특성에 따라 응용하여 활용할 수 있다. 현재 우리나라 정신건강 실천현장에서 시행되고 있는 집단활동은 예술요법, 재활요법, 여가활용, 운동요법 등으로 자세한 내용은 〈표 5-9〉와 같다.

### ③ 집단활동의 목적

활동의 활용은 언어적 상호작용을 보충하거나 보완하여 집단성원들과 집단 전체에게 다양한 방법으로 기여할 수 있다. 집단활동은 다음과 같은 목적을 가지고 활용된다(Northen & Kurland, 2006).

- 스트레스를 줄여 주고 정신건강에 필수적인 만족감 및 창의력에 대한 욕구충족
- 활동을 둘러싸고 벌어지는 집단성원들의 행동을 직접 관찰하여 성원과 집단의 욕구사정 향상
- 감정, 생각, 경험에 대한 언어적 의사소통 촉진
- 반영적이면서 문제해결 논의를 자극하여 궁극적으로 자신과 타인 및 상황에 대한 이해 향상
- 집단응집력 향상
- 다른 성원이나 주변의 타인들에게 베풀 수 있는 기회 제공
- 심리사회적 발달단계에 적합한 기초기술의 능력을 개발하여 자아존중감 향상
- 의사결정을 하고 이를 수행할 수 있는 능력 향상
- 환경을 보다 잘 활용하거나 환경의 일부를 변경시키기 위해 활용

## (3) 집단치료와 집단활동의 비교

집단치료와 집단활동은 〈표 5-10〉에서 보는 바와 같이 근본적인 목적에 있어서는 동일하나 강조점과 과정에 있어서는 차이가 있다. 때문에 실천현장에서는 두 가지 접근이 동시에 제공될 때 임상적 효과는 배가 될 것이다.

**표 5-10** 집단치료와 집단활동의 비교

| 구분 | 집단치료 | 집단활동 |
|---|---|---|
| 개요 | • 집단역동성과 구성원을 통해 상호작용 활성화 | • 활동프로그램을 매체로 하여 상호작용 활성화 |
| 강조점 | • 증상 감소 및 관리<br>• 대인관계 경험<br>• 정신역동적 이해와 치료 활용 | • 일상생활의 사회적 퇴행을 예방<br>• 사회적응력 향상<br>• 대인관계 기술 향상 |
| 과정 | • 구성원들과의 상호작용이나 관계를 통해 자기노출 및 인식 | • 매체를 통해 자기노출 및 인식, 그리고 관계형성 |
| 목적 | • 증상치료, 사회적 역량 증가, 상호작용 활성화 | |

출처: 조은영 (2000).

# 06 chapter
# 재활 및 사회통합

## 1. 정신장애인의 재활

### 1) 주거지원서비스

#### (1) 정신장애인 주거지원서비스의 필요성

주거(住居)란 물리적인 구조물을 의미하는 주택(住宅)과 달리 '일정한 장소에 머물러 산다'는 의미로 집을 중심으로 한 삶을 의미하며, 주거는 건강과 긴밀하게 연결이 되어 있다. 만약 어떤 사람이 안정적인 쉴 공간이 없다면 그 사람은 정신적, 육체적으로 건강을 유지하기가 어렵다. 정신장애인들에게 있어 안정적인 주거는 지역사회생활을 영위하는 데 필요한 가장 중요한 요인 중의 하나이며 성공적인 치료 및 회복의 전제조건으로 간주된다(Hurburlt et al, 1996; Bigelow, 1998; 이성은, 2008 재인용).

하지만 우리나라 현실은 안정적인 주거를 확보하지 못하여 치료 목적보다는 퇴원 후 주거문제로 정신병원이나 정신요양시설에 장기간 입원해 있는 정신장애인이 너무 많다. 특히 가족의 지지가 약할수록 입원기간이 길며, 보호자가 없거나 연락이 끊어진 환자들의 경우, 현저한 임상증상이 없음에도 지역사회로 복귀가 이루어지지 않고 의료기관에서 정신요양시설로 혹은 의료기관 내에서 계속 횡수용화되고 있는 실정이다(이영문 외, 1999; 서동우, 2002). 이에 이 장에서는 장기입원 및 입소 중인 정신장애인들과 지역사회에서 생활하고 있는 정신장애인들의 주거문제를 해결하기 위한 주거지원서비스에 대해 살펴볼 것이다.

### (2) 주거복지와 주거지원서비스

주거지원서비스는 주거복지를 실현시키는 활동을 말한다. 주거복지는 단지 물리적인 '주택'의 공급만이 아니라 지역사회에서 통합적인 생활을 강조하는 것으로 이는 주거공간의 확보 이외에 '주거지원서비스'가 핵심적인 활동 내용이다. 즉, 주거복지의 핵심은 개별 가구의 기본적인 주거욕구를 충족시켜 준다는 기능적인 속성을 가지고 있고, 법과 제도 등 정책 인프라를 통하여 주거욕구를 충족할 수 있도록 주거서비스를 제공하는 체계적인 조직과 그 서비스 활동의 총체라고 할 수 있다.

이를 그림으로 나타내면 〈그림 6-1〉과 같다(한국주거학회, 2007).

주거지원서비스의 핵심적인 내용은 ① 거처 마련, 이사 지원, 임대료 연체에 대한 대응 등 주거정착과 유지를 위한 지원, ② 유지관리, 임대료 지불, 수선 요청 등과 관련된 임차인 혹은 거주자의 의무와 권리를 알려주고, 이웃과 갈등을 지원하는 주거를 유지하는 데 필요한 지식과 생활방식 등을 익히기 위한 지원, ③ 복지수당 신청, 고용기관 연결, 채무관련 정보 제공 지원 등 다양한 부문들을 연결하는 지원, ④ 자립생활에 필요한 요리, 생활물품 구입 등에 대한 기술 지원과 이용자의 필요에 따라 상담, 교육, 의료, 여가, 등 추가서비스나 기관을 이용하도록 돕는 실용적인 지원 등(서종균, 2011)으로 정신건강 영역에서 이미 사례관리나 주거시설에서의 훈련을 통해 다른 부분은 많이 이루어지고 있다. 가장 결정적인 부분으로 주거지를 마련하는 과정과 주택관련 공공정책이나 지원프로그램은 몇몇 기관을 중심으로 시도되고 있으나 아직은 매우 부족한 실정이다.

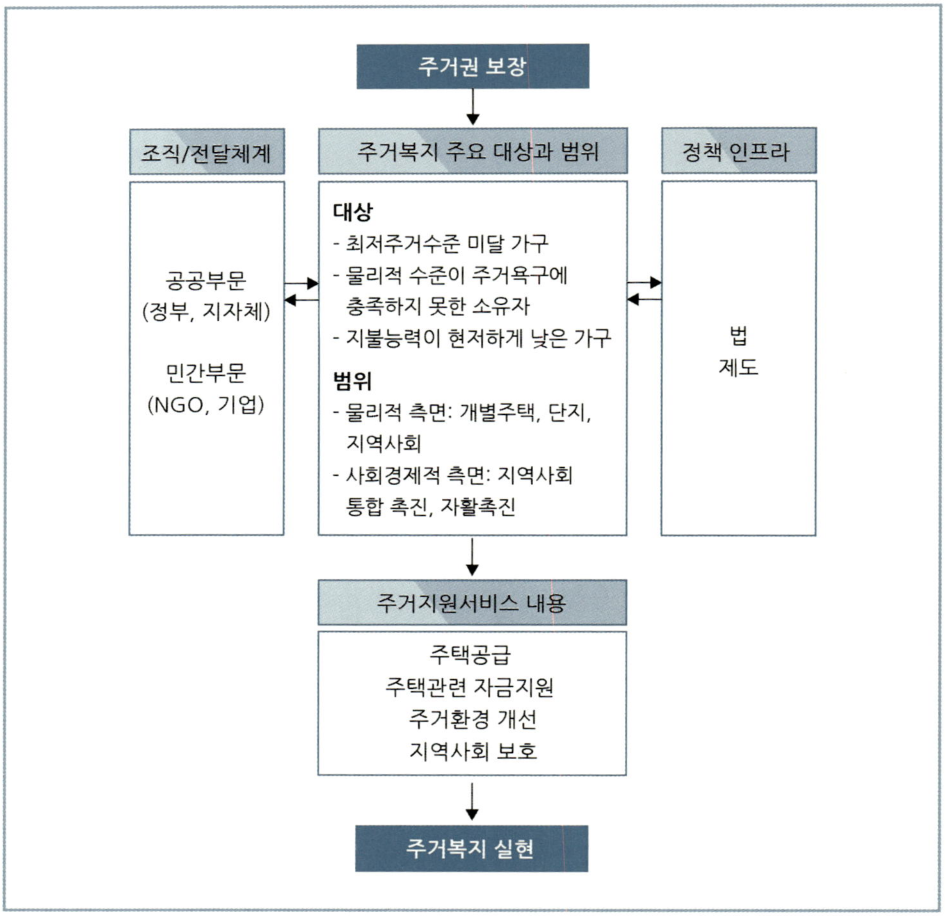


〈그림 6-1〉 효율적인 주거복지 실현을 위한 개념도

출처: 한국주거학회 (2007).

### (3) 정신장애인 주거관련 시설 및 서비스 현황

우리나라에서 정신장애인을 대상으로 하는 주거지원서비스는 주거시설(Group home)을 중심으로 발전되어 왔다고 볼 수 있다. 주거시설 개념은 1995년 「정신보건법」이 제정되면서 법적인 용어로 사용되었지만 이미 정신보건법이 제정되기 전부터 정신장애인과 가족들의 주거시설에 대한 욕구를 바탕으로 정신장애인의 사회복귀에 관심을 둔 사랑밭재활원, 서대문정신건강복지센터, 용인정신병원 등의 기관에서 1990년대에 들어와서 이미 주거시설을 운영하고 있었다. 1997년 「정신보건법」이 시행되면서 주거시설은 본격적으로 만들어지기 시작하여 2024년 8월 현재 주거관련 시설은 전국에 182개소(종합시설 13개소, 생활시설 13개소, 공동생활가정 149개소, 전환시설 7개소)가 운영 중이며, 주로 수도권에 밀집되어 있다(한국정신재활시설협회 홈페이지 http://www.kpr.or.kr). 하지만 아직도 매우 부족한 현실이다.

한편 현재 주거관련 시설은 거주기간이 제한되어 있기 때문에 이곳에서 퇴소한 정신장애인 중 가족에게 돌아갈 수 없는 정신장애인들과 자립생활을 원하는 정신장애인들을 위한 주거서비스가 민간과 공공영역에서 개발되었다. 민간영역에서는 지역사회정신건강사업 초기부터 경산복지재단 사랑밭, 태화샘솟는집, 대성재활센터 등의 기관을 중심으로 자립주거를 원하는 사람들을 위해 공동주거나 임대아파트를 마련하여 생활을 할 수 있도록 지원해 왔다.

그리고 공공영역에서는 2018년 서울시가 SH서울주택도시공사와 함께 지역사회 통합돌봄 선도사업의 하나로, 서울시정신건강복지센터를 주축으로 자립을 희망하는 정신질환 당사자에게 일정기간 독립을 준비할 수 있도록 지원하는 집인 자립생활주택과 혼자 독립생활을 할 수 있도록 1인 1가구의 임대주택을 20년간 제공하는 완전한 자립주거의 형태의 지원주택사업을 추진하여 2024년 8월 기준 자립생활주택 28호, 지원주택 76호가 운영되고 있다(서울시정신건강센터 홈페이지, 2024). 한편 화성시도 2019년 보건복지부 주관

‘지역사회 통합돌봄 선도사업’ 정신질환자 돌봄 분야 대상 지역에 선정되면서 주거지원 서비스로 자립체험주택, 자립지원주택(케어안심주택), 자립정착지원사업을 시행해 오고 있다(화성시정신건강복지센터 홈페이지, 2024).

주거관련 시설 외에 사례관리를 통해서도 주거지원서비스가 이루어지고 있다. 사례관리는 정신장애인이 지역사회에서 안정적인 주거생활을 유지할 수 있도록 큰 역할을 할 수 있다. 현재 우리나라 지역사회정신건강 영역에서 이루어지고 있는 사례관리는 정신재활시설과 정신건강복지센터에서 제공하고 있다. 하지만 사례관리서비스의 내용 중에 주거지원서비스가 차지하고 있는 비중은 높지 않다. 그리고 정신재활시설 프로그램 내용에도 주거지원과 관련된 부분은 미미한 실정이다. 특히 안정적인 주거 확보와 관련해서는 주거시설의 연계에 초점을 두고 있을 뿐 지역사회에 새로운 거처를 마련하기에는 미흡한 실정이다.

1995년 정신보건법 제정 이후 주거지원서비스의 변화 추세를 요약하면 다음과 같다. 첫째, 주거관련 시설이 점차 늘어나고 있으며 지역사회 주거지원서비스가 확대되고 있다. 둘째, 현재 주거관련 시설의 운영형태는 집단적 보호 및 훈련중심의 임시거주형 서비스중심으로 아직도 시설의 특성을 벗어나지 못하고 있다. 〈표 6-1〉에서 보는 바와 같이 시설과 집은 다르다. 하지만 현재 대부분의 주거관련 시설은 집단적으로 생활하며, 입주기간을 제한하고 있고 직원이 시설에 상주하고 있어 영구적인 주거(집)를 원하는 사람들의 욕구를 충족시키지 못한다는 것이다. 셋째, 지역사회에서 자립생활을 지원하기 위한 주택 확보와 관련된 주거지원서비스는 당사자의 가족과 소수 민간사회복지법인 중심으로 이루어져 오다 최근 서울시와 화성시 정신건강복지센터가 지역사회 통합돌봄서비스로 주거지원사업을 시작하게 되면서 점차 공공의 관심이 증가하고 있다.

**표 6-1** 시설과 집의 차이점

| 시설(institution) | 집(home) |
|---|---|
| 공공 공간, 프라이버시 제한 | 개인적 공간, 가끔 프라이버시 제한 |
| 낯선 사람과 함께 거주<br>거의 혼자 거주하지 않음 | 거의 혼자 살거나 친척이나 친구와 거주<br>낯선 사람과 거주하지 않음 |
| 전문 직원이나 자원봉사자들이 근무 | 일반적으로 직원은 없음<br>직원들이 서비스를 제공하기 위해 방문 |
| 형식적 친밀감 부족 | 비형식적, 친밀한 |
| 성관계가 허용되지 않음 | 가족 간의 성관계가 허용 |
| 다른 기관이 소유 | 거주자가 소유 또는 임차 |
| 크기는 다양하지만 대부분 대규모 | 다양한 크기지만 대부분 소규모 |
| 선택권과 개인의 자유가 제한 | 선택권과 개인적 자유 행사 |
| (사람, 공간 등) 낯섦 | (사람, 공간 등) 친밀함 |
| 공동생활 | 먹고, 자고, 여가생활 등 개인적 생활 |

출처: Higgins (1989); 유병선 (2006) 재인용.

## 2) 직업재활

인간생활에 있어 직업은 사회활동의 기본구조를 형성할 만큼 매우 중요한 역할을 한다. 일하는 것, 특히 보수를 받고 일한다는 것은 자기신뢰, 자아존중감, 지역사회 내 지위, 경제적 안녕을 촉진시킨다. 또한 사회생활, 수입 및 지출, 삶의 질, 결혼, 자녀양육 등 모든 면에서 중요한 영향을 미친다. 정신장애인에 있어서도 마찬가지로 직업은 매우 중요하다. 하지만 정신장애인의 고용 비율은 매우 낮은 것으로 알려져 있기 때문에 정신건강전문가들의 특별한 노력이 필요한 실정이다. 이 장에서는 정신장애인에게 있어 직업재활의 의미와 정신장애인의 고용을 가로막고 있는 장애물에 대해 살펴보고, 정신장애인의 직업재활프로그램에는 어떤 것이 있는지 살펴본다.

### (1) 직업재활과 정신장애인

정신건강서비스를 이용하는 사람들의 대부분이 일할 기회를 갖기를 원할 정도로 직업재활은 정신장애인의 자립을 위해 절대적으로 필요한 요인으로 인식되고 있다. 직업재활은 정신장애로 인해 정상인들이 수행하고 있는 사회적 역할을 충족시킬 수 없는 불리(handicap)를 지닌 정신장애인에게 구체적이고 체계적인 직업을 갖게 하여 일을 통한 사회적 역할을 지속적으로 수행할 수 있도록 돕는 치료적 접근을 말한다(Anthony, 1979). 또한 직업재활이란 정신장애인이 직업에 종사하고 그것을 유지할 수 있게 하는 직업상의 원조, 즉 직업지도, 직업훈련, 취업알선 등을 포함하는 계속적이고 종합적인 재활과정이다.

정신장애인에게 안정적인 직업은 증상의 감소, 지역사회 통합, 기능 향상에 긍정적인 영향을 주며, 정신장애인의 치료결과이면서 동시에 치료경과에 영향을 미치는 결정적 요인이기 때문에 일할 수 있는 능력은 정신재활의 가장 중요한 지표가 된다고 볼 수 있다. 즉, 직업은 스트레스원을 완화시켜 증상의 재발을 막아주기 때문에 그 자체가 보호인자가 되는 것이다. 또 직업은 직장생활에서의 대인관계를 통해 사회적 지지를 얻고 여가활동을 함께 보낼 수 있는 기회를 제공한다. 마지막으로 환자는 직업을 통한 수입으로 사회생활에 필요한 경비를 스스로 충당하게 되며, 그 결과 경제적으로 의존하기보다는 오히려 사회에 기여하는 계층이 될 수 있다(Liberman, 1995).

하지만 빈약한 사회기술과 스트레스에 취약한 정신장애인의 특성 때문에 단순히 취업의 기회를 제공하는 것만으로 그들의 독립적인 사회생활이 가능해지는 것은 아니다. 이들에게는 증상을 악화시킬 수 있는 직장에서의 스트레스로부터 보호하고, 끊임없이 동기를 부여하며, 직업적인 기술 이외에도 전반적인 사회적응력을 높여 자신의 능력만큼 일할 수 있는 직업재활 프로그램이 필요하다.

### (2) 정신장애인 직업재활 특성

정신장애인의 직업과 관련된 특성을 살펴보면 다음과 같다.

① 낮은 취업률과 보수: 정신장애인은 다른 장애인에 비해 고용률이 낮으며 보수 또한 낮은 형편이다.
② 취업영역의 제한: 취업 직종은 단순노무직이 가장 높은 비율을 차지하고 있으며 주로 육체노동과 관련된 분야에서 일을 하고 있다.
③ 짧은 직업유지기간: 전체 취업 정신장애인 중 직업유지기간이 6개월 미만인 사람이 과반수를 넘는 것으로 알려져 있다.
④ 취업프로그램의 한계: 취업준비교육, 보호작업, 임시취업 등을 하고 있으나 실질적으로 취업과 연결되기 힘들고 계속 유지하는 것도 어려운 실정으로, 아직까지 보호작업 형태의 서비스가 주를 이루고 있는 실정이다(이근희, 2009).

### (3) 정신장애인 직업재활의 장애물

정신장애인의 직업재활, 특히 고용은 활성화되지 못하고 있는 실정인데 여기엔 다음과 같은 장애물이 존재하기 때문이다(Pratt et al., 2010).

#### ① 낙인과 차별

장애물 중 가장 큰 장벽으로 주로 다음과 같은 세 가지 경로를 통해 형성된다.

- 대중매체를 통해 '정신장애를 가진 사람들이 종종 정서적으로 불안정하고, 비합리적이며 위험하다'라는 잘못된 인상을 갖게 되는데, 이러한 부정적인 태도는 정신장애인의 고용을 방해하게 된다.

- 정신건강 관련 전문가들이 가지고 있는 의식적 혹은 무의식적 신념으로 즉, 정신장애를 가진 사람들이 일을 할 수 있는 능력이 있는가에 대한 믿음과 관련된다.
- 정신장애를 가진 사람들이 스스로에 대해 가지는 '자기낙임감(self stigma)'으로 사회가 좋은 직업을 제공하지 않고, 전문가들이 직업수행능력에 대해 명시적 · 묵시적으로 의문을 제기하게 되면 이러한 부정적 신념들을 내면화한 결과이다.

### ② 잘못된 안내서비스

정신장애를 가진 사람들의 능력과 욕구, 필요에 대한 전문가 측의 이해 부족으로 인해 직업서비스 제공이 지연되거나 직업 선택이 제한적으로 이루어지는 것을 말한다. 연구결과에 따르면 경쟁고용에 직접 참여한다고 해서 증상이 심각해지거나 재입원을 해야 하는 것이 아님에도 불구하고 일반 사회로부터 격리된 환경에서 성공적으로 적응할 때까지 직업서비스를 실시하지 않는 관행이 여전히 지속되고 있다.

### ③ 직업 경험의 부족

정신장애를 가진 사람들은 직업세계에 대한 경험과 이해 부족이 있기 때문에 자신의 기술과 흥미, 성향에 대한 이해가 또래에 비해 상당히 낮고, 채용 경험과 중요한 직업정보를 얻지 못할 가능성이 높다.

### ④ 교육의 부족

고등교육을 받지 못하면 장애의 여부에 관계없이 선택할 수 있는 직업의 수와 양이 줄어들게 된다.

### ⑤ 정신장애

정신장애는 사고와 감정에 영향을 미치고 우발성과 주기성을 가지고 있기 때문에 정신장애 그 자체가 장벽이 되기도 한다. 특히 심각한 정신장애를 가진 사람들은 적어도 기억이나 집중 · 조직 · 대인관계에서 어려움을 겪는 경우가 많으며, 약물치료에 의한 부작용 역시 고용에 심각한 장벽으로 작용한다.

### ⑥ 수급권 상실 가능성

국민기초생활보장법에 의한 수급권자인 경우 직장생활로 인해 일정 소득 이상이 되어 탈수급권자가 되는 것을 두려워할 수 있다. 정신장애를 가진 사람들은 증상이 언제든지 심각해질 수 있음을 알고 있기 때문에 정신장애가 재발되어 직장을 잃게 되면 사회보장제도만이 유일한 소득원인 경우 의료보장 및 생계비를 받지 못할 수 있다는 두려움을 가지게 된다.

## (4) 직업재활과정

정신장애를 가진 사람을 위한 직업재활은 연속적이고 종합적인 재활과정이기 때문에 직업재활을 담당하는 사회복지사는 직업능력을 회복시키기 위해 직업재활대상 정신장애인의 발견에서부터 사후지도까지 각 개인의 특성에 맞추어 전 과정에 다양한 분야의 전문가, 고용주, 가족과 협조체계를 유지하며 진행해 나가야 한다. 직업재활과정은 정신건강기관의 직업재활 방향, 정신장애인의 능력과 상황에 따라 달라질 수 있지만, Liberman(1995)은 〈표 6-2〉와 같이 일반적인 직업재활과정을 소개하였다.

**표 6-2** 직업재활과정

| 단계 | 직업재활프로그램 | 프로그램의 내용 |
|---|---|---|
| 1단계 | 직업기술의 평가 | • 발병하기 이전과 현재의 직업력 모두를 평가<br>• 평가방법: 표준화된 직업사정도구(신체작업능력, 특별한 작업기술), 현장관찰 |
| 2단계 | 직업 경험에 대한 적응훈련 | • 직업을 갖기 전에 필요한 기술을 익히는 훈련(출근시간, 위생과 복장, 필요한 장비 다루기, 동료 및 상사와 상호작용, 규칙 준수, 시간관리기술 등) |
| 3단계 | 직업기술훈련 | • 경력, 흥미, 기존 기술, 이용 가능한 훈련프로그램, 시간, 자원 등에 따라 다양<br>• 가장 효과적인 교육방법은 점차 목표수준을 높여가며 훈련하는 단계별 교육프로그램 |
| 4단계 | 보호환경에 취업 | • 보호적이고 지지적인 일터 제공<br>• 정상 고용 준비가 안 된 정신장애인을 위해 직장생활과 비슷한 작업경험 제공 |
| 5단계 | 임시취업 | • 지역사회 내 사업주와 계약을 통해 재활전문가의 감독하에 임시직원으로 일하면서 일정한 보수를 받음 |
| 6단계 | 직업 배치 | • 사회에서 경쟁적인 직장을 구하는 것<br>• JOB CLUB과 같은 구직훈련프로그램을 통해 직장을 구할 수 있도록 도움 |
| 7단계 | 직업 유지(사후지도) | • 직장을 계속 잘 다니는 것 |

출처: Liberman (1995).

### (5) 주요 직업재활프로그램

정신재활서비스에 일을 필수적인 요소로 포함시킨 최초의 서비스는 1950년대 미국 뉴욕에서 실시된 파운틴하우스(Fountain House)이다. 파운틴하우스는 클럽하우스 구성원들이 직원들과 함께 일을 위한 부서(work unite)를 결성하여 클럽하우스를 운영하고 유지하는 데 필요한 업무를 수행하도록 하였다. 파운틴하우스의 공헌에 힘입어 다양한 형태의 직업재활프로그램들이 출현하였다.

### ❖ 클럽하우스모델(Club House Model)

클럽하우스모델은 정신장애인을 위한 대표적인 지역사회재활모델로서 1944년 미국 뉴욕에서 10명의 정신장애인들이 형성한 자조모임인 WANA(We Are Not Alon)가 전신으로 현재 30개국에 300여 개의 클럽하우스가 있다.

클럽하우스는 정신장애인들이 지역사회에서 자신의 삶을 회복해 가기 위해 모임을 갖는 장소를 의미하며, 클럽하우스에는 스탠다드라는 운영규칙이 있어 모임의 지침으로 삼는다. 클럽하우스로 운영한 최초의 기관이 '파운틴하우스'인데 이는 1955년 WANA가 구입한 건물 뒤쪽에 분수와 건물 밖에 있는 테라스 때문에 '파운틴하우스'라는 이름을 붙이게 되었고, 그 후 이와 비슷한 기관이 늘어나면서 이러한 형태로 운영하는 프로그램을 클럽하우스모델이라고 부르게 되었다.

클럽하우스의 철학은 정신장애인들은 더 이상 '환자'가 아니며 '회원(member)'으로서 클럽하우스 운영에 직원과 함께 참여하며 책임과 의무를 공유할 수 있는 동료로 본다. 그러므로 클럽하우스는 회원을 직원과 동등한 관계로 인식하고 함께 일하는 공동체를 지향한다.

클럽하우스의 주된 프로그램은 함께 일하는 낮 프로그램(일 중심의 일과), 교육지원프로그램, 지역사회에서 하는 취업프로그램, 저녁과 주말에 진행되는 여가프로그램, 주거지원 프로그램, 지역사회지원 프로그램, 아웃리치, 공공서비스 혜택을 받도록 지원하는 서비스, 위기개입, 교통지원, 정신장애인 옹호 등이다.

### ① 임시취업

임시취업(Transitional Employment: TE)은 경쟁적인 취업 기회가 부족하고 독립취업준비가 부족한 정신장애인을 대상으로 한다. 이는 지역사회에서 취업 기회를 제공하기 위해 중간적인 직업환경을 개발하는 데 관심을 가진 파운틴하우스에서 개발한 직업재활프로그램으로, 자율성 · 잠재성 · 존엄성을 강조한다. 임시취업은 실제 환경에서 임금을 수령하는 실질적인 직업 경험을 제공한다. 임시취업 일자리는 직업서비스기관을 통해 제공되며, 이 기관은 일자리에 대해 전적으로 책임을 지기 때문에 실제로 클럽 회원이 근무할 수 없는 날에는 기관 실무자가 해당 업무를 책임져야 한다. 모든 취업장은 경쟁적인 고용 직종이며, 보통 파트타임으로 제공되며 다양한 수준의 회원들이 참여할 수 있도록 최소한의 기술만을 필요로 하는 일자리이다. 클럽 회원은 제한된 기간(보통 3~9개월) 동안 근무한 뒤 다른 클럽 회원으로 대체되기 때문에 클럽 회원들은 일련의 다양한 일자리를 경험할 수 있다. 파운틴하우스의 철학은 클럽 회원이 필요한 만큼 임시취업을 경험하여 그들이 궁극적으로 영구직을 가질 수 있도록 원조하는 것이다(Pratt et al., 2010).

#### ② 병원에 기반한 직업프로그램

일부 병원에서는 환자들에게 치료기간 동안 병원 내에서 유급으로 일할 수 있는 근로 기회를 제공한다. 그러나 이 프로그램은 퇴원 후 고용 성과가 예상보다 성공적이지 못하며, 일부 환자에게서 의존성이 증가하고 병원에 남아 있고자 하는 경향이 높아지는 것으로 알려져 있다(Bond & Boyer, 1988).

#### ③ 구직클럽

구직클럽(job clubs)은 참여자들의 구직활동에 필요한 구조와 자원을 제공한다. 즉, 이 모임은 구직기술(이력서 작성, 면접 등) 교육, 고용자와 통화하기 위한 전화제공서비스, 사무지원 등의 훈련과 자원을 제공한다. 구직클럽의 중요한 기능은 동료 간의 지지이다. 하지만 정신장애가 심각한 사람에게는 효과가 크지 않을 수 있다.

#### ④ 페어웨더 라지

페어웨더 라지는 정신질환을 가진 사람들이 함께 생활하며 구성원들이 운영하는 사업체에서 함께 일을 하는 프로그램이다. 역사적으로 병원에 입원해 있는 동안 라지 공동체에 들어가기 위한 준비훈련을 받게 되는데 훈련내용은 집단의사결정, 문제해결, 갈등조정 등에 관한 것이다. 라지 공동체는 구성원들이 상호지지적인 환경에서 가치 있는 사회적 역할을 할 수 있도록 하는 것이기 때문에 의미 있는 일의 중요성, 자치, 발전, 관용, 지지, 보다 규모가 큰 사회와의 유사성 등의 원칙과 함께 운영된다(Fairweather, 1980).

### ⑤ 보호작업장

보호작업장(sheltered workshops)은 일반 취업장에서의 작업수행이 어려운 중증 정신장애인에게, 적절한 보호가 이루어지는 직업 현장에서 보수가 있는 취업 기회를 제공하여 직업적 욕구를 충족시키기 위한 취업 형태이다. 보호작업장은 지역 업체들로부터 제조업을 유치하여 기관이 운영하는 공장과 유사한 환경에서 장애를 가진 사람들에게 업무지원과 감독을 제공한다. 근로자들은 보통 생산성에 따라 임금을 지급받는다. 직업과 연관된 일상적인 압박감이 적고 근무시간이 짧으며, 근무 자체가 단순하고 우호적 환경이기 때문에 직업적응기술, 사회기술 향상을 촉진시켜 경쟁고용으로 진입하기 위한 전단계 역할을 하는 반면, 일부는 보호작업장을 영구직으로 생각하기도 한다. 최근 지원고용모델이 심각한 정신장애를 가진 사람들도 경쟁고용에서 성공을 거둠에 따라 보호작업장은 비난을 받고 있다(Pratt et al., 2010).

### ⑥ 지원고용

1986년 개정된 미국의 재활법은 지원고용(Supportive Employment: SE)이란 "경쟁적 고용이 불가능한 상태에 있거나 심한 장애로 인해 고용이 중단되거나 방해를 받게 되는 중증장애인을 대상으로 통합된 작업장에서 계속적인 지원서비스를 제공하면서 이루어지는 경쟁적 고용"이라고 정의하고 있다. 여기서 '통합된 작업장'이란 대부분의 작업 동료들이 비장애인으로 구성되어 있으며 한 작업장에서 장애인 수가 적어도 8명을 넘지 않아야 하고 비장애인과의 장기적인 접촉을 갖는 것이 가능한 작업장을 의미한다. '계속적 지원서비스'란 장애인이 작업을 제대로 수행할 수 있을 때까지 취업기간 동안 월 2회 이상 작업장 안팎에서 제공되는 계속적 혹은 간헐적 지원을 말한다. '경쟁적 작업'이란 전일제 혹은 시간제로 행해지는 작업으로서 주당 평균 20시간 이상의 일을 하며 최저임금 기준보다 높은 급여를 받을 수 있도록 하는 것을 의미한다. 지원고용의 특징은 다음과 같다.

- 중증 장애인에게 우선적으로 유효한 서비스를 제공하기 위한 것이다.
- 장애인이 지역사회의 일반 사업체나 공장에서 유급노동을 하는 것을 목표로 한다.
- 장애인이 비장애인들과 함께 일하고 사귈 수 있는 기회를 제공하여 통합에 기여할 수 있어야 한다.
- 사업체에게 개인의 고용이 성공되도록 고용에 필요한 계속적인 훈련과 지원서비스를 제공한다(오혜경, 1999).

이상에서 살펴본 바와 같이 지원고용의 가장 큰 특성은 선배치-후훈련 접근법으로 전통적인 선훈련-후배치 훈련방식을 뒤집어 놓았다. 정신장애인로 인해 파생되는 직업적 · 기술적 결손을 고려할 때 선훈련-후배치 전략이 논리적으로 보이긴 했지만 실제 고용은 많이 이루어지지 않았다. 지원고용의 또 다른 중요한 특성은 적절한 자원이 주어지면 모든 사람들이 경쟁고용을 할 수 있다는 철학이다(Pratt et al., 2010).

### (6) 효과적인 직업재활프로그램의 특성

정신장애를 가진 사람을 위한 직업재활은 매우 어려운 과제이지만 여러 연구를 종합해 볼 때 직업재활 성과 예측요인은 개인적 특성이 아니라 재활프로그램의 특성임이 밝혀졌다. 성과가 높은 프로그램에서는 지도자, 관리자, 실무자들이 조금 더 다른 시각을 가지고 있었으며 구체적인 업무에 종사하는 경향을 보였다. 이러한 프로그램의 특성은 다음과 같다(Pratt et al., 2010).

### ① 신념과 관점

- 노동의 가치와 가능성을 강조한다.
- 사회적 낙인을 프로그램 성과의 장애요인으로 간주하지 않는다.
- 내담자들이 일하기를 원하고 노동에 대한 동기의식이 있는 것으로 본다.
- 수급권 중단문제를 장애요인이 아닌 정보와 협상이 필요한 문제로 본다.

### ② 실천

- 강점에 근거한 실행방식을 활용한다.
- 서비스 개선을 위해 고용성과 데이터를 활용한다.
- 내담자의 성공을 확신하는 사례를 공유한다.
- 직업 담당자와 사례관리자들 간에 정기적인 회의를 자주 실시한다.
- 사례관리자들은 수요자들의 고용목표와 노력을 적극 지원한다.
- 임상가들은 고용목표를 지지한다.

## 2. 정신장애인의 사회통합

정신장애인의 사회통합을 위한 접근은 매우 중요한 의미를 갖는다. 대한민국은 “모든 국민은 인간으로서의 존엄과 가치를 가지며, 행복을 추구할 권리를 가진다”는 헌법 제2장 제10조와 같이 인권존중의 가치를 가진다. 이것은 정신장애를 가진 이들에게도 동일하게 적용되는 가치이며, 이 가치를 바탕으로 정신장애인은 사회의 한 구성원으로서 공동체의 한 일원으로서 함께 살아가야 할 권리를 갖는다. 하지만 이러한 사회통합의 이슈가 논의되기 시작한 것은 1990년대에 들어서라고 할 수 있다. 정신건강전문가들로부터 시작된 지역사회 정신건강의 강조, 강점시각의 부각과 함께 정신장애인들의 사회통합을 위한 다양한 고민들이 대두되었다(박선영, 2010).

미국 〈사회사업사전(Social work Dictionary)〉은 "통합이란 구성원들이 하나의 통합된 전체로 결합해 가는 과정으로, 사회학적인 의미의 통합은 다양한 사회집단이나 인종집단들을 결합하여 조화로운 관계를 형성해 나가는 과정"이라 정의하였다(Barker, 2003). 또한 정신장애인의 사회통합은 정신장애인이 증상을 완화하고, 다양한 사회적 기능을 향상하여 환자나 서비스 대상자 역할에서 벗어나 독립된 자아로 살아가고, 지역사회 주민들과 호혜적 상호작용을 하면서 살아가는 것이라 할 수 있다(Dorvil et al., 2005). 기존의 연구는 정신장애인의 사회통합을 위하여 지역사회 정신건강을 제시하였으며, 최소한의 규제된 환경(least restrictive environment)에서의 삶, 정상화(normalization), 사회적 역할 설정(Social role valorization) 등의 개념으로 접근하였다(박선영, 2010; Elks, 1994). 또한 재활 패러다임에서 회복(recovery) 패러다임으로 선회하면서 정신장애인의 사회통합이 강조되었다(유수현 외, 2011). 사회통합이 강조되면서 초기에는 '장애인의 권리' 측면을 강조하였으나, 이후 다양한 상호작용과 지역사회자원을 포괄하는 다차원적인 개념으로 언급되고 있다(최희철, 2013).

정신장애인의 사회통합을 위해 정신건강사회복지사는 옹호, 자조집단지원, 소비자운동, 회복회사 등의 실천방법을 생각해 볼 수 있다. 정신장애인들의 사회통합이 '함께 살아가는 권리를 실천하는 것'이라면, 정신건강사회복지사는 정신장애인들이 스스로 살아갈 수 있는 방안을 찾도록 지지하여야 할 것이다.

## 1) 정신장애인의 권리옹호

정신장애인은 오랜 기간 깊은 낙인과 멸시를 당하여 왔으며, 격리나 치료의 대상으로만 여겨졌다. 이것은 자유권 · 평등권 · 사회권 등의 기본권을 박탈당하는 결과를 가져왔다. 국가는 인간다운 생활을 보장하기 위하여 기본권을 국민의 당연한 권리로 보장하여야 하기에, 정신장애인의 권리옹호를 위한 정신건강사회복지사의 접근은 중요하다.

UN은 1991년 정신장애인 보호와 정신건강의료 향상을 위한 UN 원칙을 제시하며, 정신장애인의 인권을 강조하고 있다. 하지만 정신장애인들의 인권보호를 위한 적극적 접근은 지속적인 노력이 필요하다.

❖ 정신장애인 보호와 정신건강의료 향상을 위한 UN 원칙
(Principles for the Persons with Mental Illness and Improvement of Mental Health Care: 'MI원칙')

1. 용어의 정의
2. 일반 제한 사항
   원칙1: 근본적 자유와 기본권
   원칙2: 미성년자의 보호
   원칙3: 지역사회 내에서의 삶
   원칙4: 정신장애 판정
   원칙5: 의학검사
   원칙6: 비밀보장
   원칙7: 지역사회와 문화의 역할
   원칙8: 돌봄의 기준
   원칙9: 치료
   원칙10: 약물치료
   원칙11: 치료에 대한 동의
   원칙12: 권리의 고지

원칙13: 정신건강시설에서의 권리와 조건
원칙14: 정신건강시설의 자원
원칙15: 입원 원칙
원칙16: 비자발적 입원
원칙17: 심사기관
원칙18: 절차상 보호조치
원칙19: 정보 열람
원칙20: 범죄 피의자
원칙21: 이의 제기
원칙22: 감시과 구제
원칙23: 실행
원칙24: 정신건강시설 관련 본 원칙의 적용범위
원칙25: 기존 권리의 구제

※ 정신장애인 보호와 정신건강의료 향상을 위한 UN 원칙

많은 정신장애인들은 자신의 치료에 대해 충분히 알 권리를 주장하지 못하고, 치료과정을 스스로 결정하지 못하며, 자신의 사회적 배제에 대해서도 부당함을 주장하지 못하고 있다. 정신건강사회복지는 정신장애인의 권리를 옹호하기 위한 개입이 필요하다. 스스로의 권리가 무엇인지 교육하고, 전문가로서 개입의 윤리를 강조하여야 할 것이다.

이러한 권리옹호에 대해 외국의 사례를 살펴보면 외부기관에서 파견된 권리옹호자(advocater)가 병원에 상주하고 정기적 상담을 하는 경우가 있으며, 국내에도 '인신보호제도'를 통해 수용시설에 억울하게 감금된 사람을 풀어 달라고 법원에 청구하는 제도 등을 살펴볼 수 있다. 권리를 옹호한다는 것은 감금을 해제하는 것뿐만 아니라 정신질환자에 대한 학대(신체적 · 정서적 폭력, 법에 위배되는 신체적 · 화학적 억제 등), 방치(적절한 치료와 케어가 없는 것, 치료계획에 따라 실시되지 않거나 훈련된 충분한 수의 치료진이 없는 체제 등이 포함)를 포함할 수 있으며, 그러한 문제가 발견되었을 때 적절한

시정과 개입을 요구하는 것이다. 그뿐만 아니라 적절한 개입과 시정이 이루어지지 않는다면, 해당 기관에 소송을 하는 경우도 있을 수 있다.

더 나아가 권리옹호는 클라이언트의 자기결정을 존중하고, 그것을 실현하기 위해 환경을 정비하는 모든 활동을 포함하여야 한다. 정신건강사회복지사는 클라이언트가 스스로 원하는 치료를 결정하고, 살고 싶은 환경에서 원하는 직업을 가질 수 있는 기회가 주어지고, 지역주민과 어울려 살 수 있도록 도와야 한다. 하지만 기관의 종사자로서 치료와 재활의 개입을 적극적으로 진행해야 하는 의무도 가지고 있다. 이러한 역할을 균형 있게 잘 감당하는 것은 정신건강사회복지사로서 중요한 역할이다.

## 2) 정신장애인의 자조모임

정신장애인의 자조모임은 정신과 병력을 가진 사람들의 모임으로서 정신장애의 경험을 공유하고, 정서적 지지와 정보제공을 한다.

자조집단은 정신장애의 수동적인 치료방향을 벗어나 스스로 문제를 경감시키고, 환경요인을 변화시키며, 전문가와 환자의 관계를 동등하게 인식함으로써 치료받는 사람이라는 수동적 태도를 변화하는 것에 중요한 의의가 있다. 자조집단의 구성원들은 정신장애로 인하여 지역사회에서 소외당하고, 지지받지 못한 좌절감 및 고립감을 서로 공유할 수 있으며, 상호 간 지지를 통해 현재 경험하는 어려움을 극복하게 된다. 그뿐만 아니라 편견과 사회적 불리(handicap)의 어려움에 대한 경험을 공유함으로써, 정신건강 체계와 제도에 대한 정치적 힘을 내세울 수 있다. 하지만 이러한 자조모임을 활성화하기 위해서는 노력이 필요하다. 정신장애 특성상 적극적인 활동을 어려워하는 이들이 많기 때문에, 정신건강사회복지사의 적극적인 지지와 역량강화(empowerment) 접근이 중요하다.

## 3) 정신장애인의 소비자운동

1970년대 이후 미국에서는 정신의학적 생존자운동(Psychiatric Survivors Movement)이 활발하게 진행되었다. 이러한 운동은 정신장애를 경험한 대상자들이 적극적으로 자신을 대변하도록 가족과 관련 전문가, 시민들이 함께 동참하는 NGO활동을 적극적으로 지지하는 것이다. 예를 들면 강제입원 반대, 자기결정권 옹호, 전기충격치료 반대운동, 각종 인권운동 등을 통해 당사자주의에 입각한 소비자운동단체들이 활성화되었다. 이러한 운동은 WNUSP (World Network of User and Survivors Psychiatry)를 만들어 국제적인 정신장애인 처우 향상 연대활동을 하고 있다. 이들은 정신장애인에 대해서 정신의학적 생존자(psychiatric survivors)라고 언급하며, 정신장애를 치료의 대상으로만 여기는 의료중심적 모델에서는 정신장애인의 삶의 질이 회복될 수 없다고 주장한다(권진숙 외, 2013).

우리나라는 한국정신장애연대(Korean Alliance on Mental Illness: KAMI)가 2010년 5월에 발족하여 정신건강체계에 대한 소비자옹호 접근, 편견해소 운동, 인권옹호를 위한 워크숍 및 공청회 등을 주최하면서, 적극적인 활동을 해나가고 있다. 그뿐만 아니라 다른 장애 영역의 NGO와 함께 장애인권리협약(Convention on the Rights of Persons with Disabilities: CRPD)[5]의 국내 적용을 위해 노력하고 있다. 하지만 아직 가야 할 길이 멀다. 정신장애인의 권익을 옹호하고, 사회적 불리에 대해 적극적으로 대처하기 위해서는 소비자운동의 발전을 위한 정부와 사회의 적극적 역량강화 지원이 매우 필요하다.

5) 장애인권리협약(Convention on the Rights of Persons with Disabilities: CRPD)은 신체장애, 정신장애, 지적장애를 포함한 모든 장애가 있는 이들의 존엄성과 권리를 보장하기 위한 유엔인권협약이다. 이 협약은 21세기 최초의 국제 인권법에 따른 인권조약이며, 2006년 12월 13일 제61차 유엔총회에서 채택되었다. 2008년 중화인민공화국, 사우디아라비아를 포함한 20개국이 이 협약을 비준하였고, 우리나라는 2009년 1월에 개인진정제도를 규정한 선택의정서를 유보한 채 국회에서 비준되었다.

# 07 chapter 정신장애인의 사례관리

## 1. 사례관리의 이해

### 1) 사례관리의 개념과 목적

사례관리는 복합적이고 장기적인 욕구가 있는 클라이언트와 가족의 사회적 기능 회복을 위해 서비스 운영체계를 확립하고, 이를 기반으로 체계적 사정과 지역사회의 다양한 자원을 활용하여 지속적이고 효과적인 사회복지서비스를 제공하는 통합적인 실천방법이다(한국사례관리학회, 2012).

사례관리의 목적에 대해 Moxley(1989)는 첫째 대인서비스와 사회적 지지를 이용하기 위한 클라이언트의 능력과 기술을 증진시키고, 둘째 클라이언트의 복지와 기능을 증진하는 데 관련 대인서비스 제공자와 사회적 지지망의 능력을 발전시키며, 셋째 효율적 서비스 전달을 통해 서비스의 효과성을 증진시키는 것으로 개인 · 환경 · 상호연계의 세 가지 차원으로 구분하여 말하고 있다. 즉, 사례관리는 개인의 차원에서 클라이언트의 능력을 강화하고 환경적 차원에서 서비스 자원체계의 능력을 강화시켜 상호연계의 차원에서 서비스의 효과성을 높이는 데 목적이 있다.

## 2) 정신사회 재활과 사례관리

사례관리가 등장하게 된 직접적인 계기는 미국에서 1960년대부터 시작된 탈시설화 운동이다. 탈시설화의 영향으로 가정과 지역사회로 돌아온 정신질환자들은 오랜 시설생활로 인해 그들의 복합적인 삶의 욕구를 해결할 수 있는 기능이 손상되고 필요한 자원을 확보하는 데 실패를 거듭하였다. 지역사회 재활프로그램이 준비된 상태에서 탈시설화가 진행된 것이 아니었기 때문에 정신장애인의 지역사회 적응을 지원할 수 있는 서비스가 상당히 부족했고 파편화되어 있었다. 이에 미국국립정신건강원은 지역사회 지지체계(community support system)를 도입하였으며 그 안에 지역사회 지지체계에 투입되는 모든 제도적 노력을 조정하고 조직할 수 있는 구조를 가지고 그 효과를 극대화할 수 있는 사례관리를 가장 핵심적인 요소로 강조하였다.

현장의 경험과 연구들에서 사례관리는 정신장애인의 기능, 문제, 욕구 정도에 따라 적절한 서비스를 연계, 조정하여 필요한 서비스를 이용할 수 있도록 함으로써 정신장애인의 지역사회 생존율을 높이고 재입원을 예방하며 삶의 질 향상에 영향을 미치는 것으로 나타났다. 또한 정신과적 증상, 의료비용, 입원횟수, 입원일수, 재발률, 중도탈락률의 감소와 함께 정신건강서비스 접촉의 증가에 효과적인 것으로 나타났으며, 일상생활 기능, 사회적 기능 향상 등의 성과가 확인되었고 삶의 질, 이용자와 가족의 만족도 증진, 지역사회 거주기간의 연장의 성과가 있는 것으로 인정받고 있다.

1995년부터 시작된 우리나라의 탈원화 정책 역시 정신건강복지센터의 주요 기능으로서 만성 정신질환자의 재입원을 방지하고 지역사회 재활을 도모하기 위해 사례관리를 강조하였다. 정신건강복지센터는 중증 정신질환자 관리를 위해 사례관리를 우선적으로 실시해 왔으며 점차 아동·청소년 정신건강과 자살예방관리를 위한 실행방법으로 확대되면서 정신건강의 중심적인 실천방법으로 자리 잡고 있다. 최근 들어 사례관리가 전반적인 사회복지 실천현장에서 심각한 문제해결을 위한 방법으로 호응을 받고, 지역사회 네크워크가 형성되고, 다양한 자원이 개발됨으로써 정신건강서비스로 제한되었던 사례관리 자원이 지역사회 전역으로 확장되어 정신장애인의 사회통합에 물꼬를 틀 수 있는 계기를 맞고 있다.

## 3) 사례관리의 원칙

**표 7-1 사례관리 실천원칙**

1. 사례관리자는 클라이언트 수준에서 일한다.
2. 사례관리자는 체계적 관점을 유지하고 클라이언트가 자신의 개인자원을 이용할 기회를 보장해 준다.
3. 사례관리자는 행정적 과정과 기술을 이용한다.
   - 사례결정에 전문가 팀을 이끌어가는 역할과 과업
   - 클라이언트를 위한 서비스 전달을 계획하는 역할과 과업
   - 목표를 정하고 점검하는 데 있어서 클라이언트와 다른 전문가와 함께 일하는 역할과 과업
   - 클라이언트의 사회망 구성원, 대인 서비스 전문가의 각 부분에 대한 과업과 책임의 완성을 점검하는 역할과 과업
   - 노력의 효과성에 관한 서비스와 지원의 전달과 관련해서 각 개인에게 환류를 제공하는 역할과 과업
4. 사례관리자는 임상적 과정과 기술을 이용한다.
   - 사례관리자와 클라이언트의 관계는 보호되고 개별화되어야 한다.
   - 개별 사정과 사정의 질을 평가하기 위해 인간 상호관계에 필요한 기술을 사용한다.
   - 클라이언트의 기술을 발전시키기 위해 사정과 계획과정을 같이 한다.
5. 사례관리자는 책임성의 근거를 지니고 일한다.
   - 노력 지향의 책임성
   - 효과성 지향의 책임성
6. 사례관리자는 서비스 전달의 통합을 달성하기 위해 노력한다. 예컨대 클라이언트의 다양한 욕구가 하나의 통합된 방법으로 성취될 만큼 조직적이었는지, 서비스와 지지가 중복되지 않았는지 등을 살핀다. 아울러 공적 서비스가 클라이언트 자신의 보호능력을 감소시키지 않도록 보장하면서 동시에 사회망의 능력도 감소시키지 않도록 보장해야 한다.

출처: 권진숙, 박지영 (2008).

## 4) 사례관리의 구성요소

사례관리는 사례관리를 필요로 하는 클라이언트인 정신장애인, 클라이언트의 욕구해결을 위해 사용할 사회자원, 사례관리를 실시하는 사례관리자, 그리고 사례관리를 실시하는 과정과 운영체계로 구성된다(권진숙 외, 2012).

첫째, 사례관리의 클라이언트는 복합적인 욕구를 가지고 있어 하나 이상의 사회적 자원을 필요로 하지만 자원이 결핍되거나 이용능력이 결여된 사람을 말한다. 정신장애인은 만성적인 정신질환으로 인해 자기관리 및 사회적 기능에 손상을 가지고 있고 오랜 투병과 편견으로 인해 사회적 관계가 단절되어 활용할 만한 자원을 가지고 있지 못한 사람들이다.

둘째, 사회자원은 인적 · 물적 서비스를 제공하고 지원하는 다양한 차원의 공급주체로서 가족, 친척, 이웃과 자원봉사자 등 관계를 통해 정보제공 및 정서적인 지원을 담당할 비공식적인 부분과 공공자원을 운영하는 행정가와 행정기관, 공공복지시설 등의 공식적 자원이 정신장애인의 욕구해결을 위해 개발 · 조정 · 통합되어 제공된다.

셋째, 사례관리자는 사례관리과정의 실행자로서 정신건강사회복지사가 이 역할을 수행한다. 정신건강사회복지사는 직접 서비스제공 전문가로서의 역량과 지역사회 조직화의 전문성을 바탕으로 정신장애인의 욕구를 사정하고 설정된 목표달성을 위해 적절한 자원을 개발하고 조정한다.

넷째, 사례관리를 전달하는 과정 역시 사례관리를 구성하는 주요한 요소이다. 사례관리과정은 초기상담, 사정, 계획수립, 실행, 평가와 종결의 과정으로 구성된다. 각각의 과정은 단계적이고 독립적인 과업을 가지고 있으며 사례관리자들은 이과업을 수행해 나감으로써 전문적인 서비스를 실행할 수 있다.

다섯째, 운영체계이다. 사례관리는 클라이언트에게 필요한 통합적 서비스를 전달하기 위해서 다양한 제공자들을 조합하여 운영체계를 구성해야 한다. 운영체계는 사례관리자가 포함된 사례관리기관의 내부체계와 클라이언트의 주요 활동영역인 지역사회 내의 외부체계로 구성된다. 정신건강복지센터와 같은 사례관리전문기관들은 사례관리업무를 위한 내부 지원체계가 구성되어 있으나 기타 기관들은 사례관리자 배정 외에 기관의 구조변화는 시도하지 않고 있다. 정신장애인의 복합적인 욕구해결을 위해 사례관리자는 의료 분야를 포함한 다양한 전문가들과 팀 접근과 의뢰체계 구축 등에 힘을 모아야 한다.

## 2. 사례관리의 과정

### 1) 초기상담

사례관리의 초기상담(intake)은 사례관리자가 클라이언트를 만나서 클라이언트가 새로운 도움환경에 적응하고 문제해결의 파트너십을 형성할 수 있도록 돕는 단계이다(권진숙 외, 2012). 이 과정의 과업은 클라이언트의 사례관리에 대한 요구를 확인하여 적격성 여부를 결정하고 클라이언트에게 서비스 이용에 대한 동의, 즉 파트너십에 공식적인 합의를 하는 것이다.

자신의 질병 및 욕구에 대한 통찰이 적고 도움 요청에 소극적인 정신장애인에게 서비스 동의를 얻어내는 것은 수월하지 않을 수 있다. 사례관리자는 정신장애인의 거부감에 대한 이해와 그의 의사를 존중하는 태도를 유지하면서 점진적으로 신뢰관계를 형성하고 가족이나 의미 있는 사람들과의 협력을 통해 접촉을 시도하는 등 다각적인 방법으로 접근을 시도해야 한다.

## 2) 사정

사정(assessment)은 클라이언트의 욕구에 기반을 둔 종합적이고 포괄적인 활동으로서 클라이언트를 비롯하여 다양한 사람들이 체계로서 참여하여 하나의 결과물을 만들어 내는 과정이다(Moxley, 1989) 사례관리자는 '무엇을 해줄 것인가' 하는 과도한 책임감보다는 클라이언트와 신뢰관계를 통해 그와 그의 환경을 이해하려는 자세를 가지고 적절한 사정을 위한 시간과 노력을 충분히 투자하여야 한다.

사정단계에서는 욕구사정, 자원사정, 장애물사정이 실행된다. 정신장애인들은 자신의 욕구에 관해 명확하게 설명하지 못하는 경우가 있다. 사례관리자는 클라이언트와 가족을 직접 면담하고 가정과 직장 등을 방문하며 필요에 따라서는 이웃과 친구 및 기존 서비스 제공자를 만나서 구체적인 면접을 해야 한다. 사례관리자와 클라이언트는 서비스 요구 또는 문제 진술을 숙고하는 과정을 통해 클라이언트가 미처 인지하지 못했던 욕구를 찾아낼 수 있을 것이다.

자원사정은 강점관점에 기반을 두고 문제해결에 도움이 될 만한 클라이언트와 가족의 경험, 소망, 능력과 자산을 확인하는 작업이다. 자원은 내부자원(개인의 성격, 지식, 능력, 태도, 자신감 등)과 외부자원(공식적, 비공식적 자원)으로 분류하여 살펴본다.

장애물 사정은 클라이언트의 욕구해결을 방해하는 것이 무엇인지, 클라이언트가 자원을 얻는 데 어떤 어려움이 있는지를 확인하는 과정이다. 장애물은 문제해결을 방해하고 있는 클라이언트와 가족이 가진 심리적 · 정신적 특성인 내부장애물과 환경적 장애물인 외부장애물(부적절한 자원, 무능력, 고갈된 자원, 이차적으로 필요한 자원 등)로 구분할 수 있다. 정신장애인들이 경험하는 사회적인 편견과 취업과정에서의 불이익 등이 외부장애물로 사정된다.

**표 7-2** 정신장애인 자원별 욕구영역

| 욕구 | 자원의 형태 | 자원의 유형 | |
|---|---|---|---|
| | | 공식적 자원 | 비공식적 자원 |
| 의료욕구 | • 병원 중심의 치료서비스<br>• 보건소 내 관리 및 보호 서비스 | • 정신의료기기관<br>• 의료기관<br>• 보건소 | |
| 사회적 서비스욕구 | • 권익옹호<br>• 경제적 지원<br>• 교통편의<br>• 전화상담<br>• 사법적 보호<br>• 일반교육<br>• 독립적 주거지 | • 사회복지관<br>• 사회복지전담공무원<br>• 상담기관<br>• 자원봉사<br>• 단체 및 협의회<br>• 가족협회<br>• 언론매체<br>• 홍보지<br>• 119 및 경찰<br>• 종교, 여성, 시민단체<br>• 컴퓨터 정보망 | • 가족, 친구, 동료<br>• 후원자<br>• 자발적 자원봉사자 및 봉사단체<br>• 가족 자조모임<br>• 종교단체<br>• 자발적인 권익단체<br>• 민간 거주시설 |
| 지역사회 재활욕구 | • 약물증상 관리<br>• 사회기술훈련<br>• 직업훈련<br>• 여가 및 취미활용<br>• 가정방문<br>• 일상생활기술훈련<br>• 낮병원<br>• 그룹홈 | • 정신재활시설<br>• 사회복지관<br>• 정신건강복지센터<br>• 보건소 내 정신건강사업<br>• 정신건강전문요원<br>• 정신요양원<br>• 장애인직업재활기관 | • 비인가요양원<br>• 비인가수용시설 및 사회복지시설<br>• 지역 내 자발적인 일자리 제공자 및 제공기관 |

출처: 박미은, 박귀서 (1999).

## 3) 계획수립

개별화된 계획수립(individualized service plan)은 사정을 통해 밝혀진 내용에 기반을 두고 달성하고자 하는 변화목표를 분명히 하며 이러한 변화목표를 달성하는 데 필요한 전략, 방법으로서의 서비스를 구성해 가는 논리적인 과정이다(권진숙, 2012).

계획수립을 위해서는 우선 욕구사정 내용에 대해 검토하여 문제상황에 대한 통찰을 한 단계 더 발전시키고 제시된 욕구 중에서 개입을 통해 변화를 도모하는 욕구를 선정한 후 목표와 실행전략을 단계적으로 설정한다. 사정과정과 마찬가지로 계획수립은 클라이언트와 사례관리자가 함께 실행하며 클라이언트의 결정권이 전체 과정에서 명료하게 구현되어야 한다. 서비스 계획표는 사례관리 수행을 위한 로드맵(roadmap)으로서 강점관점, 소비자중심의 관점 등이 기반되어야 실행과정에서 클라이언트의 참여를 기대할 수 있다. 수립된 서비스계획은 기간, 빈도, 실행자가 결정되어야 한다.

### 4) 실행

실행과정은 서비스계획의 목적달성을 위한 활동과정을 의미한다. 클라이언트는 실행과정의 주체자로서 사례관리자와 자원망을 적절하게 활용하여 문제해결의 목표를 성취해 나간다. 사례관리자는 직접실천가로서 클라이언트가 자신의 욕구를 충족시킬 수 있는 스스로의 능력을 강화하도록 치료 · 교육 · 훈련 · 상담 · 정보제공과 옹호의 기술을 실현한다. 정신건강사회복지사인 사례관리자들은 일반적인 사례관리자에 비해 전문서비스 제공자로서 치료 및 상담의 직접서비스 제공자로서의 능력을 활용하는 것이 특징이다. 한편 욕구해결에 초점을 둔 자원망을 개발하고 그 자원망이 클라이언트에게 효용될 수 있도록 관여하는 중개 · 의뢰 · 조정 · 점검 등 간접실천가로서의 역할을 수행하게 된다. 최근 지역사회 전반에서 사례관리가 중점적으로 실행되면서 통합사례관리 네트워크가 구성되어 운영되고 있다. 사례관리자는 이 네트워크에 참여함으로써 정신장애인의 가용자원의 범위를 확장시킬 수 있다. 예컨대 정신건강사회복지사는 지역사회 정신건강 자문을 통해 네트워크에 기여함으로써 자원교류를 활발하게 수행할 수 있다.

### 5) 평가와 종결

사례관리의 평가는 종결단계에 이르러 행해지는 한시적인 과업이 아니라 사례접수 초기부터 종결 시까지 지속적으로 이루어지는 하나의 과정이다(권진숙 외, 2012). 평가의 목적은 클라이언트에게 더 나은 서비스를 제공하기 위한 방향으로 그 결과들을 환류하는 것이다. 다시 말해 평가는 사례관리의 다양한 구성요소에 의해 계획된 서비스가 이용자의 변화목표에 부합되고 실천원칙을 잘 반영하여 제공하고 있는지 확인하고, 실천의 내용들이 개입의 다양한 수준에서 기대된 변화나 성과에 기여하고 있는지를 통합적인 방법으로 확인하는 활동이다.

사례관리활동을 마무리하는 종결은 사망, 전출, 거부 등의 사유와 평가과정을 통해 서비스 종결이 결정될 수 있다. 사례관리자는 종결 시기 결정, 종결에 대한 클라이언트의 정서적 반응 정리, 개인효과 유지와 강화방안 모색, 필요시 타 기관으로 의뢰 등의 과업을 수행하게 된다. 또한 종결 후 사후관리의 방법, 기간, 빈도 등을 클라이언트와 함께 계획한다.

## 3. 사례관리자의 역할

사례관리자의 역할은 사례관리의 대상과 목적, 서비스의 내용과 가능한 자원의 수준에 따라 달라진다. 사례관리자의 역할은 대체로 연결자, 옹호자, 상담가, 교사, 지역사회 조직가, 의뢰자, 안내자, 정보제공자, 치료자, 지도감독자, 기획가, 행정가, 평가자로 요약될 수 있다.

**표 7-3** 사례관리자의 역할

| | |
|---|---|
| 연결자 | 정신장애인의 문제와 욕구의 해결에 도움이 되는 공식적 및 비공식적 자원을 연결하는 일에 주력한다. |
| 조정자 | 정신장애인에게 요구되는 서비스나 필요한 자원의 내용을 사정하고 자원이 상호 중복되거나 제공되는 자원의 조건이 변화되는 상황을 파악하여 효과적이고 연속적으로 서비스와 자원이 제공되도록 하는 작업과 관련된 역할을 한다. |
| 옹호자 | 정신장애인이 필요로 하는 적절한 자원이 존재하지 않거나 자원이 클라이언트에게 과도한 요구를 할 경우에 그 요구사항을 완화시키고 이와 관련된 비용을 줄이는 일에 관심을 가진다. 필요한 자원이 제공되지 않을 경우 이에 대한 제반조치를 강구하고 클라이언트의 입장을 대변하여 서비스와 자원을 확보하거나 권익을 대변하는 일을 한다. |
| 개발자 | 산만하게 나열된 자원을 합리적으로 재배치하거나 부족한 자원을 다양한 노력을 통해 확보한다. 이를 위해 산재한 자원을 목록화하며 보완 또는 개발되어야 할 자원을 파악하는 시도가 필요하다. |
| 상담자 | 정신장애인의 복잡한 심리 · 정서적 문제들을 공감적인 태도로 수용함으로써 이들의 정서순화, 자존감 향상, 문제해결능력의 향상에 주력한다. 클라이언트의 행동 속에 있는 역기능적인 패턴을 점검하고 유용한 패턴으로 바꾸기 위한 다양한 노력을 한다. |
| 치료자 | 정신장애인의 저하된 인지기능, 사회적 철수, 사회활동의 단절, 낮은 동기와 자발성 등의 특성은 일상에 대한 적응력과 문제해결 능력을 저하시키는 요인이 된다. 사례관리자는 치료자로서 정신장애인의 생존에 필요한 기술과 문제해결방법을 터득할 수 있는 다양한 훈련을 실행한다. 치료자로서의 역할을 정신건강 분야의 사례관리자에게 특징적으로 요구되는 주요한 역할이다. |
| 평가자 | 클라이언트의 심리적 · 사회적 · 가족적 · 직업적 기능에 대한 체계적이고 다차원적인 사정뿐 아니라 문제해결에 동원할 수 있는 자원을 체계적으로 평가함으로써 합리적인 사례관리계획을 수립할 수 있다. 또한 사례관리의 과정 및 결과에 관한 체계적인 평가를 통해 효과적인 사례관리서비스를 유지할 수 있어야 한다. |

출처: 정원철 (2001).

정신건강영역의 사례관리자는 일반 사례관리자에게 요구되는 지식에 더하여 정신장애에 관한 임상적 지식을 구비해야 한다. 일반적인 사례관리가 자원개발 및 연결의 간접서비스 중심으로 실행되는 데 비해 정신건강영역에서의 사례관리는 정신장애인과 가족에 대한 치료 및 훈련과 교육 등 직접서비스 제공의 기능을 더욱 강하게 요구하고 있기 때문이다.

정신건강영역에서 사례관리자의 실천적 과업 및 필요한 지식과 기술 혹은 능력 등에 대한 표준화된 기준은 사례관리자의 전문성을 담보하고 사례관리자 교육을 통해 실천 현실에 적합한 표준적 사례관리활동을 정착시키는 데 유용하다(민소영, 2012).

**표 7-4 정신건강 실천현장 사례관리활동 목록**

| 요인 | | 사례관리 활동 목록 |
|---|---|---|
| 사정 | | 1. 정신장애인의 비공식적 자원(가족사항 및 가족관계, 친구, 소속집단)의 종류와 만족 정도를 파악한다. |
| | | 2. 정신장애인이 이용하고 있는 공식적 자원의 종류와 만족 정도를 파악한다. |
| | | 3. 정신장애인의 가치, 선호, 대인관계 스타일을 파악한다. |
| | | 4. 정신장애인의 주거상황을 파악한다. |
| | | 5. 정신장애인의 심리 · 사회 · 문화적 상황과 기능 정도를 파악한다. |
| | | 6. 정신장애인의 일상생활 기능을 파악한다. |
| | | 7. 정신장애인의 인지적 기능을 파악한다. |
| | | 8. 정신장애인의 예전 기능 상태나 치료 및 입원 경험들을 살펴본다. |
| 계획 | 계획수립의 기술방법과 서비스 범위 | 9. 정신장애인, 사례관리자, 비공식 · 공식 지원체계가 수행해야 할 과업을 명확히 기술한다.<br>10. 서비스계획을 세울 때는 각각 하나하나의 서비스마다 서비스 양이나 지속기간을 구체적으로 기술한다.<br>11. 서비스계획을 세울 때는 정신장애인이 달성할 수 있는 변화목표를 측정 가능하게 구체적으로 기술한다.<br>12. 달성하고자 하는 서비스목표에 대하여 우선순위를 결정한다.<br>13. 서비스계획에는 정신장애인을 도울 수 있는 지역사회 내의 비공식적 서비스 자원(가족, 친족, 친구 등)을 포함시킨다.<br>14. 정신장애인에게 적합한 서비스를 주기 위해 다른 기관에서 제공할 수 있는 서비스가 있는지 알아본다.<br>15. 서비스계획에는 정신장애인을 의뢰할 수 있는 공식서비스기관(국가 및 공공기관)을 포함시킨다. |
| | 계획수립의 원칙과 서비스 옹호 | 16. 계획수립 시 필요하다고 판단된 서비스를 사례관리기관이 제공할 수 있는 여력이 있는지, 장애물은 없는지 파악한다.<br>17. 정신장애인에게 현실적인 기대를 주기 위해 서비스를 의뢰할 기관의 정책과 자격 기준 및 기대할 수 있는 서비스 수준을 설명한다.<br>18. 정신장애인이 어떤 서비스를 이용할 것인가를 스스로 결정할 수 있도록 자기결정권의 원칙을 존중한다.<br>19. 서비스계획을 세울 때는 정신장애인의 개별적 욕구를 반영해야 한다.<br>20. 정신장애인 또는 가족과 함께 협의하여 서비스계획을 세운다. |

| | | |
|---|---|---|
| 수행 | 클라이언트에 대한 직접적 개입활동 | 21. 정신장애인 의뢰 시, 타 기관이 정신장애인에게 요구하는 서식이나 준비사항을 챙긴다.<br>22. 정신장애인이 접근할 수 있는 지역사회서비스에 대한 정보를 제공한다.<br>23. 정신장애인과 그 가족이 적절한 서비스와 지역사회 자원을 이용할 수 있도록 연결해 준다.<br>24. 정신장애인이나 가족, 타 서비스 제공자에게 독려와 지지를 제공한다.<br>25. 다양한 서식 작성 등 행정적 도움이 필요한 경우 정신장애인을 돕는다. |
| | 지역자원 관리활동 | 26. 서비스 목록표를 끊임없이 업데이트한다.<br>27. 정신장애인에게 필요한 서비스라면 새롭게 개발한다.<br>28. 정신장애인에게 서비스를 제공할 수 있는 기관의 목록을 작성한다. |
| 점검 | 점검내용 | 29. 서비스제공기관 간의 협력 정도가 적절한지 점검한다.<br>30. 서비스제공자 간 혹은 정신장애인과 서비스 제공자 간 갈등이나 어려움이 있는지 점검하고 중재한다.<br>31. 정신장애인을 의뢰한 기관과 유기적으로 접촉한다(예: 회의 등).<br>32. 추가서비스 및 종결된 서비스가 있는지 점검한다.<br>33. 제공되는 서비스의 양과 질의 적절성, 서비스 만족도, 정신장애인의 욕구충족 정도를 점검한다.<br>34. 서비스의 갭이나 중복이 있는지 점검한다.<br>35. 필요할 경우 담당 사례관리자나 서비스 의뢰기관을 변경한다. |
| | 점검형태 | 36. 정신장애인에게 전화를 걸어 모니터링한다.<br>37. 가정방문 또는 지역사회에서 정신장애인을 모니터링한다.<br>38. 정신장애인을 기관으로 내방하게 하여 모니터링한다. |
| 평가 | | 39. 제공되었던 서비스의 양과 질, 제공과정이 적합했는지 평가한다.<br>40. 사례관리자와 정신장애인의 관계가 적합했는지 평가한다.<br>41. 정신장애인 및 가족에게 서비스의 만족도를 평가한다.<br>42. 정신장애인의 문제상황이 사례관리 과정 동안 얼마나 긍정적으로 변화하였는지를 평가한다.<br>43. 정신장애인의 비공식적 지지체계가 얼마나 향상되었는지를 평가한다. |

출처: 민소영 (2012).

## 4. 정신건강 분야 사례관리모형

사례관리모형은 사례관리 내용과 전달방법을 체계화하는 데 도움이 되고 새로 계획하는 사례관리의 지침이 되기도 한다(한국사례관리학회, 2012). 사례관리자는 다양한 모형 연구를 통해 사례관리자의 역할, 책임성, 개입기간과 개입의 초점 등에 대한 여러 관점을 이해함으로써 사례관리의 유연성을 확인하고 특정 상황에 적합한 사례관리모형을 개발하는 데 활용할 수 있다.

**표 7-5** 정신건강 분야 사례관리/주요 모형별 특성

| 사례관리모형 구성요소별 특성 | | 중개모형 | 임상모형 | ACT | ICM | 재활모형 | 강점모형 |
|---|---|---|---|---|---|---|---|
| 등장시기 | | 60년대 말 | 70년대 초 | 70년대 후반 | 70년대 후반 | 70년대 말 | 80년대 |
| 클라이언트 | 임상적 특성 | 만성 정신장애인 | 만성 정신장애인 | 중증 만성질환 | 중증 만성질환+ 정신의료 서비스 잦은 이용 | 만성 정신장애인 | 만성 정신장애인 |
| 제공자 | 전문성 | – | 전문 임상 기술 보유 | 다학제간 전문분야 강조 | – | – | – |
| 조직 | 팀활동 | 팀 없음 | 팀 없음 | 팀 운영 | 팀 없음 | 팀 없음 | 팀 없음 |
| | 사례분담률 | 1:50 | 1:30+ | 1:10 | 1:15–20 | 1:15–20 | 1:15–20 |
| | 클라이언트 참여 | 없음 | 거의 없음 | 낮은 참여 | 낮은 참여 | 높은 참여 | 높은 참여 |
| | 사례관리자 접근성 | 업무시간 | 업무시간 | 24시간 | 24시간 | 업무시간 | 업무시간 |
| | 사례관리자 지정 | 지정 | – | 팀 전체 | 지정 | 지정 | 지정 |
| | 사례관리 지속성 | 종결 가능 | 종결 가능 | 종결 없음 | 종결 없음 | 종결 가능 | 종결 가능 |
| | 서비스팀 통합정도 | 낮음 | 중간 | 높음 | 높음 | 낮음 | 낮음 |
| 서비스 | 접촉빈도/강도 | 낮음 | 보통 | 높음 | 높음 | 보통 | 보통 |
| | 직접서비스 | 거의 없음 | 보통 | 대부분 | 대부분 | 보통 | 보통 |
| | 아웃리치 정도 | 낮음 | 낮음 | 높음 | 높음 | 중간 | 중간 |

출처: 한국사례관리학회 (2012). 재인용.

### ❖ 정신건강 분야 사례관리모형

**1) 중개모형(Broker Model)**

중증 정신질환자가 지역사회에서 생존하는 데 필요한 다양한 자원의 연결 및 조정에 초점을 둔다. 사례관리 대상자에 비해 사례관리자가 매우 부족한 기관에서 채택하게 되나 많은 사례 수로 인해 위기개입 또는 서비스 연계 이상의 개별적인 욕구충족 활동은 불가능하다.

**2) 임상모형(Clinical Case Management Model)**

클라이언트에게 필요한 심리교육과 치료를 포함한 임상치료적 서비스와 자원연계를 함께 제공한다. 사례관리자의 치료자적인 역량을 요구한다.

**3) 적극적 지역사회치료모형(Assertive Community Treatment Model: ACT)**

중증 정신질환자를 대상으로 낮은 사례량, 다학제적 팀 접근과 아웃리치 중심의 지역사회 현장중심 활동이 특징이다. 서비스 비용이 많이 들지만 재발방지와 입원기간 감소 등 재활에 효과적인 모형으로 인정받고 있다.

**4) 집중사례관리모형(Intensive Case Management Model: ICM)**

ACT와 유사하나 전문가로 구성된 팀 접근을 하지 않는 등 비용절감을 시도하며 집중적인 서비스모형을 보급하고자 개발되었다.

**5) 재활모델(Rehabilitation Model)**

만성 정신장애인들의 지역사회 생활 유지와 개인적 치료, 재활에 초점을 두고 사회기술훈련에 집중한다.

**6) 강점모형(Strengths Model)**

클라이언트의 강점과 잠재력에 초점을 두고 자원활용 능력 강화에 초점을 둔다

## 1) ACT모형

ACT(Assertive Community Treatment)는 심각한 정신질환과 손상을 가지고 전통적인 치료법에서 이익을 얻지 못하는 만성 정신질환자의 지역사회 생

활, 정신사회적 재활, 그리고 회복을 지속적으로 돕기 위한 사람중심의 회복지향 정신건강서비스 전달모형이다. 이 모형은 기존의 중개모형이나 임상모형의 한계에 대한 비판으로 다학제간 팀 접근을 중요한 구조로 채택하고(권진숙 외, 2012) 정신건강전문가들이 24시간, 일주일 내내 개별화되고 현장중심적인 접근을 통해 정신장애인들이 지역사회에서 생활할 수 있도록 돕기 위해 고안되었다(하경희, 2010).

ACT모형은 다음의 서비스 원칙을 강조한다.

첫째, 다학제적 팀 접근이다. ACT는 정신과의사, 간호사, 사회복지사, 직업재활전문가, 약물남용전문가 등의 다학제적 전문가 팀을 구성한다. 이 팀은 매일 사례의 문제와 재활과정을 함께 논의하고 서로의 전문성을 공유한다. 팀 접근은 사례관리자들의 역량을 지원할 뿐 아니라 소진을 방지하여 서비스가 지속되고 직업에 대한 만족도를 높이는 데 기여한다.

둘째, 포괄적이고 적극적인 서비스를 제공한다. 이는 기존의 중개모델에 대한 한계를 극복하고 정신사회 재활을 위한 보다 포괄적이고 통합적인 서비스를 제공하는 데 초점을 둔다. 즉 치료서비스, 재활서비스, 주거와 취업, 약물남용, 가족 및 지원체계 개입 등 클라이언트의 욕구와 목표에 따른 서비스를 제공한다.

셋째, 시간제한이 없는 서비스를 제공한다. ACT는 장기적인 재활의 관점과 사례관리자와 클라이언트의 치료적인 신뢰관계를 기반으로 퇴록이 없는 평생 지속되는 서비스를 제공한다.

넷째, 개별화된 접근을 한다. ACT는 클라이언트를 정형화시키지 않고 개별적인 욕구, 선호를 중요시하고 개인의 선택을 최대화할 수 있도록 자원을 제공한다.

다섯째, 낮은 사례관리 비율을 유지한다. 보다 개별화되고 포괄적인 서비스를 제공하기 위해 사례관리자와 클라이언트의 비율을 1대 10 이하로 유지한다.

여섯째, 지역사회 현장중심의 접근을 한다. ACT의 모든 직원들은 클라이언트의 가정 및 취업장 등 현장에서 만나는 것을 원칙으로 한다. 이를 통해 클라이언트가 생활하는 자연적 환경을 이해하고 그곳에서 실제적으로 적용할 수 있는 기술과 대처능력을 개발하도록 한다.

ACT모형은 소비자 맞춤형 집중서비스로서 정신장애인들의 회복효과에 관한 많은 연구들이 진행되고 있다. 대부분의 연구에서 중증 정신장애인들의 증상 감소와 주거의 안정성, 삶의 질과 만족도, 그리고 가족의 만족도 등 전반적인 부분에서 효과가 있는 것으로 보고되고 있다(하경희, 2010). ACT모형은 표준서비스 기준을 제시하고 있으며 모형의 원칙에 충실하게 실행될수록 효과성이 높은 것으로 나타나고 있다.

우리나라 정신건강복지센터의 사례관리는 ACT모형을 기반으로 개발되었으나 현장의 특성에 따라 변형되어 적용되고 있다. 경기도 수원시 정신건강복지센터는 2007년부터 ACT를 기관의 주요한 사례관리모형으로 적용한 전담팀을 운영하고 있다. 수원시 정신건강복지센터에서 실행하고 있는 ACT 기반 사례관리에 대한 모델분석 결과, 서비스의 주요 원칙과 내용적인 측면에 있어서 ACT모델에 매우 가깝게 적용되고 있고 클라이언트와 사례관리자 모두 모델 적용의 가능성과 효과성을 직접적으로 경험하고 있는 것으로 나타났다(하경희 · 김영희, 2010).

**표 7-6 ACT모형의 서비스 충실도 측정 기준**

| 항목 | 기준 | 5점 |
|---|---|---|
| 인적 자원: 구조 및 구성 | | |
| 낮은 사례부담 | 클라이언트: 서비스 제공자 = 10:1 | 10 혹은 그 이하 |
| 팀 접근 | 서비스 제공자 집단의 기능이 개별 실천가로서보다는 팀으로서 기능, 임상가들이 모든 클라이언트에 대해 알고 함께 일함 | 90% 이상의 클라이언트가 일주일에 1명 이상의 직원과 접촉 |

| 미팅 | 각 클라이언트에 대해 계획하고 서비스를 검토하기 위해 자주 모임 | 일주일에 4번 이상 만나서 짧게라도 매번 모든 클라이언트에 대해 검토 |
|---|---|---|
| 임상 팀 리더 | 현장 실천가의 슈퍼바이저가 직접적인 서비스 제공에 참여함 | 근무시간의 50% 이상의 시간을 직접적인 서비스 제공 |
| 직원의 지속성 | 동일한 직원이 지속적으로 근무 | 2년간 20% 미만 교체됨 |
| 직원 역량 | 프로그램이 모두 직원에 의해 운영됨 | 지난 12개월 동안 프로그램의 95% 이상이 직원에 의해 운영됨 |
| 정신과의사 | 100명의 클라이언트당 적어도 1명의 정규직 정신과의사가 있음 | 100명의 클라이언트당 적어도 1명의 정규직 정신과의사 배정 |
| 간호사 | 100명의 클라이언트당 적어도 2명의 정규직 간호사 | 100명의 클라이언트당 적어도 1명의 정규직 간호사 |
| 약물남용 전문가 | 1년 이상 약물남용치료에 대한 훈련이나 임상 경험이 있는 직원이 100명의 클라이언트당 적어도 2명 | 1년 이상 훈련이나 경험이 있는 정규직 약물 남용전문가가 2명 이상 |
| 직업재활 전문가 | 1년 이상 직원재활에 대한 훈련이나 임상 경험이 있는 직원이 100명의 클라이언트당 적어도 2명 | 1년 이상 훈련이나 경험이 있는 정규직 직업 재활전문가가 2명 이상 |
| 서비스 규모 | 다양하고 충분한 직원이 지속적으로 유지될 수 있는 규모 | 최소한 10명 이상의 정규 직원 |
| **구조적인 경계** | | |
| 명확한 등록 기준 | 특정 대상 집단에게 서비스를 제공하고 자 하는 명확한 미션이 있고, 부적절하게 의뢰된 클라이언트를 스크리닝할 수 있는 조작적으로 정의된 기준을 가지고 있음 | 정의된 대상집단을 적극적으로 발굴해 내며 모든 사례가 명시적인 접수 기준에 부합함 |
| 접수 비율 | 안정적인 서비스환경을 유지하기 위해 낮은 비율로 클라이언트 접수를 받음 | 지난 6개월 동안 가장 높은 월 접수율이 6명 미만임 |
| 서비스에 대한 충분한 책임성 | 사례관리나 정신과적 서비스 외에 상담 심리치료, 주거지지, 약물남용치료, 취업, 재활서비스 등을 직접적으로 제공 | 5개 모두를 제공함 |
| 위기서비스에 대한 책임 | 정신과적 위기상황에 대해 24시간 책임성을 가짐 | 24시간 서비스를 제공함 |
| 병원 입원에 대한 책임성 | 병원 입원에 관여함 | 입원의 95% 이상을 주도 |
| 퇴원계획에 대한 책임성 | 퇴원계획에 참여 | 퇴원의 95% 이상을 함께 계획함 |
| 기간 제한 없는 서비스 | 종결 후에도 모든 클라이언트가 필요한 경우 접촉 가능 | 모든 클라이언트가 기간 제한 없이 서비스를 제공받고 1년에 5% 미만이 퇴록함 |

| 서비스 특성 | | |
|---|---|---|
| 현장서비스 | 사무실이 아닌 현장에서, 상태를 점검하고 지역사회 생활기술을 발달시킴 | 전체 서비스 시간 중 80%가 지역사회에서 이루어짐 |
| 중간탈락이 없는 정책 | 클라이언트가 상호 만족하는 수준에서 지속적으로 유지됨 | 1년 동안 담당 사례 중 95% 이상이 유지됨 |
| 적극적인 개입체계 | 적극적인 개입으로서, 아웃리치나 법적 체계(공적부조의 대리수취, 보호관찰, 집행유예, 외래치료명령 등)를 사용함 | 잘 고안된 전략들을 지속적으로 적용하고 있으며, 아웃리치나 법적 체계들을 적절한 경우에 항상 사용함 |
| 서비스의 강도 | 필요한 만큼의 매우 충분한 서비스 시간 | 한 명의 클라이언트당, 최소한 주당 평균 2시간 이상 |
| 접촉 빈도 | 필요한 만큼의 매우 빈번한 서비스 접촉 | 한 명의 클라이언트당, 최소한 주당 평균 4회 이상 |
| 지지체계와의 협력 | 클라이언트가 함께 있건 없건 간에, 가족, 집주인, 고용주 등의 지지체계를 위해 지지와 기술을 제공 | 한 명의 클라이언트당, 지지체계와 한 달에 4회 이상 접촉 |
| 개별화된 약물남용치료 | 약물사용장애 클라이언트에게 1명 혹은 그 이상의 직원이 직접적인 치료 제공 | 약물사용장애 클라이언트에게 주당 평균 24분 이상의 치료 제공 |
| 이중장애 치료집단 | 약물사용장애를 가진 사람들에 대한 치료전략으로서 집단 형태를 활용 | 약물사용장애 클라이언트 중 50% 이상이 적어도 한 달에 한 번 약물남용치료 집단모임에 참여 |
| 이중장애(DD) 모델 | 단계별 치료모델 사용 | 이중장애 치료 원칙에 기반을 두며 직원에 의해 치료가 제공됨 |
| 치료팀에서의 소비자의 역할 | 소비자들이 직접적인 서비스를 제공하는 팀의 구성원으로서 참여 | 소비자가 사례관리자로서 고용되어 전적으로 전문가의 지위를 가짐 |

출처: 하경희 (2010).

## 2) 강점사례관리모형

강점사례관리모형은 강점이론을 기반으로 한 정신장애인의 재활서비스로 개발되었다. 정신장애인의 지역사회 회복을 목적으로 Rapp과 Weick의 동료들이 함께 개발한 강점사례관리모형은 다음과 같은 특징을 포함하고 있다(Rapp, 2006).

첫째, 정신장애인을 강점을 지닌 '소비자'로 인식한다.

둘째, 기존의 실천과 달리 문제는 다루지 않고 개인과 환경의 '강점을 강화'하는 데 초점을 둔다.

셋째, 강점모형이 지향하는 궁극적인 목표는 문제해결이 아니라 '삶의 질' 향상에 있다.

넷째, 문제해결과정에서 소비자의 결정과 비공식적 자원의 활용에 우선순위가 있다.

다섯째, 강점모형의 실천과정은 소비자의 적극적인 관여와 관계를 중심으로 강점사정과 강점강화를 위한 계획과 개입을 하며 소비자중심의 모니터링과 평가를 한다.

**표 7-7** 강점이론과 의료모델의 비교

| 구분 | 강점이론 | 의료모델 |
|---|---|---|
| 철학기반 | • 정신장애인은 강점을 지닌 소비자<br>• 소비자의 잠재력, 재능 등이 강조<br>• 소비자의 자기결정권이 중요 | • 정신장애인은 질병을 가진 환자<br>• 환자는 치료에 순응을 하는 객체<br>• 전문가에 의한 문제해결 강조 |
| 초점 | • 문제를 다루지 않고 개인과 환경의 '강점' 강화 | • '문제의 본질'을 규명하기 위한 전문가의 진단, 처방 |
| 궁극적 목적 | • 문제해결 이상의 '삶의 질' 향상 | • '문제해결', 증상 및 기능상의 문제 회복 |
| 문제해결 | • 소비자에 의한 결정<br>• 지역사회 내 자연적 자원 활용 우선 | • 전문가에 의한 결정<br>• 전문가중심의 진단과 서비스 활용 |
| 주요 과정 | • 소비자의 관여와 관계중심<br>• 강점사정과 인식된 내적 · 외적강점을 강화하기 위한 계획 · 개입<br>• 소비자중심의 모니터링 및 평가<br>• 예: 일상생활영역에서 지역사회 내 자원 획득 | • 전문가에 의한 진행 · 한정된 접촉<br>• 전문가의 문제중심 사정<br>• 문제를 해결하기 위한 계획 · 개입<br>• 전문가에 의해 순응을 모니터링하고 평가<br>• 예: 결함을 극복하기 위한 기술훈련, 인식된 문제를 해결하기 위한 의료적 관리 |

출처: 박정임 (2002).

강점이론을 실천현장에서 철저하게 구현하기 위해서는 다음과 같은 실천원칙에 주목하여야 한다(박정임, 2002).

첫째, 실천의 초점은 개인의 결함보다는 강점, 관심, 지식, 역량에 두어야 한다.

둘째, 지역사회는 무한한 가능성을 지닌 자원의 보고이다.

셋째, 모든 활동은 소비자인 정신장애인의 자기결정에 의해 실행되어야 한다.

넷째, 정신장애인과 사례관리자와의 관계는 성장과 변화를 위해 가장 일차적이며 본질적이다.

다섯째, 적극적인 아웃리치(outreach)가 강조되어야 한다. 사례관리자의 주요 활동공간은 사무실이 아닌 클라이언트의 삶의 현장이다.

여섯째, 아무리 심각한 정신질환을 가진 개인이라도 배우며, 성장하며, 변화할 가능성이 있다.

강점사례관리모형의 실천과정과 과업은 다음과 같다.

**표 7-8 강점사례관리모형의 과정과 주요 과업**

| 과정 | 주요 과업 |
|---|---|
| 초기 관계형성 및 관여 | • 가벼운 대화나 여가활동 함께 하기<br>• 사례관리활동의 목적과 과정 소개하고 논의하기<br>• 소비자에게 진행자로서의 역할 부여하기<br>• 사례관리활동 시간, 장소, 기록 책임 선정하기<br>• 사례관리자의 역할 설명하기<br>• 앞으로의 기대 논의하기<br>• 긍정적인 강화의 코멘트를 활용하여 강점인식의 기회 갖기 |
| 강점사정 | • 일상생활영역(주거, 재정, 직업 및 교육, 사회적 · 영적 지지, 건강, 여가)에서 현재의 상태, 바람과 열망, 역사를 탐색하기<br>• 현재와 과거에 노력해 온 경험들을 끌어내기<br>• 우선순위화된 열망을 나누고 기록하기 |
| 장 · 단기 목표설정 | • 우선순위화된 열망을 장기목적으로 선정하기<br>• 장기목적을 달성하기 위해 필요한 단기목표들을 논의하기<br>• 단기목표들도 우선순위화하기 |
| 단기목표달성을 위한 최대한의 선택대안 확보 | • 사례관리자는 소비자가 단기목표를 최대한으로 달성하도록 하기 위하여 강점사정을 바탕으로 선택대안들을 마련하기<br>• 선택대안의 확보를 위한 인적 · 물적 자원 획득 전략 마련하기 |

| | |
|---|---|
| 구체화된 계획 | • 선택대안들을 논의하기<br>• 선택대안 중 가장 선호하는 대안을 선정하기<br>• 선택대안을 중심으로 구체화하기(시간, 장소, 책임 할당하기)<br>• 구체화된 계획 내용을 기록하고 확인하기 |
| 계획 실행/옹호 | • 구체화된 계획에 따라 실행하기<br>• 사례관리자는 옹호가 필요한 경우 적극적으로 옹호하기 |
| 모니터링 및 재사정 | • 계획대로 실행되었는지 함께 모니터링하기<br>• 단기목표가 계획대로 실행되었다면 재사정하여 다음 단기목표와 계획을 수립하기<br>• 단기목표가 잘 실행되지 않았다면 재점검 후 재조정하고 다음 단기목표와 계획을 수립하기<br>• 사례관리자는 긍정적인 강화의 코멘트를 제공하기 |
| 재실행 | • 구체화된 계획에 따라 재실행하기. 다시 과정을 반복하기 |
| 평가 | • 지금까지 수행한 사례관리활동을 평가하기 |
| 종결 | • 성공적인 독립생활을 영위할 수 있도록 사례관리활동을 종결 |

출처: 박정임 (2002).

# PART 03

# 생애주기와 정신건강사회복지

Social Work in Mental Health

# 08 chapter
# 아동과 청소년 대상 정신건강사회복지

아동기 정신장애와 성인기의 정신장애는 연속선상에 있다. 성인과는 달리 아동의 정신건강은 발달적 측면에 대한 고려가 필요하다. 아동은 자아기능이 아직 취약하고 환경의 영향도 많이 받기 때문에 질병 자체의 심각도 외에 가족이나 학교환경에 의하여 그 예후가 좌우되기도 한다.

DSM-Ⅳ에서 사용되던 '아동기 및 청소년기 장애'의 범주는 DSM-5에서 '신경발달장애'로 새롭게 분류되었다. 신경발달장애(Neurodevelopmetal Disorders)는 뇌의 발달장애로 인해 생애 초기에 나타나는 아동기 및 청소년기에 발생하는 정신장애로서 지적장애, 의사소통장애, 자폐스펙트럼장애, 주의력결핍/과잉행동장애, 특정 학습장애, 운동장애로 분류된다.

# 1. 자폐스펙트럼장애

## 1) 개요

자폐스펙트럼장애(Autism Spectrum Disorder)는 사회적 상호작용과 의사소통에서 장애를 나타낼 뿐 아니라 제한된 관심과 흥미를 가지며 상동적인 행동을 반복적으로 나타내는 장애들을 포함한다. DSM-Ⅳ에서 전반적 발달장애에 포함되었던 자폐증, 소아기붕괴성장애, 아스퍼거장애, 기타 전반적 발달장애들은 증상의 심각도만 다를 뿐 연속선상에 존재하는 하나의 장애를 나타내는 것이라는 판단에 의해 DSM-5에서 통합되었다.

## 2) 진단

자폐스펙트럼장애는 주로 출생 직후부터 3세 사이에 발생한다. 대부분 출생 직후부터 무언가 다른 점이 있으나 상당수의 부모들은 이를 잘 느끼지 못하고 나중에 언어발달 지연을 주 원인으로 소아정신과를 방문하게 된다.

### (1) 사회적 상호관계의 장애

자폐스팩트럼장애의 핵심적 결함은 대인관계에서 정서적 표현을 해석하고 감정을 조정하는 능력의 결함이며, 이것이 사회적 상호관계에서 질적인 장애를 일으킨다. 유아기에는 사람에 대해 무관심한 반면 사물에 관심이 많고 사람과 눈맞춤이나 신체적 접촉을 피한다. 부모에 대한 애착을 형성하지 못하며 낯가림이나 이별불안이 없는 경우가 많다. 학령기에는 부모에 대한 애착

행동과 사회성이 좋아지기는 하지만 또래와의 놀이를 즐기지 않고 친구가 없다. 청소년기부터는 성적인 감정을 느끼기도 하지만 대체로 공감능력이 부족하기 때문에 성인기까지 결혼하는 경우는 매우 드물다.

#### (2) 의사소통장애

자폐스팩트럼장애 아동들의 언어는 평생 제대로 대화할 정도로 발달되지 못하는 경우가 반수에 이른다. 언어사용뿐만 아니라 상대방 언어의 이해 역시 어려움이 있어 대화에서 일방적이고 특정한 주제를 반복하고 부적절하게 새로운 주제를 옮겨 가며 상대방의 주제를 무시하는 경향이 있다.

#### (3) 반복적인 행동

자폐스펙트럼장애를 가진 아동은 관심사가 매우 좁으며 그러한 관심사에 몰두하거나 반복적인 행동을 나타내는 경향이 있다. 예를 들어 혼자서 종일 블록쌓기놀이를 하거나 이상한 자세를 취하거나 혀 내놓기, 박수치기, 몸 흔들기 등 기이한 신체행동을 오래도록 반복하기도 한다. 또한 주변 상황이 항상 똑같게 유지되도록 고집하고 사소한 변화에 저항하거나 신경질적인 반응을 보인다.

### 3) 치료

자폐스펙트럼장애는 아동의 현재 기능뿐 아니라 새로운 행동의 학습을 저해하기 때문에 치료에 어려움이 있다. 아동의 부적응적인 행동을 개선하는 행동치료에서는 조작적 조건형성과 모방학습을 통해 아동에게 말하는 것, 다른 아이들과 노는 것, 타인의 말에 주의를 기울이는 것 등을 학습시키는 동시에 반향언어증, 공격적 행동, 기이한 몸동작 등을 제거하거나 다른 행동으로 대체시킨다. 약물치료는 몹시 흥분하고 공격적인 행동을 보이거나 발작을 일으키는 증상의 완화에 도움이 된다.

자폐아동의 치료에는 부모와 가족의 역할이 매우 중요하며 아동에 대한 치료와 부모에 대한 교육을 병행하고 전문가와 부모가 집중적인 치료협력을 한다면 아동의 지적수준과 사회적 적응능력을 향상시킬 수 있다.

## 2. 주의력결핍과잉행동장애

### 1) 개요

주의력결핍과잉행동장애(Attention Deficit and Hyperactivity Disorder: ADHD)는 다양한 원인으로 인하여 최종적으로 유사한 증세를 보이는 일종의 증후군으로 보는 것이 타당하다. ADHD는 유전적 원인이 유력하며 출산과정, 환경오염, 약물 및 감염에 의한 뇌손상이 의미 있다고 보고 있다(김재원, 2011). 부모의 결혼만족도와 양육 태도, 어머니의 정서적 특질(우울, 불안), 가정폭력과 붕괴된 가정의 아동들과 심리사회적으로 취약성이 있는 아동에게서 발병위험이 높다(김진희 · 유희정, 1999; 최윤영 외, 2002). 스트레스-취약성이론은 아동의 과잉행동적인 기질과 부모의 잘못된 양육방식이 결합되어 ADHD가 발생한다고 주장한다.

## 2) 진단

DSM-5-TR에서는 ADHD를 주의력결핍형, 과잉행동-충동형, 혼합형의 세 하위 유형으로 구분하고 있으며 증상의 심각도에 따라 세 수준으로 평가하고 있다.

### ✣ DSM-5-TR의 ADHD 진단

**A. 부주의 및 과잉행동-충동성의 지속적 패턴이 나타난다. 이러한 패턴은 개인의 기능과 발달을 저해하며 아래 1항과 2항 중 한 가지 이상에 해당되어야 한다.**

**1. 부주의**

다음 중 6개 이상이 6개월 이상 지속되어야 한다. 이러한 증상은 발달수준에 맞지 않으며 사회적, 학업적/직업적 활동에 직접적으로 부정적 영향을 미친다.

a. 흔히 세부적인 면에 대해 면밀한 주의를 기울이지 못하거나 학업, 직업 또는 다른 활동에서 부주의한 실수를 저지른다.
b. 흔히 일을 하거나 놀이를 할 때 지속적으로 주의를 집중할 수 없다.
c. 흔히 다른 사람들이 직접 말을 할 때 경청하지 않는 것으로 보인다.
d. 흔히 지시를 완수하지 못하고 학업, 잡일, 작업장에서의 임무를 수행하지 못한다.
e. 흔히 과업과 활동을 체계화하지 못한다.
f. 흔히 지속적인 정신적 노력을 요구하는 과업에 참여하기를 피하고 싫어하며, 저항한다.
g. 흔히 활동하거나 숙제하는 데 필요한 물건들을 잃어버린다.
h. 흔히 외부의 자극에 의해 쉽게 산만해진다.
i. 흔히 일상적 활동을 잊어버린다.

**2. 과잉행동과 충동성**

다음 중 6개 이상의 증상이 6개월 이상 지속적으로 나타난다. 이러한 증상은 발달수준에 맞지 않으며 사회적, 학업적/직업적 활동에 직접적으로 부정적인 영향을 미친다.

a. 흔히 손발을 가만히 두지 못하거나 의자에 앉아서도 몸을 옴지락거린다.
b. 흔히 앉아 있도록 요구되는 교실이나 다른 상황에서 자리를 떠난다.
c. 흔히 부적절한 상황에서 지나치게 뛰어다니거나 기어오른다.

d. 흔히 조용히 여가활동에 참여하거나 놀지 못한다.
e. 흔히 '끊임없이 활동하거나' 마치 '자동차에 쫓기는 것'처럼 행동한다.
f. 흔히 지나치게 수다스럽거나 말을 한다.
g. 흔히 질문이 채 끝나기 전에 성급하게 대답한다.
h. 흔히 차례를 기다리지 못한다.
i. 흔히 다른 사람 행동을 방해하고 간섭한다.

B. 심각한 부주의나 과잉행동–충동성의 증상이 12세 이전에 나타났다.
C. 심각한 부주의나 과잉행동–충동성의 증상이 두 가지 이상의 장면(예: 학교, 직장, 가정)에서 나타난다.
D. 이러한 증상들이 사회적 · 학업적 또는 직업적 기능을 방해하거나 그 질을 저하시킨다는 명백한 증거가 존재한다.
E. 이러한 증상들은 조현병이나 다른 정신증적 장애의 경과 중에서만 나타나는 것이 아니며 다른 정신장애에 의해 더 잘 설명되지 않는다.

ADHD 진단에서 당사자와 가족면담은 가장 중요한 과정이다. 아동의 경우에는 부모에 의해 발견되는 경우가 많은데 청소년의 경우 부모 · 교사 · 학원교사를 면담하고 학교 생활기록부를 열람하는 등 다양한 상황에서 환자의 증상과 기능에 대한 충분한 자료를 확보하는 것이 필요하다.

ADHD의 증상들은 3세 이전에 나타나기 쉬우며 3세 이후에 발병하는 경우는 환경적인 원인에 의한 뇌손상이나 약물, 아동학대에 의한 것인지 의심해야 한다. 주요 증상은 다음과 같다.

### (1) 과잉행동(hyperactivity)

집이나 학교에서 항상 움직이고 이것저것 만지며 부산하고, 자리에 앉아도 안절부절못하며 몸을 뒤틀거나 벌떡 일어나 걷기도 하고 뛸 때도 있어 수업에 지장을 준다. 과잉행동은 주어진 과제를 완수하기 위해 행동의 억제가 되지 않기 때문에 일어나는 현상으로 자유로운 상황보다는 수업처럼 구조화된 환경에서 더 심하게 나타나고 심지어 수면 중에 움직이는 경우도 있다. 청소년과 성인으로 성장하면서 외현적인 행동보다 속으로 안절부절못하는 불편감으로 많이 나타난다.

### (2) 주의력결핍(attention deficit)

주의력이란 정해진 일에 마음과 생각을 오랫동안 집중하고 계획을 세워 효율적으로 정리하는 다중적인 인식과정이다. 이러한 능력이 결핍된 아동들은 학습이나 놀이 등 지속적인 주의가 필요한 과제에 집중하지 못하고 주의가 산만해서 상관없는 외부자극에 쉽게 반응하여 생각이 흩어지고 시작한 일을 마무리하지 못하는 경우가 많다.

### (3) 충동성(impulsiveness)

ADHD 환자들은 인내심이 부족하고 결과에 아랑곳하지 않으며 조심성 없이 순간의 즐거움을 추구하는 무절제한 행동과 불확실한 상황에서 성급하게 결론짓고 뛰어들어 원하지 않는 결과를 맞이하는 인지특성이 있다. 나이가 들어가면서 과다행동은 줄어들지만 주의력결핍과 충동성은 성인기에까지 남아 있을 가능성이 높다. 특히 ADHD 아동의 40~50%가 청소년기 이후에도 지속되어 품행장애와 공존하면서 학업부진, 학업중단과 약물남용 등의 문제가 복합되고, 약 31%는 청년기에도 그 증상을 그대로 유지했으며 품행장애 청소년의 약 50%는 성인이 되어 반사회적 성격장애를 나타낸다는 보고가 있다.

## 3) 치료

ADHD는 여러 정신장애 중에서 약물치료가 효과적인 질병이지만 불안장애, 우울장애, 대인관계 문제 등이 의심될 경우 다음과 같은 정신사회적 치료를 병행할 것을 추천하고 있다(김봉년 등, 2007).

### (1) 인지행동치료

우울증과 불안증을 동반하는 청소년의 경우 인지행동요법이 효과가 있다(대한소아청소년정신의학회, 2012). 인지행동요법은 부모교육과 부모훈련을 통해 ADHD 아동의 행동에 대한 이해와 아동들에게 구조화된 환경을 제공하고 행동수정기법을 사용할 수 있도록 훈련하며 일관된 양육 태도의 중요성을 강조한다. 예를 들어 부모나 치료자는 아동이 긍정적이며 바람직한 행동을 할 때마다 다양한 방식의 보상을 통해 이러한 행동을 증가시키고 문제행동에 대해서는 바람직한 행동을 가르쳐서 대치시키도록 유도한다. 아동과 부모가 충분한 시간 동안 치료에 전념할 수 있고 치료자와 상호작용하며 긍정적인 피드백을 받을 수 있는 집중적인 치료환경을 마련하기 위해 가족캠프를 실시하여 부모들의 양육관계가 변화되는 결과도 보고되었다(황병주 등, 2012).

### (2) 부모교육 및 가족치료

부모교육은 구체적이고 체계적인 지시와 규칙 사용을 목표로 ADHD의 이해, 아동의 행동에 대한 긍정적 관심 증가시키기, 효과적인 지시법 및 칭찬, 토큰경제, 타임아웃, 타임아웃을 다른 비순응적 행동에 확장 적용하기, 공공장소의 문제 다루기, 학교에서의 문제행동 교정, 예상되는 문제행동 다루기 등으로 구성된다(김봉년 외, 2007). ADHD를 가진 자녀를 돌보는 부모들은 극도의 양육 스트레스를 경험하기 때문에(오원옥 · 박은숙, 2007) 이에 대한 지지전략과 함께 학교와 지역사회의 지지체계로서의 기능을 할 수 있도록 통합적인 지원체계가 구축되어야 한다.

### (3) 사회기술훈련

ADHD 아동들은 초등학교 시기의 또래거부와 같은 사회적 관계에서의 부적응으로 사회적 영역이나 학업, 그리고 행동 영역의 낮은 수행을 강하게 예측할 수 있으므로 부정적인 또래관계 감소, 친사회적인 행동 증가를 도모하고 사회적 정보처리, 일반적인 사회적 행동들과 학업수행을 높일 수 있는 효과적인 사회기술훈련이 필요하다(한은선 외, 2001). 사회기술훈련은 아동 단독으로 참여하는 것보다 부모와 함께 참여하고 교사가 관여될 경우 학교적응 및 행동변화에 효과적이다(박명재 외, 2009).

## 3. 운동장애

운동장애(Motor Disorder)는 나이나 지능수준에 비해 움직임이나 운동능력이 현저하게 미숙하거나 부적응적인 움직임을 반복적으로 나타내는 경우로 틱장애, 발달성 협응장애, 상동증적 운동장애가 있다(권석만, 2013).

틱장애(Tic Disorder)은 얼굴근육이나 신체 일부를 갑작스럽게 움직이거나 이상한 소리를 내는 틱(Tic) 현상이 반복적으로 나타나는 경우로 운동틱과 음성틱으로 구분된다. 운동틱(mortor tic)은 눈, 머리, 어깨, 입, 손 부위를 갑자기 움직이는 특이한 동작을 반복하는 경우를 말하고, 음성틱(vocal tic)은 갑자기 소리내는 행동으로서 헛기침하기, 킁킁거리기, 컥컥거리기, 엉뚱한 단어나 구절 반복하기 등이 있다.

틱은 스트레스를 받는 동안에는 악화되지만 편안한 상태로 어떤 행동에 집중할 때는 감소하거나 나타나지 않기도 한다. 틱에 대한 주변 사람들의 잘못된 이해와 편견, 틱을 줄이려는 부적절한 시도로 인해 더욱 스트레스 상황이 가중되어 악순환이 반복되곤 한다(정용우 · 박태원, 2010; 신성웅 외, 2001).

틱장애는 약물치료가 중심이며 행동장애나 적응문제가 있을 때는 심리치료를 병행한다.

## 4. 파괴적, 충동조절 및 품행장애

파괴적, 충동조절 및 품행장애(Disruptive, Impulse Control and Conduct Disorder)는 지속적으로 다른 사람의 권리를 침범하며 자신의 나이에 지켜야 할 사회적 규범을 파괴하는 만성적인 행동패턴으로 사회적 · 학업적 · 직업적 기능에 중요한 손상을 초래한다(조수철 · 신민섭, 2007). DSM-5에서는 품행장애, 적대적 반항장애, 간헐적 폭발장애, 병적 방화, 병적 도벽, 반사회성 성격장애의 하위범주를 포함시키고 있다.

### 1) 품행장애

품행장애는 남아에게서 더 흔하며 빈곤, 대가족, 가혹한 훈육, 학대, 부모의 알코올중독, 반사회적 인격장애와 관련 있다고 보고되고 있다. 품행장애는 성인기가 되면 호전되지만 약 30~50%에서 성인기의 반사회적 성격장애 또는 약물남용으로 이행되며 기분장애, 불안장애, 신체형장애의 위험성이 높은 것으로 보고되고 있다(조수철 · 신민섭, 2007).

DSM-5-TR에서 다음과 같은 다른 사람의 기본적 권리나 사회적 규범을 위배하는 행동 패턴이 지난 12개월 동안 다음의 15개 기준 중 3개 이상 나타나고, 그중 1개 이상이 지난 6개월 이내에 나타나면 품행장애로 진단하고 있다.

**표 8-1** 품행장애의 진단기준

| | |
|---|---|
| 사람과 동물에 대한 공격 | 1. 자주 다른 사람을 못살게 굴거나 협박하거나 겁먹게 한다.<br>2. 자주 싸움을 건다.<br>3. 다른 사람에게 심한 신체적 손상을 줄 수 있는 무기를 사용한다.<br>4. 사람에게 신체적으로 잔인하게 대한다.<br>5. 동물에게 잔인하게 대한다.<br>6. 피해자가 보는 앞에서도 도둑질을 한다(예: 노상강탈, 지갑날치기, 강도).<br>7. 다른 사람으로 하여금 강제로 성행위하게 한다. |
| 재산 파괴 | 8. 심각한 파괴를 일으킬 작정으로 고의로 불을 지른다.<br>9. 다른 사람의 재산을 고의로 파괴한다(방화는 제외). |
| 사기 또는 절도 | 10. 다른 사람의 집, 건물 또는 자동차를 파괴한다.<br>11. 물품이나 호의를 취득하거나 의무를 피하려고 자주 거짓말을 한다.<br>12. 피해자와 마주치지 않고 사소한 것이 아닌 물건을 훔친다. |
| 중대한 규칙위반 | 13. 부모가 금지하는 데도 자주 외박을 하며 이는 13세 이전부터 시작되었다.<br>14. 부모나 대리부모와 집에 같이 살면서 최소한 두 번 이상 가출, 외박을 한다.<br>15. 무단결석을 자주 하며 이는 13세 이전에 시작하였다. |

대부분의 품행장애는 청소년기에 부모나 학교의 권유 또는 법적인 문제에 직면하여 병원을 찾는 경우가 많다. 청소년들은 면담에 대한 거부와 위협적인 말과 행동으로 면담을 방해하는데, 품행장애 청소년들은 낮은 자존감과 충동성을 가지고 있기 때문에 함부로 비난하거나 자극하지 말고 행동문제에 초점을 맞추기보다 문제의 본질과 원인을 파악하는 데 초점을 두어야 한다. ADHD, 우울장애, 불안장애가 동반될 가능성을 평가하고 특히 품행장애 청소년의 경우 자해, 자살의 위험이 있으므로 이에 대한 평가도 반드시 필요하다.

품행장애의 치료는 약물치료와 비약물적인 치료가 병행되어야 충분한 치료를 기대할 수 있다. 비약물치료는 눈에 보이는 비행행동을 수정하는 데 목표를 두고 직접적인 행동수정훈련을 통해 부적응적 행동을 줄이고 바람직한 행동양식을 습득하게 한다. 사회기술훈련, 분노조절훈련, 인지적 왜곡과 낮은 자존감을 회복하기 위한 인지치료가 도움이 되며 집단치료, 작업치료, 심리극 등이 활용된다. 부모교육과 훈련, 학교에서의 학습지원과 직업교육, 지역사회의 봉사활동과 수련활동 등도 도움이 된다. 품행장애의 치료를 위해서는 본인뿐만 아니라 가족, 친구, 학교 등 주변 환경이 동시에 치료대상이 되어야 하므로 환자 및 가족과의 관계형성과 학교 및 사회와의 연계가 필요하다.

### 2) 적대적 반항장애

적대적 반항장애(Oppositional Defiant Diorder)는 어른에게 거부적이고 적대적이며 반항적인 행동을 지속적으로 나타내는 경우를 말하며 분노하며 짜증내는 기분, 논쟁적이고 반항적인 행동, 복수심으로 나타난다.

시기적으로 주로 사춘기에 행동문제로 나타나는데 외톨이가 되고 성적 저하 등 학교생활에서 문제가 발생하게 된다. 이런 아동들은 대개 우울하고 열등감이 있고 참을성이 적으며 청소년기에 알코올, 담배, 흡입제 등을 남용하기 쉬우며 품행장애나 기분장애로 발전되기도 한다. 장애의 정도에 따라 개인심리치료를 통해 욕구불만과 분노감의 수용을 다루어 주고 적응적 행동습득훈련을 실시하며 효과적인 부모-자녀 의사소통 개선을 유도하는 것이 필수적이다.

### 3) 간헐적 폭발장애

간헐적 폭발장애(Intermittent Explosive Disorder)는 공격적 충동이 조절되

지 않아 심각한 언어 및 신체적 파괴적 행동으로 가끔씩 나타나는 경우를 말한다. 이 장애를 가진 사람은 심각한 긴장상태를 경험할 경우 마치 공격적 발작을 하듯이 폭발적인 행동을 하고 즉각 안도감을 느낀다. 간헐적 폭발장애는 매우 드물게 발견되며 공격행동 조절을 위한 약물치료가 주요하게 사용되고 있다.

## 4) 병적 방화

병적 방화(Pyromania)는 불을 지르고 싶은 충동을 조절하지 못해서 반복된 방화를 하는 경우를 말한다. 이 사람들은 사전에 계획하는 과정에서 긴장과 흥분을 경험하고 불과 관련된 상황에 대해 흥미와 쾌감을 느낀다.

## 5) 병적 도벽

병적 도벽(Kleptomania)은 남의 물건을 훔치고 싶은 충동을 참지 못해 꼭 필요하지 않은 물건이나 경제적인 능력이 있음에도 반복적으로 도둑질을 하고 그 행위에 대해서 긴장과 만족감, 안도감을 느낀다. 병적 도벽의 치료에는 체계적 둔감법, 혐오적 조건형성, 사회적 강화요인의 변화를 통한 행동치료가 유용한 것으로 알려져 있다.

# 5. 아동 · 청소년의 기분장애

## 1) 우울장애

청소년들은 사춘기가 되면서 감정의 기복이나 우울한 기분을 경험할 수 있는데 기능저하와 증상의 강도, 기간, 외부 자극에 대한 반응을 통해 우울장애와 구분할 수 있다. 청소년기에는 우울함보다는 과민한 기분과 짜증, 집중력 저하, 흥미의 상실로 친구관계에서 변화가 오고 수면문제를 호소한다. 대부분 우울증상보다는 성적 저하, 약물남용, 과도한 인터넷 사용, 자살시도 등을 주 호소로 병원을 찾는 경우가 많다. 부모의 우울장애와 범죄, 약물남용, 가족관계의 갈등과 학대는 청소년 우울장애의 강력한 위험요인이다.

우울장애의 치료는 정신교육, 지지적 접근과 가족과 학교에 대한 개입을 포함하여야 한다. 발병기간이 짧고 복잡하지 않은 경우, 자살사고나 정신병적 증상을 보이지 않는 경우, 경도의 정신사회적 장애를 보이는 경우에는 먼저 정신교육이나 지지적 접근 사례관리만으로도 효과를 얻을 수 있다. 중등도나 중증의 우울장애, 반복적 우울장애, 자살, 초조성이 심하고 정신병적 증상이 있거나 심한 정신사회적 기능장애가 있는 경우에는 약물치료를 중심으로 기타 치료가 병행되어야 한다. 부정적인 자기인식과 인지적 왜곡의 순환고리를 끊기 위한 인지행동치료는 약물치료와 함께 자살사고의 감소와 삶의 질 향상에 효과가 있다.

## 2) 양극성장애

청소년 양극성장애는 우울증 삽화로 시작되는 경우가 많고 절도, 기물파손,

등교거부 등과 같은 행동으로 표출되기도 하며 정신증상, 자살시도, 부적절한 성적 행동을 보이기도 한다. 청소년기의 조증은 과민함, 예측하기 힘듦과 변화가 많은 기분, 불쾌한 기분, 정신병적 양상이 흔하며 급격하게 기분 변동이 발생한다.

청소년 양극성장애에서 가족중심 인지행동치료의 효과가 보고되며, 교육, 감정조절, 대인관계 기능전략 등이 사용된다.

## 6. 아동 · 청소년의 외상후스트레스장애

외상후스트레스장애(Posttraumatic Stress Disorder: PTSD)는 생명과 신체에 대해 위협적인 사건을 경험하거나 목격하는 극심한 외상적 스트레스 사건에 노출된 후 특징적인 증상이 나타나는 경우를 말한다.

우리나라 고등학생의 약 35.8%가 한 가지 이상의 외상 경험을 가지고 있는 것으로 보고되고 있는데(안현의, 2005), 특히 탈북청소년들 중 PTSD 유병률은 37%로(손용훈 외, 2010) 북한이탈 성인들의 유병률 7.4~29.5%(Hong et al., 2005)보다 높은 것으로 나타났다.

청소년기 외상에 대한 반응은 성인과 유사하게 사회적 철퇴나 고립, 신체화 증상, 우울증이나 슬픔, 수면장애, 충동적이고 공격적인 행동, 성적 도발행위, 스릴 추구 행동, 약물남용, 반복적인 가출, 대인공포증이나 우울증상 등으로 나타난다.

심각한 외상을 경험한 후에 자신의 상태를 진술할 수 있는 능력이 부족하며, 청소년은 진술하기를 거부하고, 부모는 자신이 가해자이거나 어떤 외상이 있었는지 알지 못할 수 있으므로 표준화된 평가도구와 면담을 통한 면밀한 평가와 확인이 필요하다.

PTSD가 발병하게 되는 위험인자로는 ① 아동기 외상의 경험, ② 경계성, 편집성, 의존성, 반사회적 인격장애, ③ 부적절한 가족, 또래의 지지체계, ④ 여성, ⑤ 정신과 질환에 대한 유전적 취약성, ⑥ 최근의 스트레스가 되는 생활 변화, ⑦ 외적 조절상황의 인식, ⑧ 최근의 과도한 알코올섭취 등이 있다.

PTSD의 주요 증상은 외상 경험 후 수 분 내지 수일 이내에 사건에 대한 기억의 왜곡을 보이며 정신적으로 멍하고 혼란스러움, 무감동적 행동, 사건에 대한 부정, 저항, 과각성, 공포감으로 인한 놀람반응을 보인다. 또한 자신의 삶에 대해 과도한 죄책감과 의존성을 보이며 갑작스런 분노와 공격성, 무기력감, 불안, 집중력 감퇴, 급성 히스테리 증세와 정신병적 증세를 나타내기도 한다. 수개월이 지나면 문제행동은 줄어드는 대신 수동적이거나 외상과 관련된 새로운 형태의 반복행동이 나타난다.

아동기에 성적 학대를 경험한 아동은 청소년기에 물질남용, 행동장애, 우울장애 등이 발생할 수 있다. 이러한 청소년들의 자살위험성은 다른 청소년들에 비해 8배나 많고 청소년 자살의 20%가 이러한 경우이다.

PTSD 치료를 위해서는 다수의 청소년에 대한 PTSD 가능성을 지닌 대규모 사건이 발생한 후에 학교나 기관 등에서 선별검사를 실시하는 등 예방과 조기진단을 하는 것이 중요하다. 선별검사는 사고발생 1개월 이내에 시행하되 다양한 검사를 함께 실시하는 것이 좋다.

PTSD의 주요한 치료방법은 다음과 같다.

- 인지행동치료: 인지이론에 의하면 아동들은 외상 직후부터 정서적 혼란과 왜곡이 일어나서 왜곡된 신념, 즉 비합리적인 사고에 의해 자기패배적이고 독단적이며 일관성이 없어지므로 결국 생활적응도가 낮아진다(이태현, 2004). 학교폭력 피해아동을 대상으로 인지행동치료를 실시한 결과

과각성과 회피에서 유의한 증상 호전이 있었고 교우관계 개선과 학교생활 적응에 효과를 보였다(김형욱 외, 2010).

- 집단치료: 학교 또는 지역사회에서 동일한 사건으로 인해 같은 피해를 경험했거나 유사한 경험을 한 청소년을 대상으로 이루어진다. 동질적인 구성원 간의 감정공유가 주요 치료기전이며 자기주장훈련, 사회기술훈련, 역할극 등 집단치료의 모든 기법을 사용한다.
- 가족치료 및 부모교육: 어려움을 겪고 있는 아동·청소년이 보이는 여러 증상에 대해 부모가 대처하는 방법을 교육하고 부모 역시 자녀와 같은 피해자일 경우 공동치료를 받는다. 보호자의 바람직한 태도는 사고발생 경위를 따져 아이를 비난하지 말 것, 아이의 증상에 과잉반응 내지 짜증내지 말 것, 동정/격리적인 태도를 보일 것, 사건 원인제공자에 대한 보호자의 지나친 분노감정을 자제할 것, 보상이나 법적 문제에 지나치게 집착하지 말아야 할 것 등이 있다(대한소아청소년의학회, 2011).
- 약물치료: 성인 환자와 달리 청소년에 대한 약물치료는 보조치료로 추천되며 부작용에 대한 주의가 필요하다. 인지행동치료와 약물치료를 병행하면 단독치료보다 효과적이다.
- 보호기관에서의 치료: 심한 PTSD 증상을 보이는 청소년은 외상과 연관 있는 환경에서 더욱 심한 증상을 보이게 된다. 학교폭력의 피해학생이 가해학생과 같은 학교에 다니면서 치료를 받는 것은 적절하지 못하다. 실제로 위협적이고 위험한 상황으로부터 아동·청소년을 보호하기 위해 보호기관에서 거주치료를 받는 것이 좋고 외상과 연관 없는 대안학교를 고려하는 것이 중요하다.

**표 8-2** PTSD 아동을 위한 인지행동치료 프로그램

| 단계 | 회기 | 목표 | 활동명 | 프로그램 내용 |
|---|---|---|---|---|
| 초기<br>(자신에 대한 이해) | 1회기 | 프로그램 소개<br>친밀감 형성 | 오리엔테이션 | • 자기소개 및 관계 맺기 게임<br>• 프로그램의 필요성과 목적 안내<br>• 사전검사<br>• 긍정적인 문장으로 규칙 만들기 |
| | 2회기 | 친밀감 형성 | 마음을<br>열어보기 | • 아동의 PTSD와 관련 책 읽기(내 짝궁 최영대)<br>• 변화하고 싶은 나의 모습<br>• 자신의 감정 표현하기<br>• 세션 후 생각 나누기 |
| 중기<br>(변화에 대해 다루기) | 3회기 | 감정 노출하기 | 감정 인식하기 | • 지난주 이야기하기(좋은 일, 나쁜 일)<br>• 긍정적 · 부정적 감정을 이해하고 수호천사로 표현하기<br>• 학교생활장면 그리기(KSD) |
| | 4회기 | 나의 감정<br>노출하기 | 나의 마음<br>이해하기 | • 역할극: 노출하기<br>• 이완훈련 소개 및 연습(그림을 활용한 5단계 이완법 연습) |
| | 5회기 | 인지 재구조화 | REBT 이해하기 | • REBT 이해하기<br>• ABC 이해하기<br>• 나와 관련된 ABC 찾아보기 |
| | 6회기 | 인지 재구조화 | 합리적/비합리적 사고 | • 합리적인 생각과 비합리적인 생각은 무엇인가?<br>• 활동지로 합리적/비합리적 사고 구분하기<br>• 나를 옭아매는 생각들을 찾아보기<br>• 세션 후 생각 나누기 |
| 중기<br>(문제 해결) | 7회기 | 인지 재구조화<br>역할연기<br>모델링 | 비합리적 사고<br>논박하기 | • 역할극을 통해 비합리적 사고 논박하기<br>• 평소에 자신이 가지고 있는 비합리적 생각 알아보기<br>• 세션 후 생각 나누기 |
| | 8회기 | 인지 재구조화 | 자기주장<br>문제해결 | • 역할연기: 또래와의 갈등상황<br>• 그룹별 자기주장 표현하기<br>• 세션 후 생각 나누기 |
| | 9회기 | 자기주장<br>현실검증 | 자기주장 훈련 | • 자기주장 훈련<br>• 게임을 통한 문제해결<br>• 세션 후 생각 나누기 |
| 종결<br>(새로운 시작) | 10회기 | 마무리 | 새로운 나의<br>모습 | • 나에게 쓰는 편지<br>• 풍선에 날려 보아요!(나의 과거)<br>• 새롭게 태어나요!<br>• 프로그램에 대한 소감 나누기<br>• 마무리하기/사후검사 |

출처: 김형욱 외 (2007); 이진숙, 한영숙 (2006).

# 7. 아동 · 청소년 정신건강의 치료적 태도와 정책

## 1) 아동 · 청소년 정신건강을 위한 치료적 태도

### (1) 병력청취

아동정신장애의 경우 아동 및 보호자와의 면담을 통해 임신 전 단계부터 지금까지의 발달력 청취에 집중해야 한다. 아동의 주된 문제에 대해 당사자와 보호자의 관점이 다를 수 있으므로 아동에게 자신의 문제가 뭐라고 생각하는지 반드시 따로 물어봐야 한다. 일반적으로 아동과 부모를 동시에 또는 부모를 먼저 만나서 병력청취를 하게 되는데, 청소년의 경우에는 부모를 먼저 만나지 않는 것이 좋고 가능한 청소년과 부모를 각각 따로 면담하는 것이 필요하다. 아동학대나 방임이 의심되는 경우 가족 외의 정보도 얻어야 하며 학령기 이후에는 학습 및 학교생활과 교우관계에 대한 탐구가 필요하다.

### (2) 정신상태검사

아동을 면담할 때는 장난감들이 준비된 면담실을 이용하여 놀이를 매개로 한 면담을 실시하는 것이 유리하다. 부모와 자녀의 상호작용을 관찰하기도 하고 면담자와 의도적인 놀이를 통해서 면담하는 장면이나 아동 혼자서 놀이하는 장면을 부모와 함께 관찰하기도 한다. 이때 치료자는 아동의 외모를 통해 기형 및 발달상태를 확인하고 부모의 성격특성과 함께 육아기술, 아동의 요구에 대한 반응력, 놀이의 질, 애착상태 등을 관찰한다.

청소년들은 치료자를 신뢰할지 여부를 시험하는 경우가 있다. 따라서 치료자는 솔직한 태도로 인내심을 가지며 성급한 판단을 내리지 않도록 주의한다. 자살사고, 환각, 약물남용, 성적 경험 등 민감한 부분들에 대해서는 반드시 직접 질문한다.

### (3) 아동정신건강의 치료원칙

아동정신장애의 치료는 증상의 완화나 기능증진뿐 아니라 아동과 청소년의 정상발달을 저해하는 요소를 교정하고 발달을 촉진하는 것이 목표가 된다. 아동 · 청소년기 정신장애는 진단에 따른 치료가 아니라 증상에 따른 치료를 해야 하는 경우가 많다. 또한 아동정신건강에 있어 의학 · 사회복지 · 간호 · 심리 · 교육과 특수교육 등 관련 분야와의 협력이 필요하다.

의료기관에서 치료를 시작할 경우 약물치료가 기본이 되며 비약물적인 치료, 즉 저연령의 경우 놀이치료, 청소년의 경우 집단치료가 주로 실시되며 개별적인 인지행동치료, 가족치료를 병행한다. 사회적 치료방법으로 거주시설에서의 생활훈련과 사회복귀를 위한 재활치료가 장기적으로 제공된다.

공공정신건강에서는 발달학적인 특징을 고려하여 학교를 대상으로 홍보계몽을 하고 조기 정신건강 검진과 치료체계로 연계하는 등 정신건강 예방사업을 실행하고 있다.

## 2) 아동 · 청소년 정신건강 정책

### (1) 지역사회 아동 · 청소년 정신건강증진사업

보건복지부는 생애주기별 마음건강사업의 일환으로 아동 · 청소년 정신건강증진 사업을 실시하고 있다(보건복지부 2024). 이 사업은 정신건강복지센터를 중심으로 지역사회 내 아동 · 청소년 정신건강서비스 제공체계를 구축함으로써 아동 · 청소년기 정신건강문제의 예방, 조기발견 및 상담 · 치료를 통하여 건강한 사회구성원으로의 성장발달 지원하는 것을 목적으로 한다.

보건복지부는 교육부와 협력하여 각급 학교에서 고위험군을 발굴하고, 지역사회서비스 투자사업을 통해 아동청소년 심리지원 및 정신질환 치료비를 지원하는 등 정신건강 전문기관이 아닌 다양한 지역사회 서비스제공기관들과의 협력을 통해 아동 · 청소년대상 정신건강서비스를 확대하고 있다.

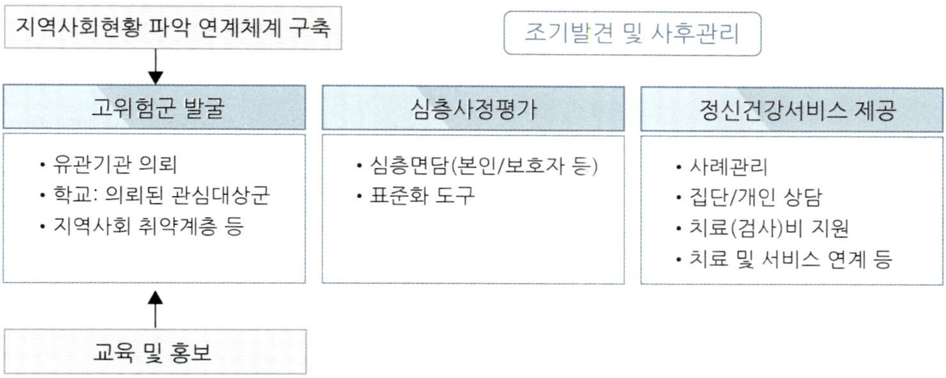


〈그림 8-1〉 아동 · 청소년 정신건강사업 추진체계

출처: 보건복지부(2024).

### (2) Wee 프로젝트

'Wee 프로젝트'는 「초 · 중등교육법 시행령」 제54조 제1항에 따라 학생에 대하여 종합적인 진단 · 상담 · 치유프로그램 등을 제공하는 사업을 말한다. Wee는 We+education+emotion의 합성어로서 2008년부터 학교-교육청-지역사회의 긴밀한 협력으로 위기학생 예방 및 종합적인 지원체제를 갖춘 학교 안전망을 구축하여 정신건강을 예방하기 위한 사업이다.

Wee 프로젝트는 학습부진, 따돌림, 대인관계 미숙, 학교폭력, 미디어중독, 비행 등으로 인한 학습부진 학생의 치료, 위기학생의 선도, 진로 개발, 잠재력 발현으로 전인적 성장을 도모하는 것을 목적으로 다중적인 통합서비스 네트워크를 운영하고 있다.

**표 8-3** Wee 프로젝트 다중안전망체계도

| 다중안전망체계 | | 설치단위 | 대상 | 사업내용 |
|---|---|---|---|---|
| 1차 안전망 | Wee 클래스 (학교 상담실) | 단위학교 | 학교부적응 학생 및 징계 대상자 | • 학교부적응 학생 조기발견, 예방 및 학교 적응력 향상 지원<br>• 부적응학생 예방 등을 위해 필요한 계획수립 · 시행, 통계관리, 평가 및 개선<br>• 학부모 및 교사에 대한 상담, 자문, 교육지원<br>• 학교 내 · 외 상담자원 및 유관 기관과의 연계 · 협력 활성화<br>• 상담내용 및 위기수준에 따라 Wee센터, Wee스쿨, 전문상담기관 등에 학생 의뢰 |
| 2차 안전망 | Wee센터 (학생상담 지원센터) | 지역교육청 | 단위학교 선도 및 치유가 어려워 학교에서 의뢰한 위기 학생 및 상담 희망 학생 | • 전문가의 지속적인 관리가 필요한 학생을 위한 진단-상담-치유 원스톱서비스<br>• 사업계획 수립 · 시행, 통계관리, 평가 및 개선<br>• 학업중단 숙려제 운영<br>• 상담내용 및 위기수준에 따라 외부기관 등에 배정하는 코디네이터 기능<br>• 사업 종사자 연수, 컨설팅 등 전문성 신장에 관한 사항<br>• 교육지원청 내 · 외 상담자원 및 유관 기관과의 연계 · 협력 활성화 |
| 3차 안전망 | Wee 스쿨 (위탁교육 시설) | 시 · 도 교육청 | 심각한 위기상황으로 장기적인 치유 · 교육이 필요한 학생, 학교나 Wee센터에서 의뢰한 학생 또는 학업중단자 | • 장기적으로 치유가 필요한 고위험군 학생을 위한 기숙형 장기위탁교육서비스<br>• 전국 8개소 운영(2016년) |

## (3) 서울시 학교 정신건강증진사업

서울시 아동청소년정신건강복지센터는 서울시 초등학교, 중학교의 통합적 정신건강서비스 전달체계의 확립을 위한 학교기반 정신건강증진프로그램 '서울시 마음건강학교'를 개발하여 진행하고 있다. '서울시 마음건강학교'는 문제중심의 학교정신건강증진시스템에서 벗어난 예방적 시스템으로 학교현장에서 교사들이 직접 수업시간을 활용하여 프로그램을 진행할 수 있도록 지원하고 있다. 이 사업은 교내 필수적으로 진행되어야 하는 기본 프로그램과 교내 학사일정에 맞게 선택적으로 진행하는 선택 프로그램으로 구성되어 있으며, 주로 학생 정신건강증진 및 사회성 함양과 인식개선을 위한 통합적 프로그램으로 다양한 주제로 개발하여 지원학교에 보급하고 교사교육과 지원을 실시하고 있다.

### (4) 아이존

아이존(i-zone)은 서울시 아동 · 청소년정신건강시설로 정서 및 행동장애 아동 · 청소년들이 학교 및 가정에 원활하게 적응할 수 있도록 돕기 위한 시설이다. 아이 존은 학교와 시설 및 정신건강 전문기관에서 의뢰된 7세 이상의 초등학생을 대상으로 아동에 대한 신체 · 정서 · 사회적 치료를 제공하고 부모와 교사를 대상으로 교육과 자문을 제공한다. 2006년 송파아이존을 시작으로 구별로 확장 설치 운영되고 있다.

# 09 chapter
# 성인 대상 정신건강사회복지 1: 조현병

## 1. 역사와 정의

조현병(schizophrenia)은 정신장애 중에서 그 정도가 가장 심하고, 일반인에게 잘 알려져 있는 질환이다. 조현병은 비교적 이른 나이에 발병하여 인간의 인지 · 지각 · 정동 · 의지 · 행동 · 사회활동 등 다양한 정신기능에 이상을 초래하는 질환으로서 증상뿐만 아니라 경과 · 치료반응 · 예후도 다양하다. 현재까지 그 원인은 밝혀지지 않았지만, 심인성질환이 아닌 뇌의 질환이라는 것에는 상당한 의견의 일치를 보인다(대한신경정신의학회, 1998).

오늘날 조현병과 유사한 정신병의 기록은 고대문헌에서도 찾아볼 수 있으나, 하나의 독립된 질병으로 기술하기 시작한 것은 19세기 이후부터이다. 특히 독일 정신과의사 Emil Kraeplin은 1898년에 처음으로 '조발성치매(demetia praecox)'라는 질병의 개념을 소개했다. 이 질병은 기질적인 측면에서 발생하며, 청소년기라는 이른 나이에 발병하여 치료가 불가능하다고 믿어 조발성치매라 명했다. 그후 1911년 스위스 정신과의사 Eugen Bleuler는 조발성치매로 불리던 정신병이 실제로는 회복되는 경우도 있고, 심각하지 않은 경우도 있어 '극도로 와해된 행동을 보이는 하나의 증후군'을 희랍어인 schizophrenia라고 명명한 이래 현재까지 사용되고 있다(김청송, 2007). 우리나라는 일본에서 조발성치매를 난치성 개념으로 해석하여 정신분열병으로 명명한 것을 그대로 받아들여 사용하였다.

하지만 많은 사람들이 정신분열병을 '인격의 분열'로 오해하는 경향이 있어 병명에 관한 부정적인 편견을 없애기 위해 일본, 홍콩 등지에서는 통합실조증(統合失措症)으로 번역하고 있으며, 우리나라에서도 관련 학회의 병명 개정을 위한 노력의 결과로 2011년 말 국회 본회의에서 '조현병(調絃病, Attunement disorder)'이라는 새로운 이름을 결정하였다. 조현(調絃)은 '현악기의 줄을 고르다'라는 뜻으로 병으로 인한 정신의 부조화를 치료를 통해 조화롭게 하면 좋은 소리를 내는 현악기처럼 정상적인 생활이 가능하다는 의미를 담고 있다. 뇌신경망의 이상에서 발병하는 조현병의 특성상 뇌신경망이 느슨하거나 단단하지 않고 적절하게 조율해야 한다는 뜻도 담겨 있어 정신분열병이라는 병명에서 비롯된 편견을 바로잡고 인식을 개선하는 데 기여한 것으로 평가받고 있다(의협신문 웹사이트, 2013).

## 2. 역학

세계 전역에서 실시된 조현병 역학 연구에서 연구자에 따라 서로 다른 확인방법(인종, 민족, 도시와 시골, 지역사회와 병원)과 정의를 사용했기 때문에 유병률이 0.2~2.0%까지 보고되고 있으나 모든 정보를 고려해 볼 때 조현병의 평생 유병률은 0.3~0.7% 정도로 알려져 있다(APA, 2013). 하지만 조현병이 만성적인 경향이 있기 때문에 1년 발병률은 평생 유병률보다 훨씬 낮다. 조현병의 전형적인 발병시기는 10대 후반에서 30대 중반 사이에 나타나며, 청소년기에 발병하는 경우는 드물다. 남자는 20대 초·중반, 여자는 20대 후반에 가장 많이 발병하며 성별에 따라 유병률의 차이는 없으나 여자가 좀더 늦게 발병하는 것 외에도 정동증상이 많고 약물치료에 반응이 좋고 예후가 보다 좋은 것으로 알려져 있다(대한신경정신의학회, 1998).

## 3. 원인

조현병의 원인은 아직 명확하게 밝혀지지 않았다. 조현병이 있는 개인의 직계가족에서 발병 위험성이 일반 인구에 비해 10배 정도 높고, 이란성 쌍생아에서보다 일란성 쌍생아에서 조현병의 일치율이 높을 정도로 유전적 소인이 있는 것은 분명하지만, 가족 내 발병이 산발적이며 가족력이 없는 경우에도 발병하며 단일 유전자가 규명된 바는 없다. 발달과정에서의 문제들 역시 발병에 영향을 미치는데, 태아기의 뇌손상(겨울에 태어나는 경우에 더 흔함), 저체중아, 대가족에서 태어나는 것, 임신 시 모체의 인플루엔자 감염, 산과적 합병증과 주산기 손상이 원인으로 제시되고 있다.

최근 조현병은 신경발달장애로 널리 인정되고 있다. 그중 도파민 가설은 가장 잘 알려진 가설로 뇌의 도파민 경로에서 도파민의 과잉활성 때문에 발병한다고 가정하는 것이다. 이는 도파민 수용체를 차단하는 항정신병약물이 정신병적 증상의 치료효과가 있고, 도파민 활성을 자극하는 코카인이나 암페타민이 정신증을 일으킨다는 사실이 이 가설을 뒷받침한다.

이러한 다양한 원인론에 대한 광범위한 문헌고찰을 통해 Olin과 Mednick (1996)은 장래 정신병의 위험 예측인자로서의 다음과 같은 병전 특성을 찾아내었다. ① 주산기 합병증, 조현병 가족력, 임신한 어머니의 인플루엔자에의 노출, 신경행동적 결함들, 생애 첫해에 어머니로부터의 분리, 고통스러운 가정환경, 수용시설에서의 양육 등 초기의 원인적 요인들, ② 의사나 교사들로부터 확인된 정신질환의 행동적 및 사회적 선행인자들과 면담이나 질문지들에 의해 밝혀진 성격요인들 등 두 개의 군으로 나누어진다. 다시 말해 유전적 취약성, 환경적 요인들, 그리고 개인의 성향들이 상호작용하여 질병을 일으킨다는 것이다.

## 4. 경과 및 예후

일반적으로 조현병의 경과는 급성에서 만성에 이르기까지 다양하며, 증상이 유동적이기 때문에 예후를 설명하는 것은 어려운 일이나 과거에 생각했던 것에 비해 최근 약물치료를 포함한 다양한 치료 및 재활프로그램의 영향으로 훨씬 양호한 것으로 나타나고 있다. 조현병 환자의 20%는 완전히 회복되는 것으로 보고되고 있지만 여전히 많은 환자들이 잔여증상을 갖고 있으며 재발하고, 일상생활에서 공식적 · 비공식적 지원을 받으며 생활하고 있다. 자살문제도 심각한데 약 20%가 자살을 시도하고, 5~6%는 자살로 생을 마감한다. 특히 물질사용장애를 함께 가지고 있는 젊은 남자의 자살위험이 가장 높으며, 그외 우울증상이나 무력감을 느끼고 있고 실직상태, 정신증 삽화 혹은 병원 퇴원 이후가 위험요인으로 알려져 있다(APA, 2013).

좋은 예후인자는 발병 전 뚜렷한 유발요인이 있는 경우, 보다 늦은 나이에 발병한 경우, 급성발병, 양성증상, 우울한 기분 등 정동적 요소가 강할 경우, 망상형, 출생 시 외상 경험이 있을 경우, 높은 지능, 뇌 영상촬영(MRI/CT) 검사상 구조적 이상이 없는 경우이다. 또한 조현병 증상과 주요 우울증, 조증 또는 혼합형 증상이 함께 나타나는 조현정동장애(분열정동장애, schizoaffective disorder)와 같이 '비전형적'일 경우 예후가 더 좋다.

반면 예후가 나쁜 경우는 남자, 미혼, 사회적 고립, 이른 나이에 유발요인이 점진적으로 발병했을 경우, 음성증상, 둔마된 정동 등 감정요소가 없을 경우, 낮은 지능, 낮은 사회적 계층, 병전 성격이 비정상적이고 조현병의 가족력이 있는 경우이다. 재발을 예측할 수 있는 인자는 약물을 복용하지 않거나 친지의 죽음 등 사회적 스트레스를 겪을 경우, 1주에 35시간 이상 접촉하는 가족들이 비난이나 간섭 등의 감정표현을 과도하게 나타낼 경우 등이다(송후림, 2008).

## 5. 주요 증상 및 진단

조현병은 망상, 환각, 와해된 언어를 비롯한 현실을 왜곡하는 부적응 증상들을 나타내는 정신장애를 말한다. 하지만 의학에서 어떤 질병에 대해 진단할 때는 증상(환자가 인지하는 주관적인 것)과 징후(전문가가 관찰한 객관적인 것)를 근거로 진단을 해야 하기 때문에 조현병의 경우도 진단을 내릴 수 있을 정도로 특이한 증상 및 징후를 찾고자 노력한다. 그러나 임상장면에서 접하게 되는 정신장애 중 조현병과 유사한 증상을 나타내지만 그 심각도나 지속시간이 다른 다양한 장애들이 존재하기 때문에 이는 쉬운 일이 아니다. 최근에는 이러한 유사한 증상을 보이는 장애들이 공통적인 유전적 또는 신경생물학적 기반을 지닌다는 연구결과를 받아들여 2013년 5월에 출간된 DSM-5에서는 조현병스펙트럼 및 기타 정신증적 장애(Schizophrenia Spectrum and Other Psychotic Disorder)라는 장애범주에 다양한 장애를 포함시키고 있다(APA, 2013). 조현병스펙트럼장애는 현실을 왜곡하는 기괴한 사고와 혼란스러운 언어를 특징으로 하는 다양한 장애를 의미하며 〈그림 9-1〉과 같이 증상의 심각도에 따라서 스펙트럼상에 배열할 수 있다.

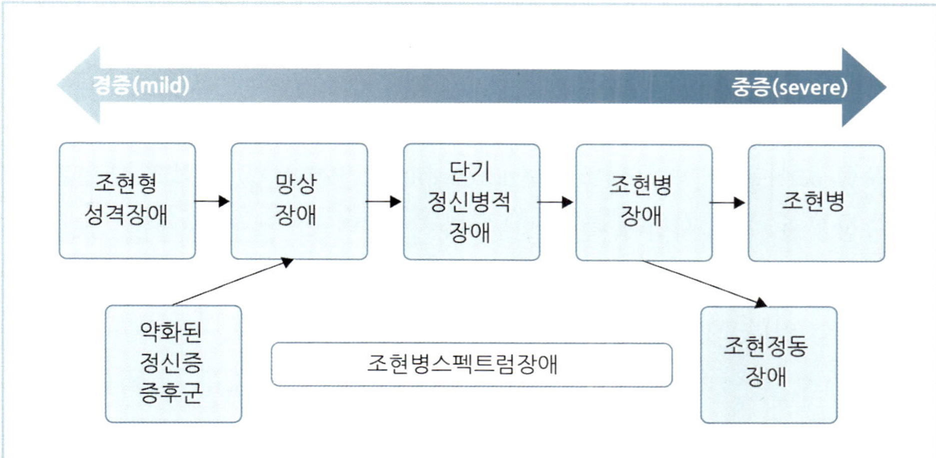


〈그림 9-1〉 조현병스펙트럼장애에 속하는 정신장애들

출처: 권석만 (2013).

조현병을 잘 이해하기 위해서는 증상들을 잘 이해해야 하는데 조현병에서 나타나는 다양한 증상은 주로 사고, 지각, 정동, 운동 및 행동, 의식 및 기억력에서 장애가 나타난다. 이는 크게 양성증상(positive symptoms)과 음성증상(negative symptoms) 및 대인관계의 손상 등 세 가지 증상군으로 구분할 수 있다(이정태 · 채영래, 2002). ① 양성증상은 정상적인 기능이 과다하거나 왜곡되어 있는 것을 의미하는데, 사고의 장애(망상), 지각의 장애(환각 등) 및 행동장애(강직이나 흥분, 와해된 언어, 혼란하고 기이한 행동) 등으로서 이들은 짧은 시간 안에 발달하며 급성 정신병에서 흔히 나타난다. ② 음성증상은 정상적으로 나타나는 기능들이 존재하지 않거나 감소된 것을 의미한다. 음성증상들은 무논리증(현저하게 빈약한 언어, 또는 내용이 없는 언어), 감정적 둔마(감정표현능력의 감소), 무쾌감증(기쁨 체험 불능, 사회적 상호작용에서의 흥미 상실), 무의욕증(목적지향적 행동을 시도하거나 유지하지 못함)을 포함하는데, 이러한 각 요소의 범위와 강도가 크게 제한되어 있다. 음성증상이 두드러진 환자는 뇌의 구조적 이상을 시사하는 다양한 양상들, 즉 병전 적응이 좋지 않으며 교육 정도도 낮고 직업을 유지하기 어려우며 인지검사에서 좋지 않은 결과를 나타내고 치료반응도 좋지 않은 것으로 알려져 있다. 또한 조기에 발병하고, 또 병전에 이미 사회적 기능이나 도구를 다루는 기능에서 어려움을 보이는 경향이 있었다(Andreasen 등, 1990). ③ 병적인 대인관계도 음성증상처럼 오랜 시간에 걸쳐 발달하는 경향이 있다. 이 문제는 성격적 특징으로부터 비롯되며 인간 성격의 범주만큼이나 무수히 많은 대인관계 문제가 있을 수 있다. 대인관계장애의 두드러진 양상들은 위축, 공격성과 성적 표현의 부적절, 타인의 필요에 대한 인식의 결핍, 과도한 요구 및 타인과의 의미 있는 관계형성 불가능 등이다.

조현병이라는 진단을 내리기 위해서는 적어도 증상이 6개월 이상 지속되며, 1개월 이상의 활성기가 있어야 한다. 즉, 망상이나 환각, 혼란스러운 언어, 전반적으로 와해된 혹은 긴장된 행동, 그리고 음성증상 중 두 가지 또는 그 이상의 증상을 나타내야 한다. DSM-5-TR에서 제시하고 있는 자세한 진단기준은 〈표 9-1〉과 같다.

**표 9-1 DSM-5-TR 조현병 진단기준**

A. 다음의 증상 중 2가지(혹은 그 이상)가 1개월의 기간(성공적으로 치료가 되면 그 이하) 동안의 상당부분의 시간에 존재하고, 이들 중 최소한 하나는 (1) 내지 (2) 혹은 (3)이어야 한다.

1. 망상
2. 환각
3. 와해된 언어 (예, 번번한 탈선 혹은 지리멸렬)
4. 극도로 와해된 언어 또는 긴장성 행동
5. 음성증상(즉 감퇴된 감정표현 혹은 무의욕증)

B. 장해의 발병 이래 상당부분의 시간 동안 일, 대인관계 혹은 자기관리 같은 주요한 영역의 한 가지 이상에서 기능수준이 발병 전 성취된 수준 이하고 현저하게 저하된다.(혹은 아동기 또는 청소년기에 발병하는 경우, 기대 수준의 대인관계적 · 학문적 · 직업적 기능을 성취하지 못함)

C. 장해의 지속적 징후가 최소 6개월 동안 지속된다. 이러한 6개월의 기간은 진단기준 A에 해당하는 증상(예, 활성기 증상)이 최소 1개월(성공적으로 치료되면 그 이하)을 포함해야 하고, 전구증상이나 잔류증상의 기간을 포함할 수 있다. 이러한 전구기나 잔류기 동안 장해의 징후는 단지 음성증상으로 나타나거나, 진단기준 A에 열거된 증상의 2가지 이상이 악화된 형태(예, 이상한 믿음, 흔치 않은 지각 경험)로 나타날 수 있다.

D. 조현정동장애와 정신병적 양상을 동반한 우울 또는 양극성장애는 배제된다. 왜냐하면 (1) 주요 우울 또는 조증삽화가 활성기 증상과 동시에 일어나지 않기 때문이거나 (2)기분삽화가 활성기 증상 동안 일어난다고 해도 병의 활성기 및 잔류기 전체 지속 기간의 일부에만 존재하기 때문이다.

E. 장해가 물질(예, 남용약물, 치료약물)의 생리적 효과나 다른 의학적 상타로 인한 것이 아니다.

F. 자폐스펙트럼장애나 아동기 발병 의사소통장애의 병력이 있는 경우, 조현병의 추가 진단은 조현병의 다른 필요 증상에 더하여 뚜렷한 망상이나 환각이 최소 1개월(성공적으로 치료되면 그 이하) 동안 있을 때에만 내려진다.

## 6. 조현병에 대한 개입

조현병은 원인이 아직까지 불명확하기 때문에 단일 치료에 의존하지 않고 다양한 접근이 시도되고 있는데, 어떤 종류의 치료를 하던지 간에 다음의 세 가지 점을 유의해야 한다.

① 어떤 원인에서 조현병이 걸렸든, 환자는 각각 특이한 개인적 · 가족적 · 사회적 환경에 처한 인간이므로 모든 치료는 환자를 중심으로 개별화되어야 한다.

② 비록 약물치료가 상당한 수준으로 발달했다 하더라도 환자의 발병에 심리사회적 원인이 크게 자리 잡고 있으므로 심리사회적 치료에 소홀해서는 안 된다.

③ 조현병은 인간 존재의 거의 모든 측면에서의 장애인만큼 어느 한 가지

치료만으로는 소기의 성과를 거둘 수 없다는 것을 명심해야 한다(대한신경정신의학회, 1996). 따라서 현재 조현병의 치료는 심리사회적 개입을 겸비한 항정신병약물치료를 원칙으로 한다.

### 1) 약물치료

1950년대 초 클로르프로마진(Chlopromazine)을 시작으로 조현병에 대한 약물치료는 뇌과학의 발달과 함께 발전을 거듭해 오고 있다. 클로르프로마진은 약리학자들이 인공동면을 유도하는 물질을 찾던 중 우연히 동물실험에서 클로르프로마진이 저체온증을 유발하는 것을 알게 되었고, 1952년 이 약물을 정신병환자에게 사용한 결과 진정효과가 강할 뿐 아니라 초조감, 공격적 행동, 망상에 치료적 효과가 있음이 처음 의학계에 보고되었다. 그후 전 세계적으로 빠른 속도로 퍼지게 되었고, 여러 제약회사들에 의해 클로르프로마진과 유사한 약물들이 속속 개발되면서 현대 정신약물학 시대가 열리게 되었다(김채원, 1996).

도파민 수용체를 봉쇄하는 역할을 하는 항정신병약물(antipsychotics or neuroleptics)은 환자를 안정시키고 진정시킬 뿐 아니라 급성기의 양성증상에 특히 효과가 있으며, 장기치료 시 재발예방에도 효과적이다. 항정신병약물은 전형적(typical) 항정신병약물과 비전형적(atypical) 항정신병약물로 나뉘는데 전형적 항정신병약물은 주로 양성증상 치료에 효과적이고, Clozapine, risperidone, olanzapine 등 비전형적 항정신병약물은 '2세대' 또는 '신세대'로 표현하기도 하는데 일반적으로 부작용이 덜하고 음성증상과 기분을 호전시키는 효과가 있으므로 보다 선호되고 있다. 투약 경로로는 경구(orally)와 근육주사(IM), 지속형 주사제(depot, long-acting depot injections)가 있는데, 지속형 주사제는 장기적인 예방에 도움이 되며, 약물 순응도를 높이고 정기적으로 치료진을 방문하게끔 하며, 일차대사과정을 거치지 않는 장점이 있다.

하지만 항정신병약물은 신경전달물질인 도파민의 기능에 영향을 미치기 때문에 운동기능을 방해하여 치료효과 못지않게 다양한 부작용을 가지고 있고, 장기복용을 할 경우 주관적인 불쾌감을 동반한다. 부작용(side effect)이란 말은 나쁜 작용이란 뜻이 아니고 본래 원하는 목표의 약물작용 이외의 모든 작용을 말한다. 항정신병약물의 일반적인 부작용은 크게 신경학적 부작용과 비신경학적 부작용으로 대별할 수 있으며, 특히 신경학적 부작용인 추체외로증상[(extrapyramidal syndrome: 긴장이상증(dystonic reaction), 좌불안석증(akathisia), 가성파킨슨증후군(pseudo-pakinsonism)]과 만발성 운동장애(tardive dyskinesia, 입술 · 혀 · 손가락 · 발가락 · 몸통이 불수의적으로 움직임)는 약물복용 비순응의 주요 원인이 된다. 그외 비신경학적 부작용으로 식욕증가, 호르몬 이상(생리불순), 입마름, 흐린 시야, 발기불능, 혈압저하 등이다. 결국 이러한 부작용 때문에 약물치료를 중단하여 재발하게 되는 경우가 많기 때문에 정신건강사회복지사는 약물 및 부작용에 관한 기초지식을 습득하고 있어야 하며, 주치의와의 긴밀한 협조관계를 수립하여 환자를 도와야 한다. 〈표 9-2〉는 조현병 치료에 사용되는 항정신병약물에 대해 설명한 것이다.

**표 9-2** 항정신병약물

| | |
|---|---|
| 1세대 | 클로르프로마진(토라진), 플로페나진(프로락신), 페르페나진(트리라폰), 할로페리돌(할돌), 티오리다진(멜라릴), 티오틱센(나반), 트리플루오페나진(스테라진) 등. 심각한 정신질환 증상은 급속히 좋아질 수 있지만, 만성 조현병은 효과가 나타나는 데 3주 이상이 걸리며 호전되는 데는 수개월이 걸림. 다수의 정신질환 환자들은 치료를 연장할 필요가 있지만, 그 효과는 제한적일 수 있으며 만발성 운동장애의 위험이 나타날 수 있음. |
| 비전형적인 2세대 | 현재 1세대 약물보다 폭넓게 사용되고 있으며 그 효과성은 명확하게 검증된 것은 아니지만 환자들이 잘 견딜 수 있고 심각한 부작용을 덜 나타냄. 클로자핀(클로자릴)은 다른 치료에 저항하는 조현병 환자에게 효과적이며, 1세대 항정신병약물보다 자살위험을 감소시킴. 그외 아리피프라졸(아빌리피), 올란자핀(지프렉사), 쿠에티아핀(세로쿠엘), 리스페리돈(리스페르달), 지프라시돈(지오돈)이 있음. |

| | |
|---|---|
| 부작용 | • 1세대: 입이 마르거나 변비, 졸음, 경직, 경련, 만발성 운동장애, 성적 역기능, 추체외로증상<br>• 2세대: 고혈압, 당뇨, 체중증가, 고지혈증, 불면, 변비, 졸음, 불안, 두통 등이 나타남. 1세대 약물보다 만발성 운동장애, 신경이완성 악성증후군 등이 덜 유발됨. 치매노인환자의 사망률 증가(유사효과가 1세대 항정신병약물에서 나타남) |

출처: Patterson et al. (2011).

## 2) 심리사회적 개입

### (1) 개인정신치료

조현병 치료에 있어서 정신분석적 개인정신치료(individual psychotherapy)에 대한 풍부한 임상적 전통에도 불구하고 과연 효과적인가에 대해 오랫동안 논쟁이 되어 왔다. 최근의 연구결과는 조현병 환자들이 이 치료로 좋은 효과를 보기 어렵다는 것이다. 하지만 정신병적 증상은 의미를 가지고 있고, 조현병 환자들이 대인관계에서 불안해하며, 약물치료로 증상이 호전된다 하여도 여전히 기능상에는 한계가 있으며, 재발도 잦다는 점에서 개인정신치료의 필요성은 인정된다. 그리고 무엇보다도 수년간 고통 속에 있는 환자들에게 약물치료나 피상적인 지지만으로는 질병에 대한 이해와 질병으로 인해 파괴되어 가는 주관적인 경험에 대한 이해가 불충분하다. 때문에 장기 정신치료적 관계를 통해 자기 자신과 자신의 인생에 대한 주관적 경험을 의미 있게 변화시키고, 삶의 질을 높이는 데는 개인정신치료가 특별한 가치를 지니고 있는 것은 분명하다. 최근엔 전통적인 정신분석 일변도의 접근을 벗어나 약물치료와 더불어 환자들이 가지고 있는 매일매일의 문제를 함께 풀어나가는 현실적응적이면서도 실용성을 강조한 지지정신치료(supportive psychotherapy)가 가장 널리 사용되고 있다. 지지정신치료는 환자의 자아가 적절한 기능을 수행할 수 있도록 정신역동적 이해를 바탕으로 심리적 기술들을 조직적으로 사용하는 치료방법이며, 지지적인 태도는 치료자의 기본적인 자세를 말한다(이희, 2005). 〈표 9-3〉은 현실지향적 지지치료와 탐색적 통찰지향적 정신치료를 구분한 것이다.

**표 9-3** Boston 협동연구에서 비교한 정신치료들의 특성

| 구분 | 현실지향적 지지치료 | 탐색적 통찰지향적 정신치료 |
|---|---|---|
| 목적 | 약물투여와 이전의 방어기제를 강화하여 증상 완화를 시도함 | 자기이해: 자신의 사고와 감정 및 그것들이 자신의 삶에 미치는 영향을 이해함 |
| 면담의 초점 | 자기관리, 증상의 호소, 대인관계 문제들, 현재 상황의 문제들 | 치료자와 중요한 인물과의 관계들, 감정과 갈등의 탐색 |
| 관심영역 | 숨겨진 무엇을 찾는 것이 아니라 현재의 인식에 초점을 둠 | 현재의 의미, 숨겨진 동기, 무의식 탐색 |
| 대상 시기 | 현재와 미래 | 현재와 과거 |
| 기법 | 지지, 안심시키기, 한계설정, 명료화, 방향설정, 환경변화의 암시, 지역사회 자원의 사용 | 지지, 안심시키기, 한계 설정, 명료화, 해석, 심적 발산 |
| 전이 | 적극적인 치료관계 수립을 위해 긍정적인 전이를 격려하고, 부정적 전이를 능동적으로 줄여감 | 부정적인 전이를 통해 긍정적인 전이와 작업을 확립함 |
| 역전이 | 긍정적 감정을 중요시하고 표현하게 하지만 부정적 감정은 조절함 | 혼합된 감정이 예상되며 일반적으로 노출하지 않음 |

출처: Stanton et al. (1984); 이성동, 정선영 (1998). 재인용.

## (2) 인지행동치료

1952년 Beck이 FBI요원들이 자신을 감시한다는 망상을 가지고 있던 조현병 환자에게 인지치료를 처음으로 사용한 이후 인지행동치료(cognitive-behavioral interventions)는 점차적으로 조현병의 치료에 적극 활용되고 있다. 이 방법은 감정과 행동이 사건 자체라기보다는 개인이 갖고 있는 신념에 의해 대부분 중재된다는 전제에 기반을 둔다.

조현병의 핵심증상은 사고과정의 장애이다. 이런 장애는 연관이 있을 것 같지도 않은 사건들을 연결시켜 비논리적인 연상들을 형성하고, 기이한 행동

및 망상들을 야기한다. 또한 환자들은 자신들의 병이 '의학적'인 것이 아니라고 생각하기 때문에 약물을 먹어야 할 이유를 알지 못한다. 인지행동기법들은 조현병 환자가 가지고 있는 생각에 초점을 맞춘다. 인지행동치료의 목표는 이성적 논리과정을 사용함으로써 고착된 사고들, 잘못된 해석, 그리고 자동적 사고들을 변형시키는 것이고, 또한 그러 사고에 부착되어 있는 두려움을 줄이기 위해 '정상적인 경험'들을 연관시키는 것이다(이성동 · 정선영, 1998).

인지행동치료에서 사용하는 기법은 신념변경기법, 노출기법, 반응방지기법과 다양한 행동기법들이며, 인지행동치료의 목표는 환자로 하여금 지배감, 조절감, 그리고 자기효율성을 획득하게 하여 환자에게 지속적으로 남아 있을 수 있는 망상과 환각을 대처하는 데 도움을 주고, 적절한 행동 패턴에 대해 보상하는 데 유용하다(송후림, 2008). 이러한 측면에서 사회기술훈련을 이 접근의 일부로 보기도 한다.

### (3) 집단치료

집단치료는 입원 및 외래 세팅에서 많이 활용되고 있지만 집단치료의 효과성을 실험적으로 증명한 연구는 많지 않다. O'Brien 등(1972; 정원철, 2010 재인용)은 집단치료를 받은 환자는 24%만이 재입원을 한 반면 개별치료를 받은 환자의 40%가 재입원을 한 결과를 바탕으로 집단치료가 개별치료보다 더 효과적이라는 것을 밝혔고, Kanas(1993)는 문헌연구를 통해, 조현병 환자에게는 상호작용중심의 집단이 통찰중심의 집단보다 선호된다는 것을 발견했다. 집단치료는 클라이언트의 사회적 고립을 줄이고, 클라이언트의 현실감을 향상시킬 수 있다. 이렇게 조현병 환자에게 집단치료가 유용하기는 하지만 실시 시기가 중요하다. 즉, 약물치료를 통해 양성증상이 안정된 후가 적절하며, 급성기 병동보다는 만성병동에서 더욱 효과적이다.

조현병 환자의 집단치료에 대해 O'Brien은 다음과 같이 언급하였다.

- 집단치료는 조현병의 외래환자에게 유익하다.
- 집단치료는 급성 정신질환자에게는 덜 효과적이며 때로는 유해하다.
- 사회적 위축을 보이는 조현병 환자에 대한 치료자들의 초기 임무는 집단 구성원 간의 사회적 관계를 증진시키는 것이다.
- 집단치료는 개별상담, 약물치료, 증상교육, 가족치료, 환경치료 등과 통합하여 사용할 경우에 보다 효과적이다.

### (4) 사회기술훈련

사회기술훈련(Sosial Skills Training: SST)은 일상생활에 필요한 구체적 기술을 훈련시키는 데 초점을 맞춤으로써 조현병 환자에게서 흔히 나타나는 대인관계의 결핍을 해소하는 데 목적을 둔다. 사회기술훈련에 대해서는 5장에서 별도로 설명하였다.

### (5) 가족치료

정신질환을 극복하고 운용해 나가는 데 있어서 가족은 중요한 자원으로 간주되기 때문에 가족에 대한 개입은 사회복지사의 주요한 관심사이다. 가족치료는 환자의 가족들로 하여금 과도한 감정표현을 줄이고 환자가 고립되지 않게 하여 결과적으로 재발을 막는 역할을 한다(송후림, 2008). 그동안 조현병 가족에 대한 심리사회적 개입은 확장되어 왔고 효과적 요소도 파악되고 있다. 가장 자주 사용되는 모델은 심리교육, 행동주의적 문제해결, 가족 지지, 위기개입모델이며, 가족에 대한 정신역동적 접근은 비효과적인 것으로 나타났다. 효과적 개입에서 발견된 핵심요소는 협력적 관계형성, 구조적이고 안정적인 진행, 현재에 초점, 가족체계 개념의 도입, 가족 의사소통의 개선을 들 수 있다(Lam, 1991).

비효과적 치료의 특징으로는 클라이언트를 유형별로 구분짓지 않은 상태에서 진행된 시간제한적 개입(예: 10주 이내), 병원에서 수행된 개입, 교육과 지지적 측면이 부족한 개입을 들 수 있다(Kottgen, Sonnichsen, Mollenhauser, & Jurth, 1984; Vaughan et al., 1992).

### (6) 환경치료

환경치료(milieu therapy)란 약물치료, 개인정신치료 등과 같이 정신과 치료의 한 유형으로, '보다 만족스러운 상호작용을 용이하게 하고자 하는 환자-환경과정의 변형(modification)을 지향하는 치료적 과정'으로 정의할 수 있다(Rioch & Stanton, 1953). 부연하면 민주적 · 허용적 · 자치적 · 현실직시적인 원칙을 가지고 정신과 치료를 행하는 치료적 환경인 치료공동체가 지향하는 치료의 총체적 내용을 지칭한다(이영문, 1993). 환경치료의 개념은 초창기에는 전쟁신경증 환자를 중심으로 한 인격장애 환자치료로 개발되었으나, Maxwell Jones 등 선구자들의 노력으로 미국과 영국에서 조현병 환자들의 입원치료에 많은 경험을 쌓으면서 발전되었다. 환경치료에서는 환자가 현재 나타나는 정신병적 증상과 행동은 환자를 둘러싸고 있는 병적인 환경으로부터 초래된 역기능 내지는 이런 상황에 대한 병적인 적응상태라고 보는 것이다. 따라서 환자를 역기능적인 환경으로부터 격리시켜, 보다 건강하게 치료적으로 구성된 치료환경 속에 둠으로써 환자에게 효과적이고 건강한 방법으로 재적응할 수 있는 기회를 제공하고 이 경험을 토대로 일상생활과 일반 사회에서 새롭게 건강한 삶과 관계형성을 하도록 돕는 것이다. 때문에 치료환경 내에 존재하는 모든 개인이나 그룹들, 즉 간호사, 사회복지사, 임상심리사, 의사, 환자 모두는 다 같이 치료공동체를 구성하는 요소이며, 환경 그 자체이며, 그 안에서 상호관계를 맺고 대화하는 것이 모든 치료행위라는 의식으로 구체화된다고 할 수 있다.

환경치료에서 중요시하는 것은 이제까지의 권위적이고 폐쇄적인 치료적 모델로부터 ① 민주적(democratic), ② 허용적(permissive), ③ 자치적(communal), ④ 현실직시(reality confrontation) 등의 원칙을 강조하여 사회집단체제를 치료적으로 만든다는 것이다. 이를 실현하기 위한 구체적 전략으로 다음 열 가지 항목을 실행해 나가야 한다(White, 1972; 이영문, 1993 재인용).

① 모든 환자와 치료진은 상호 긍정적이고 신뢰적인 관계에서 '정상적 생활환경'을 재현하도록 노력한다.
② 경직되고 수직구조적인 역할의식(role identity)을 줄이도록 한다.
③ 치료자는 환경치료의 개념을 환자들이 이해하도록 적극 교육해야 한다.
④ 환자의 감정표현이나 의견은 가능한 한 자유롭게 표현되도록 허락하여야 한다.
⑤ 병실의 모든 결정사항은 회의를 통해 민주적으로 결정함을 원칙으로 한다.
⑥ 환자는 입원 직후부터 자신을 위한 치료적 결정이나 규칙에 대한 사항을 알고 있어야 한다.
⑦ 치료진은 환자가 자신의 치료프로그램에 참여하도록 노력해야 한다.
⑧ 환자는 병실의 치료활동에 능동적으로 참여하도록 노력해야 한다.
⑨ 환자들이 스스로 자신의 행위에 대한 책임을 질 수 있도록 교육되어야 한다.
⑩ 일방적인 의존심은 부정되며 공동적인 집단 책임감은 강화되어야 한다.

### (7) 지역사회개입

탈시설화 이후 심각한 정신장애의 치료는 주로 지역사회가 중심이 되었다. 하지만 병원에 입원해 있는 동안에는 한 조직 내에서 병원 직원들이 사소한 일상까지 조율해 주었지만 지역사회는 의식주를 포함한 다양한 생활상의 어려움을 해결해 주는 지지체계가 미비한 관계로 길거리에서 노숙을 하거나 약을 먹지 못해 병원에 다시 돌아가야 하는 문제가 나타나게 되었다. 이러한 잦은 퇴원과 재입원의 악순환의 순환은 곧 회전문(revolving) 현상이라는 새로운 문제에 직면하게 되면서 서비스의 분절을 조정하고, 요구되는 모든 서비스를 필요한 만큼 충분한 시간 동안 제공해야 된다는 '돌봄의 지속성(continuity of care)'에 대한 필요성이 제기되었다. 따라서 지역사회 기반의 서비스를 제공하기 위한 계획을 하게 되었고, 이 계획에는 사례관리가 포함되었다. 7장에서 사례관리에 대해 자세히 설명하고 있으므로 여기에서는 생략한다.

### (8) 예방

정신건강 분야에는 [그림 9-2]에서 보는 바와 같이 세 가지 수준의 예방이 있다. 1차 예방은 위기에 처해 있는 개인으로부터 조형병을 예방하는 전문적 활동이다. 2차 예방은 질환이 심각해지기 전에 조현병에 걸려 있는 사람을 조기발견하고 개입하는 것이다. 3차 예방은 질환이 심각해진 후이지만 최고의 기능수준으로 되돌아가도록 돕는 재활활동을 말한다.

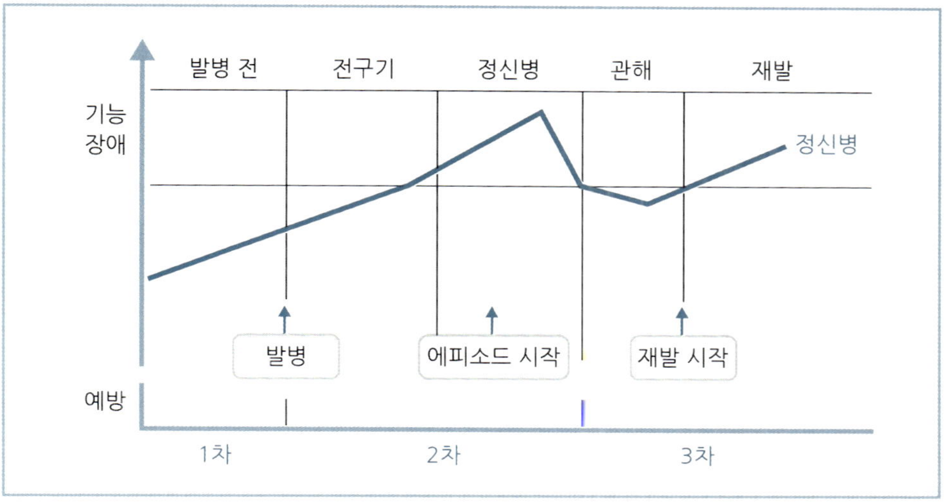


〈그림 9-2〉 조현병 단계와 예방의 유형

출처: 김용식 외 (2006).

조현병에 있어서는 2차 예방이 특히 중요하다. 증상이 처음 발현한 이후부터 처음 치료를 받게 되는 기간을 치료지연기간(Duration of Untreated Psychosis: DUP)이라고 하는데, 이 기간이 짧을수록 치료반응 및 예후가 좋다는 많은 연구보고가 있다.

정신질환의 초기에 특별한 관심을 가지고 적절한 대처를 한다면 발병을 늦추거나 장애상태로 살아가는 기간을 단축시키며, 회복의 촉진을 통해 예후를 개선할 수 있다. 그렇기 때문에 초기정신증(Early psychosis)에 대한 관심을 갖는 것이 매우 중요하다. 결국 초기정신증에 대한 조기개입은 특정 질병의 고위험군을 대상으로 하는 예방으로, 진단기준에는 미달되지만 더욱 심한 질환으로 발전할 가능성이 높은 사람들을 발견한다는 차원에서 1차 예방적 성격을 가지고 있으며, 환자의 빠른 발견과 적절한 치료 제공이라는 차원에서 2차 예방 개념도 함께 갖고 있을 뿐 아니라 만성화를 방지할 수 있는 3차 예방적 개념으로도 부각되고 있다.

# 10 chapter
# 성인 대상 정신건강사회복지 2: 기분 관련 장애

## 1. 개요

기분 관련 장애는 정신과에서 가장 흔한 질환 중 하나로, 근본적으로 심한 우울증에서 조증에 이르는 일련의 감정을 포함하는 기분의 병리상태를 말한다. 기분(mood)이란 비교적 오랜 기간 혹은 특정기간에 주관적으로 느끼는 광범위하고 지속적인 감정상태를 말하며, 종종 특별한 이유 없이 생기기도 하며 즐거움, 불쾌감, 우울함 등을 말한다. 흔히 기분이 저조하고 우울한 상태를 우울증(depression)이라고 하고, 들뜨고 몹시 좋은, 즉 고양된 상태를 조증(menia)이라 하며, 우울증과 조증을 모두 경험하는 경우를 양극성장애라고 한다.

하지만 정신의학적으로 모든 우울감이나 기분이 고양된 상태를 병으로 보는 것은 아니다. 기분의 정상적인 범위 내에서의 우울감이나 들뜬 상태는 누구에게나 있을 수 있지만 이 범위를 벗어나는 정도가 있는데 이를 삽화(episode)라고 한다. 삽화란 일련의 기분 관련 증상군이 시작되었다가 없어지는 때까지의 경과를 말한다. 즉, 삽화의 조건에는 증상과 기간이 들어가기 때문에 하루 중 잠깐 또는 일주일에 하루 이틀 우울하거나 기분이 들뜬 경우를 삽화라고 하지 않는다. 하지만 정상 기분과 비정상 기분을 구별한다는 것은 쉬운 일이 아니기 때문에 흔히 병적인 기분 변화를 밝히기 위해 다음과 같은 질문들을 사용한다.

① 그 기분이 얼마나 강하고 얼마나 지속되는가
② 기분의 변화에 따라 신체증상이 수반되는가
③ 기분이 일상생활에 얼마나 지장을 초래하는가
④ 현실을 파악할 수 있는 능력이 손상되었는가
⑤ 환자 자신이나 다른 사람에게 위해를 줄 수 있는가(대한신경정신의학회, 1995)

## 2. 기분 관련 장애 분류

오랫동안 기분 관련 장애의 진단적 분류를 어떻게 하는 것이 좋은지에 대해 논쟁이 있어 왔는데 일반적으로 가장 기본적이고, 논쟁이 적은 분류는 증상의 양상에 따라 분류한 양극성-단극성의 이분법이다. 양극성 기분장애는 우울삽화와 조증삽화를 모두 포함하며, 단극성 기분장애는 우울삽화 또는 조증삽화 중 하나만을 포함하나 통상 우울장애를 단극성 기분장애로 명명하기도 한다. 미국 정신장애 분류 및 통계편람 제4판(DSM-IV)에서는 이분법을 기초로 하여 기분장애를 크게 세 가지 범주로 구분하였다. 즉, 단극성 기분장애(주요 우울장애, 기분부전장애), 양극성 기분장애(제1형 양극성장애, 제2형 양극성장애, 기분순환장애), 이차성 기분장애(물질 또는 신체질환과 관련된 기분장애)이다. 하지만 2013년 발간된 DSM-5에서는 우울장애와 양극성장애가 증상은 물론 원인, 경과, 치료반응 등의 측면에서 뚜렷한 차이를 나타낸다는 최근의 연구결과에 근거하여 각각을 독립적인 장애범주로 분류하였으나 여기에서는 그동안 기분장애로 불리던 것을 기분 관련 장애로 분류하고자 한다. DSM-5-TR에 근거한 기분 관련 장애에 포함된 각 진단의 필수 증상을 간략히 설명하면 〈표 10-1〉과 같다.

**표 10-1** 기분 관련 장애 참조표

<table>
<tr><th colspan="2">장애</th><th>증상</th></tr>
<tr><td colspan="2">주요 우울장애</td><td>거의 매일 우울한 기분과 흥미나 즐거움의 저하가 연속적으로 2주 이상 지속되는 경우</td></tr>
<tr><td colspan="2">지속성 우울장애</td><td>우울증상이 2년 이상 지속적으로 나타나는 경우(DSM-IV의 만성 주요 우울장애와 기분부전장애를 합친 것)</td></tr>
<tr><td colspan="2">월경전 불쾌감장애</td><td>생리가 시작되기 전 주에 정서적 불안정성이나 분노감, 일상활동에 대한 흥미 감소, 무기력감과 집중곤란 등의 불쾌한 증상이 주기적으로 나타나는 경우</td></tr>
<tr><td colspan="2">파괴적 기분조절부전장애</td><td>6~18세 사이 아동청소년기에 12개월 이상 상황이나 자극강도에 비해 과도하게 만성적인 짜증과 반복적으로 심하게 분노를 폭발하는 행동을 하는 경우</td></tr>
<tr><td rowspan="3">양극성 관련 장애</td><td>제1형 양극성장애</td><td>가장 심한 형태의 양극성장애로 기분이 비정상적으로 고양되는 상태가 일주일 이상 지속되는 조증삽화가 한 번 이상 나타나는 경우(이들은 흔히 주요 우울삽화를 경험한다.)</td></tr>
<tr><td>제2형 양극성장애</td><td>평소 기분과는 분명히 다른 의기양양하거나 고양된 기분이 적어도 4일간 지속되는 경조증삽화와 1회 이상의 주요 우울삽화를 나타내는 경우</td></tr>
<tr><td>순환장애</td><td>기분삽화에 해당되지 않는 경미한 우울증상과 경조증증상이 번갈아 가며 2년 이상(아동과 청소년의 경우는 1년 이상) 장기적으로 나타나는 경우</td></tr>
</table>

## 3. 기분 관련 장애의 원인

기분 관련 장애의 원인은 일반적으로 생물학적 요인, 유전적 요인, 상실과 실패를 의미하는 부정적인 생활사건과 관련된 심리사회적 요인들이 서로 상호작용을 미치는 것으로 종합해 볼 수 있지만, 아직 정확한 원인이 명확하게 밝혀지지 않았다. 최근 들어 조현병과 마찬가지로 생물학적 요인이 발병에 중요한 것으로 제시되고 있는데, 특히 노르에피네프린(norepinephrine)이나 세로토닌(serotonin) 등의 활동성이 감소되면 우울증, 증가하면 조증이 된다는 가설이 비교적 인정되고 있다. 하지만 실제로는 모든 신경전달물질은 서로 영향을 주고받으므로 이렇게 간단하지는 않을 것으로 생각된다(민성길 외, 1995).

# 4. 주요 기분 관련 장애

## 1) 주요 우울장애

주요 우울장애(major depressive disorder)는 일상 삶에 흥미를 느끼지 못하고 절망하는, 즉 사는 맛을 알지 못하게 되는 병이다. 가장 흔한 정신장애 중 하나로 친구, 직장 동료 등 주변 사람들에게서 사회생활이나 직장생활에서 어려움을 겪고 있는 우울증 환자들을 어렵지 않게 볼 수 있다. 주요 우울장애 평생 유병률은 여자에게서 10~25%, 남자에게서 5~12%로 다양하다. 청소년기에는 남자보다 여자에게서 1.5~3배 정도 흔하며, 60세 이상보다 18~29세 집단에서 발병률이 높다(APA, 2013). 성별 차이 외에 인종, 교육, 수입, 결혼 상태에 따라서는 유병률의 차이가 없으나, 친밀한 인간관계가 없거나 이혼 또는 별거한 경우, 즉 불안정한 결혼 상태에서 유병률이 높다. 성별에 따라 국가와 문화에 관계없이 전체적으로 남자보다 여자에서 두 배나 높은 유병률을 나타내는 이유는 호르몬 차이, 출산의 영향, 남녀의 서로 다른 심리사회적 스트레스, 학습된 절망감의 행동모델 등에 의한 것으로 알려져 있다. 그리고 주요 우울증삽화 기간 동안엔 언제든 자살을 시도할 가능성이 있다. 약 15% 정도가 자살한다고 알려져 있을 만큼 높은 사망률과 관련 있으나 많은 사람들이 전문가의 도움을 받지 않고 있는 실정이다. 자살 관련 주요 위험인자로는 과거 자살시도나 위협의 경험이 있는 경우이며, 그 외 남성, 미혼 혹은 혼자 생활하는 사람, 절망감이 심한 경우, 경계성 성격장애를 가지고 있는 경우 자살위험도는 높아진다(APA, 2013). DSM-5-TR에 의한 주요 우울장애 진단기준은 다음과 같다.

### ✤ 주요 우울장애 진단기준

A. 다음 증상 가운데 5가지(또는 그 이상) 증상이 같은 2주 동안 지속되며 이전 기능과 비교하여 변화를 보인다. 증상 가운데 적어도 하나는 (1) 우울 기분이거나 (2) 흥미나 즐거움의 상실이어야 한다.
*주의점: 명백히 다른 의학적 상태로 인한 증상은 포함되지 않아야 한다.

1. 하루 중 대부분, 거의 매일 지속되는 우울한 기분이 주관적인 보고(예, 슬픈, 공허한 또는 절망적인)나 타인에 의한 관찰(예, 눈물 흘리는 모습)에서 드러남(주의점 : 아동 · 청소년의 경우는 과민한 기분으로 나타나기도 함)
2. 거의 매일, 하루 중 대부분, 거의 또는 모든 일상 활동에 대해 흥미나 즐거움이 뚜렷하게 저하됨
3. 체중 조절을 하고 있지 않은 상태에서 의미 있는 체중의 감소(예, 1개월에 5% 이상의 체중변화)나 체중 증가, 거의 매일 나타나는 식욕 감소나 증가(주의점 : 아동에서는 체중증가가 기대치에 미달되는 경우)
4. 거의 매일 나타나는 불면이나 과다 수면
5. 거의 매일 나타나는 정신운동 초조나 지연(타인에 의해 관찰 가능한, 단지 안절부절 또는 처지는 주관적인 느낌만이 아님)
6. 거의 매일 나타나는 피로나 활력 상실
7. 거의 매일 무가치감 또는 과도하거나 부적절한 죄책감(망상적일 수도 있는, 단순히 병이 있다는 데 대한 자책이나 죄책감이 아님)

8. 거의 매일 나타나는 사고력이나 집중력의 감소, 또는 우유부단함(주관적 설명에 의하거나 타인에 의해 관찰가능한)
9. 죽음에 대한 반복적인 생각(단지 죽음에 대한 두려움이 아닌), 구체적인 계획 없이 반복되는 자살사고, 구체적인 자살계획, 또는 자살시도

B. 증상이 사회적, 직업적 또는 다른 중요한 기능영역에서 임상적으로 현저한 고통이나 손상을 초래한다.

C. 삽화가 물질의 생리적 효과나 다른 의학적 상태로 인한 것이 아니다.

D. 최초 1회의 주요 우울 삽화가 조현정동장애로 더 잘 설명되지 않으며, 조현병, 조현양상장애, 망상장애, 달리 명시되지 않는 조현병 스펙트럼 및 기타 정신병적 장애와 겹쳐서 나타나지 않는다.

E. 조증삽화 혹은 경조증삽화가 존재한 적이 없다.

## 2) 지속성 우울장애

지속성 우울장애(Persistent Depressive Disorder)는 DSM-IV의 만성 주요 우울장애와 기분부전장애를 합친 것으로 DSM-5에서 새롭게 제시한 진단명이다. 핵심 증상은 만성적인 우울감으로, 우울증상이 2년 이상 지속적으로 나타나는 경우에 진단하며, 주요 우울장애가 2년 이상 지속되면 지속성 우울장애로 진단이 바뀌게 된다. 미국에서 지속성 우울장애의 1년 유병률은 약 0.5% 정도이며, 경과는 조기에 서서히 발병하며(예: 아동기, 청소년기, 초기 성인기) 만성적인 경과를 밟는다(APA, 2013). DSM-5-TR에 의한 지속성 우울장애 진단기준은 다음과 같다.

## ✤ DSM-5-TR 지속성 우울장애 진단기준

A. 적어도 2년 동안, 주관적 설명이나 타인에 의한 관찰에서 나타나듯이, 하루의 대부분 우울 기분이 있고, 우울 기분이 없는 날보다 있는 날이 더 많다.
*주의점: 아동과 청소년에서는 기분이 과민할 수도 있으며, 기간은 적어도 1년이 되어야 한다.

B. 우울기간 동안 다음 2가지(또는 그 이상)의 증상이 존재:
1. 식욕부진 또는 과식
2. 불면 또는 수면과다
3. 활력 저하 또는 피로감
4. 자존감 저하
5. 집중력 불량 또는 결정하기의 어려움
6. 절망감

C. 장애가 있는 2년 동안(아동이나 청소년에서는 1년), 한 번에 2개월 이상 지단기준 A와 B의 증상이 존재하지 않았던 경우가 없었다.

D. 주요 우울장애의 진단기준이 2년간 지속적으로 존재할 수 있다.

E. 조증삽화나 경조증삽화가 없었다.

F. 장애가 지속적인 조현정동장애, 조현병, 망상장애, 달리 명시되는 또는 명시되지 않는 조현병 스팩트럼 및 기타 정신병적 장애로 더 잘 설명되지 않는다.

G. 증상이 물질(예: 약물남용, 치료약물)의 생리적 효과나 다른 의학적 상태(예: 갑상선기능저하증)로 인한 것이 아니다.

H. 증상이 사회적, 직업적 또는 다른 중요한 기능 영역에서 임상적으로 심각한 고통이나 손상을 초래한다.

## 3) 월경전불쾌감장애

월경전불쾌감장애(Premenstrual Dysphoric Disorder)는 여성의 경우 생리가 시작되기 전 주에 정서적 불안정성이나 분노감, 일상생활에 대한 흥미 감소, 무기력감과 집중곤란 등의 불쾌한 증상이 주기적으로 나타나는 경우에 진단한다. 가임기 여성의 70~80%는 생리가 시작되기 직전에 유방압통, 더부룩함, 정서적 불안정, 짜증스러움 같은 다양한 징후를 경험하나 대부분의 경우 경미하기 때문에 특별한 치료를 요하지는 않는다. 그러나 일부 여성의 경우 일상생활에 어려움을 겪는데, 미국 1년 유병률은 가임기 여성의 1.8~5.8%이다(APA, 2013). DSM-5-TR의 진단기준은 다음과 같다.

### ❖ DSM-5-TR 월경전불쾌감장애 진단기준

A. 대부분의 월경 주기에서 월경 시작 1주 전에 적어도 5가지 증상이 존재하고, 월경 시작 후 수일 안에 증상이 호전되기 시작하며, 월경이 끝난 주에는 증상이 경미하거나 없어져야 한다.

B. 다음 증상 중 한 가지(또는 그 이상)는 있어야 한다.

1. 현저한 정동 불안정성(예, 기분변동 : 갑자기 슬퍼지거나 울고 싶거나, 거절에 대한 민감성의 증가)
2. 현저한 과민성 혹은 분노, 또는 대인관계 갈등 증가
3. 현저한 우울 기분, 절망감 또는 자기비하적인 사고
4. 현저한 불안, 긴장, 예민해지거나 신경이 곤두선 느낌

C. 다음 증상 중 한 가지(또는 그 이상)는 추가적으로 존재해야 하며, 진단기준 B에 해당하는 증상과 더해져 총 5가지의 증상이 포함되어야 한다.

1. 일상 활동에서 흥미의 저하(예, 직업, 학교, 친구, 취미)
2. 주관적인 집중곤란
3. 무기력, 쉽게 피곤함, 혹은 현저한 활력 부족

4. 식욕의 현저한 변화(과식 또는 특정 음식의 갈망)
5. 수면과다 또는 불면
6. 압도되거나 자제력을 잃을 것 같은 느낌
7. 유방의 압통이나 부종, 관절통이나 근육통, 붓는 느낌, 혹은 체중 증가와 같은 신체 증상들

## 4) 파괴적 기분조절부전장애

파괴적 기분조절부전장애(Disruptive Mood Dysregulation Disorder)는 DSM-5에서 처음으로 우울장애에 포함되었으며, 자신의 불쾌한 기분을 조절하지 못하고 분노행동으로 표출하는 것이 특징이다. 이 장애는 주로 아동기나 청소년기에 나타나는 장애로 두 가지 중요한 특징은 빈번한 분노폭발과 지속적으로 심한 과민함이나 분노감을 나타낸다는 것이다(APA, 2013). 이 장애는 아동정신과에서는 흔히 보게 되지만 지역사회에 얼마나 존재하는지는 정확하지 않다. 아동과 청소년의 경우 1년 유병률이 2~5%로 알려져 있으며, 남아가 여아에 비해 유병률이 더 높으며, 연령이 증가할수록 유병률은 감소한다(APA, 2013). DSM-5-TR의 진단기준은 다음과 같다.

### ❖ DSM-5-TR 파괴적 기분조절부전장애 진단기준

A. 심각한 반복성 분노폭발이 언어로(예, 폭언), 그리고/또는 행동으로(예, 사람이나 재물에 대한 물리적 공격성) 나타나며, 상황이나 도발자극에 비해 강도나 기간이 극도로 지나치다.

B. 분노폭발이 발달수준에 부합하지 않는다.

C. 분노폭발이 평균적으로 일주일에 3회 이상 발생한다.

D. 분노폭발들 사이의 기분이 거의 매일, 하루 중 대부분 지속적으로 과민하거나 화가 나 있으며, 타인(예, 부모, 선생님, 또래)에 의해 관찰 가능하다.

E. 진단기준 A~D가 12개월 이상 존재한다. 그 시간 내내 진단기준 A~D에 해당하는 모든 증상이 없는 기간이 연속 3개월 이상 되지 않는다.

F. 진단기준A~D가 세 환경(즉, 가정에서, 학교에서, 또래오- 함께) 중 최소 두 군데 이상에서 존재하며 최소 한 군데에서는 심각하다.

G. 이 진단은 6세 이전이나 18세 이후에 처음으로 진단될 수 없다.

H. 과거력이나 관찰에 의하면, 진단기준 A~E의 발병연령은 10세 이전이다.

I. 조증 혹은 경조증삽화에서 기간을 제외하고 증상기준을 충족하는 분명한 기간이 1일 이상 지속되지 않는다.

## 5) 양극성장애

양극성장애(Bipola Disorder)는 우울한 기분과 고양된 기분이 교차되어 나타나는 경우를 뜻하며, 과거에는 조울증이라고 불리기도 했다. DSM-5에서는 양극성 관련 장애로 제1형 양극성장애, 제2형 양극성장애, 순환성장애, 물질유발 양극 관련 장애, 다른 의학 상태로 인한 양극 관련 장애, 달리 세분되지 않는 양극장애를 포함하고 있다.

제1형 양극성장애는 양극성장애의 가장 심한 형태이며 전통적으로 조울증으로 불리는 것으로, DSM-5에 의한 제1형 양극성장애의 진단기준은 다음 'DSM-5 조증삽화(Manic Episode) 기준'에 의한 조증삽화기준을 충족시켜야 한다. 단일 조증삽화를 경험한 개인들의 90% 이상이 장래에 또 다른 삽화들을 경험하는 재발성장애이다. 양극성장애의 1년 유병률은 0.6%이며 남녀 비율은 1.1 : 1 정도로 알려져 있다(APA, 2013).

제2형 양극성장애는 1형 양극성장애와 유사하나 조증삽화가 없으며 한 번 또는 그 이상의 주요 우울증삽화가 발생되고, 최소한 한 번 이상의 경조증삽화 기준이 동반되는 임상적 경과이다. 일반적으로 1년 유병률은 0.3%이나 미국의 경우는 0.8%인 것으로 알려져 있고, 남자보다 여자에게서 더 흔하다.

순환성장애는 경한 형태의 양극성장애이며, 재발하는 만성적인 경과를 갖는다. 기분증상은 전형적으로 경조증과 우울한 상태가 최소 2년 이상 반복된다. 조증삽화나 주요 우울증삽화가 한 번이라도 발생했다면 기분순환장애로 진단할 수 없다. 평생 유병률은 0.4~1% 정도이며, 일반적으로는 남녀 비율은 같으나 진료 현장에서는 여자가 남자보다 더 치료를 받는다.

### (1) 조증삽화

조증삽화(Manic Episode)는 우울증에서 볼 수 있는 것과는 정반대이다. 즉, 기본적으로 처한 상황에 어울리지 않게 들뜨고 과대적이며 또는 과민하고 흥분하기 쉬운 기분 상태와 육체적 · 정신적 활동의 양과 속도가 증가되는 것이 특징이다. DSM-5-TR에 의한 조증삽화 기준은 다음과 같다.

#### ❖ DSM-5-TR 조증삽화 기준

A. 비정상적이고 지속적으로 들뜨거나 의기양양하거나 과민한 기분, 그리고 비정상적이고 지속적으로 증가된 활동이나 에너지가 나타나는 분명한 기간이 적어도 일주일간 계속되고(혹은 입원이 필요하면 기간과 상관없이), 거의 매일, 하루 중 대부분 존재한다.

B. 기분이상 및 증가된 에너지나 활동을 보이는 기간 중, 다음 증상 가운데 3가지 (또는 그 이상)가 유의미한 정도로 존재하며(기분이 단지 과민하기만 하다면 4가지), 평소 행동과 다른 뚜렷한 변화가 나타난다.

1. 부풀려진 자존감 또는 과대성
2. 수면에 대한 욕구 감소(예, 3시간의 수면으로도 피로가 풀린다고 느낌)
3. 평소보다 말이 많아지거나 계속 말해야 한다는 압박감

4. 사고의 비약 또는 사고가 질주하는 주관적인 경험
5. 보고하거나 관찰되는 주의산만(즉, 중요하지 않거나 관계없는 외적 자극에 너무 쉽게 주의가 분산됨)
6. 목표 지향적 활동의 증가(직장이나 학교에서의 사회적 활동 혹은 성적 활동) 또는 정신운동 초조(즉, 의미 없는 비목표 지향적인 활동)
7. 고통스러운 결과를 초래할 가능성이 높은 활동에의 지나친 몰두(예, 흥청망청 쇼핑하기, 무분별한 성행위 또는 어리석은 사업 투자에 관여)

C. 기분장애가 사회적 · 직업적 기능의 현저한 손상을 초래하거나 자해나 타해를 예방하기 위해 입원이 필요할 정도로 충분히 심각하거나, 정신병적 양상이 동반된다.

D. 삽화가 물질(예: 남용하는 물질, 치료약물 또는 기타 치료)의 생리적 효과나 다른 의학적 상태로 인한 것이 아니다.

## (2) 경조증삽화

경조증삽화(Hypomanic Episode)는 한마디르 조증보다 가벼운 형태를 말하며, 사회적 · 직업적 기능 면에 심한 손상을 주거나 반드시 입원을 해야 할 정도까지 증상이 심하지 않지만 생활기능 면에서 증상이 없을 때 볼 수 없었던 명확한 변화가 동반되게 마련이다. 기분과 행동의 이상이 순환장애에 포함시키기에는 지속적(최소한 여러 날)이고 현저한 상태이다. 경조증삽화는 진단기준만 보면 경미한 조증삽화처럼 생각하기 쉽지만 경조증삽화는 이중적이다. 즉, 오로지 경조증삽화만 있다면 그 사람은 정상으로 취급되며, 경조증삽화와 주요 우울삽화가 같이 있어야 제2형 양극성장애가 된다. 2년 이상 주요 우울삽화에 미치지 못하는 우울상태와 경조증삽화가 수차례 반복되는 경우 순환성장애라고 한다. DSM-5-TR에 의한 경조증삽화 기준은 다음과 같다.

## ✤ DSM-5-TR 경조증삽화 기준

A. 비정상적이고 지속적으로 들뜨거나 의기양양하거나 과민한 기분, 그리고 비정상적이고 지속적으로 증가된 활동이나 에너지가 나타나는 분명한 기간이 적어도 4일 연속 계속되고, 거의 매일, 하루 중 대부분 존재한다.

B. 기분이상 및 증가된 에너지나 활동을 보이는 기간 중, 다음 증상 가운데 3가지(또는 그 이상)가 지속되고(기분이 단지 과민하기만 하다면 4가지), 평소 행동과 다른 뚜렷한 변화를 나타내며, 유의미한 정도로 존재한다.

1. 부풀려진 자존감 또는 과대성
2. 수면에 대한 욕구 감소(예, 3시간의 수면으로도 피로가 풀린다고 느낌)
3. 평소보다 말이 많아지거나 계속 말해야 한다는 압박감
4. 사고의 비약 또는 사고가 질주하는 주관적인 경험
5. 보고하거나 관찰되는 주의산만(즉, 중요하지 않거나 관계없는 외적 자극에 너무 쉽게 주의가 분산됨)
6. 목표 지향적 활동의 증가(직장이나 학교에서의 사회적 활동 혹은 성적 활동) 또는 정신운동 초조(즉, 의미 없는 비목표 지향적인 활동)
7. 고통스러운 결과를 초래할 가능성이 높은 활동에의 지나친 몰두(예, 흥청망청 쇼핑하기, 무분별한 성행위 또는 어리석은 사업 투자에 관여)

C. 삽화는 증상이 없을 때의 개인답지 않은 명백한 기능 변화와 연관된다.

D. 기분의 이상과 기능의 변화가 타인에 의해 관찰가능하다.

E. 삽화가 사회적 · 직업적 기능에 현저한 장애를 일으키거나 입원이 필요할 정도로 심각하지는 않다. 만약 정신병적 양상이 있다면, 이는 정의상 조증삽화이다.

F. 삽화가 물질(예, 남용물질, 치료약물, 기타 치료)의 생리적 효과나 다른 의학적 상태로 인한 것이 아니다.

# 5. 개입방안

기분장애에 대한 개입방법은 우울증 및 양극성장애에 대한 별도의 다양한 접근이 있지만, 여기에서는 약물치료에 대한 소개와 주로 우울증의 대표적인 개입방법인 인지행동치료를 중심으로 소개한다. 양극성장애에 대한 개입은 최근 효과가 입증되고 있는 대인관계 및 사회적 리듬치료를 소개한다.

## 1) 인지행동치료

인지행동치료는 인지치료이론과 행동이론을 통합한 개입방법이다. 인지치료는 개인의 인지는 이전의 경험으로부터 발달한 가정(assumption)이나 태도에 기반을 두며, 개인의 기분이나 행동은 대부분 그가 세계를 구조화하는 방식에 달려 있다는 이론에 기초를 둔 것이다. 인지치료의 목적은 현재 가지고 있는 부정적 사고를 없애고 좀더 긍정적이고 기능적인 사고로 대치시키는 것이다(Goodwin & Guze, 1989). 행동치료는 개인의 부적응적 행동패턴이 사회로부터 긍정적 피드백을 거의 받지 못하는 개인을 만든다는 것과 우울증은 역경이 많은 환경에서 생활함으로 인해 얻어지는 부산물이라는 가설에 기반을 둔다. 그러므로 자기주장훈련이나 대화기술 연습이 강조된 사회기술훈련과 환자가 역경이나 처벌적 상황에 놓이는 것을 줄이고, 대처기술과 스트레스 관리기법을 개발하는 것이 치료의 강조점이다.

즉, 인지행동치료는 우울증을 유발시키고 유지시키는 행동과 사고방식을 규정하고 다룸으로써 우울증을 치료하는 고도로 구조화되고, 현실적이며, 효과적인 개입이다. 이 접근방식은 지금 여기에서의 생각과 행동에 초점을 맞추며, 환자가 행동하는 것과 하지 않음이 기분이 좋고 나쁨에 어떠한 영향을 주는지 살펴보는 것이다. 또한 부정적이고 비현실적인 사고방식이 우울하게 만들기 때문에 기분이 나아지고 보다 현실적으로 생각할 수 있는 방법을 치료자와 환자가 함께 찾아나가는 것이다.

인지행동치료의 강점은 증상과 구체적인 개입을 위한 치료적 목표와 잘 연결되어 있다는 것이다. 즉, 우울증의 구체적인 증상인 행동수준 저하, 즐거움이나 흥미감소, 철회, 자기비판, 희망 없음 등에 대한 치료의 목표는 행동의 수준을 높이고, 즐거운 행동의 보상을 늘리고, 사회관계를 증진시키고, 자기존중감을 높이고, 자기비판을 낮추며 환자로 하여금 단기/장기적 긍정적인 사고방식을 개발하게 하는 것이다. 이러한 목표를 성취하기 위해 다양한 인지행동적 개입을 활용할 수 있다. 즉, 활동계획서, 보상계획 및 즐거움 예측하기, 행동수준을 높이고 유쾌하고 보상이 되는 행위를 늘이기 위한 점진적 단계의 과제물 부과하기, 사회기술훈련 및 자기주장훈련, 사회적 관계 증진을 위한 불평에 대한 자기감찰, 부정적인 자동적 사고에 대한 인식, 도전 및 변화, 그리고 부정적 자기사고, 가정, 자기도식을 바꾸어 자기존중감을 높이고 자기비판성을 줄이기 등이다.

인지행동치료는 일반적으로 항우울제 처방만큼이나 효과적인 것으로 알려져 있으며, 개인의 경우 20회기 내외의 진행을 했을 때 우울증 환자의 75%가 눈에 띄게 상태가 호전되고, 약물치료와 인지행동치료를 병행할 경우 85%의 환자들이 상태가 호전되는 것으로 보고되고 있다(Leahy et al., 2008).

## 2) 집단치료

집단을 통한 대인관계적 심리치료와 인지행동 집단치료는 효과가 입증되어 왔다. 대인관계적 심리치료에서는 클라이언트의 사기를 고양시키고, 우울장애의 개인적 · 사회적 결과를 잘 다루도록 도와줌으로써 클라이언트가 내

외적 스트레스를 극복할 수 있는 능력을 배양시켜 대인관계 기능의 질을 높여 준다. 가족치료는 우울장애가 환자의 결혼생활이나 가족기능을 위협하거나 가족상황에 의해 우울장애가 지속되거나 증가될 때 적합하다(Kaplan, Sandock, & Grebb, 1994).

## 3) 관계 및 사회적 리듬치료

양극성장애에 대한 개입방법은 일차적으로 리튬(Lithum)과 같은 기분안정제를 복용하는 것이 일차적 치료방법으로 알려져 있다. 효과적인 개입들은 공통적으로 양극성장애에 대한 심리교육, 문제해결 및 의사소통훈련, 기분삽화의 조기발견과 개입을 위한 전략을 포함하고 있다(Otto & Miklowitz, 2006). 최근 들어, 기분안정제의 한계와 심리사회적 스트레스의 역할, 환자의 삶의 질에 대한 인식이 증가함에 따라 약물과 심리치료의 병합치료인 대인관계 및 사회리듬치료(Interpersonal and Social Rhythm Therapy: IPSRT)가 활용되고 있다. IPSRT는 Frank(2005)와 그의 동료들인 Klerman과 Weissman에 의해 개발된 대인관계치료와 수면-각성 및 활동주기의 균형을 강조하는 행동주의적 개입을 결합한 치료로, 약물치료에 브가적으로 사용될 경우 양극성장애의 재발을 지연시키는 데 효과적이라고 알려져 있다. 즉, 일상의 불안정하고 붕괴된 일과가 일주기 리듬의 불안정을 유발하는 데 취약한 개인에게는 이것이 기분장애 삽화를 야기할 수 있다는 것이다.

IPSRT의 치료목표는 양극성장애에서 새로운 삽화의 예방, 적어도 이후의 재발을 지연시키는 것이다. IPSRT에서는 약물중단, 스트레스 생활사건 및 사회적 리듬의 붕괴라는 세 가지 경로에 의해 양극성장애가 재발하는 것이라 가정하고, 약물순응도를 증가시키기 위해 환자가 '건강한 자기'에 대한 상실감을 다루고 평생 지속될 수 있는 장애의 본질과 재발 가능성을 수용하도록 돕는다. 아울러 대인관계에 기초한 스트레스요인, 특히 환자의 기분과 사회적 일과의 규칙성에 영향을 미치는 스트레스요인을 감소시키고, 일과의 규칙성에 직접적으로 세심한 주의를 기울인다. 즉, 양극성장애에 대한 교육을 실시하고 아침 기상시간, 다른 사람과의 첫 접촉시간, 일이나 공부를 시작하는 시간, 저녁 식사시간, 잠자리에 드는 시각 등 일상의 변화를 모니터링하여 리듬을 깨뜨리는 유발요인을 파악한다. 또한 이상적인 활동과 자극을 평가하여 적절한 균형을 유지하고, 일상에서 계획된 변화나 예기치 않은 변화에 모두 적응할 수 있도록 돕는다(최윤경, 2007). IPSRT의 치료효과에 대한 최근 연구에 따르면 입원환자뿐만 아니라 외래환자를 위한 다양한 세팅에서 환자 및 치료진이 모두 만족할 만한 효과를 보인 것으로 보고되고 있다(Swartz et al., 2011).

## 4) 약물치료

그동안 기분장애에 대한 약물치료는 발전을 거듭해 왔으나 모든 환자에게 효과적인 것은 아니며, 모든 환자가 약물치료를 잘 받아들이는 것은 아니다. 한 연구(Goodwin & Jamison, 1990)는 약물치료에 순응하는 환자의 특성으로 연령이 많고, 결혼한 상태, 고학력, 고소득직업, 적은 증상, 높은 사회적 지지, 만성화되지 않은 상태일수록 순응도가 높다는 것을 제시하고 있다. 임상 세팅의 편리함, 보호의 지속, 관리감독의 정도도 약물치료의 순응도에 관련이 있는 것으로 나타났다. 혼자 살거나 불안정적이고 지지적이지 않은 가족을 가지고 있고, 복잡한 치료요법, 비용이 높은 다양한 종류의 약물이 처방될 때는 약물치료에 비순응적인 것으로 제시되었다. 약물에 대한 순응도를 높이기 위해서 심리사회적 개입이 필요하다. 또한 약물은 증상을 호전시킬 수는 있어도 손상된 사회적 기능을 회복시키는 데에는 한계가 있고, 약물치료를 하더라도 심리사회적 스트레스는 재발을 일으킨다. 때문에 앞에서 살펴본 심리사회적 개입이 보다 필요한 것이다. 또한 중요한 것은 의사와 사회복지사, 그리고 환자 간에 의사소통이 개방적이어야 한다는 것이다. 더욱이 약물에 대한 정보 공유는 필수적이다. 약물에 대한 환자의 순응도나 부작용 등에 대한 정보가 공유되어야 대체약물을 고려해 볼 수 있고, 지지적 서비스나 심리교육을 통해 약물을 잘 섭취하게 할 수 있기 때문이다. 일반적으로 임상에서 사용되고 있는 우울증 치료약물은 〈표 10-2〉, 양극성장애 치료약물은 〈표 10-3〉과 같다.

**표 10-2** 우울증을 위한 약물치료

| | |
|---|---|
| SSRI와 SNRI (선택형 세로토닌 재흡수 억제제와 세로토닌-노르에피네프린 재흡수 억제제) | 주요 약물은 SSRI(Selective Serotonin Reuptake Inhibitors)이며, 시탈로크램(셀렉사), 에스시탈로프램(렉사프로), 플루오세틴(프로작), 파로세틴(팍실), 서트랄린(졸로프트)이 있음. 베라팍신(에펙소)과 듀로세틴(심발타) 같은 SNRI (serotonin and norepinephrine reuptake inhibitor)도 비슷한 효과가 있는 것으로 나타남. 청소년과 아동의 치료를 위해 식품의약품국에서 인증한 유일한 SSRI는 플루오세틴(프로작)임 |
| 삼환계 항우울제 (Tricyclic Antidepressants) | SSRI나 SNRI에 반응하지 않는 환자에게 사용하는 항우울제. 이미프라민(토프라닐), 에미트립틸린(에라빌), 데시프라민(노르그라민), 노르트립틸린(파멜로)이 있음 |
| MAO 억제제 | 교감신경흥분성 물질의 고갈을 방지하는 것(농도를 높여 주는 것)으로 페넬진(나르딜)이나 트라닐시프로민(파르네이트)이 대표적임. SSRI, SNRI나 삼환계를 견딜 수 없거나 방응하지 않는 환자에게 사용 |
| 기타 약물 | 부프로피온(웰부트린)은 기타 항우울제로 인해 나타날 수 있는 부작용을 견딜 수 없는 환자를 위한 대안. 미르타자핀(리미론)과 네파조돈(세르존)은 현저한 불면증이나 발작이 있는 환자에게 도움이 될 수 있는 진정효과를 가짐. 트라조돈(데시렐)은 이런 이유로 SSRI와 함께 자주 사용하나 안전성과 효과성은 불명확함 |
| 비약물치료 | 전기충격요법(ECT)은 항우울제에 저항하는 우울증에 사용해 왔으며, 심각한 우울환자, 환각이나 정신운동지체가 있는 환자, 자살환자, 일부 노인환자에게 효과가 있음. 또한 미주신경자극(VNS)은 약물저항 우울에 우수한 것으로 인정받아 왔으나 그 효과성은 불명확함 |
| 부작용 | • SSRI나 SNRI: 치료 초기에 신경과민과 불면증, 구토, 설사, 피로, 성적 역기능(불감증), 계속 사용할 경우 체중 증가<br>• 삼환계: 항콜린성 효과(갈증, 입마름), 교정저혈압, 진정, 체중 증가, 금단증상, 과용은 치명적(심부전증, 과도한 긴장, 발작, 혼수상태가 나타날 수 있음)<br>• MAO 억제제: 과도한 긴장, 성적 역기능, 체중 증가, 기타 약물이나 어떤 음식과 상호작용하면 잠재적으로 치명적 |

주: 항우울제만으로 양극성장애를 치료하면 조증삽화를 촉진하기 때문에 양극성장애는 대개 리튬으로 치료하고 우울이 발전하면 항우울제를 추가 처방한다.

출처: Patterson et al.; 김유숙 외 공역 (2011).

**표 10-3 양극성장애 약물치료**

| | |
|---|---|
| 리튬 | 리튬은 양극성장애의 우울삽화와 조증삽화를 예방하기 위해 장기간 사용할 수 있다. 리튬을 2~3주간 복용해야 효과가 나타나기 때문에 조증환자는 클로르프로마진(토라진)이나 할로페리돌(할돌) 같은 항정신병약물과 함께 처방해야 한다. 우울삽화 동안 삼환계항우울제나 MAO 억제제를 리튬과 함께 사용할 수 있음 |
| 기타 약물 | 리튬 대신 발프로에이트(데파코트), 카르바마제핀(테그레톨), 라모트리진(라믹탈)을 포함하는 항경련약을 자주 사용. 리스페리돈(리스페리달) 같은 비전형적인 항정신병약물을 사용할 수 있음 |
| 부작용 | • 리튬: 치료 첫 주에는 구토와 피로, 경련, 갈증, 다뇨증, 부종, 체중 증가가 치료 중에 지속될 수 있음. 착란과 운동실조는 약물 때문에 나타나는 것으로 볼 수 없음. 피부반응(여드름, 건선), 양극성 증상을 악화시킬 수 있는 갑상선기능부전, 심장 및 기타 출생 시 결함이 나타날 수 있으므로 리튬복용 환자는 임신과 모유수유를 피해야 함<br>• 발프로에이트: 진정, 체중 증가, 구토, 설사, 경련<br>• 카르바마제핀: 발작, 현기증, 이중시, 졸음, 구토, 두통<br>• 리모트리진: 구토, 졸음 |

출처: Patterson et al.; 김유숙 외 공역 (2011).

# 11 chapter
# 성인 대상 정신건강사회복지 3: 불안장애

우리는 일상생활 속에서 끊임없이 걱정 · 긴장 · 두려움 등을 느끼면서 살아가고 있다. 이에 따라 불안감 역시 현대인의 삶 속에서 피할 수 없는 부분이 되었다. 하지만 다행히 대부분의 상황 속에서 우리는 그러한 감정이나 정서에 잘 대처하면서 살아가고 있다. 그런데 비합리적이거나 과도한 수준의 불안이 지속되고 그 정도가 심해 스스로 불안을 대처하지 못하고 일상생활에 현저한 장애를 가져온다면 불안장애로 발전한 것으로 이해할 수 있다.

## 1. 불안의 주요 원인

Bourne(2010)은 불안의 원인을 장기적 · 기질적 원인, 생물학적 원인, 단기적 · 촉발적 원인 등과 같은 다양한 차원에서 설명하였다.

### 1) 장기적 · 기질적 원인

유전적 취약성, 오랜 기간 누적된 스트레스, 어린 시절의 성장환경 등은 불안장애를 발달시킬 수 있는 장기적이고 기질적인 원인이다. 먼저 불안장애의 유전적 원인에 관한 최근의 연구 결과에 의하면 인간의 23개 염색체 중 17번째 염색체는 세로토닌 전달 유전자로 알려진 유전자를 포함하고 있는데, 이 유전자가 짧은 사람은 불안장애 발달 경향이 더 높은 것으로 나타났다.

그리고 장기간 지속되고 있는 미해결상태의 심리적 문제나 장기간 누적된 스트레스는 불안장애에 주요한 역할을 하는 뇌의 신경 내분비 조절체계에 영향을 미쳐 공황발작이나 광장공포증을 일으킬 수 있다. 또한 선행연구에서는 다음과 같은 어린 시절의 경험이나 가족환경이 불안장애를 발달시킬 수도 있음을 밝히고 있다.

- 과도하게 세상을 조심해야 한다고 걱정하는 부모 밑에서 자라나 안전에 대해 지나치게 걱정을 하게 된 경우
- 과도하게 비판적이고 지나치게 높은 기준을 제시함으로써 불안전감을 가지고 자라난 경우
- 무시, 거부 등의 정서적 불안전감과 과도한 의존성을 키운 경우
- 감정을 표현하고 주장하는 능력이 억눌린 경우

### 2) 생물학적 원인

뇌의 변연계에 있는 편도(amygdala)는 주어진 정보를 위험 또는 안전으로 해석하는데 영향을 미치는 기능을 담당한다. 그런데 맥락에서 벗어나고 분명한 이유 없이 공황발작이 일어난다는 것은 반응을 조절하는 뇌의 체계가 적

절히 작동하지 못한 '뇌의 오작동' 결과라고 할 수 있다. 즉 비정상적인 불안은 편도가 과도하게 민감한 반응을 보이거나 오작동한 결과이다.

그런데 공황반응이나 불안이 잘 알려진 생리적 반응이나 뇌 구조의 기능적 이상과는 동떨어진 의학적 상태 때문에 발생할 수도 있다. 예를 들면, 갑상선 기능항진증과 저혈당증은 공황장애에서 나타나는 것과 동일한 형태의 공황발작을 야기한다. 또한 칼슘, 마그네슘 결핍이나 특정 음식첨가물에 대한 알레르기 또한 공황이나 불안을 야기할 수 있다. 따라서 개인의 신체적 건강수준을 높임으로써 불안장애를 유발한 뇌와 몸의 생리적인 불균형을 바로 잡는 것도 불안장애 치료에서 중요한 접근방법이다.

### 3) 단기적 · 촉발적 원인

불안장애에서 규정하고 있는 특정한 대상, 활동이나 상황에 대한 지속적이고 비합리적인 두려움은 우리가 어두운 밤길을 혼자 걸을 때 느끼는 일상적인 두려움과는 다르다. 불안장애증상과 일반적인 두려움 사이의 가장 큰 차이는 두려운 상황에 대한 회피라고 할 수 있다. 즉 불안장애는 무엇인가 두려워하는 대상을 피하기 시작하는 것에서부터 시작된다. 예를 들어, 광장공포증은 엘리베이터, 터널, 다리 등과 같이 공황발작을 일으켰을 때 쉽게 빠져나오기 힘든 장소를 두려워하고 엘리베이터를 타거나 터널 안으로 들어가는 상황을 회피하는 경향을 보인다.

이와 같은 회피 경향을 행동심리학에서는 '공포조건화'를 통해 다음과 같이 설명하고 있다. 예를 들어, 갑자기 욕실의 손잡이가 고장 나 갇히는 바람에 일순간 닥쳐오는 강렬한 폐소공포증(閉所恐怖症)을 경험하게 되었다고 가정해 보자. 숨이 막히고, 죽을 것 같은 공포로 문을 부수고라도 밖으로 뛰쳐나가고자 했던 극심한 공황상황은 10분 만에 다른 사람의 도움으로 문밖을 빠져나온 즉시 가라앉았다. 하지만 문제는 이러한 경험 이후 과거와 달리 욕실에 들어가야만 하는 상황에서 문을 잠글 수 없어 안절부절 하거나, 이전의 공포스러운 경험이 재발할지 몰라 불안해한다. 이처럼 어느 날 갑작스럽게 닥친 강렬한 불안반응을 경험한 후에 이전까지는 아무렇지도 않았고 지극히 중립적이었던 상황이 강렬한 불안을 발생시키는 원인이 되었다.

이러한 현상을 행동심리학에서는 '연합으로 인한 조건화'의 개념으로 설명한다. 즉 욕실과 불안 사이에 연합이 형성되어 공포를 형성하게 된 것이다. 원래 욕실은 공포의 대상이 아니었다. 즉 욕실이 자체적으로 공포를 만든 것은 아니다. 하지만 지금은 욕실이 불안증상이 발생한 특정한 상황에서 공포의 대상이 되어 버렸다. 나아가 그러한 상황이나 대상을 피하기 시작하면서 계속 공포를 학습하게 되는 것이다. 즉 학습이론에 따르면 어떤 행동이든 보상을 받으면 되풀이되는 경향이 있는데, 불안이나 공포도 마찬가지이다. 공포상황을 회피하면 불안이 경감되는 명백한 보상을 경험한다. 그렇게 됨으로써 공포를 경험한 상황을 회피하는 행동은 강화되고 반복되는 경향을 띠게 된다.

한편 다음과 같은 스트레스인자들도 최초 공황발작을 촉진시킬 수 있다.

- 죽음, 이혼, 실직, 질병, 부도 등의 심각한 개인적 상실
- 결혼, 임신, 입대 등 몇 개월 동안 지속되는 적응 기간이 필요한 중요한 생활상의 변화
- 과도한 코카인, 카페인, 마리화나 등의 자극제 섭취와 마약 복용

## 2. 불안의 종류와 진단기준

불안장애를 포함한 심리적 문제를 진단하기 위해 DSM-5에는 과거 불안장애의 하위 유형으로 포함된 강박장애와 외상후스트레스장애를 별도의 장애 범주로 설정하고, 대신 분리불안장애(seperation anxiety disorder)와 선택적 함구증(selective mutism)을 새로이 불안장애에 포함시켰다.

서구사회에서 불안장애는 우울증, 조현병보다 발생빈도가 더 높다. 평생에 한번쯤 불안에 시달려 본 적이 있는 사람이 전 인구의 25%에 달한다는 통계가 있을 정도로 불안장애는 가장 흔한 정신장애로 여겨지고 있다(한경희 역, 2008). 우리나라에서도 2021년 실시된 정신건강실태조사결과, 1년 유병률에서 알코올 사용장애(2.6%), 니코틴 사용장애(2.7%), 우울장애(1.7%)보다 불안장애(3.1%)가 더 높게 나타났다.

불안은 대상자가 보이는 불안의 수준이 정상에서 공황의 범주에 이르는 연속선상에서 드러나기 때문에 그 임상적 증상은 매우 다양하다. 그로 인해 정신건강의학과 전문의도 현재의 고통이 어떤 불안장애에 속하는 것인지를 확실히 진단하기 어려울 때가 많다(임상인지행동연구회 역, 2011). Schives (2008)와 이경순 외(2007)는 〈그림 11-1〉과 같이 여러 단계로 불안반응을 구분하고 있다.

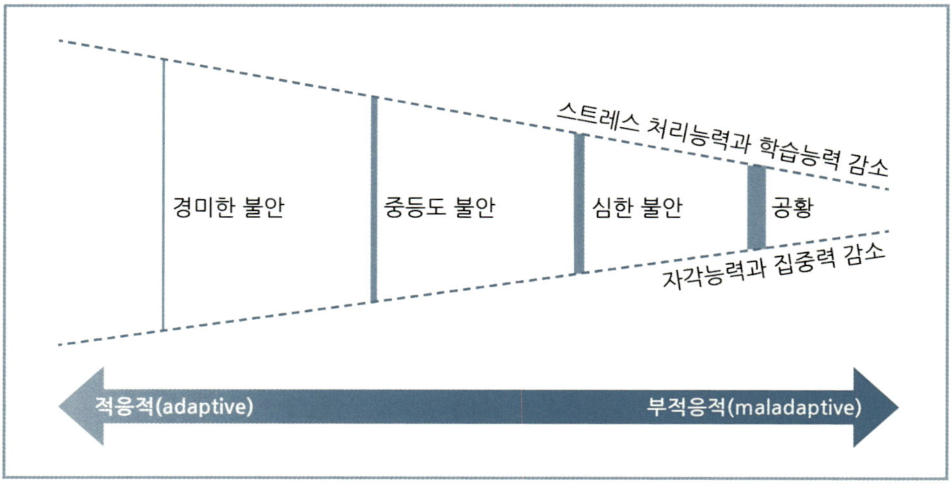


〈그림 11-1〉 불안반응의 연속성

출처: 이경순 외 (2007). p. 55.

## 1) 범불안장애

범불안장애(generalized anxiety disorder)에는 두 가지 핵심적인 양상이 있다. 첫째, 발생 가능성이 작거나, 일어난다고 해도 충분히 잘 다스릴 수 있는 일들에 대해 지나친 걱정을 한다. 따라서 범불안장애 환자는 끊임없이 걱정하며, 통계를 자기한테 늘 불리하게 해석하는 '재앙적 사고'에 익숙하다.

둘째, 만성적이고 과도한 걱정은 높은 신체적 긴장과 신경과민, 초조한 느낌 또는 예민한 느낌을 유발한다. 개인적인 차이는 있지만 대체로 범불안장애로 인한 신체증상은 다음과 같다.

- 운동성 긴장: 수의근의 긴장상태로 인한 경련 · 긴장 · 피로 때문에 근육통이 심하게 나타난다.
- 자율신경긴장증상: 실제로는 큰 병에 걸리지 않았지만 교감신경계와 부교

감신경계의 긴장으로 인해 발생한 두통, 어지러움, 흉통, 인후의 이물감 등과 같은 각종 신체증상들로 인해 건강염려증으로 발전하기도 한다.

- 지나친 근심: 범불안장애 환자들은 늘 걱정하고 만사에 불행한 일이 생기지 않을까 노심초사하며 긴장한다.
- 조심성: 무엇이 일어날지도 모른다는 생각으로 발생하는 예기불안의 결과 늘 신경이 날카롭고 쉽게 흥분하며 정신집중이 잘 안 되고 항상 전전긍긍한다. 이런 까닭에 불면증이 동반되고 늘 피로해한다.

나이가 들수록 병약해지고, 스스로를 방어할 능력이 감소하며, 사고를 당할 위험도 증가하게 마련이다. 그런데 범불안장애를 가진 사람은 스스로 나이가 들수록 고령층이 직면하게 되는 이런 위험을 과대평가하는 경향이 있다. 특히 큰 사고나 부정적인 인생의 사건을 경험하고 나서 1년이 지난 후에도 매사에 지나친 걱정이 많고 긴장과 신체증상들을 경험하고 있다면 범불안장애의 진단을 고려할 수 있다(최병휘 · 곽욱환 역, 2009).

범불안장애의 근본적인 원인은 여전히 불명확하지만 유전, 과도한 부모의 기대, 부모의 방임과 거부 같은 어린 시절의 경험 등이 원인으로 여겨지고 있다.

범불안장애로 진단되기 위해서는 다음 범불안장애에 대한 DSM-5-TR의 진단기준 A~F에 이르는 여섯 가지 진단 항목을 모두 충족시켜야 한다.

### ❖ 범불안장애에 대한 DSM-5-TR

A. 다양한 사건이나 활동(예: 직업이나 학업수행)에 대한 과도한 불안과 걱정이 나타난다. 이러한 불안과 걱정이 적어도 6개월 동안 50% 이상의 날에 나타나야 한다.

B. 개인은 이러한 걱정을 통제하기가 어렵다고 느낀다.

C. 불안과 걱정은 다음의 6개 증상 중 3개 이상과 관련된다(아동의 경우는 1개 이상).
  (1) 안절부절못함 또는 가장자리에 선 듯한 아슬아슬한 느낌
  (2) 쉽게 피로해짐
  (3) 주의집중의 곤란이나 정신이 멍해지는 느낌
  (4) 화를 잘 냄
  (5) 근육의 긴장
  (6) 수면장애(잠들기 어렵거나 유지가 어렵고 밤새 뒤척이면서 만족스럽지 못한 수면상태)

D. 불안, 걱정 또는 신체적 증상이 심각한 고통을 유발하거나 사회적 · 직업적 또는 다른 중요한 영역의 활동에 현저한 손상을 초래한다.

E. 이러한 장애는 물질(예: 남용하는 약물, 치료약물)이나 다른 의학적 상태(예: 부신피질호르몬 과다증)의 생리적 효과에 기인한 것이 아니다.

F. 이러한 장애는 다른 정신장애에 의해서 더 잘 설명되지 않는다(예컨대, 다음과 같은 것에 대한 불안이 아니어야 한다. : 공황장애에서 공황발작이 일어나는 것, 사회불안장애에서 부정적 평가, 강박장애에서 오염 또는 다른 강박사고, 분리불안장애에서 애착대상과의 이별, 외상후스트레스장애에서 외상사건 회상 촉발자극, 신경성 식욕부진증에서 체중 증가, 신체증상장애에서 신체적 호소, 신체이형장애에서 지각된 외모 결함, 질병불안장애에서 심각한 질병 또는 조현병이나 망상장애에서 망상적 신념의 내용에 대한 불만이나 걱정).

범불안장애의 유병률은 전체 인구의 4% 정도로 추정되며, 사회경제적 상태와 직업을 불문하고 모든 영역의 사람들이 범불안장애를 경험하고 있다.

## 2) 특정공포증

특정공포증(specific phobia)은 특정한 대상, 활동, 상황에 대한 불합리한 공포 때문에 그것에 대해 계속적으로 회피하는 장애를 말한다. 스스로 그 공포가 아무런 위험이 없다는 것을 잘 알고 있지만 직면하면 억제할 수 없는 심한 공포가 생겨 공포를 일으키는 대상이나 상황을 회피하게 된다(민성길, 2009; 이정균 · 김용식, 2008).

특정공포는 광장 및 사회공포증을 제외한 어떤 특정한 대상이나 상황에 대한 공포를 모두 일컫는데, 이 공포는 대상에 따라 고양이, 거미, 개 등을 두려워하는 동물공포, 좁고 밀폐된 곳을 무서워하는 폐소공포, 높은 곳을 두려워하는 고소공포 등이 흔하다.

### ❖ 일반적인 특정공포증의 유형

- 동물: 뱀, 쥐, 벌, 거미 등의 생물체를 어린 시절에 두려워하는 것은 정상적인 것으로 간주되는데, 성인이 되어서도 지속되고 생활을 방해하며 심각한 고통을 야기할 정도라면 특정공포증으로 분류
- 고소공포증
- 엘리베이터공포증: 줄이 끊기거나 갇힐 것을 두려워하면서 공황반응을 나타낸다.
- 비행기공포증
- 의사나 치과의사
- 천둥, 번개
- 피, 주사기: 피를 보았을 때 공황을 겪기보다는 기절하는 경향이 있는 공포증
- 질병: 구체적인 질병에 걸리거나 궁극적으로 죽게 될 것에 대한 두려움으로 인해 의사가 끊임없이 안심시켜 주기를 바람

특정공포증은 다른 불안장애들과는 다음에서 차이를 보인다. 무의식적인 공황발작이 없고, 광장공포증처럼 공황발작에 대한 두려움이 없다. 사회공포

증처럼 사회적 상황에서 창피함이나 수치스러움에 대한 두려움은 없다. 그러나 두려워하는 대상이나 상황에 대한 직접적인 노출은 공황반응을 일으킬 수 있다.

특정공포증은 인구의 10% 정도에 영향을 미치며, 어린 시절 벗어날 수 없었던 두려움의 경험과 질병, 사고, 재해 등으로 인한 외상적 사건 후에 나타나는 결과로 이해되고 있다. 또한 특정공포증이 있는 부모를 지켜보면서 자란 경우, 그 자녀에게도 특정공포증이 생겨날 수 있다.

DSM-5-TR에서는 특정공포증이 주요 증상을 다음과 같이 제시하고 있으며, 이러한 공포와 회피행동이 6개월 이상 지속되어 심한 고통을 경험하거나 사회적 · 직업적 활동에 현저한 방해를 받을 경우 특정공포증으로 진단한다(권석만, 2013).

① 특정한 대상이나 상황에 대한 현저한 공포나 불안을 경험한다.
② 공포를 유발하는 대상이나 상황에 노출되면 거의 예외 없이 즉각적인 공포반응이 유발된다.
③ 특정공포증을 지닌 사람은 공포를 느끼는 대상과 상황을 회피하려고 한다. 그러나 때로는 심한 공포나 불안을 느끼면서 고통 속에서 이러한 공포자극을 참아 내는 경우도 있다.
④ 특정한 대상이나 상황에 의한 실제적인 위험과 사회문화적 맥락을 고려할 때, 이러한 공포나 불안은 지나친 것이어야 한다.

### 3) 광장공포증

광장공포증(agoraphobia)은 자신이 무력해졌을 때 도움을 구하기 힘들 것이라고 여겨지는 공공장소에서 혼자라는 두려움을 느끼는 공포를 말한다. 광장공포증을 지닌 대부분의 사람들은 공황장애를 가지고 있을 뿐만 아니라 공황이 일어났을 때의 창피함과 도망치기 어려운 상황 때문에 발작 시 다른 사람들이 어떻게 생각할지를 두려워한다. 그리고 광장공포증은 주로 다음과 같은 장소에서 발생한다.

- 식료품점, 백화점, 음식점과 같이 붐비는 공공장소
- 터널, 다리 등 갇히거나 제한된 공간
- 기차, 버스, 지하철, 비행기와 같은 대중교통 수단

심각한 광장공포증 증상을 보이는 사람은 집 또는 배우자나 부모 등 안전한 사람으로부터 멀어지는 것에 대한 불안으로, 집에서 두문불출하거나 집 밖 몇 미터 이상은 벗어나지 못하고 심지어 동행인 없이는 침실을 나가지 못하는 경우도 있다.

광장공포증의 발생 원인은 여전히 불명확한 상태이지만 유전과 환경의 결합으로 발생하는 정도로 이해되고 있다. 즉 일란성쌍둥이는 한 명이 광장공포증 증상을 보일 때 다른 한 명도 광장공포증을 지니고 있을 가능성이 높다. 또한 환경적인 측면에서는 어린 시절 과잉보호하며, 완벽주의적이고, 지나치게 비판적이며 걱정하는 부모들 밑에서 자란 경우 등이 광장공포증에 걸리기 쉽게 만드는 환경으로 여겨지고 있다.

DSM-5-TR에 따르면 광장공포증을 지닌 사람은 다음의 다섯 가지 상황 중 적어도 두 가지 이상의 상황에 대한 현저한 공포와 불안을 나타낸다. ① 대중교통 수단을 이용하는 것, ② 개방된 공간에 있는 것, ③ 폐쇄된 공간에 있는 것, ④ 줄을 서 있거나 군중 속에 있는 것, ⑤ 집 밖에서 혼자 있는 것. 또한 이러한 상황을 두려워하거나 회피하는 이유가 공황과 유사한 증상이나 무기력하고 당혹스러운 증상이 나타날 경우에 그러한 상황을 회피하기 어렵

거나 도움을 받을 수 없다는 생각 때문이어야 한다. 이러한 공포와 회피행동이 6개월 이상 지속되어 심한 고통을 경험하거나 사회적 · 직업적 활동에 현저한 방해를 받을 경우 광장공포증으로 진단된다.

### 4) 사회불안장애

사회불안장애(social anxiety disorder)는 다른 사람들이 자기를 살피고 쳐다볼 수 있는 상황을 두려워하거나 수치심을 느끼는 공포장애이다. 특히 예기불안을 심하게 느끼는 경우 다른 사람과 접촉하는 상황 자체를 회피하기도 한다(민성길, 2009; 이정균 · 김용식, 2008).

사회공포증은 자신이 평가나 감독 대상이 되고 있음을 느끼는 어떠한 상황에 대한 두려움과 관련이 있다. 즉 대화를 시작하거나 자신의 의견을 말할 때, 음성이 떨리고 표정이 굳어 있으며, 물컵을 잡을 때 손이 흔들리는 등 자신이 긴장하고 있는 모습을 다른 사람들이 보게 되는 것을 의식하는 것과 관련이 있다. 사회공포증이 있는 사람은 회피성 인격장애나 우울증으로 오진받을 확률도 높다.

사회공포증으로 진단받을 정도가 되는 때는 이러한 불안이 사회활동 또는 중요한 관계들과 대립될 때, 그리고 사회적 책임을 회피함으로써 그것이 상당한 고통을 유발해야 한다. DSM-5-TR의 진단기준은 다음과 같다.

① 개인이 다른 사람들에 의해서 관찰되고 평가될 수 있는 한 가지 이상의 사회적 상황에 대해서 현저한 공포나 불안을 지닌다. 이들이 두려워하는 주된 사회적 상황으로는 일상적인 상호작용 상황, 관찰 당하는 상황, 다른 사람 앞에서 수행(예: 연설이나 발표)을 하는 상황이다.

② 이러한 사회적 상황에서 다른 사람들로부터 부정적인 평가를 받을 수

> 있는 행동을 하거나 불안증상을 나타내게 될 것을 두려워한다. 즉 부적절한 행동을 통해서 다른 사람들로부터 모욕과 경멸을 받거나 거부를 당하거나 타인에게 피해를 주게 될 것을 두려워한다. 사회공포증을 지닌 사람은 이러한 사회적 상황에 노출되면 거의 예외 없이 심한 불안을 경험하게 되며 이러한 상황을 회피하고자 한다.

이러한 사회적 불안과 회피행동이 6개월 이상 지속되어 심한 고통을 경험하거나 사회적 · 직업적 활동에 현저한 방해가 초래될 경우 사회공포증으로 진단된다(권석만, 2013).

## 5) 공황장애

공황장애(panic disorder)의 공황(panic)이라는 용어는 그리스 신화에 나오는 신 판(Pan)의 이야기에서 유래한다. 판은 그리스 아르카디아 지방의 신이었는데 생긴 모습이 반은 인간, 반은 염소의 도습을 한 반인반수(半人半獸)인 신이었다. 판은 한낮에 더위를 식히고 있는 여행자 무리에 살금살금 다가가곤 했는데, 갑자기 판이 무리 한가운데 나타나면 깜짝 놀란 사람들은 공포에 질려 사방으로 달아났고, 그 사이에 판은 재빨리 어디론가 사라졌다고 한다(한경희 역, 2008). 이러한 공황의 어원처럼 공황증상은 명백한 이유 없이 무의식적으로 그리고 예상치 못하게 발생하는 특징이 있다(김동일 역, 2010).

공황발작은 예기치 못하게 발생하고 급격히 고조되는 극심한 공포 또는 불쾌감과 더불어 심계항진, 질식감, 어지러움, 미치거나 죽을 것 같은 공포 등의 신체 및 인지적 증상이 2~30분 정도 지속되다가 서서히 또는 급격히 소실된다. 이에 따라 많은 경우 심장이나 호흡기계 질환으로 오인하고 응급실을 찾기도 한다.

**표 11-1** 공황발작의 임상적 증상과 진단적 특징

| 임상적 증상 | 진단적 특징 |
|---|---|
| • 심계항진, 심장이 벌렁거림, 맥박상승<br>• 발한<br>• 진전<br>• 호흡곤란, 숨이 막힐 것 같은 느낌<br>• 질식할 것 같은 느낌<br>• 흉통이나 가슴의 불편함<br>• 현훈(어지럼증)<br>• 비현실감, 자아이탈감(이인증)<br>• 통제력 상실에 대한 공포나 미칠 것 같은 느낌<br>• 죽을 것 같은 공포<br>• 무감각 혹은 저릿거리는 감각(이상감각)<br>• 오한 혹은 홍조 | • 강한 두려움 혹은 불편한 시기<br>• 적어도 네 가지 증상 발현<br>• 갑작스러운 증상 발현 후 10분 이내에 최고조에 달함 |

공황발작이 없는 시기에는 공황발작에 대한 예기불안[1]이 지속되기도 하고, 발작으로 인해 스스로를 조절하지 못할 것을 두려워해 신경이 극도로 날카로워지기도 한다. 이러한 공포로 인해 해외여행이나 출장이 제한되고, 집을 떠날 때는 동반자가 필요하며, 일상생활에 제약을 받는 기능장해를 초래하기도 한다. 특히 지하철 객실 내에서 공황발작이 일어났을 때 약 3분의 1 정도는 광장공포증을 동반하게 된다. 이 경우의 진단은 광장공포증을 동반한 공황장애가 된다.

공황장애 및 공황발작의 평생유병률은 각각 1.5~5%와 5~10% 정도로 비교적 흔하다. 청소년기 후기 또는 성인기 초기에 빈발하며 평균 발병 연령은 25세이다. 미국 성인의 경우 약 1.7%에서 나타나며, 여성이 남성보다 2배 정도 높게 발병하는 것으로 알려져 있다(민성길, 2009; 이정균 · 김용식, 2008).

지금까지 알려진 바로는 공황장애의 원인은 유전, 뇌에서의 화학적 불균형 그리고 개인적인 스트레스의 결합과 관련이 있다. 특히 생물학적 취약성과

1) 예기불안: 무엇이 일어날지도 모른다는 생각으로 발생하는 불안. 위협적인 상황에 직면하는 것 또는 단순히 그것에 대해서 생각하는 것에 대한 반응으로 형성되는 불안을 말한다.

관련하여 '과잉호흡이론(hyperventilation theory)'은 공황장애의 생물학적 연관성을 다음과 같이 설명하고 있다.

공황장애 환자들은 호흡기능과 관련된 자율신경계의 생물학적 결함으로 인해 혈액 속의 이산화탄소 수준을 낮게 유지하게 된다. 그 결과 공황장애 환자들은 더 많은 산소를 얻기 위해 깊은 호흡을 빨리하는 경향이 생기는데 이로 인한 과잉호흡이 공황발작을 유발하는 것으로 보고 있다.

또한 인지이론에서는 공황발작이 신체감각을 위험한 것으로 잘못 해석하는 '파국적 오해석(misinterpretation)'에 의해 유발되는 것으로 설명한다. 즉 공황장애 환자들은 평소보다 강하거나 불규칙한 심장박동이나 흉부 통증을 심장마비의 전조로 해석해 불안해한다. 그래서 호흡곤란을 질식에 의한 죽음이나 돌연사로, 공포심이나 현기증을 자신이 미쳐 버리거나 통제 불능상태로 빠져 버리는 것처럼 파국적인 해석을 하는 경향이 있다(권석만, 2013).

DSM-5-TR은 갑작스럽게 치솟은 공포와 더불어 다음의 13개 증상 가운데 4개 이상이 나타나면 공황발작으로 진단한다. ① 심장박동이 빨라지고 강렬하거나 심장박동수가 점점 더 빨라짐, ② 진땀을 흘림, ③ 몸이나 손발이 떨림, ④ 숨이 가쁘거나 막히는 느낌, ⑤ 질식할 것 같은 느낌, ⑥ 가슴의 통증이나 답답함, ⑦ 구토감이나 복부통증, ⑧ 어지럽고 몽롱하며 기절할 것 같은 느낌, ⑨ 한기를 느끼거나 열감을 느낌, ⑩ 감각이상증(마비감이나 찌릿찌릿한 감각), ⑪ 비현실감이나 자기 자신과 분리된 듯한 이인감, ⑫ 자기통제를 상실하거나 미칠 것 같은 두려움, ⑬ 죽을 것 같은 두려움.

한편 공황장애로 진단되려면 이러한 공황발작을 경험한 후, 다음의 두 증상 가운데 하나 이상이 나타나야 한다. 첫째, 공황발작이나 그 후유증(예: 자기통제의 상실, 심장발작, 정신이상 등)에 대하서 지속적으로 염려하거나 걱정한다. 둘째, 공황발작과 관련하여 현저하게 부적응적인 행동(예: 공황발작을 피하기 위해 운동을 하지 않거나 낯선 상황을 피하는 행동 등)의 변화가 나타난다(권석만, 2013). 또한 공황장애의 진단은 저혈당증, 갑상선항진증, 카페인 과민반응, 알코올 · 안정제 · 진정제 등의 중단과 같은 가능한 의학적 원인들을 배제한 후에 이루어진다(김동일 역, 2010).

## 6) 분리불안장애

아동이 부모로부터 분리될 때 경험하게 되는 두려움과 스트레스의 결과가 분리불안이다. 분리불안장애는 아동 및 청소년집단에서 약 4%의 유병률을 나타내는 것으로 알려져 있다. 분리불안장애(seperation anxiety disorder)를 지닌 아동은 부모, 특히 엄마가 옆에 없으면 불안해한다. 그래서 혼자 있는 것을 회피하고, 잠을 잘 때 엄마가 옆에 있어야 안심하며, 엄마와 헤어지거나 엄마나 자신에게 사고가 나는 등의 분리를 주제로 한 꿈을 많이 꾼다. 그 결과 학령기 아동의 경우에는 등교 거부 현상을 보이기도 한다(권석만, 2013).

이러한 분리불안장애는 아동의 유전적 기질, 부모의 양육행동, 아동의 인지적 요인들이 복합적으로 상호작용한 결과로 여겨지고 있다. 특히 부모의 부적절한 양육행동은 분리불안장애를 유발하는 중요한 요인으로 평가받고 있는데, 부모와 불안한 애착 유형을 지닌 아동은 부모와 떨어져 혼자 있는 것에 대한 두려움을 지닐 뿐만 아니라 스스로 나약하다는 인식과 만성적인 불안을 지니게 된다. 반대로 부모의 과잉보호적인 양육행동 역시 아동의 부모에 대한 의존성을 강화시킴으로써 분리불안을 증가시킬 수 있는 것으로 알려져 있다.

또한 부모의 질병, 동생의 출생, 엄마의 직장 출근, 이사, 전학, 부모의 다툼 등과 같은 불안 유발 사건들이 아동의 분리불안을 높이는 요인이 될 수 있다(권석만, 2013).

DSM-5-TR에서는 다음과 같은 증상 가운데 3개 이상을 6개월 이상 나타낼 때 분리불안장애로 진단하게 된다.

1. 주요 애착대상이나 집을 떠나야 할 때마다 심한 불안과 고통을 느낀다.
2. 주요 애착대상을 잃거나 그들에게 질병, 부상, 재난 혹은 사망과 같은 해로운 일이 일어나지 않을까 지속적이고 과도하게 걱정한다.
3. 애착대상과 분리될 수 있는 사건들에 대해 지속적이고 과도하게 걱정한다.
4. 분리에 대한 불안 때문에 밖을 나가거나, 집을 떠나거나, 학교나 직장 등에 가는 것을 지속적으로 꺼리거나 거부한다.
5. 혼자 있게 되거나 주요 애착대상 없이 집이나 다른 장소에 있는 것에 대해 지속적으로 과도한 공포를 느끼거나 꺼린다.
6. 집을 떠나 잠을 자거나 주요 애착대상이 근처에 없이 잠을 자는 것을 지속적으로 꺼리거나 거부한다.
7. 분리의 주제를 포함하는 반복적인 악몽을 꾼다.
8. 주요 애착대상으로부터 분리되거나, 분리가 예상될 때 반복적인 신체증상(예: 두통, 복통, 메스꺼움, 구토 등)을 호소한다.

## 7) 선택적 함구증

선택적 함구증(selective mutism)은 말을 할 수 있음에도 불구하고 특정한 상황에서 지속적으로 말을 하지 않는 장애로, 주로 아동에게서 나타난다. 선택적 함구증 증상이 1개월 이상 지속될 경우에 선택적 함구증으로 진단되는데 보통 5세 이전에 발병하며 여아에게서 더 흔하게 나타난다. 선택적 함구증은 몇 달 정도 지속되는 경우가 흔하지만 때로는 더 오래 지속되기도 한다.

선택적 함구증은 다양한 방식으로 나타날 수 있다. 어떤 경우에는 또래 친구들과 함께 놀이는 하면서도 대화는 하지 않는다거나, 또래에게는 말을 하지만 어른들에게는 말을 하지 않기도 한다. 또한 가족을 제외한 사람들에게 말을 하지 않거나 가족을 포함한 모든 사람들에게 말을 하지 않기도 한다.

선택적 함구증에 따른 부적응 문제 역시 다양한데 선택적 함구증을 지닌 아동들은 등교를 거부하여 학업적 곤란을 초래하기도 한다. 또한 학교에서 말을 하지 않기 때문에 읽기능력을 평가할 수 없으며, 그로 인해 학업성적이 부진하게 나타나기도 한다. 또래 사이에서의 대인관계에 있어서도 선택적 함구증을 지닌 아동은 친구들로부터 따돌림이나 놀림의 대상이 되기도 한다.

이러한 선택적 함구증은 사회적 상황에서의 심한 불안에 의해 유발되는 것으로 여겨지고 있다. 이들이 지니는 불안의 근원은 애착대상과의 분리불안이며 엄마와 분리되었을 때 함구증을 나타낸다는 설명도 있다. 그리고 선택적 함구증을 보이는 아동의 20~30% 정도가 말더듬과 같은 언어적 장애를 지니는 것으로 보고되고 있다.

선택적 함구증은 나이가 들면서 자연적으로 개선되지 않기 때문에 행동치료, 놀이치료, 가족치료, 약물치료 등의 적절한 치료와 개입이 요구된다. 만약 그렇지 못하면 만성적 우울, 심한 불안 및 다른 사회적 문제를 초래할 수 있다(권석만, 2013).

## 3. 불안장애에 대한 개입

불안장애의 예방은 지각된 스트레스 수준과의 연관성 속에서 살펴볼 수 있다. 그런데 문제는 우리가 살아 숨 쉬는 한 스트레스를 피할 수 없으므로 개개인이 할 수 있는 것은 스트레스에 대한 대처능력을 키우는 등의 예방 노력이 대단히 중요하다. 한편 불안장애의 증상을 조속히 경감시켜 주고 증상을 일으킬 수 있는 정신사회적 취약성을 개선시키는데 있어서 약물치료와 인지행동치료 및 대안적 치료법 등이 효과적인 것으로 알려져 있다.

## 1) 약물치료

약물은 불안을 치료하는 데 매우 효과적인 방법이다. 항불안제로 많이 사용되는 약물로는 고강도 벤조다이아제핀(benzodiazepine) 계통의 약물과 선택적 세로토닌 재흡수 차단제가 있다(이경순 외, 2007; 최영희, 2010).

먼저 벤조다이아제핀 약물은 전반적인 중추신경계의 활동을 저하시켜서 직접적이고 효과적으로 불안을 감소시킨다. 이 약물은 불안을 담당하는 뇌부위인 편도, 청반 그리고 대뇌 변연계에서 일어나는 활동을 억제하거나 부드럽게 작용하는 두뇌의 수용기와 결합함으로써 작용한다. 알프라졸람(alprazolam)과 클로나제팜(clonazepam) 등과 같은 고강도 벤조다이아제핀계 약물들은 효과가 아주 빨라서 임상의나 환자들이 선호한다.

프로작(prozac), 세로자트(seroxat), 졸루푸트(zoloft), 팍실(paxil), 시탈로프람(citalopram) 등과 같은 선택적 세로토닌 재흡수 차단제(Selective Serotonin Reuptake Inhibitors: SSRI)도 많이 사용되고 있다. 모든 SSRI 약물은 뇌에서 시냅스의 세로토닌 재흡수를 막음으로써 신경전달물질 세로토닌을 증가시킨다. 증가된 세로토닌과 함께 뇌 속의 신경세포의 세로토닌 수용기의 수는 줄어들 수 있다. SSRI를 복용한 후 세로토닌 수용기의 감소는 뇌에서 불안과 관련 있는 부위에 있는 세로토닌 수용기 체계가 스트레스로 인해 발생하는 뇌의 신경화학적 환경변화에 덜 민감하도록 만들어 준다. 이것은 불안에 대한 취약성이 줄어들게 됨을 의미한다. 초기에는 효과가 바로 나타나는 고강도 벤조다이아제핀계 항불안제와 같이 사용하다가 SSRI의 효과가 나타나기 시작하면 점차 벤조다이아제핀계 항불안제를 줄이는 것이 가장 흔히 사용되는 처방 유형이다.

일반적으로 불안 문제가 삶의 기능적 능력에 명백히 방해가 될 때, 일하는데 어려움이 있거나 전혀 일을 할 수 없을 때, 기본적인 인간관계 혹은 기본적인 안정감과 삶에 대한 통제감을 저해할 정도로 심한 공황발작을 경험하는 경우 불안을 다루는 약물을 고려할 필요가 있다(김동일 역, 2010). 약물치료는 신속하게 불안을 완화시키는데 효과가 있다. 하지만 환자 스스로 불안에 대처하는 새로운 방법을 익히지 않고 약물에만 의존한다면 치료적 효과가 떨어질 수 밖에 없다. 또한 대다수 약들은 지속적으로 복용해야 하며 환자 스스로 약을 조절하는 행위는 삼가야 한다. 만약 장기간 사용하였던 항불안제를 환자 스스로 조절하거나 복용을 중단하게 되면 그동안 항불안제 성분이 영향을 미쳤던 뇌신경계의 불안 담당 신경전달물질의 기능이 약화되 불안증세를 악화시킬 수도 있다(최영희, 2010).

## 2) 인지행동치료

불안장애 환자들이 인지행동치료를 통해 학습하게 되는 핵심적인 내용은 다음과 같다(최영희, 2010).

- 불안은 정상적인 신체반응이라고 생각한다.
- 호흡조절법 및 근육이완법 등으로 신체증상을 조절하여 부교감신경[2]을 활성화시킨다.

---

2) 신경체계는 수의성(隨意性)과 불수의성(不隨意性)으로 나뉜다. 전자는 근육을 움직이거나 직접적인 명령을 받아들이는 신경체계이고 후자는 심장박동, 호흡, 소화 등과 같은 자동적인 기능을 조절한다. 불수의적 체계는 다시 교감신경과 부교감신경으로 나뉘는데, 전자는 감정적이 되거나 흥분할 때 일으키는 반응이고, 후자는 편안하게 쉬고 있을 때 다양한 몸의 기관들을 유지시키는 기능을 한다.

- 공황과 불안에 연관되는 자신의 생각 속에 숨어 있는 왜곡된 내용(재앙화 사고[3])을 찾아서 도전한다.
- 두려운 신체증상이나 상황을 회피하지 않고 직면하여 수정된 생각이 옳다는 사실을 깨닫는다.

불안장애 인지행동치료 프로그램은 불안에 대한 대처 능력을 키워 주기 위해 다음과 같은 순서로 진행된다(이경순 외, 2007).

### (1) 불안경감

호흡훈련과 근육이완법, 사고중지기법(thought stoping) 등을 통해 불안증상의 조짐이 되는 불편한 증상을 막게 된다.

### (2) 인지적 재구성

인지왜곡을 확인하고 자신감 훈련, 역할극, 전환기법 등을 통해 바람직한 인지적 반응을 예상해 연습해 보고 자신에 대한 신뢰감과 책임감을 형성하도록 한다.

### (3) 새로운 대처행동 학습

자기표현훈련, 사회기술훈련, 긍정적 재강화 등을 통해 불안장애를 나타내는 대상자들이 새로운 대처행동을 학습할 수 있도록 돕는다. 예를 들어, 특정

---

3) 아직 일어나지도 않은 일이나 상황을 마치 일어날 것처럼 왜곡되게 상상하고 해석하는 사고 행위, 특히 사고나 위험 등과 같이 부정적인 일들에 압도될 것으로 생각한다.

공포증과 사회공포증의 경우 특유의 공포상황, 공포대상이 있어서 그런 상황에 노출되지 않을 때나 혹은 노출이 예상되지 않을 때는 불안증상이 없는 것이 통례이다. 따라서 자신이 두려워하는 대상이나 상황이 무엇인지를 잘 파악한 후 우선은 그런 상황이나 대상은 피하도록 해주어서 공포의 악순환을 차단해야 한다. 이때 두려워할 것 없이 직면하라는 식의 지시를 해서는 안 되며 예기불안이 심하거나 불가피하게 두려운 상황에 직면해야 할 때는 항불안 약물을 복용하게 하여 우선은 두려운 감정을 완화시켜 주어야 한다. 마침내 두려움이 없어지거나 견딜 만하게 되면 비교적 부담이 적은 상황에 직면하게 해보고, 그러다 공포가 생기면 다시 피하도록 하는 식으로 불안을 감소시켜 준다.

### 3) 대안적 치료

불안을 감소시키는데 있어서 다음과 같은 다양한 대안적 치료방법들을 고려할 수 있다(김동일 역, 2010; 임상인지행동연구회 역, 2011; 최영희, 2010).

- 명상: 조용한 환경, 고요한 마음상태, 편안한 자세 속에서 특정한 단어나 물체에 집중하는 명상을 통해 생리적 · 심리적 · 영적 이완상태를 경험
- 운동이나 마사지: 운동과 마사지를 통해 억압된 긴장을 완화시켜 주고 근육을 이완시킴으로써 불안을 해소
- 이완요법: 복식호흡을 통해 부교감신경을 활성화시키고 긴장된 근육을 이완
- 최면법: 이완법이나 상상법의 효과를 증대시키고자 자기 최면법을 통해 불안을 감소

감기에 걸려 약을 먹고, 충분한 휴식을 취한 다음 완쾌되었다고 다시는 감

기에 걸리지 않는 것이 아니듯이 불안장애 치료 후 일시적으로 상태가 좋아졌어도 불안장애를 유발시킨 환경적 · 성격적 요인들에 다시금 노출된다면 재발할 수도 있음을 인식할 필요가 있다. 따라서 감기에 걸리지 않기 위해 몸을 청결하게 하면서 체온을 일정하게 유지시키고, 운동을 통해 감기 바이러스에 감염되지 않도록 하거나 면역력을 높여 바이러스를 물리치듯이 불안장애를 다시 불러일으키는 요인들을 발견하고, 자신이 무엇을 어떻게 조절해야 하는지 따져 본인 생각이 패턴과 습관을 교정할 수 있어야 한다.

# 12 chapter
# 성인 대상 정신건강사회복지 4: 물질 관련 및 중독장애

## 1. 물질 관련 및 중독장애의 개념

물질 관련 및 중독장애(Substance-Related and Addictive Disorders)는 알코올, 담배, 불법약물, 또는 의사 처방 없이 살 수 있거나 혹은 처방에 의한 약들과 같은 물질들의 사용과 남용으로 인해 생겨나는 다양한 부적응적 증상을 말한다(Shives, 2008).

DSM-5에서는 〈그림 12-1〉과 같이 물질관련 및 중독장애를 크게 물질 관련 장애(substance-related disorders)와 비물질 관련 장애(non-substance-related disorders)로 구분하고 있다. 물질 관련 장애는 다시 물질 사용 장애(substance use disorders)와 물질 유도성 장애(substance-induced disorders)로 나누었으며, 물질 유도성 장애는 물질중독(substance intoxication), 물질금단(substance withdrawal), 물질/약물 유도성 정신장애(substance/medication-induced mental disorders)로 구분된다. 한편 비물질 관련 장애로는 도박장애가 있다.

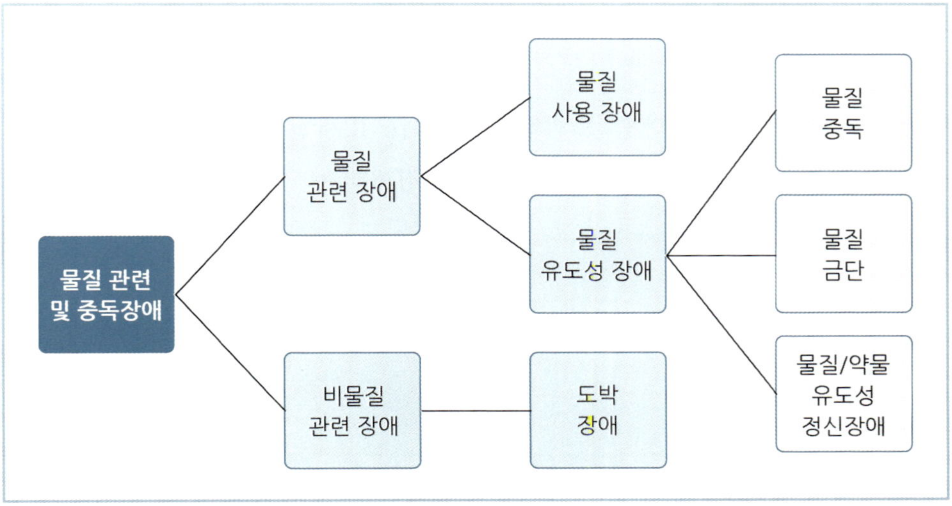


〈그림 12-1〉 물질 관련 및 중독장애의 구분

물질 관련 장애의 물질 사용 장애(substance use disorders)는 특정한 물질을 과도하게 사용함으로 인해서 개인적 고통과 사회적 부적응이 초래되는 경우를 말하며, 물질 유도성 장애(substance-induced disorders)는 특정한 물질을 섭취했을 때 나타나는 부적응적인 심리상태를 뜻한다.

물질 유도성 장애의 물질중독(substance intoxication)은 특정한 물질의 과도한 복용으로 인해 일시적으로 나타나는 부적응적 증상군을, 물질금단(substance withdrawal)은 물질복용의 중단으로 인해 일시적으로 나타나는 부적응적 증상군을 그리고 물질/약물 유도성 정신장애(substance/medication-induced mental disorders)는 물질남용으로 인해 나타나는 일시적인 심각한 중추신경장애를 뜻한다.

물질 관련 장애를 유발할 수 있는 물질로는 알코올, 카페인, 칸나비스, 환각제, 흡입제, 아편류, 진정제, 수면제 또는 항불안제, 흥분제, 담배, 기타 물질 등이 있다. 따라서 물질 관련 및 중독장애는 해당되는 물질별로 구체적인 진단이 이루어지게 된다. 즉 알코올 사용에서 기인하는 알코올 관련 장애는 알코올 사용장애, 알코올중독, 알코올금단, 알코올 유도성 정신장애 등으로 진단될 수 있다.

한편 비물질 관련 장애인 도박장애의 경우, 12개월 이상 지속적인 도박행동으로 인해 심각한 적응 문제와 고통을 경험하는 경우에 진단된다.

## 2. 원인

물질 관련 및 중독장애의 원인에 대해서 어떤 하나의 이론이 전부를 설명할 수는 없으며 다음과 같이 개인의 생물학적 소인 및 정신병리, 사회문화적 요인들이 상호작용하는 것으로 보고 있다(김수지 외, 2010; 이경순 외, 2007).

### 1) 생물학적 이론

음주자의 50% 이상에서 알코올중독의 가족력이 발견되며, 쌍생아와 동물연구를 통한 많은 증거들이 알코올중독 발생에 유전적 요인이 있음을 보고하고 있다.

또한 생화학적으로 알코올은 간에서 산화해 아세트알데히드(acetaldehyde)가 되고, 이것은 알데히드 디하이드로게네이즈(aldehyde dehydrogenase: ALDH)에 의해 초산으로 분해된 다음 물과 이산화탄소가 되어 체외로 배출된다. 따라서 아세트알데히드를 빠르고 효과적으로 체외로 배출되기 위해서는 충분한 ALDH가 필요한데, ALDH가 부족한 경우 음주에 취약한 특성이 생길 수 있다.

한편 신경생물학적으로 물질 관련 장애는 다양한 신경전달물질이 관여하고 있는 것으로 알려져 있다. 특히 쾌락추구는 뇌의 보상체계와 관련이 있는데, 여기에는 뇌의 중피질 변연계 도파민 회로가 주로 관여하고 있다. 그런데 중독행위는 중피질 변연계의 도파민 활성 증가에 따른 비정상적인 욕구와 이를 조절하는 전두엽의 조절기능 저하에 따른 행동이라는 설명이다(신영철, 2002).

## 2) 심리적 이론

정신분석이론에서는 알코올중독자를 구강기 발달단계에 고착되어 있는 것으로 보며, 음주와 같은 구강기 행위를 통해 쾌감을 추구하고 욕구를 충족하는 것으로 설명하고 있다. 또한 정신분석이론에서는 물질 관련 장애를 두 가지 차원에서 설명하는데, 하나는 물질을 통한 쾌감을 경험하기 위해 물질을 사용하는 것이고, 다른 하나는 고통스러운 결과를 피하는 능력이 모자라서 불쾌한 감정을 피하려고 물질에 빠진다는 것이다.

인지행동주의이론에서는 물질 사용 문제가 중독자들이 보이는 '생각의 오류'에서 시작되었으며, 중독은 물질 사용에 대한 왜곡된 생각에서 기인하는 것으로 보고 있다. 그래서 약물사용자들은 "약물이 내 인생 문제의 해결사야", "내가 본드를 불지 않으면 친구들이 나만 따돌리고 사람 취급을 하지 않을 거야" 등과 같은 생각을 하기 쉽다고 본다.

성격적 요인과 관련하여 물질 사용 장애를 보이는 사람들 가운데는 충동적이며, 새로운 경험에 대한 호기심이 크고, 사회적 규범에 반항적이며, 좌절했을 때 잘 참지 못하는 등의 특성을 보이는 것으로 알려져 있다. 그리하여 이런 성격을 지닌 사람들은 분노나 사회적 좌절감을 즉각적인 약물의 효과에 기대어 해소하고자 하는 경향을 나타낸다. 또한 모든 형태의 물질남용과 의존에서 보이는 공통적 성격 요인은 부정적 자아개념과 관계가 있으며 이는 실패감, 무력감, 죄의식, 수치심, 고독감, 절망감으로 표현된다.

### 3) 사회문화적 이론

TV, 신문, 잡지 등에 술이나 담배 광고가 넘쳐나고 드라마 내용 가운데 음주 및 흡연 장면이 여과 없이 노출되는 경우가 많다. 이런 사회는 음주 및 흡연에 대한 통제 정책이 느슨한 경우가 많아 사회구성원의 물질남용을 부추길 소지가 크다.

사회 · 문화 · 종교적으로도 음주에 대한 태도가 매우 다르며, 민족성 역시 음주에 영향을 미치는 것으로 알려져 있다. 또한 보건의료기관에 대한 접근성이 낮은 지역에서 음주문제가 높게 나타나며 범죄률이 높은 지역에 사는 사람들은 쉽게 알코올과 약물에서 도피처를 찾는 경향을 보이기도 한다.

## 3. 물질 관련 장애의 진단적 특성과 임상증상

대표적 물질 관련 장애인 알코올 관련 장애는 알코올 사용으로 인해 발생하는 다양한 심리적 장애를 말하며, 크게 알코올 사용장애와 알코올 유도성 장애로 분류된다(권석만, 2013).

먼저 알코올 사용장애는 과도한 알코올 사용으로 인해 발생하는 부적응적 문제를 말한다. 알코올 사용장애에 대한 DSM-5-TR의 진단기준은 〈표 12-1〉과 같다. 이러한 진단기준은 다른 물질의 경우에도 마찬가지로 적용되는데, 특정 물질의 과도한 사용으로 인해 다음 11개의 기준 중 2개 이상이 해당되면 그 물질의 사용장애로 진단된다.

DSM-5-TR에서는 진단기준 11개 가운데 2~3개 이상에 해당되면 경도(mild), 4~5개에 해당되면 중등도(moderate), 6개 이상이면 중증도(severe)로 그 심각도를 구분하여 진단하도록 하였다.

**표 12-1** 알코올 사용장애에 대한 DSM-5-TR의 진단기준

### ❖ 알코올 사용장애에 대한 DSM-5-TR의 진단기준

임상적으로 심각한 기능손상이나 고통을 유발하는 알코올 사용의 부적응적 패턴이 다음 중 2개 이상의 방식으로 지난 12개월 이내에 나타났어야 한다.

1. 알코올을 흔히 예상했던 것보다 더 많은 양 또는 더 오랜 기간 마신다.
2. 알코올 사용을 줄이거나 통제하려는 지속적인 노력을 기울이지만 매번 실패한다.
3. 알코올을 획득해서 사용하고 난 후 그 효과로부터 회복하는 데 많은 시간을 허비한다.
4. 알코올을 마시고 싶은 갈망이나 강렬한 욕구를 지닌다.
5. 반복적인 알코올 사용으로 인해서 직장, 학교나 가정에서의 주된 역할 의무를 수행하지 못한다.
6. 알코올의 효과에 의해서 초래되거나 악화되는 사회적 또는 대인관계적 문제가 반복됨에도 불구하고 지속적으로 알코올을 사용한다.
7. 알코올 사용으로 인해서 중요한 사회적 · 직업적 또는 여가활동이 포기되거나 감소된다.
8. 신체적 위험이 존재하는 상황에서도 반복적으로 알코올을 사용한다.
9. 알코올에 의해서 초래되거나 악화될 수 있는 지속적인 신체적 또는 심리적 문제가 있음을 알면서도 알코올 사용을 계속한다.
10. 내성이 다음 중 하나의 방식으로 나타난다.
    (1) 중독이 되거나 원하는 효과를 얻기 위해 현저하게 증가된 양의 알코올이 요구된다.
    (2) 동일 용량의 알코올을 지속적으로 사용함에도 현저하게 감소된 효과가 나타난다.
11. 금단이 다음 중 하나의 방식으로 나타난다.
    (1) 알코올의 특징적인 금단증후군이 나타난다.
    (2) 금단증상을 완화하거나 피하려고 알코올(또는 관련된 물질)을 사용한다.

다음으로 알코올 유도성장애는 알코올 사용으로 인해 나타나는 부적응적인 심리상태를 뜻한다. DSM-5-TR에서는 알코올 유도성장애를 알코올중독(intoxication), 알코올금단(withdrawal), 알코올 유도성 정신장애(alcohol-induced mental disorders) 등으로 구분한다.

먼저 알코올중독은 술에 만취되어 부적응적인 행동이나 신체생리적 변화가 나타나는 상태를 의미하며, 부적절한 공격적 행동, 정서적 불안정, 판단력 장애, 사회적 또는 직업적 기능손상 등의 부적응적 행동이 나타나는 경우를 말한다.

알코올금단은 지속적으로 사용하던 알코올을 중단했을 때, 자율신경계 기능항진(발한, 맥박수의 이상 증가 등), 손 떨림 증가, 불면증, 오심 및 구토, 일시적 환시, 환청, 초조, 불안 등 여러 가지 신체생리적 또는 심리적 증상이 나타나는 상태를 말한다. 이러한 증상은 대부분 알코올 사용이 중단되거나 감소된 후 알코올의 혈중농도가 급속히 저하되는 4~12시간 이내에 시작된다. 금단증상은 보통 알코올 투여나 다른 뇌 억제제에 의해 완화되며 반복적인 알코올 사용의 주된 원인이 된다.

알코올 유도성 정신장애에는 알코올 섭취로 인한 불안장애, 성기능장애, 치매, 기분장애, 수면장애, 기억상실 등이 있다(권석만, 2013).

알코올 이외에도 카페인, 대마초, 코카인, 환각제 등과 같은 물질도 남용 및 의존과 관련되어 있으며 다음과 같은 진단적 특성 및 임상증상을 보인다(김수지 외, 2010; 이정균 · 김용식, 2008; 한국중독정신의학회, 2009).

- 진정제, 수면제, 항불안제 관련 장애: 진정제, 수면제, 항불안제 약물을 과도하게 사용하거나 중독상태에서는 어눌한 말투, 운동실조증, 술취한 듯한 외모, 불안정한 걸음, 기억력 손상, 혼미 혹은 혼수 등과 같은 증상을 초래한다.

- 아편 관련 장애: 모르핀, 헤로인 등의 아편을 한 번에 과용량 투여한 경우나 급성 중독상태는 혼미, 어둔한 말, 감소되고 느린 호흡, 빠르고 약한 맥박 등의 증상으로 확인할 수 있으며, 정서 변화, 판단력 손상, 사회적·직업적 기능상의 문제 등을 나타낼 수 있다.
- 에스암페타민 관련 장애: 중추신경계에 직접 작용하여 사용자에게 각성과 자신감을 유발하는 암페타민은 중독상태에서는 빈맥이나 서맥, 혈압 변화, 호흡 저하, 망상, 환신, 환청을 경험하게 된다.
- 코카인 관련 장애: 코카인은 중독상태에서 동공 확대, 혈압, 맥박, 호흡의 증가 혹은 감소와 구토, 불면증, 사고의 장애, 흥분, 발작 등을 경험하게 된다.
- 마리화나 관련 장애: 마리화나 중독현상은 식욕증가, 우울, 명료한 사고 불능, 판단력 저하를 보인다. 과다 사용자는 자살사고의 위험이 있고, 자신은 죽지 않는다는 망상을 경험할 수 있어 위험하다.
- 환각제 및 펜사이클리딘 관련 장애: LSD, 메스칼린, 실로시빈 등과 같은 환각제는 마리화나와 비슷하나 신체에 대한 효과는 더 강해서 중독되면 공황과 편집증, 사망에 이를 수 있다.
- 흡입제 관련 장애: 접착제, 시너(thinner) 등의 흡입은 현기증, 흐릿한 시야, 근육의 이완, 혼미나 혼수를 경험하게 되는데 흡입이 심각한 수준에 이르게 되면 일시적인 무의식과 폐, 뇌, 간 손상의 위험이 있을 수 있고 현실에 대한 왜곡과 조정능력의 상실 그리고 환각이나 경련이 발생하게 된다.
- 카페인 및 니코틴 관련 장애: 카페인 중독의 임상증상은 불안정, 긴장, 흥분, 불면증, 홍조, 고혈압 등이다. 니코틴은 혈압을 상승시키고 타르에는 많은 발암물질이 있다.

## 4. 개입

### 1) 예방

물질 관련 장애에 있어서 사전 예방의 중요성은 분명하며 비용효과 역시 명확하다. 이에 따라 우리나라에서는 일반 국민을 대상으로 한 1차 예방, 고위험군을 위한 2차 예방 및 알코올 관련 질환자에 대한 3차 예방의 통합적 접근을 다음과 같이 펼치고 있다.

- 일반 국민을 위한 1차 예방사업
  - 음주폐해 감소 및 예방을 위한 국민인식 제고
  - 생애주기별 대상집단별 교육 및 홍보
  - 홍보사업 심사평가제 도입
- 위험군에 대한 2차 예방사업
  - 고위험군에 대한 조기발견 및 조기치료 연계
  - 고위험군의 음주율 및 폭음률 저하 실천방법 교육 · 홍보
  - 청소년, 여성 등 취약계층 보호 강화
  - 알코올 관련 질환자 조기발견 및 진단체계 구축
- 알코올 사용 장애자를 위한 3차 예방사업
  - 알코올중독 전문치료기관 육성
  - 알코올중독자 치료 · 재활서비스 연계체계 구축
  - 알코올중독자 재활 및 사회복귀 도모

## 2) 치료

물질 관련 장애의 치료적 접근으로는 입원치료, 약물치료, 인지행동치료, 정신치료 및 자조집단활동 등이 행해지고 있다(이정균 · 김용식, 2008; 한국중독정신의학회, 2009).

### (1) 입원치료

치료의 초기 단계에는 입원치료가 필요한데 이는 환자의 손상된 신체적 건강 회복 및 약물에 대한 해독치료가 요구되기 때문이다. 또한 약물 중단 후 초기에 유혹을 떨쳐 주어야 하기 때문에 물질 관련 장애 환자들에게 입원치료가 필요한 경우가 많다.

이때 치료의 목표는 입원을 통해 남용 또는 의존하고 있는 물질을 중단시키는 데 있으며, 약물 절제의 유지를 위해서는 환자를 둘러싼 사회적 지지체계의 재건 및 강화가 필요하다.

### (2) 약물치료

항주제(antabuse)인 디설피람(disulfiram)의 복용을 통한 혐오요법이 약물치료에 사용되고 있다. 디설피람은 알코올을 섭취하면 메스꺼움, 구토, 어지러움증 등과 같은 신체적 증상을 경험하거나 심한 불쾌감을 느끼게 만든다. 그래서 이러한 현상이 반복되면 음주충동을 조절하고, 다른 치료방법에 집중할 수 있을 것으로 기대하는 행동치료의 일종이다.

다른 약물을 통한 자극대체도 물질의존에 대한 약물치료법으로 이용되고 있다. 충분한 보상을 느낄 만큼의 물질을 공급함으로써 마약 등의 불법적 물질의 사용을 막는다는 논리인데, 중추신경계 자극제를 남용하는 사람들에게는 역시 중추신경계 자극효과가 있는 항우울제 및 프로락틴 분비억제제인 브로모크립틴(bromocriptine) 등의 약물을 사용하거나 아편계 의존에 대한 메사돈(methadone) 유지요법이 대표적인 예에 속한다.

물질 관련 장애의 가장 주된 문제인 쾌락과 갈망을 차단시키는 데 도움을 주는 날트렉손(Naltrexon)과 아캄프로세이트(Acamprosate) 같은 항갈망제가 최근 치료제로 많이 사용되고 있다(이경순 외, 2007).

### (3) 정신역동치료와 심리치료

정신역동적 측면에서는 좌절감 · 열등감 등을 극복하려는 시도에서 약물을 사용하는 것으로 물질남용을 생각한다. 즉 부족한 자신감을 북돋우는데 약물이 기능한다는 것이다. 하지만 실제 약물의존 환자는 약물로 인해 중독자라는 낙인이 찍히고 비난을 받기 때문에 자신감의 회복이 더욱 어려워진다. 따라서 정신역동치료에서는 약물에 의존하기보다는 자아의 기능을 강화시키고 자아탄력성을 높임으로써 약물을 찾는 악순환에서 벗어날 필요가 있다고 본다(이경순 외, 2007).

물질관련 및 중독장애를 위한 심리치료는 보통 다음과 같이 세 단계로 진행된다. 첫 단계는 대상자의 문제와 정서 · 사회적 역동을 파악하고 약물사용을 중단하는 동기를 강화시킨다. 두 번째 단계에서는 약물사용의 중지를 지속할 수 있도록 돕는다. 이 시기에 지역사회에 있는 자조모임이나 지지모임에 참석할 수 있도록 격려하는 것이 도움이 된다. 세 번째 단계에서는 클라이언트가 다른 사람과 친밀한 관계를 맺고 자율성을 가지고 행동할 수 있도록 돕는다. 그리고 물질을 재사용하는 계기가 되는 스트레스 상황을 건강하게 대처할 수 있는 새로운 방법과 해결을 익힐 수 있도록 도와야 한다.

### (4) 자조집단활동

자조집단은 지금까지와는 다른 새로운 방식의 생각과 건설적인 행동을 취할 수 있도록 동기부여를 하고 다양한 유형의 지지를 제공하는 것으로 알려져 있다(김수지 외, 2010). 예를 들어, 단주친목모임이라고 불리는 Alcoholic Anonymous(AA)에서는 알코올의존 행동의 특성들인 적개심, 저항, 자기중심적 생각, 강박증 등을 12단계의 실천을 통해 영적 성장을 경험하고 회복과정을 거치도록 서로를 돕는 자조모임이다. 알코올의존 가족들의 자조모임인 Al-Anon에서는 알코올중독자 가족들이 경험하는 불안과 걱정, 아픔과 생각들을 나눔으로써 서로에게 힘이 되어 주고자 한다.

## 3) 물질관련 및 중독장애의 정신재활

중독자를 위한 재활에서는 중독자가 자신의 문제를 인식하고 변화하려는 동기를 갖도록 하는 것이 중요하다. Javis 등(2010)은 중독치료와 재활의 영역에서 다음과 같은 방법의 사용을 제시하고 있다.

### (1) 문제해결기술의 훈련

물질 관련 장애를 가진 사람들이 중독행동 패턴을 변화시켜 나가는데 방해가 되는 삶의 문제를 해결하는 기술을 가르치는 것이 필요하다. 즉 중독문제에 대한 다양한 해결책을 생각해 내도록 하고, 그것을 실행하기 위한 계획을 세우게 하며, 선택한 접근이 중독행동을 변화시키는데 얼마나 효과적일지를 평가할 수 있도록 한다.

### (2) 술과 약물을 거절하는 기술

다음은 술과 약물의 사용을 줄이거나 중단하고자 하는 사람에게 유용한 기술을 훈련하는 방법이다.

- 'No'라는 말부터 하기: 'No'라고 단호하게 말하기를 주저한다면, 사람들은 그 태도가 사양하는 것인지 아니면 다른 의미가 있는 것인지 의문을 가지게 된다. 따라서 첫 마디에 "고맙지만 사양하겠습니다"라고 정확히 의사를 전달하는 것이 가장 좋다.
- 대안 제시하기: 'No'라는 말을 먼저 한 다음 물질사용 이외의 대안을 곧바로 제시한다.
- 더 이상 권유하지 말 것을 상대방에게 요구하기: 상대방에게 분명하고 단호한 거절 의사를 전달한다.
- 대화의 주제 바꾸기: 음주나 약물사용에 대한 긴 논쟁이 시작되기 이전에, 즉 거절 이후에 대화의 주제를 즉각적으로 바꾸어야 한다.
- 변명이나 애매한 대답하지 않기: 솔직하고 직접적인 의향을 전달하는 것이 최선의 방법이다.

### (3) 주장기술

물질 관련 장애를 가진 사람들은 개방적이고 솔직한 의사소통에 서툴러서 좌절, 분노, 비탄을 느끼고, 그로 인해 다시 술이나 약물을 사용하는 경우가 많다. 따라서 다른 사람들에게 자신의 욕구나 감정을 표현하기 어려워하는 사람들에게 자기주장훈련은 매우 유용하다.

# 13 chapter
# 노인 대상 정신건강사회복지

노화(ageing)는 오늘날 전 세계가 당면하고 있는 공중보건의 가장 중요한 문제이다. 우리나라도 예외가 아니다. 2000년 65세 이상 노인인구가 전체 인구 중 7%를 초과하는 고령화사회(aging society)에 진입하였고, 2020년 16.1%(807만명)에 이르렀으며, 2040년엔 35.3%로, 20년간 2.1배 증가할 전망이다(통계청, 2021). 이렇게 노인인구의 급격한 증가와 더불어 노인 정신건강의 예방과 증진, 치료 및 재활에 대한 관심이 날로 높아지고 있다. 노인인구의 증가는 노인부양 비용과 의료비 지출의 증가를 비롯한 다양한 사회경제적 문제를 불러오는데, 특히 치매, 노인 우울증, 자살 등 정신건강 관련 문제의 증가는 이러한 어려움을 가중시킨다. 이에 정신건강사회복지영역에서도 노인 정신건강 관련 이슈가 확대될 것으로 판단된다. 이 장에서는 노화의 정신사회적 측면을 살펴보고 정신건강 문제 중 가장 심각한 문제인 치매와 우울증을 중심으로 살펴보기로 한다.

# 1. 노화에 대한 이해

## 1) 개념 및 심리사회적 이해

노화란 질병과 관계없이 나이가 들어감에 따라 변화되는 신체의 기능을 말한다. 즉, 시간이 지남에 따라 생존의 가능성을 감소시키고, 외부 환경적 요구에 대한 생리적 능력이 저하되는 생물체 내에서 일어나는 변화를 뜻한다. 사실 육체적 노화는 30대에 시작된다고 볼 수 있지만 65세 이상을 노년기라 부른다. 노화는 생물 · 심리사회적 측면(biopsychsocial aspects)에서 포괄적이고 체계적으로 이해되어야 한다. 생물학적 노화는 잔여수명을 의미하고, 심리적 노화는 개인의 행동적응력을 말하며, 사회적 노화란 특정 연령에서 개인이 속한 집단이나 사회의 기능을 의미한다. 일반적으로 심리적 노화는 지능 및 감정기능의 변화를, 사회적 노화는 직업기능은 물론 대인관계 속에서 자아상의 변화를 의미한다. 따라서 심리적 노화는 생물학적노화에 비하여 개개인의 차이가 크다고 볼 수 있다. 현재까지 정립된 심리사회적 측면의 성공적 노화란 단지 병이 없는 상태로 나이가 들어가는 것만이 아니라 존귀와 품위를 지키며, 신체적 · 정신적 · 사회적인 건강을 누리며 나이가 들어가는 과정을 의미한다.

## 2) 노년기의 일반적 특징

노년기에 나타나는 일반적인 특징은 첫째, 신체상(body image)의 손상과 감각기능 및 성(sex) 기능의 저하, 둘째, 인지기능의 저하, 셋째, 심리사회적 측면의 상실(loss) 경험이다. 여기서 인지기능이란 다양한 정보를 받아들이고,

저장 · 사용하는 대표적인 정신기능으로 주의력, 기억력, 언어력 및 문제해결 능력을 포함한다. 그리고 일반적으로 노인의 4대 고통을 경제적 빈곤, 건강의 악화, 역할상실, 소외된 고독감으로 볼 수 있다.

## 3) 노인 정신건강에 대한 이해

노년기에 접어들면서 일어나는 신체의 노화과정은 정신상태에도 큰 영향을 미치게 되는데, 이때 신체상(body image)의 변화와 죽음에 대한 준비가 중요한 요인으로 작용한다. 신체상이란 인생 전반에 걸쳐서 실제 신체적 변화 외에 신체에 대한 요구와 기대의 변화를 반영하는 자신의 몸에 대한 정신적 표상을 말하며, 이는 개인의 감정상태에 영향을 준다. 많은 경우 신체상은 실제 신체외관을 닮아 있으며 얼마나 잘 유지되고 기능하는가에 따라서 자기만족이나 좌절을 주기도 하고, 심리적 자기감, 즉 기본적으로 '나는 누구인가'에 대한 정신적 인식의 중요한 부분으로 경험된다. 하지만 노년기에는 신체상과 자기감 사이에 정상적 불협화음이 일어나 마음속의 몸에 대한 표상과 자기에 대한 지각 사이의 불일치를 경험하게 된다. 거울을 보면서 '나를 쏘아보고 있는 저 사기꾼은 누구야'라고 할 수 있는 것이다. 즉, 아직도 젊고 활기찬 자신에 대한 지각이 더 이상 마음 같아 보이지 않고 움직여 주지도 않는 몸속에 갇혀 있는 느낌인 것이다.

다음으로 노년기에는 죽음에 대한 인식의 변화가 온다. 즉, 중년기엔 부모, 친구, 지인의 죽음, 자녀의 성장, 인생목표를 모두 달성하지 못할 것이라는 자각이 생기면서 시간의 제한성과 개인적 죽음의 불가피성을 인식한다. 하지만 노년기가 되면 중년기와 달리 자신의 인성을 되돌아보게 되고, 죽음을 받아들이는 것에서 죽음을 준비하는 것으로 발달과제가 대체된다. 인생을 되돌아보는 것은 의식적이면서도 동시에 무의식적인 과정으로, 주로 사용하는 정신기제는 회상(reminscence)이다. 통합감은 자신의 인생이 의미 있고 충만하고 잘 살아왔다는 것을 깨닫는 데서 온다(반건호 · 정선주, 2011).

이러한 발달과업에 직면해 있는 노년기에 빈번하게 발생하는 정신건강의 문제들은 노화과정에서 비롯되는 만성적인 신체건강의 문제, 신체기능 퇴화로 인한 일상생활의 제약받음, 그리고 그로 인한 신체적 · 심리적 독립성의 감소, 경제적 의존성 증가와 주관적 빈곤의 심각화, 친밀한 관계 상실과 해체, 그리고 자신도 예기치 못한 다양한 상실 경험 및 부적응적 사건들이 상호작용하면서 초래되기도 하고 혹은 노인을 정신질환에 취약한 상태로 만들기도 한다. 왜냐하면 이러한 노년기 경험들은 스스로 일상적인 상황에 대처할 수 있는 통제능력과 대처능력이 점점 취약해지고 있음을 주관적으로 인식하고, 경우에 따라서는 자신의 이러한 취약성을 확신하기도 하며 심리적인 항상성을 위협하기 때문이다.

노인 정신건강과 관련된 범주는 매우 다양할 수 있지만 일반적으로 노인우울증, 자살문제, 치매가 언급되고 있다. 2022년 우리나라 인구 10만명당 65세 이상 노인 자살률은 39.9명으로 전체 연령 자살률 25.2명(OECD 평균 10.6명)에 비해 높은 수준이다(보건복지부, 2023). 미국의 경우 자살을 시도하는 노인의 50~80%가 우울증상이 있다고 보고(NIH, 1991)할 만큼 노인 자살의 배후에는 노인우울증의 빈도가 가장 높기 때문에 노인우울증 역시 매우 중요한 정신건강 문제이다.

우리나라의 경우 보건복지부(2020)에서 실시한 노인실태조사에 따르면, 응답자의 13.5%가 우울증상을 지니고 있으며, 연령이 높을수록, 저학력, 소득이 낮을수록, 여성 노인에게 우울증상이 있는 비율이 높았다. 그리고 자살생각을 해본 경우는 2.1%였는데 주된 이유로는 건강문제(23.7%), 경제적 어려움(23.0%), 외로움(18.4%) 등이었고, 연령이 높을수록, 무배우자인 경우와 독거노인에게서 자살생각 비율이 높았다. 노인의 정신건강 서비스를 개발할 때 이러한 내용을 참고할 필요가 있겠다.

치매는 본인이나 가족도 잘 모르게 서서히 시작되어 점차 진행되는 만성적인 전환으로 나이가 들수록 위험도가 증가한다. 연령별 유병률은 대략 연령이 5세 증가할수록 유병률도 2배가량 증가하는 추세를 보이며, 2023년 65세 이상 노인인구의 치매 유병률은 10.413%로 추정 치매 환자 수는 98만4,601명이다(중앙치매센터 홈페이지). 이렇게 치매 노인은 많지만 현재까지 알려진 치료방법들은 초기에 보다 효과적이기 때문에 조기에 정확히 진단하고 적절히 치료하여 진행을 지연시키는 것이 무엇보다 중요하다고 볼 수 있다. 여기에서는 노인의 정신건강 문제 중 치매와 노인 우울증에 대해 다루도록 하겠다.

## 2. 치매

### 1) 개요

치매(dementia)라는 용어는 라틴어 어간 'demens'에서 유래된 말로서, 의미는 '정상적인 마음에서 이탈된 것', '정신이 없어진 것'이라는 의미를 갖고 있다. 치매는 젊은 나이에도 생길 수 있지만 주로 노인 연령층에 발생하기 때문에 '노망'이라고 불리며, 65세 이상 노인에게 나타난 경우에 '노인성 치매'라고 한다. 치매는 기억력장애를 포함한 복합적 인지결손이 특징이다. 즉, 일단 정상적으로 성숙한 뇌가 후천적인 외상이나 질병 등에 의해서 기질적으로 손상되거나 파괴되어 전반적으로 지능, 학습, 언어 등의 인지기능과 고도 정신기능이 감퇴되는 복합적인 임상증후군을 일괄하여 지칭한다. DSM-5에서는 DSM-IV에서 치매로 지칭되었던 장애를 그 심각도에 따라 경도 및 주요 신경인지장애(neurocognitive disorder)로 지칭하고 있다. 즉, 신경인지장애는 뇌 손상으로 인해 의식, 기억, 언어, 판단 등의 인지적 기능에 심각한 결손이 나타나는 경우를 말하며, 주요 신경인지장애, 경도 신경인지장애, 섬망으로 구분하였다. 주요(major) 신경인지장애는 한 가지 이상의 인지적 영역(복합주의, 실행기능, 학습 및 기억, 지각-운동기능 또는 사회적 인지)에서 과거의 수행수준에 비해 심각한 인지적 저하가 나타나 독립적으로 일상생활을 영위하기 어려운 경우를 말한다. 경도(mild) 신경인지장애는 주요 신경인지장애에 비해 증상의 심각도가 경미하여 일상생활을 독립적으로 영위할 수 있는 능력이 저해되지 않는 경우를 말한다. 주요 신경인지장애와 경도 신경인지장애 모두 알츠하이머질환, 뇌혈관질환, 충격에 의한 뇌 손상, HIV감염, 파킨슨질환 등과 같은 다양한 질환에 의해 유발될 수 있다(APA, 2013). 한편 2011년 8월 제정된 「치매관리법」 제2조에서는 “치매란 퇴행성 뇌질환 또는 뇌혈관계 질환 등으로 인하여 기억력, 언어능력, 지남력, 판단력 및 수행능력 등의 기능이 저하됨으로써 일상생활에서 지장을 초래하는 후천적인 다발성장애”로 정의하고 있다.

65세 이상 노인의 치매 유병률은 2018년 10.2%, 2020년 10.3%, 2030년 10.6%, 2040년 12.7%, 2050년 16.1%로 갈수록 급증할 것으로 추정하고 있으며, 치매의 원인질환으로는 7~80여 가지가 알려져 있지만, 그중에서 뇌세포의 퇴화로 기억력을 비롯한 여러 인지기능이 점진적으로 저하되며 일상생활의 장애가 초래되는 알츠하이머형 치매가 전체 치매의 약 50%를 차지하고 있고, 뇌의 혈액공급의 문제로 발생하는 혈관성 치매는 약 20%, 그리고 알츠하이머형 치매와 혈관성 치매가 동시에 발생하는 혼재성 치매는 약 15%인 것으로 알려져 있다. 우리나라의 경우 알코올성 치매 및 두부외상 후에 오는 치매가 문제시되고 있다(대한노인정신의학회, 2004).

## 2) 진단 및 임상양상

치매 진단은 여러 단계를 거쳐 증상의 존재 유무와 세부적인 진단 유형을 확인해야 한다. 각 단계마다 필요한 정보는 일반적으로 병력, 일상 활동의 평가, 선별용 검사, 신경정신과를 포함한 일반의학적 검사를 통해 수집한다. 그 결과 다른 진단으로는 설명되지 않는 다양한 인지기능장애가 있을 때 치매라고 진단한다. 치매의 첫 번째 진단기준인 기억력 장애는 치매 진단에 있어 필수적이며 뚜렷한 초기 증상이다. 기억 관련 증상에서 가장 뚜렷한 것은 학습능력의 상실이다(Hersen et al., 2009). 그리고 두 번째 기준은 실어증(언어장애), 실행증(운동기능은 정상이지만 운동활동 수행에 장애), 실인증(감각기능은 정상이지만, 물체를 인지하거나 감별하지 못함), 실행기능장애(계획, 조정, 유지, 추상적 사고능력) 중 하나 이상의 인지기능 저하가 반드시 있어야 한다. 세 번째 기준은 기억력장애와 인지장애가 사회적 또는 직업적 기능에 있어 심각한 장애를 일으켜야 하고, 병전의 기능 수준보다 상당히 감퇴되어 있어야 한다.

치매는 대개 수 주에서 수년에 걸쳐 서서히 발생한다(혈관성 치매나 두부외상에 의한 치매는 갑자기 발생하기도 한다). 치매 환자는 밤에 증상이 악화되는 소견이 있기는 하지만, 대개 짧은 기간 동안에는 안정적인 임상양상을 보인다. 단기기억력 저하가 가장 두드러져 나타난다. 이름을 기억하는 데 흔히 장애가 있으며 가족의 이름도 기억하지 못할 수 있다. 지남력, 계획 세우기 등의 실행기능이 소실된다. 피해의식, 환각, 망상도 흔히 나타나며 결국에는 말을 못하고 변실금증상이 나타나며 거동이 불가능해진다(Murphy & Cowan, 2008).

### 3) 치료

치매에 대해서는 확실하고 보편적인 치료법은 없는 것으로 알려져 있다. 때문에 치료적 관점에서는 치료가 가능한지 여부가 중요하다. 대사성장애, 약물이나 중금속으로 인한 독성상태, 영양결핍, 수두증, 뇌종양, 감염성질환, 뇌졸중으로 인한 경우는 치료가 가능하여 가역적이지만, 그외 대부분의 치매는 비가역적이라는 데 문제가 있다(대한노인정신의학회, 2004). 그러나 대부분의 치매는 행동개입 및 약물치료뿐만 아니라 환경변화를 통해서도 효과를 볼 수 있기 때문에 사회복지사는 치매노인의 잔존기능을 최대한 보존하면서 문제행동을 예방 또는 적절히 관리하여 삶의 질을 증진시키는 데 목표를 둔 심리 · 사회적인 접근법을 숙지할 필요가 있다.

## 3. 노인성 우울

### 1) 개요

우울장애는 상실 경험이 많은 노화과정과 서로 밀접하게 연결되어 있다. 지역사회 노인들의 우울증 유병률은 전 세계적으로는 13.5% 정도 되는 것으로 알려져 있으며(Beekman et al., 1999), 특히 사회경제적으로 결핍 또는 의학적 질병이 있어서 기능을 상실하거나 입원 중인 노인인구에서는 발병률이 매우 높다. 장기요양시설에 입소 중인 노인을 대상으로 한 연구에서는 31%의 유병률을 보고하고 있다(Teresi et al., 2001; 박명화 외, 2009 재인용).

노인 우울을 중요하게 다루는 이유는 적은 수의 노인들이 우울함을 나타낼

지라도 이들이 심각하게 무능력해질 수 있기 때문이다. 예로 우울장애가 있는 노인들은 같은 신체질병이 있는 우울하지 않은 노인들보다 질병으로 인해 더 일찍 사망하며, 더 많은 신체적 고통을 보고하며, 건강서비스를 더 자주 이용하는 것으로 나타났다. 게다가 자살을 시도하는 노인들은 다른 연령 집단보다 자살성공률이 높다(Hersen et al., 2009). 이와 같이 노년기 우울장애는 공중보건 차원에서 주요한 문제가 된다. 노인 우울장애의 위험인자는 여성, 이혼, 별거, 낮은 사회경제적 수준, 낮은 사회적 지지, 그리고 최근의 예기치 않은 불행한 사건 등과 관련이 있으며, 기능상실을 초래하는 심각한 내과적 질병도 중요한 위험인자가 된다.

## 2) 진단 및 임상양상

DSM-5-TR에서는 노인 우울증에 대해 특별히 분류하지는 않지만, 65세를 기준으로 그 전에 나타난 우울증과 그 이후에 나타난 우울증으로 분류해 볼 수 있다. 즉, 첫 번째는 우울장애를 가진 일부 노인들은 이미 청·장년기 때부터 가지고 있던 우울장애가 재발되어 나타난 조발성 우울장애 환자들이며, 다른 일부는 노년기에 첫 우울삽화를 보이는 만발성 우울장애 환자들로 이 만발성 우울장애에서는 치매 유병률이 높은 것으로 보고되고 있다(대한노인정신의학회, 2004). 그러나 이렇게 조발성 치매와 만발성 우울증을 구분하는 것은 시작단계에 불과하다.

노인성 우울증상이 있는 사람들은 젊은 연령에서의 우울증과 임상양상에서는 특별한 차이가 없지만 각각의 증상별 빈도에 있어서는 몇 가지 차이점이 존재한다. 즉, 죄책감을 호소하거나 우울한 느낌을 호소하는 경우보다는 신체증상을 호소하거나 집중이 되지 않고 기억력이 떨어졌다는 등의 기억장애를 더 많이 호소한다. 그외에도 극심한 체중 감소, 건강 염려에 대한 걱정,

불면증, 정신적 동요, 죄책감에 빠져 있기 쉽다(Brown et al., 1984). 다음은 노년기에 특징적인 우울증상을 나타낸 것이다(대한노인정신의학회, 2004).

- 슬픔의 표현이 적음
- 신체화 경향
- 신체질환에 대한 지나친 호소
- 최근에 발생된 신경증적 증상
- 자해행동
- 가성치매
- 치매에 동반된 우울증
- 행동장애
- 비정상적 성격 성향의 강화
- 늦은 나이에 발생한 알코올 의존

### 3) 치료

노년기 우울장애는 신체적 질환과 동반될 가능성이 높기 때문에 이들에 대한 진단적 평가는 철저하고도 포괄적으로 시행되어야 한다. 가장 중요한 것은 완벽한 신체검사이며, 특히 신경학적 검사, 최근 약물복용력, 광범위한 검사실 검사 등에 중점을 두어야 한다. 특히 노인 우울은 때로 치매로 오인하기 쉽기 때문에 전문가에 의한 정확한 평가가 필요하다. 실제로 치매를 의심해 병원을 찾는 노인 환자 10명 중 4명은 치매가 아닌 노년기 우울증이라는 보고도 있다. 기억력장애나 집중력 저하 등 치매와 비슷해 보이기 때문에 '가성치매'라고 불리기도 하는 노인 우울증은 적절한 시기에 치료가 이루어진다면 비교적 회복력이 높은 질환이다(김희철, 2005).

일단 진단이 내려진 후에는 치료방법을 선택해야 하는데 일반적인 치료방법으로는 약물치료, 정신치료, 전기충격요법, 가족치료 등이 있으며, 병존하는 신체질환에 대한 치료도 함께 이루어져야 한다. 이러한 치료법들은 모두 노인 우울증을 치료하는 데 성공적이라고 알려져 있다. 정신사회적 치료법에는 인지요법, 행동요법, 정신역동요법, 회상요법, 대인관계요법이 포함된다. 미국국립보건원과 노인 우울증 진단 및 치료에 대한 통합회의에서는 약물치료와 전기충격요법을 실시한 후에 정신치료를 적용할 것을 권유하고 있다(NIH, 1992).

## 4. 정신건강사회복지사의 개입

노인 정신건강 분야에서 사회복지사의 개입은 지역사회 및 의료기관에서 노인환자와 가족을 위해 예방, 조기발견, 치료 및 재활기관 연계, 치료과정 개입, 퇴원계획 및 사후지도 등의 다양한 역할 수행을 통해 삶의 질을 향상시킬 수 있도록 돕는 서비스의 실천을 말한다.

### 1) 예방 및 조기발견 역할

2011년 8월 치매의 예방, 치매 환자의 진료 · 요양 및 치매 퇴치를 위한 연구 등에 관한 정책을 종합적으로 수립 · 시행함으로써 치매로 인한 개인적 고통과 피해 및 사회적 부담을 줄이고 국민건강증진에 이바지하는 것을 목적으로 하는 치매관리법이 제정되어 2012년 2월 시행되었다. 때문에 치매와 관련된 사업에 사회복지사들의 역할이 증대되어 갈 것이다. 지역사회정신건강복지센터, 치매상담센터 및 노인 관련 기관에서 일하는 사회복지사들이 주로 수행하는 역할로, 지역사회 주민 및 노인성 질환자 가족을 대상으로 치매나 노인 우울증에 대한 교육과 계몽을 통하여 노인 정신장애에 대한 편견과 혐오감을 없애도록 하고, 조기발견과 조기치료를 유도해야 한다. 그리고 노인성질환을 앓고 있는 위험 대상을 중심으로 가정방문과 관련 보건 및 사회복지기관과의 정보 공유를 통해 노인 환자를 조기에 발견하여 조기치료를 받을 수 있도록 적절한 기관에 연계하는 중요한 역할을 수행하게 된다.

### 2) 진단 및 평가과정에서 역할

개인력검사, 가족력검사, 사회조사 등을 통해 노인 환자와 그 가족이 가지고 있는 모든 자원 및 한계를 파악하여, 그 환자에게 적합한 치료전략을 수립한다. 노인환자의 진단 및 평가과정에 있어서 젊은 환자와 달리 주의해야 할 점은 부수적인 정보를 많이 사용해야 한다는 점이다. 즉, 동반되는 신체적 문제들, 현재 복용하는 약물, 가족이나 친구의 상실, 사회경제적 문제 및 시력이나 청력의 저하 등에 관심을 기울어야 한다. 그리고 사회복지사는 젊은 사람을 면담할 때보다 더 능동적이어야 할 필요가 있으며, 특히 인지장애가 있는 환자의 경우에는 환자 이외의 사람으로부터 정보를 얻는 것이 필수적이며 평가에 적극 반영해야 할 경우가 많다(오병훈 · 차경렬, 2007).

### 3) 치료과정에서의 역할

주로 주간보호기관이나 입원해 있는 노인병원, 요양시설에서 노인 환자와 그 가족을 대상으로 수행하는 역할로 정신증상의 교정, 정서, 인지, 행동, 기억장애 치료, 대인관계 기술훈련 및 가족치료, 재활치료, 일상생활 지지프로그램(세면 등 일상생활훈련), 신체적 지지프로그램(운동기구 이용, 체조 등), 심리 · 정서 · 사회적 지지프로그램(인지치료, 회상치료, 원예치료, 종이접기, 오락요법 등), 가족지지프로그램 등을 실천한다.

### 4) 퇴원 및 사후지도과정에서의 역할

입원기관에서 퇴원을 앞둔 환자와 그 이후의 지역사회 생활을 지원하기 위한 역할로 외출, 외박계획, 지역사회 자원체계와 연결, 퇴원 환자 관리 및 사후지도 등이다. 지역사회에서는 노인복지관이나 정신건강복지센터에서 복합적인 문제를 가진 노인을 대상으로 사례관리서비스를 진행한다. 특히 치매환자의 경우 주 수발자는 건강, 사회활동, 일상생활 등에 많은 부담을 느끼고, 병이 진행될수록 지치고, 고령화되면서 가족 부양력은 계속 저하되기 때문에 사례관리를 통한 재가지원서비스를 강화해야 한다.

치매나 노인 우울증 환자의 보다 체계적이고 지속적인 관리를 위해서는 전문의, 간호사, 사회복지사, 자원봉사자 등 관련 전문가들이 노인 환자를 상황 속의 인간(person in environment)으로 보는 생태체계적인 관점이 필요하다. 노인의 정신건강에 영향을 미치는 요인은 노인 개인의 심리적 문제뿐 아니라 사회환경, 즉 주거환경이나 사회적 지지 정도, 노인을 대하는 지역사회의 태도 등이 영향을 주기 때문이다(손덕순, 2005). 그리고 지역사회 보건의료시스템과 사회복지시스템의 연계가 매우 중요하다. 특히 정신건강사회복지사는 질병의 조기발견, 조기치료의 중요성을 명확히 인식하고, 또한 환자와 가족의 질적인 삶의 회복과 인격의 존엄성을 소중히 다룰 줄 알아야 한다.

# PART 04

# 정신건강사회복지의 과제와 전망

Social Work in Mental Health

# 14 chapter
# 기타 정신건강 이슈들

## 1. 자살과 정신건강사회복지

### 1) 개요

세계보건기구(WHO)는 자살을 “죽음의 의도와 동기를 인식하면서 자신에게 손상을 입히는 행위”라고 정의하고 있다. 자살에 관한 대표적 학자인 Emile Durkheim은 “자살은 희생자 자신이 일어날 결과를 알고 행하는 적극적 혹은 소극적 행위에서 비롯되는 직접적 혹은 간접적 결과로 일어나는 모든 죽음의 사례들에 적용된다.”고 정의하고 있다. Schneiderman의 자살이론에 의하면 자살은 좌절된 심리적 욕구이며 참을 수 없을 만큼 강한 일반적인 심리적 · 정서적 고통으로 인한 것이다(하정미 외, 2012).

자살에 관한 이론과 관점은 자살에 대한 원인을 분류하고 치료와 대책을 결정하는 기반이 된다. 정신분석이론에 의하면 자살은 미움이나 공격성이 내면으로 향한 것이다. 애착을 가지고 있던 대상을 잃어버리게 되면 그 대상을 자기 자신 안으로 가지고 들어와 동일시하게 된다. 그 대상에 대한 증오심과 비난이 자기 자신을 향하여 나타나는 우울과 이어진 자살은 자기 자신을 향한 공격성의 극단적인 표현의 결과이다.

인지이론은 삶과 죽음을 더 극단적으로 평가할 뿐 아니라 죽음을 삶보다 더 긍정적인 것으로 간주하는 등의 자살과 관련된 역기능적 인지를 보다 적응적인 방식으로 변화시키는 데 관심을 가진다. 인지행동이론에서는 자살을 스트레스에 대한 제한된 대처능력으로 인한 것으로 설명하고 부적응적 대처기술을 적응적인 것으로 가르치고 정적으로 강화한다.

사회체계이론에서 자살은 엔트로피에서 오는 절망의 결과로 본다. 반대로 네겐트로피 상태에 있는 개인은 그를 둘러싼 사회적 관계로부터 긍정적 에너지를 얻을 수 있다. 이러한 사회적 지지는 자살의 보호요인으로서 자살사고로부터 벗어나게 도와주지만 사회적 지지가 부족할 경우 스트레스를 더 민감하게 받아들여 고통의 정도가 상승하여 자살생각으로 이어지게 된다. 실제로 정신건강복지센터가 설치되지 않은 지역의 평균 자살률은 전국 평균보다 높은 것으로 나타났다(이채정 · 김상우, 2013).

## 2) 자살행동

자살행동은 자살사고와 자살행동으로 구분된다. 자살사고는 자살을 행하는 것에 대해서 생각하거나 사고하는 것을 의미한다. 자살사고가 반드시 자살행동으로 이어지는 것은 아니지만 자살로 이어지는 경로가 되고 자살을 결정짓는 데 중요한 영향을 줄 수 있다.

자살시도를 위한 수단은 목맴, 추락, 가스중독의 빈도가 높다. 자살수단의 선택과정에 성별과 연령에 의한 차이가 있다. 예를 들어 노인들은 비교적 계획적으로 자살하는 데 비해 청소년들은 충동적인 자살시도가 많다. 자살 경험자들은 자살수단을 선택할 때 성공가능성을 고려하기보다 쉽게 구할 수 있는 방법이나 매체에서 영향을 받는다고 한다(홍진표, 2011). 자살수단에 대한 개입은 자살예방을 위한 보편적으로 중요한 근거기반정책이며 전체 자살률 감소로 이어질 수 있다.

### 3) 정신장애와 자살

자살자의 90% 이상에서 하나 이상의 정신장애인의 진단범주와 연관되며 (Henriksson, 1993), 일반 인구에 비해 정신장애인의 자살위험이 3~12배 높고 (Sadock et al., 2003), 정신질환을 비관하여 자살을 선택한 사람들이 자살시도자 중 13.3%에 달한다는(서울광역정신건강복지센터, 2008) 연구들이 자살과 정신장애와의 연관성을 뒷받침하고 있다. 2011년도 '정신질환실태 역학조사'(보건복지부, 2011)에 의하면 자살생각을 한 경우의 57.0%, 자살계획을 한 경우의 73.7%, 자살시도를 한 경우의 75.3%에서 정신장애를 경험한 것으로 나타났다. DSM-5-TR에서는 각 정신질환별로 자살사고 및 행동과의 연관성에 관한 자료를 추가하였다.

자살관련 행동을 한 남자에게서는 알코올 사용장애, 여자에게서는 기분장애와 불안장애를 경험한 경우가 높게 나타났다. 각 질병이 가지고 있는 증상적인 특성과 함께 증상으로 인한 사회적 고립과 절망감 등이 주요하게 영향을 주고 있는 것으로 보인다. 공격성, 충동성, 불안, 절망감, 비관주의, 알코올 등 약물중독, 아동기 학대의 과거력, 두부손상 또는 신경학적 질환, 흡연 등의 임상적 특징이 자살의 위험을 증가시키는 요인들이다.

자살과 가장 관련 깊은 정신질환은 기분장애이다. 자살시도자 중 절반 이상이 정신과적 경력이 있었으며 이 가운데 우울증이 압도적으로 높게 나타났다(서울대학교 의과대학, 2013). 우울증 에피소드 기간에 자살의 위험성이 고조되는데 기분장애 환자의 약 15%가 자살을 한다. 우울감과 동반되는 절망감, 자살사고와 시도의 경험, 불안, 알코올 사용은 자살의 위험을 증가시킨다.

조현병 환자의 경우에는 약 4%에서 자살위험이 보고되고 있다(정진욱 외, 2012). 이는 일반 인구의 8.5배에 달하는 수치이다. 일반적으로 퇴원 직후, 자살력, 남성, 젊은 나이, 사회적 고립, 좋은 병전기능 등의 조건을 가진 사람이 회복하는 과정에 병식을 갖게 되면서 치료에 대해 비관하고 절망감이 증가할 경우 자살위험성이 높아지는 것으로 보고 있다.

정신의료기관에 알코올중독 치료를 위해 입원 중인 사람들 가운데 38.7%가 자살시도 경험이 있는 것으로 조사되었다(윤명숙, 2011). 알코올 사용에 의한 것보다는 우울이 동반되고 음주로 인해 높아져 가는 스트레스를 대처하지 못할 때 발생하는 것으로 볼 수 있다.

## 4) 자살위험성의 평가

### (1) 자살 사정면담

정신건강사회복지사는 잠재적인 자살위험성이 있는 클라이언트와의 면담에서 자살사고, 자살계획, 자살시도력, 자살가족력, 정신질환 치료력 등을 확인하는 것이 바람직하다(한국정신보건사회복지사협회, 2012).

자살 사정면담에서는 다음의 정보를 확인해야 한다.

- 자살생각: 자살생각의 유무, 자살생각의 빈도, 지속성
- 자살계획 및 치명성: 구체적 계획 내용, 자살의 방법, 자살방법의 실행가능성
- 자살시도의 과거력: 자살시도의 이유, 선택방법, 시도 후의 감정
- 자살에 관한 가족력: 클라이언트는 자살 유가족일 수도 있다.
- 정신질환의 과거력: 진단명, 입원 경험, 치료효과

- 사회적 지지: 가족 및 친구, 친밀도, 연락빈도, 친지와 연락두절 이유
- 경제적 여건: 생활비, 경제적 상태, 직업, 자녀의 지원
- 신체적 건강상태: 치료질병, 신체적 통증, 수면문제, 식욕문제, 피곤 등
- 음주 및 약물남용: 술, 흡연, 금단증상

자살 언급에 대한 금기와 불편감에도 불구하고 자살위기자를 돕는 과정에서 반드시 자살에 대해서 묻는 것이 중요하다. 면담 결과는 클라이언트의 위험신호를 명확하게 인식하고 치명성의 수준을 아는 데 필요하기 때문이다. 자살위험성이 있는 사람은 미묘하지만 분명한 단서와 도움을 요청한다. 그렇기 때문에 사회복지사는 자살위험성에 대한 다양한 신호들에 대해서 잘 이해하고 있어야 한다.

### ✤ 자살의 위험신호

- 과거의 자살시도력(얼마나 치명적이었는지는 중요하지 않다.)
- 심각한 상실의 경험(인간관계, 직업, 가까운 사람의 죽음)
- 가족 내의 자살시도력
- 학대, 가족폭력의 경험
- 심한 우울증을 앓고 있음
- 만성적인 우울증이나 다른 정신질환을 가지고 있음
- 공존질환이 있다(정신질환+알코올중독+불안).
- 알코올 문제가 있다.
- 만성질병, 만성적 고통, 심각한 장애
- 죄를 저질러서 체포를 당할 위기

출처: 한국정신보건사회복지사협회 (2012).

### ✤ 자살위험성 초기신호

- 무망감, 절망감을 느낀다(미래에 희망이 없다).
- 가치가 없음을 느낀다.
- 점차적으로 위축되면서 무감동해지고 무기력해진다.
- 고립되고 사회적 활동이 감소한다.
- 학교생활이나 직장생활에서 중도탈락한다.
- 예전에는 즐거워했던 활동에 대해 흥미를 잃는다.
- 에너지와 동기를 상실한다.
- 수면습관이 변한다.
- 식사습관이 변한다.
- 스스로에게 소홀해지고 자신의 외모를 돌보지 않는다.
- 슬픈 생각 또는 죽음에 몰입한다.
- 집중을 하지 못한다.
- 몸이 자꾸 불편하다고 한다. 여기저기가 아프다고 한다.
- 갑작스럽게 화를 내고 폭발한다.
- 무모한 행동을 한다.
- 술이나 약물남용이 증가한다.
- 화를 잘 내고 성급해하며 불안해한다.

출처: 한국정신보건사회복지사협회 (2012).

## (2) 척도사정

### ① 한국판 자살생각 척도

한국판 자살생각 척도(Beck Scale for Suicide Ideation: BSI)는 성인과 청소년들의 자살사고의 심각성을 측정하고 탐지하기 위한 자기보고식 질문지이다. 21문항으로 구성되었으며 점수 범위는 0~38점으로 점수가 높을수록 자살사고가 높은 것으로 간주된다.

#### ② 자살사고 척도

자살사고 척도(Scale for Suicide Ideation: SSI)는 자살에 대한 심각성을 측정하는 자기보고식 설문지이다.

#### ③ Beck의 절망감 척도

Beck의 절망감 척도(Beck Hoplessness Scale)는 자살의 위험성을 나타내는 절망감에 관한 총 20문항의 자기보고식 설문지로, 노인의 경우 9점 이상이면 자살위험성이 높은 것으로 나타났다.

## 5) 자살위험자에 대한 치료적 접근

### (1) 문제해결식 접근

개인정신치료를 통해 문제해결과정과 방법, 즉 대인관계기술 부족, 문제해결기술의 부족, 과도하게 일반화된 기억과 절망감을 회상하는 편향을 교정해야 한다.

문제해결방법을 찾아가는 과정은 ① 문제목록 작성, ② 문제의 우선순위 매기기, ③ 브레인스토밍을 통한 가능한 해결책의 범위 결정, ④ 구체적 해결책 선정, ⑤ 선정한 해결책을 더 작고 용이한 과정으로 세분화, ⑥ 각 단계의 어려움을 예상하고 명확화, ⑦ 단계 사이의 진전을 체계적으로 검토하며 나아가기 등이다.

### (2) 인지행동치료

자살위기자의 인지적 특징은 문제해결기술이 부족하며 지나치게 일반화하는 기억의 변수를 가지고 있다는 점이다. 인지행동치료는 자기의사 표현을 분명하게 하고 대안적 문제해결책을 개념화하는 능력을 가르치며 스스로의 행동과 사고를 관찰하는 능력을 배양한다. 또한 긍정적인 사고를 늘리도록 건설적인 활동계획을 수립한다.

#### (3) 변증법적 행동치료

변증법적 행동치료는 만성적인 자살위험을 지니고 있는 경계성 인격장애 환자들을 돕기 위해 개발된 치료법이다. 치료과정에서 환자에 대한 비난을 하지 않고 환자가 자신의 감정반응을 조절하여 극단적인 행동을 자제하고 자신의 반응을 수용하도록 돕는 데 초점을 둔다. 명상법, 대인관계의 효율성 기술훈련이 핵심이다.

#### (4) 사회적 지지치료

사회적 지지치료는 위기개입과 같이 자살위험으로 긴급한 상황에서 개인이나 가족을 즉각적으로 도와주는 단기적 개입이다. 치료자는 문제를 분명하게 해주고 안도감을 가지게 해주며 행동계획을 세울 수 있도록 도와주고 다른 기관이나 가족의 지원을 알선해 주거나 연결해 준다. 비상 전화를 경청하고 자살가능성을 평가하며 감정에 공감하고 정보를 제공하면서 희망을 갖고 안심하도록 한다.

### 6) 자살위험에 대한 개입

자살은 해당 분야 전문가만이 당면하는 과제가 아니므로 사회복지와 보건,

학교를 포함한 모든 인간생활영역에서 보편적인 대인서비스 전문가들이 자살위험에 대해 대처할 수 있는 방법을 교육하고 보급하는 노력이 필요하다. 따라서 정신건강복지센터와 자살예방센터는 자살위험성에 대한 조기발견과 고위험자를 대상으로 사례관리를 제공하면서 지역사회 안전문화 구축을 위한 교육 및 홍보활동을 수행하고 있다.

**표 14-1** 자살위험 수준별 개입

| 정도 | 위험요인 | 개입내용 |
|---|---|---|
| 낮은 위험 | • 자살사고만 있음<br>• 자살계획은 없음<br>• 위험요인이 적음<br>• 장기위험(오랜 시간 후에 시도할 만한) | • 정서적 지지<br>• 타 상담자원 연결(위기상담 아닌)<br>• 한두 차례 접촉을 통한 타 기관으로 의뢰 |
| 중간 위험 | • 잦은 자살계획<br>• 막연한 자살계획<br>• 낮은 치명성<br>• 몇 가지 위험요인<br>• 단기위험(며칠, 몇 주) | • 약속: 신속하고 적절하게<br>• 전화방문 혹은 직접방문<br>• 자살위험성 재발에 대한 지속평가<br>• 잠재적 자살도구의 제거<br>• 가족 및 중요 지인과 함께함<br>• 자존감 증대를 위해 위기는 일시적임을 알리고 지지함<br>• 지속적 자원과 연결<br>• 응급서비스 알려줌<br>• 자살위험성 제거 시까지 6~8주 관리 |
| 높은 위험 | • 고도의 치명성을 갖고 있는 준비된 도구 등 다양한 위험요인을 가지고 있음(농약, 날카로운 칼)<br>• 일촉즉발의 위험성(1일 이내)<br>• 자살시도력(가족 포함)<br>• 정신과 증상(정신증, 환각, 편집증) | • 극단적 비관(무망감 등을 표현)<br>• 병원 등 보호적 환경에서 대면평가<br>• 경찰과 119 구급대 협조<br>• 가족 및 중요 지인을 참여시켜서 상황을 확인하도록 함<br>• 대상자를 혼자 두지 말 것<br>• 다가오는 6~8주 동안 집중적인 사후관리와 의료적인 관심 제공 |

출처: 한국정신보건사회복지사협회 (2012).

'자살위험 수준별 행동지침'은 자살위험인을 만나서 위험성의 수준에 대해 사정을 하고 각 단계별 개입방법을 신속하게 활용하도록 안내한다. 클라이언트의 위험성이 어느 단계인지 애매한 상황에서는 대체로 높은 쪽으로 평가하는 것이 위기개입에서 민감하고 적극적인 대처를 이끌어낼 수 있다.

한국형 표준자살예방 교육프로그램 '듣고 보고 말하기'는 포괄적 사회서비스 전문가를 위해 교육 · 보급하고 있다. 이 프로그램은 '보기'를 통해 자살 고위험군을 빨리 알아차리고, '듣기'를 통해 자살위험성에 대해 적극적이고 공감적으로 경청하며, '말하기'를 통해 안전을 위한 계획을 세우고 연계하는 자살예방의 전 과정을 포괄하고 있다.

**표 14-2 한국형 표준자살예방 교육프로그램 '듣고 보고 말하기'**

| | | |
|---|---|---|
| 보기 | 언어적 신호 | • 죽고 싶다는 직접적 표현<br>• 신체적 불편함을 호소<br>• 절망감과 죄책감<br>• 집중력과 일상생활 기능의 저하<br>• 감정의 변화 |
| | 행동적 신호 | • 자살을 준비하는 행동<br>• 자해흔적, 전에 없던 행동들<br>• 외모의 변화<br>• 일상생활능력의 저하 |
| | 상황적 신호 | • 극심한 스트레스<br>• 만성질환, 신체적 장애, 예후가 좋지 않은 질환자<br>• 가족이나 사랑하는 사람을 잃은 상실감 |
| 듣기 | 자살에 대해서 명확하게 듣기 | • "자살에 대해 생각하고 있습니까?"<br>• "요즘 얼굴도 많이 안 좋고, 말도 없어지고… 평소에 안 하던 지각도 하시고… 정말 많이 힘들어 보이십니다. 이렇게 힘들어하는 경우 많은 사람들이 자살을 생각하기도 한다는데 당신도 자살을 생각하고 있습니까?" |
| 말하기 | 이전 자살시도 유무 | • 전에도 자살을 시도한 적이 있습니까? |
| | 정신과 질환의 유무 (특히 우울증) | • 정신과 질환을 앓은 적이 있으시거나 지금 앓고 계신가요? |
| | 알코올 남용 | • 술로 인한 문제가 있으시거나 현재 술을 드신 상태이신가요? |
| | 자살방법의 준비 여부와 치명성 | • 자살을 준비하셨나요? |
| | 자살계획의 구체성 | • 어떤 방법으로 자살할지 생각해 본 적 있습니까?<br>• 언제 자살할지도 생각했습니까? |
| | 인적네트워크 및 지지자원 | • 힘들 때 이야기할 수 있는 사람이 있습니까? |

출처: 한국자살예방협회 (2012).

## 7) 자살예방을 위한 정책

### (1) 자살예방정책

정부는 자살예방법에 근거하여 5년주기로 자살예방 정책을 수립하고 있다. 촘촘한 자살예방 안전망을 구축하여 자살의 원인에 접근하고 실질적인 치료를 제공하여 예방뿐 아니라 자살자 수를 감소시키기 위한 이 계획은 범정부적인 협의에 의해 수립 및 시행되는 특징이 있다.

**표 14-3** 제5차 자살예방기본계획(2023~2027)

| 추진전략 | 1. 생명안전망 | 2. 자살위험요인감소 | 3. 사후관리강화 | 4. 대상자 맞춤형 자살예방 |
|---|---|---|---|---|
| 단계별 | 환경개선 | 발굴, 개입, 치료, 관리 | 회복지원, 자살 확산 예방 | 전주기 |
| 대상별 | 전 국민 | 정신건강위험군 | 자살시도자 · 자살유족 | 전 국민 |
| 핵심과제 | 1. 지역맞춤형 자살예방<br>2. 생명존중문화 확산<br>3. 정신건강검진체계 확대 개편 | 1. 치료 및 관리강화<br>2. 위험요인관리강화<br>3. 재난 후 대응체계 강화 | 1. 자살시도자 사후관리<br>2. 유족 사후관리<br>3. 사후대응체계구축 | 1. 경제위기군 맞춤형 지원<br>2. 정신건강위기군 맞춤형 지원<br>3. 생애주기별 · 생활터별 맞춤형 지원 |
| 추진전략 | 5. 효율적 자살예방 추진기반 강화 | | | |
| 핵심과제 | 1) 자살예방정책 근거기반 마련<br>2) 정책추진 거버넌스 재정비<br>3) 자살예방 인프라 강화 | | | |

### (2) 자살예방 및 생명존중문화 조성을 위한 법률

2011년 제정된 「자살예방 및 생명존중문화 조성을 위한 법률」은 자살예방 정책수립 등 자살예방에 대한 국가의 책임이 명시되고 자살예방센터의 설치와 역할, 전문인력 양성을 위한 근거를 마련하였다.

**표 14-4** 자살예방 및 생명존중문화 조성을 위한 법률(약칭: 자살예방법)의 개요

| 장 | 제목 | 내용 |
|---|---|---|
| 총칙<br>(1장) | 목적(1조) | 국민의 생명보호 및 생명존중문화의 조성 |
| | 기본정책(2조) | 사전예방대책에 중점, 사회문화적 인식개선에 중점 |
| | 국민의 권리와 의무(3조) | 자살위험자가 국가 등에 대해 도움을 요청할 권리와 국민의 국가에 대한 협조 및 자살위험자에 대한 구조조치의 의무 |
| | 국가 및 지방자치단체의 책무(4조) | 자살위험자에 대한 필요정책 수립과 단계별 자살 대책 수립 |
| | 사업주의 책무(5조) | 국가 등의 자살예방정책에 대한 협조 및 근로자 정신건강 유지를 위한 노력 의무 |
| | 다른 법률과의 관계(6조) | 자살예방정책수립 및 시행에 있어 기본 법적 지위 설정 |
| 기본계획의 수립<br>(2장) | 자살예방 기본계획의 수립 (7조) | 5년마다 자살예방 전문위원회의 심의를 거쳐 보건복지부 장관이 자살예방기본계획 수립 |
| | 연도별 시행계획의 수립 · 시행 등(8조) | 중앙행정기관의 장 및 시도지사의 연도별 자살예방사업계획 수립 및 시행 |
| | 시도별 시행계획의 조정 등 (9조) | 보건복지부 장관의 각 광역지방자치단계의 시행계획 조정 및 이행상황 점검 |
| | 계획수립의 협조(10조) | 관계 중앙행정기관, 지방자치단체, 관련 단체 등의 협조 의무 |
| 자살예방 대책 등<br>(3장) | 자살실태조사(11조) | 5년마다 국가 및 지방자치단계의 자살실태조사 실시 |
| | 자살통계 분석 및 정보관리체계 구축(12조) | 자살통계 수집 · 분석을 위한 연구기관의 지정 |
| | 자살예방센터의 설치(13조) | 중앙 및 지방자살예방센터의 정신건강복지센터 내 설치 또는 민간위탁과 비용보조, 자살예방용 긴급전화 설치 |
| | 자살위험자 지원 및 정신건강 증진대책(14조) | 자살위험자를 대상으로 한 선별조사 도구 개발 및 자살위험자 조기발견, 상담 및 치료 노력 |
| 생명존중 문화 조성 등<br>(4장) | 생명존중문화 조성(15조) | 국가 및 지방자치단체의 생명존중문화사업 추진 |
| | 자살예방의 날(16조) | 자살예방의 날과 자살예방 주간의 설정 |
| | 자살예방 상담 · 교육(17조) | 국가 및 지방자치단체, 공공기관 등에 대한 자살예방 상담 및 교육 |
| | 자살예방을 위한 홍보(18조) | 국가 및 지방자치단체의 자살예방교육과 홍보시책 강구 |
| | 자살유해정보 예방체계의 구축(19조) | 자살동반자 모집, 독극물 판매 등 자살유해정보 유통의 차단을 위한 예방체계 구축과 운영 |

| | | |
|---|---|---|
| 보칙<br>(5장) | 자살시도자 등에 대한 지원<br>(20조) | 자살시도자 및 자살자 가족에 대한 심리상담 및 심리치료의 지원 |
| | 명예 및 생활의 평온에 대한 배려<br>(21조) | 자살예방대책 시행 시 명예 및 생활의 평온 보장 |
| | 전문인력의 양성(22조) | 자살예방 전문인력의 양성과 확보 노력 |
| | 민간단체 등의 지원(23조) | 자살예방사업 수행 민간단체에 대한 지원 |
| | 비밀누설의 금지(24조) | 자살예방 직무수행자의 비밀유지 및 발표금지 |
| 벌칙<br>(6장) | 벌칙(25조) | 비밀유지의무 위반에 대한 형사처벌 |

출처: 법제처.

## 2. 가정폭력과 정신건강

### 1) 개요

가정폭력이란 가정 내에서 일어나는 모든 형태의 폭력을 의미한다. 「가정폭력범죄의 처벌 등에 관한 특례법」 제2조에 의하면 가정폭력이란 '가정구성원[1] 사이의 신체적, 정신적 또는 재산상 피해를 수반하는 행위'를 말한다.

가정폭력의 피해자를 기준으로 구분하면 배우자 사이에서 행해지는 부부폭력, 성인에 의하여 아동에게 가해지는 아동학대, 노인의 부양이나 수발을 책임지고 있는 사람이 노인에게 손상을 가하는 노인학대, 장애인폭력, 다문화가정폭력, 북한이탈주민가정폭력 등이 있다. 그동안 드러나지 않았던 다문화 및 북한이탈주민가정의 폭력실태가 매우 심각한 것으로 보고되면서 경찰과 정책의

1) 가정구성원이라 함은 배우자(사실상 혼인관계에 있는 사람을 포함한다. 이하 같다) 또는 배우자였던 사람, 자기 또는 배우자와 직계존비속관계(사실상의 양친자관계를 포함한다. 이하 같다)에 있거나 있었던 사람, 계부모와 자녀의 관계 또는 적모(嫡母)와 서자(庶子)의 관계에 있거나 있었던 사람, 동거하는 친족 중에 해당하는 사람이다. 「가정폭력범죄의 처벌 등에 관한 특례법」

개입이 닿지 못하는 이들의 폭력문제에 대한 접근이 요구되고 있다.

가정폭력의 행태별 유형은 신체적 폭력, 정서적 폭력, 언어적 폭력, 경제적 폭력, 성적 폭력, 방임과 유기, 기타 상대방의 의견이나 결정권을 무시하고 강요하는 행위 등이 있다.

## 2) 가정폭력 관련 이론

### (1) 정신역동이론

정신분석적 관점에서 폭력행위는 개인의 무의식에 저장되었던 갈등이 충동으로 작용한 결과이다. Bowlby는 초기아동기의 발달상 요인들이 폭력의 중요한 원인임을 밝혔다. 특히 아동기에 양육자와의 애착관계 형성에 성공하지 못한 이들은 대인관계에서 신뢰와 공감하는 능력에 결함이 생기고 분노와 충동을 조절하는 데 실패하여 그 결과가 폭력행동으로 나타나게 된다.

### (2) 사회학습이론

사회학습이론은 모델링, 강화, 보상이론을 중심으로 폭력의 세대 간 대물림을 설명한다. 아동은 원가족에서 가족구성원 간 폭력의 경험과 관찰을 통해 경우에 따라 가족 내 폭력행동이 수용적일 수 있고 타인을 통제를 할 수 있는 효과적인 방법이라는 것을 학습한다. 특히 부부폭력은 일차적으로 원가족에서 역할모델이 되는 부모로부터 학습된다는 설명이 있다. 원가족에서 가정폭력을 경험했거나 목격한 남성의 경우 부부폭력에서 가해자의 역할을, 여성은 피해자의 역할을 할 기능성이 높다(김예정 · 김득성, 2006). 자기주장과 문제해결 기술이 부족한 사람일 경우 심각한 폭력으로 자신의 의사를 표현한다.

### (3) 인지행동이론

인지행동이론에서 볼 때 가정폭력은 비합리적, 왜곡된 인지에서 기인한 행동이다. 우월적이고 권위적인 자기인식을 가진 남성들은 아내를 통치하기 위한 방법으로 폭력을 선택한다. 그들은 잘못된 성의식으로 폭력을 정당화시키고 있으며 비합리적인 인지로 인한 분노를 조절하거나 의사소통에 실패했을 때 문제해결방안으로 폭력을 사용한다.

### (4) 가족체계이론

가족체계이론은 가정폭력을 가족체계 내의 복잡한 상호작용의 결과라고 본다. 예컨대 가정폭력 피해여성들의 대다수가 다시 가정으로 돌아가는 것은 가해남성과의 역기능적인 관계만으로 해석할 것이 아니라 가족이 속한 다차원적 체계의 특성의 결과물이라는 관점을 가지고 있다.

### (5) 여성주의이론

아내폭력은 가부장제와 권력불평등에 의한 통제와 지배이고, 이것은 '개인적인 것은 정치적인 것이다'라는 여성주의 원리하에 개인적인 문제가 아닌 거시적인 사회구조의 문제임을 드러낸다. 따라서 여성주의는 가정폭력의 원인을 사회구조적 가부장제 규범에 두며 가해자 치료에서도 폭력남편의 '가부장적 성역할태도 변화'를 강조하고 있다.

## 3) 가정폭력 당사자에 대한 개입

### (1) 가정폭력 피해자

#### ① 피해자의 특성

가정폭력 피해자인 여성들은 정신적인 면에서 우울을 비롯한 유사정신병을 경험하고 피해가 장기화되는 경우에 피학대여성증후군(battered-women syndrome)[2]이나 외상후스트레스장애로 고통을 받게 된다(한국정신보건사회복지사협회, 2012). 행동면에서는 대처능력이 유의미하게 감소되고 심각한 스트레스로 정서적인 위기를 겪으면서 만성적인 소진을 경험하게 되어 인간관계를 기피하고 사회적으로 고립되는 경우가 많다.

가정폭력 피해여성들의 경험이야기(장수미 · 김주현, 2005) 속에서 여성들은 가정과 자녀들을 지키기 위해 오랫동안 폭력 피해 사실을 드러내지 않고 참고 지내오다가 피해자 보호정책이 있다는 것을 알고 용기 내어 신고하고 도움을 요청해 본다. 막상 기대와 다른 신고와 보호제도에 실망하지만 신고할 수 있고 사회적으로 도움을 받을 수 있다는 사실이 힘이 되어 보다 적극적으로 폭력에 대응하고 자신감을 회복하고 있다.

---

2) 피학대여성증후군은 심리내적인 요소와 관계적인 요소로 이루어져 있다. 관계적인 요소는 피학대여성과 가해남성 간의 반복된 폭행을 가리킨다. 반복된 폭행은 긴장형성, 심각한 폭력행사 그리고 애정 섞인 뉘우침이라는 세 단계로 이루어진다. 이러한 관계적인 측면의 반복된 폭행은 폭행의 피해자에게 우울증, 자존감 결여, 학습된 무기력이라는 심리내적인 변화를 일으킨다. 이러한 심리내적 변화는 피해자 스스로 그러한 관계를 벗어날 수 없다는 무력감으로 고착된다(강우예, 2010).

## ② 피해자에 대한 개입

### 가. 안전과 보호조치

가정폭력 피해자인 배우자와 자녀들을 위해서 우선적으로 신변안전이 보장되어야 한다. 최초로 접근하는 상담전문가 또는 경찰은 안전조치를 피해자와 의논하여 결정하고 피해자가 법적 처리과정에서 지속적으로 보호받을 수 있다는 점을 안내하여 안전감을 갖도록 한다.

**표 14-5** 가정폭력 피해자 보호를 위한 조치

| 유형 | 내용 |
|---|---|
| 피해자의 보호명령 | 경찰 등 수사기관을 거치지 않고 피해자가 직접 가정법원에 주거 등에서 가해자 격리, 주거, 직장 100m 내 접근금지, 전화/이메일 등 접근금지, 친권행사 제한의 보호조치 신청 |
| 임시조치 | 가정폭력 재발 우려 시 경찰과 법원에 의해 가해자의 격리, 접근금지, 의료기관에서의 치료 위탁, 유치장 유치 결정 |
| 응급조치 | 경찰관으로부터 폭력행위의 제지, 가해자와 분리하여 상담, 보호시설/의료기관 연계 |
| 이혼절차에서 피해자 보호 | 이혼과정의 부부상담 거부 요청, 가해자의 '자녀면접교섭권' 제한 신청 |
| 기타 | 가정폭력 신고 사실 비밀보장, 가해자의 협조 없이 이외 지역으로 취학지원, 가해자를 지정하여 주민등록 열람 제한 |

### 나. 사례관리

초기상담자는 폭력시작 시기, 빈도, 내용, 심각성, 원가족에서 폭력경험 여부, 아동학대 여부, 정신 · 신체적 건강, 부부관계, 외적인 스트레스 요인들에 대한 내용을 사정한다. 정보수집과 함께 클라이언트의 문제정의, 도움요청 내용, 대응과정, 문제해결의 의지, 강점 등 욕구사정을 진행한다. 클라이언트와 사례관리자는 문제해결을 위해 이용할 수 있는 정책과 다양한 정보들을 점검하고 목표와 실천계획을 수립한다. 문제해결과정은 법적인 처리, 주거와 안전문제, 경제적인 지원, 건강에 대한 개입과 지지체계와의 관계회복 등이 포함된다. 사례관리자는 스트레스 상황에서 혼란스러워하는 클라이언트를 격려하며 당사자가 문제해결과정에 주도적으로 참여할 수 있도록 촉진하여야 한다.

### 다. 지지적 개별 및 집단상담

지지상담은 피해자의 고통과 욕구에 공감해 주고 고립감에서 벗어나도록 돕는다. 학대관계에 머무르는 경우 소극적인 대처보다 적극적인 대처가 가능하다는 믿음을 주어 자신의 상황을 관리하도록 돕는다. 전문가는 신뢰관계를 유지하며 피해자가 자기비난을 하지 않고 과거로 후퇴하지 않도록 용기를 주고 변화의 용기를 자극해야 한다. 이때 깊은 내면의 변화를 유도하기보다 교육적, 직접적, 현실적으로 접근한다(한국정신보건사회복지사협회, 2012).

동질집단은 문제를 일반화하고 사회적 관점에서 바라봄으로써 인식의 변화를 경험한다. 집단은 자조적이고 소규모일 경우에 억제되었던 감정을 충분히 발산할 수 있다. 집단이 결속력이 강화되면 지속적인 자조모임으로 발전시켜 서로의 지지체계로 기능할 수 있다.

**표 14-6 가정폭력 피해자를 위한 상담프로그램 '강점으로 치유하기'**

| 진행단계 | 영역 | | 주제 | 목표 |
|---|---|---|---|---|
| 1단계: 도입 | • 관계형성<br>• 문제파악 | 1 | 신뢰관계형성과 문제파악 | • 관계형성<br>• 문제파악<br>• 위기개입 |
| | • 증상이해<br>• 목표설정 | 2 | 가정폭력 피해증상 이해와 목표설정 | • 가정폭력 피해증상 이해<br>• 복합성 외상후스트레스 측정<br>• 목표설정 |
| | • 가정폭력 재인식<br>• 상황대처<br>• 가정폭력 재인식<br>• 상황대처 | 3 | 가정폭력에 대한 인식 | • 가정폭력에 대한 사회구조와 가족문화 이해<br>• 양성평등적 성역할 태도형성 |
| | | 4 | 가정폭력 상황 대처 | • 자기보호 방법 인지<br>• 지역사회 자원 활용 |

| | | | | |
|---|---|---|---|---|
| 2단계: 변화와 성장 | • 정서적 안정<br>• 증상 감소 | 5 | 억압된 감정표현과 효과적 감정처리 | • 억압된 감정표현<br>• 긍정적 감정표현과 경험 |
| | | 6 | 성공경험 탐색과 강화 | • 정서적 안정<br>• 우울감과 불안감 감소 |
| | | 7 | 강점탐색과 강화 | • 강점탐색과 확인<br>• 자아존중감 회복과 향상 |
| | • 행동조절<br>• 의사소통 | 8 | 분노감정 조절 | • 자신의 분노감정 이해<br>• 분노감정 다루기 |
| | | 9 | 적절하고 효과적인 자기표현 | • 자신의 상황을 역할극으로 표현<br>• 생각, 감정, 의견을 효과적으로 표현<br>• 분명한 자기주장 방법 연습 |
| | | 10 | 의사소통능력 향상 | • 타인의 말에 대한 긍정적 반응<br>• 긍정적 피드백 강화와 의사소통 능력 향상 |
| | • 가족관계<br>• 자녀양육 | 11 | 가족생활사 분석과 의미부여 | • 부정적 사건에서의 대처능력 탐색과 지지<br>• 긍정적 사건에서의 자원과 강점 탐색<br>• 자신과 가족의 긍정적 이미지 강화 |
| | | 12 | 가정폭력과 자녀양육 | • 가정폭력이 자녀에게 미치는 영향<br>• 자녀의 욕구 이해<br>• 자녀와 긍정적 관계 형성 |
| | | 13 | 원가족의 자원과 강점 탐색 | • 원가족의 자원과 강점 탐색<br>• 자신의 자원과 강점 강화와 확대 |
| | | 14 | 건강한 부부관계 | • 부부간 차이의 이해와 수용<br>• 친밀감과 애정의 효과적 표현 종결 |
| 3단계: 종결 | • 희망과 꿈 | 15 | 긍정적 미래 계획 | • 미래에 대한 계획<br>• 희망과 꿈을 구체화 |
| | • 평가 | 16 | 변화와 성장 확인 | • 변화와 성장 확인 및 강화<br>• 변화 유지방법 탐색 |

출처: 한국단기가족치료연구소 (2011).

### 라. 가정폭력 피해자를 위한 상담프로그램 '강점으로 치유하기'

가정폭력 피해자를 위한 치료프로그램은 가정폭력 피해자들의 현실적으로 긴박한 문제를 파악하고 적절한 서비스를 제공하며 심리 · 정신적 상처에 관하여 외상후스트레스장애 개념으로 이해하고 치유적 접근을 하며 가정폭력에 대한 새로운 인식과 대처방법 등에 관한 교육과 훈련을 하는 것이 목적이다(한국단기가족치료연구, 2011).

이 프로그램은 3단계로 구성되어 있으며 강점관점, 사회학습이론, 인지행동이론, 여성주의 이론, 가족체계이론, 해결중심이론을 활용하여 피해자의 문제, 상담기간, 상담자의 경험을 고려해 각 영역과 내용을 재구성하여 진행할 수 있다.

### (2) 가정폭력 가해자

#### ① 가해자의 특성

##### 가. 가정폭력과 아동학대의 중복피해의 경험

많은 연구들에서 배우자 폭력의 가해자의 50% 이상이 자녀폭력의 가해자일 가능성이 높다. 또한 가정폭력 피해아동의 경우 성장하여 가정폭력 가해자가 되는 가능성이 매우 높다는 사실 또한 알려져 있다. 연구자들은 가해남편이 종종 아내를 위협하고 복수하기 위한 수단으로 자녀에게 학대를 행사하거나 아내학대 장면을 목격하도록 하는 경향을 통해 가정폭력과 아동학대의 상호관련성을 설명하고 있다. 가정폭력과 아동학대를 중복경험하는 아동의 경우 비행, 각종 중독, 우울과 정서장애를 경험하고 비행과 각종 중독에 노출될 위험이 높다. 또한 성인이 되었을 경우에는 부정적 행동문제(약물의존, 우울증 등)와 결혼 실패 그리고 폭력의 가해자가 될 확률이 상대적으로 높다(정혜숙, 2011).

##### 나. 음주와 폭력의 연관성

음주문제를 가진 가정폭력가해자들은 폭력행동을 음주의 탓으로 돌리며 폭력을 정당화함으로써 음주문제와 폭력에 대한 개입을 어렵게 한다. 그러나 음주와 가정폭력은 상관관계는 있지만 인과관계는 분명하지 않다. 즉 술을 마시지 않은 남편에 의해서도 가정폭력이 존재하며, 술을 끊는다고 해서 가정폭력이 근절되는 것은 아니다.

### ② 가정폭력 가해자의 유형

**표 14-7** 가정폭력 가해자들의 행위자 유형에 따른 개입방안

| 유형 | 특성 | 개입방안 |
|---|---|---|
| 폭력성이 낮은 집단 | • 신체적, 심리적 폭력수준은 다른 유형에 비해 가장 낮다.<br>• 폭력의 대상은 아내로 제한된다.<br>• 아동기 학대 경험이 적다.<br>• 알코올에 덜 의존적이다.<br>• 타 유형에 비해 우울과 질투수준이 낮고 통제력과 자존감은 높다.<br>• 양호한 사회기술을 가지고 있다.<br>• 성평등적 태도를 가지고 있다.<br>• 부부관계 만족도가 높다.<br>• 폭력에 대한 허용수준이 가장 낮다. | 인지행동/여성주의모델: 감정표현기술과 문제해결기술훈련 |
| 심리적으로 불안정하고 의존성이 강한 집단 | • 중간수준의 폭력성을 보인다.<br>• 폭력은 아내에게만 행한다.<br>• 가장 높은 수준의 경계성, 의존성, 회피성, 수동공격성, 외상장애, 조현성, 편집성 등의 성격심리적 특징을 보인다.<br>• 알코올 의존도는 낮다.<br>• 질투심과 자존감은 높다.<br>• 주장기술이 부족하고 부부관계에서 불만족을 많이 표현한다. | 사회학습모델: 성격발달과 과거경험에 대한 인지재구조화, 주장기술훈련, 감정조절훈련 |
| 반사회적이며 폭력성이 높은 집단 | • 신체적, 심리적 폭력의 강도가 가장 높다.<br>• 아내뿐 아니라 일반적 상황에서도 폭력을 행사한다.<br>• 가장 높은 반사회성과 공격성을 가진다.<br>• 아동기 학대경험이 많다.<br>• 알코올 남용이 심하고 통제력과 자존감이 낮다.<br>• 여성의 성역할에 대해 가장 보수적이다.<br>• 폭력 사용의 허용도가 높아서 폭력발생 가능성이 높다. | 인지행동/여성주의모델: 성차별 및 폭력에 대한 인지재구조화, 알코올치료, 사법부의 감독과 병행 |

출처: 장희숙, 김예성 (2004).

## 4) 가정폭력 방지를 위한 정책

### (1) 가정폭력의 법적 처리

|  |  |
|---|---|
| 현장출입 조사 | • 현장출동 경찰관은 가정폭력 현장에 출입하여 피해상태 조사 (가정폭력방지 및 피해자보호 등에 법률 제9조의4) |
| ↓ | |
| 응급조치 (법 제5조) | • 현장출동한 사법경찰관 즉시 조치<br>1호: 폭력행위 제지 · 수사 2호: 상담소 · 보호시설 인도(도의시)<br>* 작성서류: 응급조치보고서 |
| ↓ | |
| 긴급임시조치 (법 제8조의2) | • 가정폭력 재범의 우려가 있고 긴급을 요하는 경우, 피해자 신청 또는 사법경찰관 직권으로 결정<br>1호: 퇴거 등 격리<br>2호: 주거 · 직장 100m 접근금지<br>3호: 전기통신 이용 접근금지<br>* 작성서류: 긴급임시조치결정서, 긴급임시조치확인서, 가정폭력 재범 위험성 조사표 |
| ↓ | |
| 임시조치 (법 제8호 및 제29조) | • 검사직권 또는 사법경찰관 신청에 의해 청구<br>1호: 퇴거 등 격리 2호: 주거 · 직장 100m 접근 금지<br>3호: 전기통신 이용 접근금지 4호: 의료기관 등 위탁<br>5호: 유치장 · 구치소 등 유치(1~3호 위반시 신청가능)<br>* 작성서류: 임시조치신청서(긴급임시조치결정서, 긴급임시조치확인서, 재범 위험성 조사표 첨부) |
| ↓ | |
| 가정보호사건 또는 일반형사사건 송치 (법 제7조) | • 가정보호사건 송치(가정폭력범죄의 처벌 등에 관한 특례법)<br>– 관할: 가정법원<br>– 징역 · 벌금 등 형사제재가 아닌 접근제한, 친권행사 제한, 치료위탁, 감호위탁, 상담위탁 등 보호처분 결정<br>• 일반형사사건 송치(형법)<br>– 일반형사사건과 동일 절차로 진행 |

〈그림 14-1〉 가정폭력사전 처리절차(가정폭력 범죄의 처벌 등에 관한 특례법)

출처: 여성가족부(2012).

가정폭력은 가정폭력방지 및 피해자보호 등에 관한 법률과 가정폭력범죄의 처벌 등에 관한 특례법에 의해 처리된다. 폭력의 위기순간에 경찰의 개입으로 폭력행위의 제지, 피해자와 가해자의 분리, 범죄수사, 상담소 또는 보호소 인도로 이어지는 일련의 과정이 진행된다.

### (2) 가정폭력 방지 및 피해자 지원

여성가족부는 가정폭력의 근절에 대응하고 피해자를 보호하기 위해 가정폭력상담소와 경찰, 보호시설을 연계한 피해자지원 보호시스템을 구축하고 가정폭력의 예방, 치료, 사회복귀와 자립지원을 제공하고 있다.

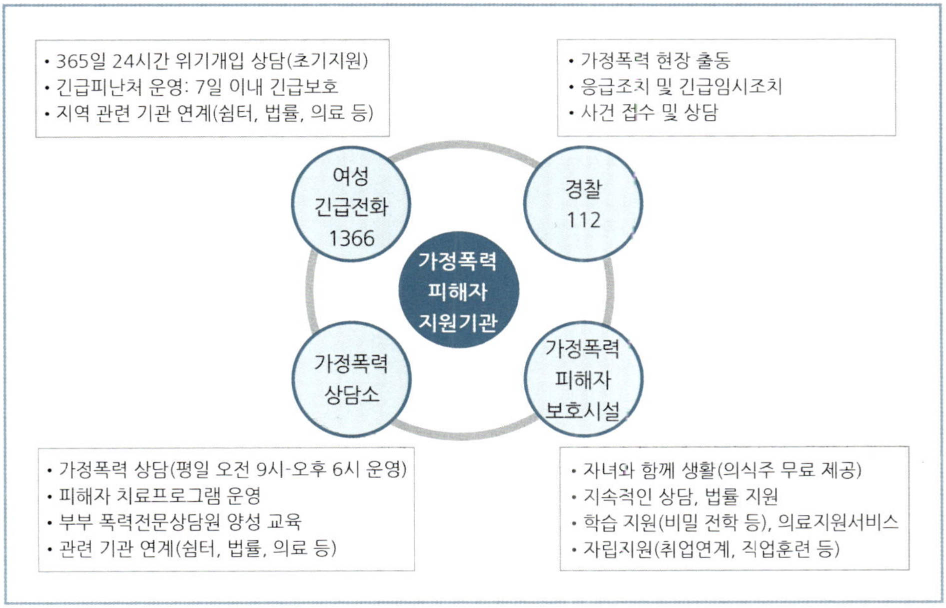


〈그림 14-2〉 가정폭력 방지 및 피해자 지원기관

출처: 여성가족부 (2024).

가정폭력으로 인한 긴급 구조 · 보호와 상담을 필요로 하는 여성들은 가정폭력상담소 외에 〈여성긴급전화 1366〉를 이용하고 이주여성인 경우 〈다누리콜센터〉에서 24시간, 연중무휴 도움을 요청할 수 있다.

**표 14-8** 가정폭력 피해자에 대한 치료 및 사회복귀 지원

| 유형 | 내용 |
|---|---|
| 의료지원 | • 가정폭력으로 인한 피해 사실과 인과관계가 인정되면 신체적 · 정신적 피해에 대한 치료, 임산부 및 태아보호를 위한 검사 및 치료 등에 대한 의료비 지원<br>• 피해발생 후 5년 이내 범위에서 지원 |
| 무료법률지원 | • 가정폭력 피해자의 가정폭력 민사, 가사 사건에 대한 무료법률상담 및 구조 지원<br>• 대한법률구조공단 또는 한국가정법률상담소에 신청 |
| 긴급지원 | • 가정폭력 피해자와 생계 및 주거를 함께하는 가족구성원의 생계유지가 어렵게 된 경우 금전 또는 현물 지원<br>• 보건복지콜센터로 신청 |
| 쉼터입소지원 | • 가정폭력 피해자 중 가해자와 분리된 생활을 원하는 피해자에 한해 각 기관과 면접상담 후 입소 가능<br>• 10세 이상 남아를 동반한 피해자를 위한 별도의 보호시설 운영<br>• 입소기간 중 개인상담을 비롯한 치유프로그램 제공<br>• 단기쉼터(최장 9개월), 장기쉼터(2년), 임시보호(최장 10일) |
| 주거지원 | • 피해자와 자녀가 안정적이고 장기적인 거주지를 원할 경우 임대주택 지원<br>• 임대보증금 지원 – 임대기간 2년(2년 연장 가능)<br>• 국민임대주택 우선 입주권 부여 |
| 폭력피해 이주여성지원 | • 가정폭력으로 인해 피해를 입은 이주여성이 국내 체류를 원할 경우 체류에 필요한 쉼터 및 의료지원, 법률지원, 치유프로그램 제공<br>• 경제적 보상을 받지 못해 출국할 수 없는 경우 출국 항공료 지원<br>• 이주여성긴급지원센터 |

출처: 여성가족부 (2012).

## 3. 다문화와 정신건강

한국은 현재 국내 체류외국인이 거주 외국인이 250만명이 넘어서고(통계

청, 2023) 다문화가구는 34만 가구로(여성가족부, 2022)[3] 명실상부 다문화사회라고 볼 수 있다. 결혼과 취업을 위해 국내에 이주한 외국인들 중 50%를 차지하는 여성과 아동들은 이질적인 사회문화에 적응하는 과정에서 발생하는 스트레스에 취약하며 따라서 이주민들의 50%가 정신건강의 문제를 보이는 것으로 추산된다. 다문화가정의 적응스트레스는 이주여성과 아동 그리고 결혼생활의 스트레스를 공유하는 시어머니를 포함한 가족이 공유하는 어려움이다.

정신건강의 어려움을 호소하는 이주민들은 이주생활과 이주과정, 이주 후 적응과정에서 심리적인 외상을 경험하는데, 낯선 문화적 환경 자체보다는 경제적 어려움과 언어장벽, 사회적 지지기반의 변화와 감소, 경제적 박탈감, 사회적 배제, 인종과 민족적 차별, 성역할의 변화, 가족 내 세대 간의 갈등 등에 의한 스트레스가 악영향을 주는 것으로 나타났다(김남희, 2011). 이에 따라 다문화가정 정신건강과 서비스요구가 증가하고 있으나 정신건강서비스시설 등에서 내국인과 유사한 수준의 정신건강서비스가 제공되지 못하고 있다(이선혜 · 김은재, 2012).

## 1) 다문화가정 구성원의 정신건강

### (1) 결혼이민자의 정신건강

결혼이민자의 대다수를 차지하는 여성들은 새로운 문화에 정착하면서 경제적 · 심리사회적 스트레스를 경험하고 임신과 출산, 그리고 자녀양육에 대한 불안을 경험한다. 결혼이주여성의 불안, 우울 등 정신건강 수준을 분석한 선행연구에서는 일반 한국 여성에 비하여 결혼이주여성은 불안과 우울수준

3) 여성가족부 (2022). 2021년 전국다문화가족실태조사.

이 높고, 정신건강수준은 낮은 것으로 조사되었다(여성가족부, 2016).[4]

결혼이주여성들은 배우자와의 관계에서 남편의 불성실함과 열등감, 무직, 가부장적인 태도와 결혼비용 등으로 인한 가계 빚, 친정에 대한 경제지원이 어려워지는 등의 경제적 어려움으로 인해 갈등을 경험한다. 이주여성들이 한국에서 적응스트레스를 경험하는 데 정신과적 문제가 없는 경우 시간이 지나면서 안정을 찾게 되지만 그렇지 않은 경우 정신질환으로 발전할 가능성이 높다. 이주여성들은 모국에서 정신질환에 대한 인식과 지식 등이 거의 없어 증상이 있더라도 적절한 치료 없이 이주하고, 낯선 나라에서 정착하는 과정에서 심각한 심리정서적 스트레스에 노출되면서 증상이 악화된다. 배우자나 가족이 이주여성을 돌볼 의지가 없는 경우 이혼하여 귀국하거나 그것마저 여의치 않을 경우 가정폭력의 피해자가 되고 우울증, 알코올중독, 노숙 등의 심각한 문제로 발전하게 된다(이주여성긴급지원센터, 2011). 우울감을 경험하고 있는 이주여성들의 경우 문화적응스트레스, 가족생활스트레스, 가정폭력 경험이 많고 자존감, 가족관계, 사회적 지지에서 낮은 수준을 경험한다.

### (2) 다문화가정 아동의 정신건강

이주노동자와 국제결혼이 증가하면서 다문화가정 자녀 중 학령기아동이 급증하고 있다. 다문화가정의 아동들은 부모와의 가치관과 생활태도가 각각 다른 이중문화 속에서 성장하면서 많은 갈등과 혼돈을 경험하게 되고 아동기의 사회화를 이루어 가는 시기에 다문화 속에서 독특한 경험을 할 수 있다. 다문화가정의 아동들은 언어능력의 부족과 의사소통의 문제, 학습부진, 대인관계의 문제, 외모의 차이로 인한 따돌림, 이중문화 습득의 어려움, 자아정체감의 혼란 등을 경험한다. 다문화가정의 사회경제적인 요인과 가족관계 요인

4) 여성가족부 (2016). 2015년 전국다문화가족실태조사.

역시 아동들의 정신건강에 직접적인 요인이 된다. 아동들은 적대감이 높고 고학년일수록 정신건강 상태가 양호하지 않기 때문에 분노관리 또는 분노표출방법에 대한 훈련이 이들의 분노 및 우울과 신체화 증상을 경감하는 데 영향을 준다(문소현 · 안효자, 2011).

### (3) 다문화가정 시어머니의 정신건강

한국의 특징적인 고부관계 갈등은 외국인 며느리와의 사이에서 또한 예외는 아니다. 다문화가정의 고부관계는 단일민족의 결합으로 이루어진 결혼에서보다 더 많은 갈등을 예견할 수 있고 실제 며느리뿐 아니라 시어머니의 정신건강에 악영향으로 작용하고 있다. 다문화가정 시어머니들은 외국인 며느리와 문화적 차이와 언어적 장애가 갈등의 원인으로 지적되었으나 오히려 관계의 질이 의사소통을 방해하는 요소로 작용함드 발견할 수 있다(양승민 · 연문희, 2009). 시어머니들의 스트레스 대처방법은 혼자서 참고 인내하는 수동적인 대처를 사용함으로써 신체화와 우울증상을 경험하고 있다(성은영 · 황순택, 2013). 다문화가정의 정신건강에 대해 접근할 때 많은 다문화가정이 농촌지역이고 저소득이며 대가족이 동거하는 가족의 특성이 고부갈등에 문화적인 변인으로 작용하고 있다는 점을 염두에 둘 필요가 있다.

## 2) 다문화가정 정신건강을 위한 개입

정신건강복지센터의 특화사업으로 다문화가정 대상의 정신건강사업들이 진행되고 있으며, 가족센터, 사회복지관에서 마음건강지원사업 등이 운영되고 있다. 다문화가정의 지역사회 정착의 어려움이 가족구성원들의 정신건강과 밀접하게 연관되기 때문에 지역에 증가하는 다문화가정의 복지욕구와 정신건강 욕구에 대한 개입이 증가하고 있다. 특히 정신건강복지센터가 중심이 되어 지역의 학교나 사회복지기관과 협력한 서비스들이 운영되면서 클라이언트에 대한 접근성을 높이고 있다. 언어와 문화인식의 장벽과 함께 복지와 보건정책의 장벽 등으로 인해 조기발견, 고위험군에 대한 치료연계의 어려움이 여전히 과제로 남아 있다. 외국인들의 거주지역이 확장되고 있기 때문에 각 정신건강전문기관과 사회복지시설에서는 외국인과 결혼이민자 대상의 정신건강서비스를 제공하는 사회복지사와 기관들은 우선적으로 의사소통을 위한 준비가 필요하며, 다양한 문화적 차이에 대한 인식, 예컨대 지역별 문화관련 증상의 차이 등을 이해하여야 한다. 또한 포스트모던 패러다임을 기반으로 이주여성에 대한 개념과 이민자의 삶에 대해 구조화하고(이선혜 · 김은재, 2012) 문화와 민족이 다른 의료진과 환자, 사회복지사와 이용자 간의 치료적 동맹을 형성하고 문화적으로 민감하고 책임감 있는 개입을 위하여 문화적 역량을 갖추는 것이 중요하다(최현미 외, 2008).

# 15 chapter
# 정신건강사회복지의 전망

이 장에서는 정신건강사회복지가 앞으로 어떠한 방향성을 가지고 발전해 나갈지, 그 안에서 정신건강사회복지사는 어떠한 역할들을 준비해야 하는지에 대해서 살펴보고자 한다. 정신건강사회복지는 정신건강 환경의 변화와 정신의료체계의 변화를 모두 적응해 나가야 하는 과제를 가지고 있다. 그뿐만 아니라 새로운 영역을 개척하여 발전해 나가야 하는 과제도 안고 있는 것이다. 이 장에서는 현재의 변화되는 환경과 앞으로의 전망, 그리고 정신건강사회복지사로서 준비해야 하는 교육과 훈련을 살펴보려고 한다. 마지막으로는 앞으로 새롭게 나아가야 할 영역에 대해서도 고민해 보고자 한다.

사회복지전문가란 "가치 지향이나 지식의 특정한 목표가 문제에 집중되어 있고, 특정 활동에 대한 기술적인 전문성과 기법이 고도로 발달된 세련된 사회사업 실천가를 말한다"라고 정의하고 있다(이철수, 2009). 우리나라는 1962년부터 국립정신병원의 개설과 더불어 정신건강사회복지사의 채용이 시작되어 50여 년을 발전해 왔다. 1995년에는 「정신건강복지법」이 시행되면서 지역사회정신건강이라는 변화를 경험하였다. 이후 2016년 5월 29일에 「정신건강증진 및 정신질환자 복지서비스 지원에 관한 법률(이하 정신건강복지법)」로 전부 개정되어 정신건강의 현장은 또다시 새로운 변화를 맞이하였다. 기존 정신보건법에서는 정신장애인의 사회복귀라는 이슈가 중요한 방향성이었다면, 새로운 정신건강복지법은 정신장애인에 대한 복지서비스의 지원확대 및 전 국민의 정신건강증진이 중요한 목표로 변화된 것이다. 우리는 향후 변화해 나가는 정신건강의 수요와 정신장애인의 복지서비스 확대를 위한 고찰이 이루어져야 하겠다.

# 1. 정신건강사회복지의 방향성

## 1) 국가정신건강증진사업과 전달체계의 방향 제시

### (1) 정신건강복지법의 변화 방향

앞서 정신건강복지법에 대해서는 충분히 다루었다. 여기서는 앞으로 정신건강복지법이 어떠한 방향으로 변화해야 할지에 대한 고찰해 보고자 한다. 「정신건강복지법」은 치료에 대한 보장을 중심으로 접근하다가 점차 인권보호와 권익옹호의 방향으로 변화하고 있다. 1995년 「정신보건법」 제정 당시 치료에 대한 보장은 적절한 입원치료 보장과 지역사회 정신건강서비스를 받을 권리에 대해서 국가와 지방자치단체의 의무사항을 부과하는 것으로 시작하였다. 이후 개정을 통해 강제입원의 법적 절차를 규정하고 치료환경의 개선, 최적의 치료를 받을 수 있는 헌법상의 권리도 보장하고 있다.

현재 「정신건강복지법」은 대폭 개정되어 정신질환자의 범위를 중증정신질환자로 축소 정의하였으며, 모든 국민에 대한 정신건강증진을 강조하는 형태로 변화되었다. 특히, 비자의 입원 · 퇴원에 대한 제도를 개선하였으며 정신질환자에 대한 복지서비스를 제공하여야 함에 대해서 강조하였다. 이러한 구체적인 내용을 앞서 2장을 통해 충분히 다루었다. 이제는 구체적인 시행령과 시행규칙이 어떻게 만들어질지에 관심을 기울여야 하는 상황이다.

「정신건강복지법」은 정신건강영역에서 지속적으로 고민되어 왔던 강제입원, 정신장애인의 인권, 정신질환자에 대한 재활서비스의 부족 등의 문제를 개선하기 위해 다양한 시도를 한 발전된 형태의 법률이라고 할 수 있다. 강제입원제도에 대한 개선을 위하여 입원적합성 심사, 행정입원의 현실화 등의 방안을 제시하는 것, 정신장애인에 대한 복지서비스 확대 등이 포함된 것은 고무적이라 할 수 있다. 하지만 정신질환자에 대한 적극적인 탈원화를 이루고, 양질의 재활서비스를 제공하기 위해 노력해야 할 부분은 아직도 많아 남아 있다. 근본적인 정신건강증진[5]에 대한 접근이 제시되지 않고, 질환 치료에 초점이 맞추어져 있는 부분과 정신건강영역의 전문가들이 안정적으로 법적지위를 보장받아 일할 수 있도록 노력해야 하는 부분(전준희, 2016)이 고려되어야 할 것이다.

앞으로의 정신건강영역에서 서비스를 제공하는 기반이 될 「정신건강복지법」이 구체적인 시행령과 시행규칙으로 제정되면서 정신질환의 예방과 조기발견, 정신장애인의 인권증진과 사회통합을 위한 최선의 노력으로 완성되길 바란다.

### (2) 정신건강정책의 변화 방향

'2024년 정신건강사업안내'를 살펴보면 광역형정신건강복지센터 17개소, 기초정신건강복지센터는 246개소, 중독관리통합지원센터 60개소가 설치 운영되고 있으며, 정신건강시설로는 정신의료기관은 2,109개소, 정신요양시설은 59개소, 정신재활시설은 356개소로 운영되고 있다. 2024년 정신건강사업안내에서는 구체적인 정책목표를 다음과 같이 제시하고 있다.

5) 정신질환의 치료가 목적이 아닌 이상적인 정신건강유지 상태를 목표로 하는 WHO의 정신건강 정의

- 전 국민 정신건강증진
- 정신의료서비스/인프라 선진화
- 지역사회 기반 정신질환자의 사회통합
- 중독 및 디지털기기 이용장애 대응 강화
- 자살로부터 안전한 사회 구현
- 정신건강정책 발전을 위한 기반 구축

또한 국립서울병원에서는 국가정신건강증진 마스터플랜(Study on National Mental Health Promotion Master Plan 2016-2020)을 제시함으로써 국가정신건강증진 전략을 추진하고 있다. 이 계획에는 5대 목표와 12개 중점 추진과제 및 38개 실행전략을 제시하고 있으며, 그 내용은 다음과 같다(한국정신건강사회복지사협회, 2016).

| 목표 | 과제 |
|---|---|
| 목표1. 인식개선과 조기발견, 개입을 통해 국민 정신건강을 증진한다. | 과제1. 정신건강에 대한 국민의 인식 개선과 편견 해소<br>과제2. 정신건강 문제 조기발견과 고위험군 관리 강화<br>과제3. 직장 학교 기반의 정신건강증진체계 구축 |
| 목표2. 정신질환자의 사회통합을 촉진하고 삶의 질을 높인다. | 과제4. 정신질환자의 인권보호와 치료수준 제고<br>과제5. 정신질환자의 지역사회 복귀 지원체계 강화 |
| 목표3. 자살 위험 없는 안전한 사회를 구현한다. | 과제6. 자살예방 환경조성과 고위험군 관리체계 구축<br>과제7. 자살시도자 위기개입 및 지원서비스 강화 |
| 목표4. 중독으로 인한 건강 및 사회적 폐해를 최소화한다. | 과제8. 중독 폐해 감소를 위한 예방적 환경 조성<br>과제9. 중독 치료, 재활서비스의 통합성과 수준 제고 |
| 목표5. 국가정신건강관리 시스템과 기반 인프라를 혁신한다. | 과제10. 국가 정신건강 거버넌스 및 법 제도 개선<br>과제11. 정신건강정책, 사업의 근거 강화<br>과제12. 정신건강 인적자원 개발과 역량 강화 |

## 2) 정신건강사회복지의 변화 방향성 제시

1995년 「정신보건법」 이전의 정신건강사회복지는 정신의료의 측면이 강조된 반면, 「정신건강복지법」 이후부터는 지역사회정신건강이 확대되면서 '정신건강'과 '사회복지'의 측면이 균형적으로 발전하게 되었다. 정신건강의 영역은 지역사회정신건강이 점차 강조되고 있기 때문에 이와 관련된 '사회복지' 영역의 필요 증대는 매우 의미 있는 변화라 할 수 있다. 실제로 지역사회에서 정신건강서비스를 담당하는 많은 전문가들이 정신건강사회복지사로 구성된 것은 이러한 필요성을 나타내는 것이다. 그렇다면 이러한 정신건강의 변화과정 속에서 정신건강사회복지는 어떠한 변화 방향성을 가져야 할지에 대해서도 고민해 보아야 할 것이다.

첫째, 정신질환자와 가족을 위한 인권민감성 증진이다. 정신건강사회복지사는 정신질환자와 가족들이 현재 경험하는 정신건강환경에 대해서 예민하게 인권문제를 살피고, 대상자의 권익을 옹호하고 대변하는 역할을 하여야 할 것이다. '사회복지 윤리강령 전문'에서는 "사회복지사는 인본주의, 평등주의 사상에 기초하여, 모든 인간의 존엄성과 가치를 존중하고 천부의 자유권과 생존권의 보장활동에 헌신한다. 특히 사회적 · 경제적 약자들의 편에 서서 사회정의와 평등, 자유와 민주주의 가치를 실현하는 데 앞장선다. 또는 도움을 필요로 하는 사람들의 사회적 지위와 기능을 향상시키기 위해 저들과 함께 일하며, 사회제도 개선과 관련된 제반활동에 주도적으로 참여한다(이하 생략)"라고 언급하고 있다. 정신건강사회복지사는 정신질환자와 가족을 위하여 그들의 인권을 보장하기 위한 다양한 방안을 마련해야 한다.

둘째, 탈수용화를 위한 노력이다. 탈수용화는 지역사회 정신건강의 핵심이라 할 수 있고, 앞으로 정신건강사회복지의 주요 확대 방향이라 할 수 있다. 탈수용화는 정신재활시설의 확대와 장기입원 및 요양시설의 축소라는 두 가지 방향의 변화가 이루어져야 할 것이다. 하지만, 장기입원 및 요양시설의 축소는 지역정신건강시설의 확대가 전제되어야만 가능한 것이기 때문에 정신재활시설의 확대가 우선되어야 할 것이다. 정신건강사회복지사는 앞으로 정신재활시설의 확대를 위하여 다양한 노력을 진행해야 할 것이다. 특히, 정신건강사회복지사는 정신재활시설을 직접 운영할 수 있기 때문에, 정신재활시설의 확대를 위한 노력을 할 필요가 있다.

셋째, 정신질환의 예방과 조기발견을 위한 정신건강서비스의 확대이다. 정신건강사업의 주요 방향성 중 하나는 정신건강서비스의 확대이다. 지역사회정신건강복지센터를 중심으로 진행되는 정신건강서비스는 향후 지속적인 확대가 될 것이다.

그렇다면 정신건강사회복지는 정신건강서비스를 주도할 수 있는 역량을 키워야 할 것이다. 즉, 만성 정신질환에 대한 서비스뿐만 아니라 아동 · 청소년 정신건강, 중독예방 및 개입, 노인 정신건강서비스에 대해 전문성을 증진할 필요성이 있다.

넷째, 정신건강영역에서 사회복지영역으로의 확대이다. 사회복지사로 지역사회정신건강서비스를 한다는 것은 중요한 장점이 있다. 그 장점의 바탕은 바로 사회복지 네트워크라고 할 수 있다. 이러한 사회복지의 네트워크를 활용하고, 사회복지의 개입방안을 접목함으로써 발전된 지역사회 정신건강서비스를 제공할 수 있다. 기존의 정신건강서비스가 개별적 접근이 강조되었다면, 지역사회복지와 자원활용이 강조된 사회복지실천을 함께 함으로써 더욱 발전할 수 있을 것이다.

## 2. 정신건강사회복지사의 실천현장 다양화

정신건강사회복지의 실천현장은 매우 다양해지고 있다. 앞서 정신건강사회복지의 실천현장으로 언급한 병원, 지역정신건강복지센터, 정신재활시설, 요양시설 등에 머무는 것이 아니라, 사람을 대상으로 하는 모든 현장이 정신건강의 접근을 요구하고 있기 때문이다. 이것은 정신건강사회복지가 만성 정신장애인에 대한 서비스로 제한되는 것이 아니라 폭넓은 정신건강의 개입으로 확대되어야 함을 의미한다.

지역사회복지관은 일반 주민과 취약계층 주민들을 대상으로 서비스를 실시한다. 이 경우 각종 정신건강의 취약성은 삶의 질을 떨어뜨릴 수 있다. 특히, 우울과 알코올 문제에 대한 개입이 통합적으로 제공되지 않는다면 자칫 사회복지서비스의 효과성이 잘 나타나지 않을 수 있다. 물론 지역사회의 다양한 전문기관과 연계하여 정신건강문제에 접근할 수 있지만, 서로 다른 기관이 유기적인 접근을 함께 유지한다는 것은 쉬운 일이 아니다. 그렇기 때문에 지역사회 주민을 대상으로 하는 서비스에 정신건강사회복지사의 요구도가 높아지고 있다.

보호관찰소는 대표적인 교정기관이다. 특히, 청소년들의 범죄 재범을 예방하고, 적극적 개입을 통해 사회복귀를 촉진하는 데 정신건강에 대한 접근이 필수적일 수밖에 없다. 법무부는 2010년부터 교정직 공무원에 대해서 정신건강사회복지사를 특채로 채용하고 있다. 이러한 변화는 앞으로 정신건강사회복지사의 업무영역에 새로운 방향을 제시하는 것이다.

기업의 근로자지원프로그램(EAP)도 새로운 영역이다. 기업의 EAP는 직원들의 업무 효율을 증진하기 위한 다양한 시도를 하게 되는데, 그중 많은 부분은 스트레스 관리, 경증의 정신질환에 대한 개입을 필요로 한다. 많은 경우 적절한 정신건강의 정보와 단기 사례관리로 효과를 볼 수 있기에 정신건강사회복지사의 요구도는 크다고 보여진다.

군사회복지의 영역에서도 정신건강사회복지사의 요구도는 높다. 군대 내에서 지속되는 자살과 부적응의 문제는 군 내부에서 상담과 지속적인 관리가 이루어져야 한다. 그러기에 정신건강사회복지사의 역할은 매우 중요하다고 판단된다.

학교 또한 매우 중요한 정신건강증진영역이다. 많은 학생들이 정신건강의 어려움을 호소하나 적극적인 개입을 받지 못하고 있다. 특히 정신질환에 대한 편견으로 인해 보호자를 통한 외부상담은 접근성이 많이 떨어져 중요한 아동청소년 시기에 정신건강의 문제가 방치되기 때문이다. 정신건강사회복지사는 아동청소년에 대한 적극적인 접근을 통해 새로운 모델을 개발할 필요가 있다.

## 3. 정부의 정신건강정책 변화

정부는 2024년 정신건강정책의 방향을 입원 · 치료를 중심으로 한 기존의 사후 수동적 관리에서 사전 예방과 조기치료, 회복 및 일상복귀 지원으로 전환하는 '정신건강정책의 혁신방안'을 발표했다. '정신건강정책 혁신방안'은 〈그림 15-1〉과 같이 "정신건강정책 대전환, 예방부터 복귀까지"라는 비전과 "2027년까지 100만명 대상 심리상담 서비스 지원과 10년 내 자살률 50% 감축"이라는 핵심 목표를 설정하였다. 이러한 비전과 목표를 달성하기 위해 ① 일상적 마음돌봄체계 구축, ② 정신응급대응 및 치료체계 재정비, ③ 온전한 회복을 위한 복지서비스 혁신, ④ 인식개선 및 정신건강정책 추진체계 정비 등 4대 전략 및 관련 핵심과제를 추진키로 했다.

| 비전 | 정신건강정책 대전환 - 예방부터 회복까지 - |
|---|---|
| 핵심 목표 | • 2027년까지 100만 명 대상 심리상담서비스 지원<br>• 10년 내 자살률 50% 감축 |

**4대 전략 및 핵심과제**

| 일상적 마음돌봄체계 구축 | 정신 응급대응 및 치료체계 재정비 |
|---|---|
| • 국민 100만명에 전문 심리상담 지원<br>• 청년, 학생 검진 주기 단축 및 조기 개입<br>• 직업트라우마센터 확대 및 EAP 활성화<br>• 상담전화 109 통합 등 자살 예방 강화 | • 정신응급대응 강화<br>• 입원제도 개선, 수가인상 등 의료질 향상<br>• 외래치료지원제 활성화<br>• 마약치료기관 확충, 운영 활성화 |

| 정신건강 서비스이용률 | ('21)12.1% → ('30) 24% (2배 증가) | 정신의료기관 평균재원기간 | ('21)186.6일 → ('30) 90일 이내 (50% 감소) |
|---|---|---|---|

| 온전한 회복을 위한 복지서비스 혁신 | 인식개선 및 정신건강 정책 추진체계 정비 |
|---|---|
| • 모든 지자체에서 정신재활서비스 제공<br>• 일상회복을 위한 고용, 주거 지원<br>• 보험차별 해소 등 권리보호 지원 강화 | • 정신질환 편견해소 대국민 캠페인<br>• 자살예방교육(의무) 1,600만명 실시<br>• 정신건강정책 혁신위원회 설치, 운영 |

| 정신장애인 고용률 | ('21) 10.9% → ('30) 30% ('22, 발달장애인 고용 수준) | "정신질환자 위험" 인식 | ('21) 59.6% → ('30) 30% (50% 감소) |
|---|---|---|---|

〈그림 15-1〉 정신건강정책 혁신방안의 기본방향

출처: 보건복지부(2023) 보도자료 "정신건강정책 '예방-치료-회복' 全 단계 관리로 대전환".

특히, '정신건강정책 혁신방안'에서는 청년층을 대상으로 정신건강검사 질환을 우울증에서 조현병, 조울증까지 확대하고 검진 주기를 10년에서 2년으로 단축하며 고위험군에 대해서는 검진 후 사후관리체계를 도입하는 등 정신건강검진을 획기적으로 확대시켜서 '일상적 마음돌봄체계'가 구축되도록 시도하였다. 또한 정신응급입원체계를 재정비하여 입원 병상을 확보하고 자·타해 위험이 있으면 집중사례관리가 이루어지도록 개선방안 마련과 지원 강화를 도모하였다. 나아가 정신질환자의 일상회복을 위해 재활과 취업, 주거지원을 확대하고자 하였으며, 정신질환에 대한 편견해소를 위한 대국민 계몽을 강화하고 매년 1,600만명의 국민이 자살예방교육을 받을 수 있도록 하였다. 이러한 전략과 과제를 제대로 추진하기 위해 대통령 직속 정신건강정책혁신위를 설치해 정신건강정책 방향 수립, 쟁점심의, 예산확충 및 인프라 이행 점검 등의 역할을 수행하고자 하였다.

## 4. 전 국민 마음투자 지원사업

「정신건강복지법」 제4조, 제12조와 「사회서비스 이용권법」 제4조, 제5조에 근거해 "우울·불안 등 정서적 어려움이 있는 국민에게 전문적인 심리상담 서비스를 제공하여 국민의 마음건강 돌봄, 자살 예방 및 정신질환 조기발견"을 목적으로 한 '전 국민 마음투자 지원사업'이 2024년 7월부터 시행되고 있다.

이 사업은 '정신건강정책 혁신방안'에서 설정한 '일상적 마음돌봄체계 구축'이라는 전략을 달성하기 위한 핵심과제 가운데 하나인 '국민 100만명에 전문 심리상담 지원'과 관련하여 정서적·심리적 어려움이 있는 국민에게 사전예방 및 조기개입 차원에서 제공되는 사업이다(〈그림 15-2〉 참조).

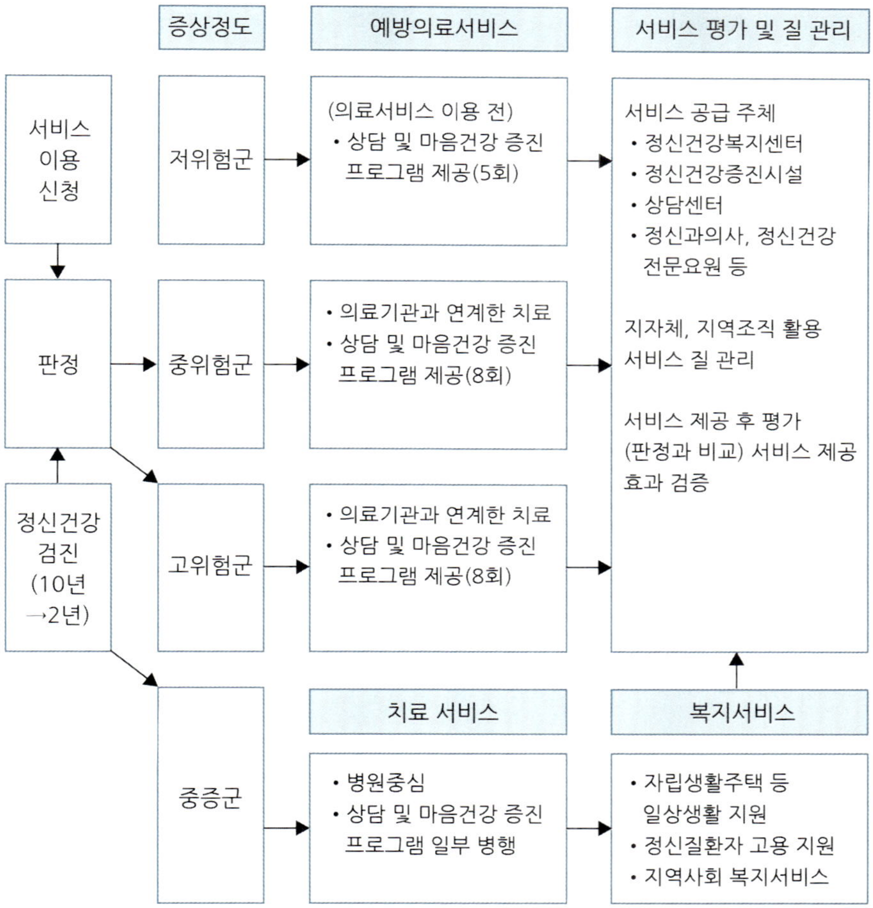


〈그림 15-2〉 전 국민 마음투자 지원사업 체계도

출처: 관계부처 합동 (2023.12). 정신건강정책 혁신방안.

이 사업의 지원대상은 정신건강복지센터, 대학교 상담센터, 정신의료기관 등에서 실시한 마음건강 평가 결과 심리상담이 필요하다고 인정되는 자 등인데, 대상자에게는 정신건강전문요원, 청소년상담사, 전문상담교사 등으로부터 총 8회의 심리상담 서비스를 받을 수 있는 바우처가 제공된다. 단, 약물 ·

알코올중독, 조현병 등과 같은 중증 정신질환, 자살위기 등의 심각한 심리적 문제로 정신건강의학과 진료가 우선적으로 필요한 경우 및 아동청소년 심리지원서비스, 아동청소년 정서발달 지원서비스, 정신건강토털케어서비스, 청년 마음건강 지원사업, 성인 심리지원서비스를 지원받고 있는 경우는 지원대상에서 제외된다.

정부는 사업 시행 첫해인 2024년에는 정신건강 위험군 8만명을 대상으로 시작해, 2025년 16만명으로 늘리고 2026년부터 일반 국민까지 확대해 2026년에 26만명, 그리고 2027년에는 50만명을 추가해 대상자를 단계적으로 확대할 계획이다.

전 국민 마음투자 지원사업뿐만 아니라 다양한 발달재활, 언어재활, 심리상담, 진로지원, 토탈정신건강케어 등 여러 서비스들이 바우처로 진행되고 있다. 충분한 경력과 자격을 갖춘 정신건강 사회복지사는 향후 전문성을 기반으로 하여 개업 실천을 확대할 수 있다. 외국의 경우는 1980년대부터 사회복지사들이 개업실천을 하는 경우가 지속적으로 증가하였다. 우리나라도 사회복지의 시장화 개념이 도입되고 있고, 정신건강사회복지의 영역에서도 사회서비스의 도입이 점차 늘 것으로 예상된다(권진숙 외, 2009). 이러한 변화는 대상자의 서비스 선택권 확대와 공급자 간의 경쟁을 통한 서비스 질 개선 노력으로 나타나게 될 것이다. 이러한 상황에서 정신건강사회복지사들의 개업이 이루어진다면 정신건강사회복지 실천에 있어서 다양한 발전을 기대할 수 있을 것이다.

# 부록1 정신건강복지법의 개정 과정과 그 내용

## 1. 국립트라우마센터 설치운영 외(2018. 6. 12. 법률 제15647호)

화재, 건물 붕괴 등 대형 재난이나 사고의 발생 후 그로 인한 정신적 외상(트라우마)에 시달리는 사람들이 늘어남에 따라 「재난 및 안전관리 기본법」에 그에 대한 심리회복 지원 등을 할 수 있는 근거를 두고 있으며, 시 · 도별로 심리회복 지원을 위한 재난심리회복지원센터를 운영하도록 하고 있다. 그러나 대형 재난이나 그 밖의 각종 사고로 인하여 정신적 충격을 받은 사람에 대한 체계적인 심리지원을 위해서는 컨트롤타워로서 모든 피해자에 대한 심리지원을 총괄하여 관리하며 심리지원 매뉴얼 개발 및 트라우마 조사 · 연구 등을 수행할 중심 기관이 필요하다.

이에 보건복지부장관이 국립트라우마센터를 설치 및 운영할 수 있도록 하고, 동 센터에서는 심리지원지침의 개발 · 보급, 트라우마 환자 심리지원, 트라우마에 관한 조사 · 연구 및 관련 기관 간 협력체계 구축 등의 업무를 수행하도록 함으로써 국가 차원의 효과적인 트라우마 심리지원체계를 마련하고자 하였다.

## 2. 정신건강복지센터 활용 외(2018. 6. 12. 법률 제15647호)

개정 이유는 첫째, 정신건강증진시설의 장은 정신질환자 등이 퇴원 및 퇴소를 하려는 때에는 정신질환자 등과 그 보호의무자에게 정신건강복지센터의 기능 · 역할 및 이용 절차 등을 알리도록 하고, 둘째, 보건복지부장관 등은 수시로 신고를 받을 수 있는 정신건강상담용 긴급전화를 설치 · 운영하도록 근거를 마련하였다. 셋째, 정신병적 증상으로 인하여 자신 또는 다른 사람의 생명이나 신체에 해를 끼치는 행동으로 입원 등을 한 사람이 퇴원 등을 할 때 정신건강의학과전문의가 치료가 중단되면 증상이 급격히 악화될 우려가 있다고 진단하는 경우 퇴원 등의 사실을 정신건강복지센터의 장에게 통보하기 위한 절차를 정하는 등 제도의 운영상 나타난 일부 미비점을 개선 · 보완하고자 하였다.

### 3. 전문요원에 정신건강작업치료사 포함(2020. 4. 7. 법률 제17217호)

개정 이유는 정신건강전문요원을 정신건강임상심리사, 정신건강간호사, 정신건강사회복지사로 구분하고 있으나, 최근 정신질환자의 신체적 · 정신적 기능장애의 회복을 돕는 정신건강작업치료사의 역할이 중요하게 부각되고 있는바, 정신건강작업치료사를 정신건강전문요원에 포함시키는 한편, 공립 정신병원 운영의 전문성과 의료서비스 제공의 효율성을 높이기 위하여 공립 정신병원의 위탁 운영 근거를 명확히 두는 등 현행 제도의 운영상 나타난 일부 미비점을 개선 · 보완하고자 하였다.

### 4. 국가트라우미센터의 심리지원대상 확대(2020. 12. 29. 법률 제17794호)

이번 개정에서는 첫째, 국가트라우마센터의 심리지원 대상을 재난 등으로 정신적 충격을 받은 트라우마 환자 외에 그 가족, 재난 · 사고의 현장대응업무 종사자로 확대하였다(제15조의2 제1항). 둘째. 국가트라우마센터의 업무를 지원하기 위한 권역별 트라우마센터의 설치 · 지정 및 운영에 대한 근거를 마련하였다(제15조의2 제3항 신설). 셋째, 정신요양시설과 정신재활시설에 입소

중인 사람이 사망하고 그 상속인의 존부가 분명하지 아니한 경우 「민법」에 따라 사망한 사람의 재산을 처리하되, 무연고 사망자의 잔여재산이 일정금액 이하인 경우 시장 · 군수 · 구청장에게 잔여재산 목록을 작성 · 보고하는 것으로 그 재산의 처리를 갈음할 수 있도록 하였다(제81조의2 신설).

## 5. 응급입원시의 국가 또는 지방자치단체의 비용부담 근거(2021. 6. 8. 법률 제18224호)

개정 이유는 정신질환자를 강제입원시키는 절차로 행정입원, 응급입원 제도 등을 마련하고 있는데, 행정입원의 경우 국가와 지방자치단체가 비용 지원을 할 수 있도록 규정하면서도, 응급입원에 대해서는 비용 지원에 관한 규정을 두고 있지 않다. 그런데 응급입원의 경우 정신질환 추정자의 신원이 불분명하거나 보호자가 부재한 경우가 많아 정신의료기관이 응급입원에 소요되는 비용 청구가 어려워 응급입원의 결정에 소극적으로 대응하고 있다는 지적이 있다. 또한 조현병 등 정신질환은 초기의 집중적인 치료가 예후를 호전시키고 악화를 방지할 수 있음에도 불구하고 초기에 정기적인 외래치료를 받지 않아 결정적 시기에 치료지속성을 확보하지 못하는 경우가 많다.

이에 국가 또는 지방자치단체가 응급입원의 진단과 치료에 드는 비용의 전부 또는 일부를 부담할 수 있도록 하고, 조기치료가 필요한 정신건강상 문제가 있는 사람에 대하여 예산의 범위에서 치료비를 지원할 수 있도록 함으로써 응급상황에 대한 대응을 강화하고 정신질환의 만성화를 방지하고자 하였다.

## 6. 우울, 불안, 고독에 대한 실태조사와 심리지원, 절차조력인과 동료지원인 활동지원 근거(2024. 1. 2. 법률 제19902호)

개정 이유는 첫째, 정신건강증진 및 정신질환자 복지서비스 지원에 관한 국가의 기본계획 또는 시 · 도 지역계획의 내용에 우울 · 불안 · 고독 등으로 정신건강이 악화될 우려가 있는 사람의 발견 및 정신건강 서비스 제공과 재난 심리지원이 포함되도록 하고, 둘째, 실태조사 항목에 우울 · 불안 · 고독 등 정신건강 악화가 우려되는 문제를 포함하도록 하였다. 셋째, 일시적 정신건강 위기를 겪는 정신질환자 등에 대하여 임시로 보호하면서 동료지원인 상담 등을 제공하는 동료지원쉼터에 대한 설치 · 운영 근거를 마련하였고, 넷째, 정신질환자 등이 정신건강증진시설에 입원 · 퇴원 등을 할 때 정신질환자 등의 의사가 충실히 전달되고 반영될 수 있도록 절차조력인 제도를 도입하였으며, 다섯째, 동료지원인의 양성 및 활동지원 등에 대한 법적 근거를 마련하는 등 현행 제도의 운영상 나타난 일부 미비점을 개선 · 보완하고자 하였다.

## 7. 정신질환보도 권고기준 준수 요청 근거(2024. 1. 23. 법률 제20113호)

개정 이유는 보건복지부장관이 정신질환 보도로 인한 정신질환 및 정신질환자에 대한 편견과 차별 유발을 방지하기 위하여 방송 · 신문 · 잡지 및 인터넷 신문 등 언론에 대하여 정신질환 보도에 대한 권고기준을 준수하도록 협조를 요청할 수 있는 근거를 신설하였다(제70조의2).

# 부록2 DSM-5-TR

정신건강의학 분야에서 정신장애의 진단을 위해 가장 보편적으로 사용되고 있는 《정신장애의 진단 및 통계 편람 TR: Diagnostic and Statistical Manual of Mental Disorders: Text Revision》의 새로운 개정판이 2022년에 출간되었다. 1994년 개정된 DSM-Ⅳ 이후 20년 만에 DSM-5로 개정된 후 DSM-5-TR로 2022년 출간되었다. 기존 DSM-5와 같이 정신장애의 분류체계 20개 범주로 분류되었으며, 세부 진단에서 약간 변경되어 TR버전을 출판하였다. DSM-5-TR에 포함되어 있는 정신장애의 범주와 하위 장애들을 열거하면 〈표 1〉과 같다.

〈표 1〉 DSM-5-TR에 포함되어 있는 정신장애의 범주와 하위 장애들

| 정신장애 분류 | 하위 장애 |
|---|---|
| 1. 신경발달장애(Neurodevelopmental Disorders) | 지적장애, 의사소통장애, 자폐스펙트럼장애, 주의력결핍 과잉행동장애, 특정학습장애, 운동장애, 기타 신경발달장애 |
| 2. 조현병스펙트럼 및 기타 정신증적 장애 (Schizophrenia Spectrum and Other Psychotic Disorders) | 조현형 성격장애, 망상장애, 단기 정신증적 장애, 조현양상장애, 조현병, 조현정동장애 양극형/우울형 |
| 3. 양극성 및 관련 장애(Bipolar and Related Disorders) | 제1형 양극성장애, 제2형 양극성장애, 순환감정장애 |
| 4. 우울장애(Depressive Disorders) | 파괴적 기분조절부전장애, 주요우울장애, 지속성 우울장애, 월경전불쾌감장애, |
| 5. 불안장애(Anxiety Disorders) | 분리불안장애, 선택적 함구증, 특정공포증, 사회불안장애, 공황장애, 광장공포증, 범불안장애 |
| 6. 강박 및 관련 장애(Obsessive-Compulsive and Related Disorders) | 강박장애, 신체이형장애, 수집광, 발모광(털뽑기장애), 피부뜯기 장애 |

| | |
|---|---|
| 7. 외상 및 스트레스 사건 관련 장애(Trauma and Stress-Related Disorders) | 반응성 애착장애, 탈억제성 사회적 유대감 장애, 외상후 스트레스장애, 급성 스트레스장애 |
| 8. 해리장애(Dissociative Disorders) | 해리성 정체성장애, 해리성 기억상실, 이인증/비현실 감장애 |
| 9. 신체증상 및 관련 장애(Somatic Symptom and Related Disorders) | 신체증상장애, 질병불안장애 |
| 10. 급식 및 섭식장애(Feeding and Eating Disorders) | 이식증, 되새김장애, 회피적/제한적 음식섭취장애, 신경성 폭식증, 폭식장애 |
| 11. 배설장애(Elimination Disorders) | 유뇨증, 유분증 |
| 12. 수면-각성장애(Sleep-Wake Disorders) | 불면장애, 과다수면장애, 기면증, 호흡 관련 수면장애, 비급속안구운동수면각성장애, 악몽장애, 급속안구운동수면 행동장애, 하지불안 증후군 |
| 13. 성기능장애(Sexual Dysfunctions) | 사정지연, 발기장애, 여성극치감장애, 여성 성적 관심/흥분장애, 성기-골반통/삽입장애, 남성성욕감퇴장애, 조기사정 |
| 14. 젠더 불쾌감(Gender Dysphoria) | 젠더 불쾌감 |
| 15. 파괴적, 충동조절 및 품행장애(Disruptive, Impulse-Control, and Conduct Disorders) | 적대적 반항장애, 간헐적 폭발장애, 품행장애, 반사회적 성격장애, 병적 방화, 병적 도벽 |
| 16. 물질-관련 및 중독장애(Substance-Related and Addictive Disorders) | 물질 관련 장애[알코올관련장애 등(물질중독, 물질금단, 물질/약물 유도성 정신장애)], 비물질 관련 장애(도박장애) |
| 17. 신경인지장애(Neurocognitive Disorders) | 섬망, 주요 및 경도 신경인지장애 |
| 18. 성격장애(Personality Disorders) | A군 성격장애(편집성, 조현성, 조현형), B군 성격장애(반사회성, 경계성, 연극성, 자기애성), C군 성격장애(회피성, 의존성, 강박성) |
| 19. 변태성욕장애(Paraphilic Disorders) | 관음장애, 노출장애, 마찰도착장애, 성적 피학장애, 성적 가학장애, 소아성애장애, 물품음란장애, 복장도착장애 |
| 20. 기타 정신장애(Other Mental Disorders) | 자살행동, 비자살적 자해, 학대 및 방임, |

# 참고문헌

REFERENCE


강우예 (2010). 피학대여성의 행위에 대한 가벌성 검토에 있어 피학대여성증후군의 가치에 관한 연구: 미국의 논의에 대한 비판적 분석을 중심으로. 피해자학연구, 18(2), 401-432.

강진령 (2005). 집단상담의 실제. 서울: 학지사.

강희원 (2010). 정신장애인과 기본적 인권. 정신보건과 사회사업, 35, 5-50.

국가인권위원회 (2009). 정신장애인 인권보호와 증진을 위한 국가보고서. 서울: 국가인권위원회.

권석만 (2013). 최신이상심리학. 서울: 학지사.

권석만 (2013). 현대이상심리학(제2판). 서울: 학지사.

권선진 (2007). 장애인복지론. 서울: 청목출판사.

권진숙 외 (2009). 정신보건사회복지론. 고양: 공동체.

권진숙, 김정진, 전석균, 성준모 (2009). 정신보건사회복지론 고양: 공동체.

권진숙, 김정진, 전석균, 성준모 (2013). 정신보건사회복지론(개정판). 고양: 공동체.

김경호 (2008). 정신보건사회복지론. 서울: 청목출판사.

김경호, 소순창 (2009). 지방행정과 정신장애인의 인권보호: 선진국의 정신보건정책에 대한 비교분석을 토대로. 국제지역연구, 13(1), 35-66.

김교헌 (2007). 중독, 그 미궁을 헤쳐 나가기. 한국심리학회지: 건강, 12(4), 677-693.

김규수 (2007). 정신보건사회복지실천론. 서울: 형설출판사.

김기태 외 (2002). 사회복지실천론. 파주: 양서원.

김기태, 안영실, 최송식, 이은희 (2005). 알코올중독의 이해. 파주: 양서원.

김기태, 황성동, 최송식, 박봉길, 최말옥 (2009). 정신보건복지론. 파주: 양서원.

김남희 (2011). 다문화 환자의 정신건강: 평가와 자료. 대한소아청소년정신의학회 춘계학술대회.

김민석 (2010). 위기중증도 분류척도의 신뢰도 향상에 대한 연구. 한국사회복지조사연구, 25.

김범수 (2013). 지역사회 거주 정신장애인의 사례관리서비스가 재활성과에 미치는 영향: 정신건강토털서 비스를 중심으로. 서울대학교 대학원 석사학위 논문.

김붕년, 유한익, 강화연, 김지훈, 신동원, 안동현, 양수진, 유희정, 천근아, 홍현주 (2007). 주의력결핍과잉행 동장애 한국형 치료 권고안(IV)-비약물 치료. 소아청소년정신의학, 18(1), 26-31.

김성희 (2007). 장애인복지법 개정안의 주요 내용 및 의의. 보건복지포럼, 127, 34-40.

김수지 외 (2010). 원리 및 실무중심의 정신간호학. 파주: 수문사.

김예정, 김득성 (2006). 가정폭력의 세대간 전달에 관한 연구. 대한가정학회지, 44(6), 141-153.
김은정 (2002). 인터넷 중독 소아-청소년의 심리사회적 취약성. 소아청소년의학, 13(1), 104-116.
김재원 ( 2011). 주의력결핍 과잉행동장애의 환경적 요인과 임상적 의미. 소아청소년정신의학, 22(1), 10-15.
김진희, 유희정 (1999). 가족 내의 위험 요인이 ADHD 아동의 행동 문제에 미치는 영향. 소아청소년정신의학, 10(2), 195-200.
김채원 (1996). 정신분열증. 서울: 중앙문화 진수출판사.
김철권 (1996). 정신분열병의 가족치료에 대한 고찰. 부산정신의학, 5.
김청송 (2007). 정신장애사례연구. 서울: 학지사.
김형욱, 김태형, 은헌정, 최말례, 권태완, 구정일, 조수진, 송옥선 (2007). 임상가용 아동 및 청소년을 위한 외상 후 스트레스장애 척도를 통한 학교폭력 피해아동의 인지행동집단치료 효과: 예비연구. 대한불안의학회지, 3(2), 97-103.
김혜란, 홍선미, 공계순 (2001). 사회복지실천기술론. 파주: 나남.
김희철 (2005). 노년기 정신질환의 예방적 접근. 한국정신보건사회사업학회 2005 추계학술대회.
나은영 (1996). 만성정신질환자의 능력고취를 위한 자조집단의 형성과정에 관한 연구. 서울대학교 대학원 석사학위논문.
남궁선, 안동현, 이양희 (2007). 주의력결핍 과잉행동장애 아동에서 학습동기증진 프로그램. 소아청소년정신의학, 18(1), 58-65.
대한노인정신의학회 편 (2004). 노인정신의학. 서울: 중앙문화사.
대한소아청소년정신의학회 (2012). 청소년 정신의학. 서울: 시그마프레스.
대한신경정신의학회 (1998). 신경정신과학. 서울: 하나의학사.
문소현, 안효자 (2011). 다문화가정 아동의 분노, 분노표현 유형에 따른 정신건강 및 정신신체증상. 정신간호학회지, 20(4), 325-333.
문인숙, 양옥경 (1991). 정신장애와 사회사업. 서울: 일신사.
민성길 (2009). 최신정신의학(제5판). 서울: 일조각.
민성길 외 (1995). 최신정신의학. 서울: 일조각.
민소영 (2006). 만성 정신장애인을 위한 사례관리 모형과 수행 구조에 대한 탐색적 연구. 사회복지연구, 30, 215-242.
민소영 (2012). 정신보건실천현장의 사례관리활동목록(Case Management Activities Inventory) 개발 연구. 한국사회복지학, 64(3), 127-153.
박명재, 안정광, 임소연, 김양렬, 박민현, 김붕년, 조수철, 신민섭, 김재원, 김효원 (2009). ADHD초등학생을 위한 학교중심 사회서기술훈련 프로그램의 효과에 대한 연구. 소아청소년정신의학, 20(2), 82-89.
박미은 (2000). 위기개입, 정신보건전문요원수련교재. 파주: 양서원.

박미은 (2000). 정신보건 홍보사업의 활성화를 위한 시론적 연구. 정신보건과 사회사업, 9, 55–77.

박미은, 박귀서 (1999). 정신질환자를 위한 사례관리에서 자원활용에 관한 연구. 정신보건과 사회사업, 8.

박상규 (2006). 정신재활의 이론과 실제. 서울: 학지사.

박선영 (2010). 정신장애인의 사회통합에 대한 고찰. 한국사회, 11(1), 79–108.

박은주 (2002). 정신장애인 주거시설 서비스 만족도에 관한 연구. 부산대학교 대학원 석사학위 논문.

박정임 (2002). 정신장애인을 위한 강점관점 사례관리모델의 효과성에 관한 연구. 서울여자대학교 대학원 박사학위 논문.

박종익 (2008). 장기입원의 구조적 원인과 지속요인. 국가인권위원회.

박지영 (2009). 노년기의 정신건강 사정 및 정신보건서비스: 노인정신건강의 사회복지적 지점과 통합적 사 정을 중심으로. 한국정신보건사회복지학회 2009 추계학술대회 기획주제발표.

박지영 (2010). 노인정신건강에 대한 이해, 정신보건전문요원이론교육 교재, 한국사회복지사협회.

배정규 (1998). 우리집 프로그램에 대한 고찰과 제언. 대한정신보건가족협회보 제8호.

백형의, 박승일, 서연우, 이은희, 강은옥 (2010). 정신보건사회복지사를 위한 집단프로그램 활용지침서. 서울: 신정.

보건복지가족부 (2010). 장애등급판정기준. 보건복지부 고시 제2009–227호.

보건복지가족부 (2010). 정신보건전문요원제도 운영 안내.

보건복지가족부 (2011). 2011년 정신보건사업안내.

보건복지부 (1995). 정신요양원 수용자의 사회복귀 및 거주시설 운영에 관한 연구. 아주대 의대 정신과학 교실.

보건복지부 (1996). 보건복지백서.

보건복지부 (1999). 사회복귀시설 설치 운영지침.

보건복지부 (2000). 정신보건법.

보건복지부 (2010). 장애등급판정기준. 보건복지부 고시 제2009–227호.

보건복지부 (2010). 정신보건전문요원제도 운영 안내.

보건복지부 (2010). 제2차 자살예방종합대책.

보건복지부 (2011). 2011년 정신보건사업안내.

보건복지부 (2012). 2012년도 지역사회서비스 투자사업 안내.

보건복지부 (2012). 노인학대현황보고서.

보건복지부 (2014). 정신건강사업안내.

보건복지부 (2015). 노인학대현황보고서.

보건복지부 (2016). 2016년 지역자율형 사회서비스 투자사업 지역사회서비스 투자사업 안내.

보건복지부 (2016). 정신질환실태 역학조사.

보건복지부 (2020). 2020년도 노인실태조사.

보건복지부 (2021). 정신건강실태조사보고서.

보건복지부 (2024). 정신건강사업안내.

보건복지부, 한국보건사회연구원 (2011). 2011년 정신장애 실태조사.

서규동 (2000). 주거훈련, 정신보건사회복지사 수련 교재. 파주: 양서원.

서규동 (2008). 정신장애인의 독립주거 생활경험에 관한 연구. 숭실대학교 대학원 박사학위 논문.

서규동 (2011). 정신장애인을 위한 주거 서비스, 정신보건사회복지사 수련 교재. 한국정신보건사회복지사협회.

서동우 (2002). 사회인구학 및 임상적 특성과 입원시설 종류에 따른 정신보건시설 입원환자의 재원기간 분포. 신경정신의학, 41(6), 1174-1184.

서울대학교 의과대학 (2013). 자살실태조사. 보건복지부.

서울시광역정신보건센터 (2012). 2012년 서울시정신보건센터 사업보고서.

서울시정신건강증진센터 (2014). Two STEP 회복을 향해 한 걸음 더: 초발정신질환자를 위한 사례관리 매뉴얼.

서울시정신건강증진센터 (2016). 초발정신질환자의 지역사회 연계를 위한 병원 중심 프로그램, One STEP. Early Psychosis, 회복을 향한 첫 걸음.

서울시정신보건센터 (2009). Early psychosis 발견부터 개입까지.

서울특별시정신보건사업지원단 (2007). 2007 서울시정신보건사업운영지침-입소 주거시설 운영 지침.

서종균 (2011). 주거지원서비스. 도시와 빈곤, 90.

서주현 (2001). 청소년의 인터넷을 통한 친구관계의 기능, 구조적 특성 및 만족감. 서울대학교 대학원 석사학위청구논문.

성은영, 황순택 (2013). 다문화가정 시어머니의 고부갈등, 스트레스 대처, 정신건강에 관한 연구. 한국심리학회지: 여성, 18(1), 248-256.

손덕순 (2005). 노인정신건강에 영향을 미치는 생태체계 요인에 관한 연구. 강남대학교 대학원 박사학위 논문.

손용훈, 이주실, 박민철 (2010). 북한이탈 청소년의 외상후 스트레스가 정신건강에 미치는 영향. 대한불안의학회지, 6(1), 37-44.

송파아이존. www.aizone.or.kr

송후림 (2008). 한눈에 알 수 있는 정신의학. 서울: E*PUBLIC.

신성웅, 임명호, 현태영, 성양숙, 조수철 (2001). 만성 틱장애 뚜렛씨 장애의 임상 특성. 소아청소년정신의학, 12(1), 103-114.

신영전 (2008). 인권측면에서 본 한국의 정신보건정책변화 '정신장애인 인권보호와 증진을 위한 정신보건 패러다임의 변화'. 국가인권위원회 2008년 5월 토론회자료집.

신영전, 김창엽 (2006). 보건의료 개혁의 새로운 모색. 한울아카데미.

신영철 (2002). 병적도박의 신경생물학 및 약물치료. 생물치료정신의학, 8(1), 27-33.

안석균 (2008). 조기 정신증의 예방 및 정신사회적 개입 프로그램의 개발. 정신건강정책포럼, 2(1), 206-222.

양옥경 (1996). 지역사회정신건강. 파주: 나남.

양옥경 (2006). 정신보건과 사회복지. 파주: 나남.

여성가족부 (2010). 가족폭력 실태조사 보고서.

여성가족부 (2012). 가정폭력 예방과 피해자 지원에 관한 안내서.

여성가족부 (2012). 가정폭력 현장대응 업무수첩.

여성가족부 (2013). 2013년 가정폭력 실태조사.

오병훈, 차경렬 (2007). 노인성 치매, 우울증의 성공적 치료. 서울: 하나의학사.

오원옥, 박은숙 (2007). 주의력결핍 과잉행동장애(ADHD) 아동 부모의 양육 경험: 정상에 다가가기. 대한간호학회지, 37(1), 91-104.

오혜경 (1999). 장애인과 사회복지실천. 아시아미디어리서치.

용인시 보건소, 용인시 정신보건센터 (1998). 정신질환자를 위한 주거시설의 발전방향. '98 용인시 정신보건심포지엄.

유병선 (2006). 고령사회의 노인주거복지과제. 파주: 한국학술정보.

유수현 (2003). 우리나라 정신보건사회사업과 학회의 미래. 추계학술발표논문집. 한국사회사업학회.

유수현, 서규동, 유명이, 이봉재, 이종하 (2014). 정신보건사회복지총론. 서울: 신정.

유수현, 성준모 (2005). 정신장애인 지지주거 프로그램 적응과정에 관한 질적 탐색 연구, 한국정신보건사회 사업학회 춘계학술대회 자료집.

유수현, 천덕희, 성준모, 이효순, 이종하, 박귀서 (2011). 정신건강론. 파주: 양서원.

윤명숙 (2011). 알코올중독자의 자살생각에 미치는 음주의 조절효과. 정신보건과 사회사업, 38, 113-140.

윤명숙, 최명민 (2011). 보건복지 인프라와 자살률의 관계 분석. 대한민국자살현황 연간보고서. 한국자살예방협회.

이 희 (2005). 정신요법. 서울: 일조각.

이강욱 (2011). 자실시도 임박 시기에 보이는 자살시도자의 심리적 · 행동적 특성에 관한 고찰. 대한민국자살현황 연간보고서. 한국자살예방협회.

이경순 외 (2007). 정신건강간호학(제3판). 서울: 현문사.

이경순, 하양숙, 김명자, 양수, 이정섭, 임영숙 (2007). 정신건강간호학(제3판, 하권). 서울: 현문사.

이경아 (2009). 집단대상 실천기술, 정신보건사회복지사 이론교육 교재. 한국정신보건사회복지사협회.

이구상 (2010). 위기개입, 정신보건전문요원이론교육 교재. 한국정신보건사회복지사협회.

이근희 (2009). 정신장애인의 인권보호와 증진을 위한 국가보고서에 대한 고찰. 사회복지실천, 8,

129-149.

이금옥 (2011). 가정폭력 가해자의 심리사회적 행동변화에 관한 연구. 백석대학교 대학원 박사학위 논문.

이만홍, 이부영 (1988). 집단정신치료의 최근동향 및 문제점에 관한 고찰. 신경정신의학, 27(4).

이명수 (2009). 자살고위험군 등에 대한 대상별 사례관리 표준개발. 용인정신병원 건강증진사업단.

이봉원 (2000). 사회복귀시설의 과제와 전망. 한국사회복귀시설협회학술대회 자료집.

이봉화 (2005). 노인의 정신건강과 사회복지의 역할. 한국정신보건사회사업학회 2005 추계학술대회.

이선혜, 김은재 (2012). 다문화 정신건강 프로그램 참여경험 분석. 정신보건과 사회사업, 40(4), 319-348.

이성은 (2008). 정신장애인을 위한 독립주거 프로그램 규율과 클라이언트가 인식하는 클라이언트-사례관리자 지지도 관계에 관한 연구. 사회복지정책, 33.

이영문 (1993). 환경치료의 이론과 실제. 용인정신병원.

이영문, 김현수, 이호영 (1999). 한국 정신보건시설 입원/입소환자의 재원 적절성 분석. 신경정신의학, 38(5), 973-984.

이영호 (1996). 팀-워크 접근을 통한 정신분열증 환자 가족교육 프로그램에 관한 연구. 사회복지개발연구, 2(2).

이영호 (2000). 가족교육(정신보건전문요원 수련교재). 파주: 양서원.

이영호, 심경순, 김태준 (2010). 정신보건사회복지의 이해(제2판). 서울: 학지사.

이용표, 강상경, 김이영 (2010). 정신보건의 이해와 실천패러다임. 서울: EM커뮤니티.

이윤로, 임옥빈, 류아빈, 김수진 (2008). 정신보건사회복지론. 파주: 학현사.

이은정 (2009). 정신장애인의 사회적 지지가 자살생각에 미치는 영향. 가톨릭대학교 대학원 석사학위 논문.

이정균, 김용식 (2008). 정신의학(제4판). 서울: 일조각.

이정태, 채영래 (2002). 역동정신의학. 서울: 하나의학사.

이진숙, 한영숙 (2006). 인지행동치료 프로그램이 외상 후 스트레스장애(PTSD) 아동에 미치는 효과: 학교 폭력 피해아동을 중심으로. 한국가정과학회지, 9(2), 21-31.

이채정, 김상우 (2013). 자살예방사업의 문제점과 개선과제. 국회예산정책처.

이철수 (2009). 사회복지학 사전. 서울: 블루피쉬.

임은희 (2010). 정신보건사회복지론. 파주: 양서원.

장희숙, 김예성 (2004). 가정폭력 행위자의 유형. 한국사회복지학, 56(3), 303-325.

전석균 (2003). 한국정신보건사회사업과 학회의 역사. 추계학술발표논문집. 한국사회사업학회.

전준희 (2016). 정신건강복지법의 탄생. 월간 복지동향, 214, 10-15.

정선미 (2005). 정신장애인이 지각하는 낙인에 관한 연구. 이화여자대학교 사회복지대학원 석사학위 논문.

정용우, 박태원 (2010). 틱장애의 환경적 요인. 소아청소년정신의학, 21(3), 133-140.

정원철 (2002). 정신사회재활을 위한 재가정신장애인 중심 사례관리 모형 개발. 대구대학교 대학원 박사학위 논문.

정윤경 (2010). 가해협박, 행동통제를 포함하는 행위. 한국사회복지학, 62(1), 185-209.

정진욱, 채희란, 천재영, 윤시몬, 이홍석, 김율리 (2012). 정신건강 고위험자 관리체계 정립방안에 관한 연구. 보건사회연구원.

정혜숙 (2011). 가정폭력과 아동학대의 중복발생과 관련된 국내 사회복지 현장 실무자의 경험에 관한 질적 연구: 따로 또 같이. 한국사회복지학, 63(3), 83-108.

조남근, 양돈규 (2001). 청소년이 지각한 사회적지지와 인터넷 중독경향 및 인터넷관련 비행간의 관계. 한국심리학회지: 발달, 14(1), 11-31.

조수철, 고복자 외 (2005). 2005년도 역학사업보고서: 서울시 소아청소년 정신장애 유병률 조사. 서울: 서울시 소아청소년광역정신보건센터.

조수철, 신민섭 (2007). 소아정신병리의 진단과 평가. 서울 학지사.

조은영 (2000). 집단정신치료 및 집단활동, 정신보건전문요원 수련 교재. 파주: 양서원.

중앙정신보건사업지원단 (2010). 중앙정신보건사업지원단 사업보고서. 보건복지부.

천근아, 김지훈, 강화연, 김붕년, 신동원, 안동현, 양수진, 유한익, 유희정, 홍현주 (2007). 주의력결핍과잉 행동장애 한국형 치료 권고안(II). 소아청소년정신의학, 18(1), 10-15.

최영희 (2010). 나의 삶을 바꾼 공황과 공포. 서울: 학지사.

최윤경 (2007). 양극성장애의 치료: 대인관계 및 사회적 리듬 치료. 2007 한국심리학회 연차학술대회 논문집.

최윤영, 김지혜, 조선미, 홍성도, 오은영 (2002). 주의력결핍과잉행동장애 아동 어머니의 우울감, 양육 스트레스 및 양육 관련 태도가 양육 행동에 미치는 영향. 소아청소년정신의학, 13(1), 153-162.

최은영 (2008). 약물중독. 서울: 학지사.

최의헌 (2008). 정신병리 강의. 서울: 시그마프레스.

최현미 (2010). 결혼이민자 대상의 정신건강 서비스 현황과 과제. 정신건강정책포럼, 4, 3-18.

최현미, 이혜경, 신은주, 최승희, 김연희, 송성실, 평택대학교 다문화가족센터 (2008). 다문화가족복지론. 파주: 양서원.

최희철 (2013). 재가정신장애인의 지역사회통합에 영향을 미치는 요인. 사회과학연구, 39(2), 151-177.

태화샘솟는집 (2006). 감동지침서: 클럽하우스.

통계청 (2021). 장래인구추계.

하경희 (2010). 정신장애인 대상 ACT(Assertive Community Treatment ) 사례관리의 적용에 관한 연구: 수원시 정신보건센터를 중심으로. 재활복지, 14(2), 통권33호, 67-92.

하경희, 김영희 (2010). 정신보건센터에서의 Assertive Community Treatment (ACT) 기반 사례관리의 효과성에 관한 연구. 대한정신간호학회지, 21(1), 89-98.

하정미, 최중화, 송영자 (2012). 자살생각으로 고통받는 사람의 영적 레질리언스: 사회복지실천적 관점에서 욥기 내용분석. 교회사회사업, 20, 37-79.

한국단기가족치료연구소 (2011). 가정폭력 피해대상 유형별 치료 · 회복 프로그램 개발. 여성가족부.

한국사례관리학회 (2012). 사례관리론. 서울: 학지사.

한국생명존중희망재단 (2021). 2021 자살예방백서.

한국자살예방협회 (2012). 한국형 표준자살예방교육 프로그램 "듣고 보고 말하기". 교육용 워크북.

한국장애인고용공단 고용개발원 (2015). 2014년 장애인경제활동실태조사.

한국정신보건사회복지사협회 (2012). 정신보건사회복지의 이론과 실제. 파주: 양서원.

한국정신보건사회복지사협회 (2013). 2013 정신보건사회복지사 수련지침서. 한국정신보건사회복지사협회.

한국정신보건사회복지사협회 (2016). 정신보건사회복지의 이해와 적용. 서울: 예일기획.

한국중독정신학회 (2009). 중독정신의학. 서울: 엠엘커뮤니케이션.

한은선 (2011). 직업재활의 원칙과 실제. 제11회 정신보건 · 재활 학술대회. 용인정신병원.

한은선, 안동현, 이양희 (2001). 주의력결핍/과다활동장애(ADHD) 아동에서 사회기술훈련. 소아청소년정신의학, 12(1), 79-93.

홍진표 (2011). 대한민국 자살현황 연간보고서. 한국자살예방협회.

홍현숙, 손진희, 김진학 (2006). 정신질환 조기개입 정책개발을 위한 기초연구. 국립서울병원.

황병주, 안동현, 이재영 (2012). ADHD치료에서 가족캠프의 적용. 소아청소년정신의학, 23, 82-89.

AACAP (2007). Practice parameter for the assessment and treatment of children and adolescents with bipolar disorder. *Journal of American Academy Child Adolescent Psychiatry, 46* (1), 107-125.

American Psychiatric Association (2013). *Diagnostic and Statistical Manual of Mental Disorders* (5th ed.). Arlington, VA: American Psychiatric Publishing.

Andreasen, N. C., Flaum, M., & Swayze, V. W., Tyrrell, G., Arndt, S. (1990). Positive and negative symptoms in schizophrenia: a critical reappraisal. *Arch Gen Psychiatry, 47*(7).

Antony, M. M., & Norton, P. J. (2008). 일반인을 위한 불안극복 프로젝트. 임상인지행동연구회 역 (2011). 서울: 시그마프레스.

APA (2024). DSM-5-TR 간편 정신질환진단통계편람. 권준수 역. 서울: 학지사.

Bandelow, B. (2004). 불안, 그 두 얼굴의 심리학. 한경희 역 (2008). 서울: 뿌리와이파리.

Barker, R. L. (2003). *The Social Work Dictionary*. NASW.

Bernheim, K. F., & Lehman, A. F. (1985). *Mentally ill; Families of the mentally ill; Home care; Rehabilitation*. NY: Norton.

Blazer, D. (1998). 노년기 정신건강. 김동배 외 공역 (2007). 서울: 학지사.

Bond, G. R., & Boyer, S. L. (1988). Rehabilitation programs and outcomes. In J. A Ciardiello & M. D. Bell (Ed.), *Vocational rehabilitation of persons with prolonged psychiatric disorders* (pp. 231–263). Balti-more, MD: Johns Hopkins University Press.

Bourne, E. (2010). *The Anxiety & Phobia Workbook* (4th Ed.). New Harbinger Publications.

Bourne, E. J. (2005). 불안 · 공황장애와 공포증 상담 워크북. 김동일 역 (2010). 서울: 학지사.

Carling, P. J. (1990). Supported housing: An evaluation agenda. *Psychosocial Rehabilitation Journal, 13*(4), 95–105.

Carling, P. J. (1993). Housing and supports for persons with mental illness: Emerging approaches to research and practice. *Hospitaland Community Psychiatry, 44*(5), 439–449.

Carling, P. J. (1995). *Return to community: Building support systems for people with psychiatric disabilitys*. NY: The Guilford Press.

Colarusso, C. A. (1992). 정신분석적 발달이론. 반건호, 정선주 공역 (2011). 서울: 학지사.

Congress, E. P. (1999). Social Work Value and Ethics: Identifying and Resolving Professional Dilemmas 1st Edition. Thomson Learning.

Davidson, L., Hoge, M. A., Godleski, L., Rakfeldt, J., & Griffith, E. E. H. Dejong, G. (1978). *The move-mentfor independent Living. Origins, Ideology, and Implications for Disability Research*. Boston, MA: Medical Rehabilitation Institute Tufts–New England Medical Center.

Denton, W., & Burwell, S. (2006). Systemic couple intervention for depression in women. *Journal of Systemic Therapies, 25*(3), 43–57.

Dorvil, H., Morin, P., Beaulieu, A., & Robert, D. (2005). Housing as a social integration factor for people classified as mentally ill. *Housing Studies, 20*(3), 497–519.

Fairweather, G. W. (Ed.) (1980). New directions for mental Health Services: No. 7. *The Fairwear ther Lodge: Atwenty–five year retrospective*. San Francisco: Jossey–Bass.

Frank, E. (2005). *Treating Bipolar disorder: Aclinician's guide to Interpersonal and Social Rhythm Therapy*. NY: Guilford Press.

Frank, E., David J. Kupfer, Michael E. Thase, Alan G. Mallinger, Holly A. Swartz, Andrea M. Fagiolini, Victoria Grochocinski, Patricia Houck, John Scott, Wesley Thompson, Timothy Monk (2005). Two–Year Outcomes for Interpersonal and Social Rhythm Therapy in in–dividuals with Bipolar 1 disorder. *Arch Gen Psychiatry, 62*, 996–1004.

Gladding, S. T. (2003). *Group work, A counseling specialty* (4th ed.). NY: Merrill.

Gomez–Schwartz, B. (1984). Individual psychotherapy of schizophrenia, in schizophrenia: Treatment, management, and Rehabilitation, Edited by Bellack, A. S., Hogarty, G. E., Kornblith, S. F., Greenwald, D. et al. (1995). Personal therapy: a disorder–relevant psy–

chotherapy for schizophrenia. *Schizophrenia Bulletin, 21*, 379–393.

Halfen, B. Q., & Paterson, B. (1982). *The crisis intervention handbook*. Prentice Hall, Inc.

Harley, H. (2001). A qualitative research study of individuals with serious mental illness who successfully assimilate into the community through a supported housing program. Capella University Ph. D.

Hersen, M., & Van Hasselt, V. B. (1998). 임상노인심리학. 이장호 외 공역 (2009). 서울: 시그마프레스.

Higgins (1989). *Defining Community Care: Realities and Myths*.

Hogarty, G. E., Anderson, C. M., Reiss, D. J., Kornblith, S. J., Greenwald, D. P., Ulrich, R. F., & Carter, M. (1991). Family Psychoeducation, Social Skills Training, and Maintenance Chemotherapy in the Aftercare Treatment of Schizophrenia II. Two-Year Effects of a Controlled Study on Relapse and Adjustment. *Arch Gen Psychiatry, 48*(4), 340–347.

Hogarty, G. E., Greenwald, D., & Ulrich, R. F. et al. (1997). Three-year trial of Personal therapy among schizophrenic patients living with or independent of family, II: effect on adjustment of patient. *Am J Psychiatry, 154*, 1514–1524.

Holden, D. F., & R. R. J. Lewine. (1982). Families of schizophrenic individuals: An evaluation of mental health professional, resources, and the effects of schizophrenia. *Schizophrenia Bulletin, 8*(4).

Hong, C. H., Jeon, W. T., Lee, C. H., Kim, D. K., Han, M. Y., & Min, S. K. (2005). Relationship between Traumatic Events and Posttraumatic Stress Disorder among North Korean Refugees. *J Korean Neuropsychiatr Assoc, 44*, 714–720.

Jane, E., & Patrick, D. M. (2002). 정신병 초기에의 개입. 김용식, 신영민, 이창인, 정희연 공역 (2007). 서울: 중앙문화사.

Jarvis, T. J., Tebbutt, J., Mattick, R. P., & Shand, F. (2005). 중독상담과 재활. 신성만 외 공역 (2010). 서울: 학지사.

Jones, R., Chesters, J., & Fletcher, M. (2003). Make yourself at home: People living with psychiatric disability in public housing. *International Journal of Psychosocial Rehabilitation, 7*, 67–79.

Kanas, N. (1986). Group therapy with schizophrenics: a review of controlled studies. *INTJ Group psychotherapy, 36*, 339–351.

Kloos, B., Zimmerman, S. O., Scrimenti, K., & Crusto, C. (2002). Landlords as partners for promoting suc-cess in supported housing: 'It takes more than lease and a key'. P*sychiatric Rehabilitation Journal, 25*(3), 235–244.

Konfdon, D. G. (1994). 정신분열병의 인지-행동치료. 이성동, 이선영 공역 (1998). 서울: 하나의학사.

Kutchins, H. (1991). The fiduciary relationship: the Legal basis for social work responsibilities to client. *Social Work, 36*(2), 106–113.

Leahy, R. L., & Holland, S. J. (2000). 우울과 불안장애의 치료계획과 개입방법. 박경애 외 공역 (2008). 서울: 시그마프레스.

Lefley, H. A. (1987). *Families of the mentally ill: Coping and adaptation*. NY: Guilford Press.

Liberman, R. P. (Ed.) (1992). 만성 정신과 환자를 위한 정신재활. 김철권, 변원탄 공역 (1995). 서울: 신한.

Liberman, R. P., Derisi, W. J., & Mueser K. T. (1989). 정신과환자를 위한 사회기술훈련. 김철권, 변원탄 공역 (2000). 서울: 하나의학사.

Lieberman, Z. Daniel., Swayze, S., & Goodwin, F. K. (2011). An automated Internet application to help patient with bipolar disorder track social rhythm stabilization. *Psychiatric services, 62*, 1267–1269.

McGrath, E., Keita G. P., Strickland B. R., & Russon N. F. (1990). *Women and depression: Risk factors and treatment issues*. Washington, DC: American Psychological Association.

Moxley, D. P. (1989). *The Practice of Case management. Thousand Oaks*. CA: Sage Publications.

Murphy, M. J., & Cowan, R. L. (2001). 블루프린트정신과. 강시현 역 (2007). 서울: 이퍼블릭.

Nelson, G., Clarke J., Febbraro, A., & Hatzipantelis, M. (2005). A narrative approach to the evalua-tion of supportive housing: Stores of homeless people who have experienced serious mental illness. *Psychiatric Rehabilitation Journal, 29*(2), 98–104.

NIH Consensus Statement Online (1991). *Diagnosis and treatment of depression in later life, 9*(3). 1–27.

Northen, H., & Kurland, R. (2001). 집단사회복지실천. 노충래 역. (2006). 서울: 학지사.

Olin, S. S., & Mednick, S. A. (1996), Risk factors of psychosis: identifying vulnerable populations premobidly, schizophreniaBulletin22: 223–240.

Otto, M. W., & Miklowitz, D. J. (2006). Bipolar Disorder. In J. E. Fisher & W. T. O'Donohue (Eds.), *Practi-tioner's guide to evidence-based psychotherpy*. NY: Springer Publishing Company.

Patterson, J. et al. (2009). 가족치료의 기술. 김유숙, 박정희, 천희선 공역 (2011). 서울: 학지사.

Pratt, C. W., Gill, K. J., Barrett, N. M., & Roberts, M. M. (2007). 정신재활(제2판). 신성만 외 공역 (2010). 서울: 박학사.

Puryear, D. A. (1979). *Helping people in crisis*, Jossey-Bass Pub.

Rapp, C. A. (1998). *The Strengths Model, Case Management with People Suffering from Severe and Persistent Mental Illness*. Oxford University Press.

Rapp, C. A., Goscha, R. J. (2006). *Strengths Model: Case Management with People with Psychiatric Disabilities*. NY: Oxford University Press.

Ridgway, P. A., & Zipple, A. M. (1990). Challenges and strategies for implementing supported housing. *Psychosocial Rehabilitation Journal, 13*, 115–120.

Ridgway, P. A., & Zipple, A. M. (1990). The paradigm shift in residential services: From the linear conti-num to supported housing. *Psychosocial Rehabilitation Journal, 13*(4), 11–32.

Rog, D. (2004). The evidence on supported housing.PsychiatricRehabilitationJournal, 27(4), 334–344.

Seligman, M. (1972). Learned helplessness. *Annual Reviews of Medicine, 23*, 407–412.

Sheafor, B. W., Horejsi, C. R., & Horejsi, G. A. (1997). *Techniques and guidelines for socialwork practice* (4th Ed.). Boston: Allyn and Bacon.

Shives, L. (2008). *Basic concepts of psychiatric mental health nursing* (7th ed.). Lippincott Williams & Wilkins.

Stanton, A. H., Gunderson, J. G., & Knapp, P. H. et al. (1984). Effects of psycho therapy in schizo-phrenia: I. Design and implementation of a controlled study. *Schizophrenia Bulletin, 10*, 520–562.

Swartz A. Holly et al. (2011). Implementing Interpersonal and Social Rhythm Therapy for mood disorders across a continuum of care. *Psychiatric services, 62*, 1377–1380.

Tanzman, B. (1993). An overview of surveys of mental health consumers' preferences for housing and support services. *Hospitaland Community Psychiatry, 44*(5).

Vinogradov, S., & Yalom, D. I. (1989). 간추린 집단정신치료. 박민철 역 (1990). 서울: 하나의학사.

White, N. F. (1972). *The descent of milieu therapy*. Canad Psychiatry Assoc, J, 17.

Yalom, D. I. (1985). 집단정신치료의 이론과 실제. 최해림, 장성숙 공역 (1993). 서울: 하나의학사.

Zinbarg, R. E., Craske, M. G., & Barlow, D. H. (2006). 범불안장애의 인지행동치료: 불안과 걱정의 극복(제2판). 최병휘, 곽욱환 공역 (2009). 서울: 시그마프레스.

**<웹사이트>**

The Coalition for Community Living. http://www.theccl.org/FairweatherLodge.aspx

Wee센터. http://www.wee.go.kr

국가법령정보센터(치매관리법). https://www.law.go.kr

보건복지부. http://www.mohw.go.kr

서울시광역정신보건센터 블루터치. http://www.blutouch.net

의협신문 (2013. 8. 27). http://www.doctorsnews.co.kr/news

중앙치매센터 https://www.nid.or.kr

통계청 e-나라지표. http://www.index.go.kr
통계청 국가통계포털 홈페이지. http://kosis.kr/statisticsList.
패밀리링크. http://familylink.or.kr
한국정신건강사회복지사협회. http://www.kamhsw.or.kr
한국정신건강전문요원협회. http://www.kamhp.or.kr
한국정신건강사회복지학회. http://www.kamhsw.org
한국정신사회재활협회. http://www.kapr.or.kr
한국정신장애연대. http://kami.ne.kr
한국정신재활시설협회. http://www.kpr.or.kr
화성시정신건강복지센터. https://www.hsmind.or.kr/

## 저/ 자/ 소/ 개


**유수현** 숭실대학교 및 동대학원 사회복지학과 박사
상지대학교 사회복지학과 교수
서울신학대학교 사회복지학과 교수
숭실대학교 사회복지학과 교수
University of Pennsylvania 객원교수
California State University, LA 객원교수
한국정신보건사회복지학회장
한국정신보건전문요원협회장
보건복지부 중앙정신보건심의위원
생명문화학회 이사장
경산복지재단 회장
윤학자공생재단 상임연구원

**서규동** 숭실대학교 및 동대학원 사회복지학과 박사
가톨릭대학교 인천성모병원 정신보건사회복지사
정신재활시설 '사랑밭' 부원장
화성시정신보건센터 센터장
보건복지부 중앙정신보건사업지원단 위원
경기도 정신보건사업지원단 위원
동양대학교 사회복지학과 교수
현_ 경산복지재단 상임이사

**유명이** 숭실대학교 및 동대학원 사회복지학과 박사
서울시 강남정신보건센터 상임팀장
서울대학교 인문학연구원 선임연구원
한국정신보건사회복지학회 교육수련위원장
한국정신보건사회복지사협회 교육위원장
현_ 대림대학교 사회복지학과 교수

**이봉재** 숭실대학교 사회사업학과 학사, 석사
Norfolk State University, MSW
University of Pittsburgh, Ph.D.
현_ 서울신학대학교 사회복지학과 교수

**이종하** 건국대학교 사회복지학과 학사
숭실대학교대학원 사회복지학과 박사
고양시정신보건센터 사회복지사
사랑마을정신과의원 정신보건사회복지사
서울중구정신보건센터 팀장
한국정신보건사회복지사협회 총무위원장
현_ 인덕대학교 사회복지학과 교수

# 정신건강사회복지론(개정4판)

**1판발행** 2014년 8월 22일 **1판 1쇄 발행** | 2016년 9월 10일 **1판 3쇄 발행**
**2판발행** 2017년 3월 10일 **2판 1쇄 발행**
**3판발행** 2018년 9월 10일 **3판 1쇄 발행** | 2019년 3월 10일 **3판 2쇄 발행**
2020년 3월 10일 **3판 3쇄 발행** | 2020년 9월 10일 **3판 4쇄 발행**
2021년 3월 10일 **3판 5쇄 발행** | 2022년 9월 10일 **3판 6쇄 발행**
**4판발행** 2025년 3월 10일 **4판 1쇄 발행** | 2026년 3월 10일 **4판 2쇄 발행**

지은이 유수현 서규동 유명이 이봉재 이종하
펴낸이 최용구 | **펴낸곳** 도서출판 **신정**
주소 (04316) 서울시 용산구 원효로 89길 19 (원효로1가)
전화 02)3211-4782, 0266(영업부), 3211-4783(편집부), 3211-4784(팩스)
이메일 sjbook2002@naver.com | **홈페이지** www.sjbook.co.kr
등록 2001년 5월 11일 제13-702호
기획마케팅 최용구 장만동 최충구 송대용 | **책임편집** 석기은 황가연

ISBN 978-89-5912-928-7 93330
정가 26,000원